ངམ་རིང་གི་ལོ་རིམ་མེ་ལོང་།

昂仁年鉴

2018

（总第2卷）

中共昂仁县委员会
昂仁县人民政府
主办

中共昂仁县委办公室 编

方志出版社
Publishing House of Local Records

图书在版编目（C I P）数据

昂仁年鉴. 2018 / 中共昂仁县委办公室编. -- 北京：方志出版社，2018.8
ISBN 978-7-5144-3219-0

Ⅰ. ①昂… Ⅱ. ①中… Ⅲ. ①昂仁县－2018－年鉴 Ⅳ. ①Z527.54

中国版本图书馆CIP数据核字(2018)第204690号

昂仁年鉴（2018）

编　　者：中共昂仁县委办公室
责任编辑：刘方圆

出 版 人：冀祥德
出 版 者：方志出版社
地址　北京市朝阳区潘家园东里9号（国家方志馆 4 层）
邮编　100021
网址　http://www.fzph.org
发　　行：方志出版社图书经销中心
电话（010）67110500
经　　销：各地新华书店
印　　刷：河南金雅昌文化传媒有限公司

开　　本：889×1194　　1/16
印　　张：20.5
字　　数：504千字
版　　次：2018年8月第1版　　2018年8月第1次印刷
印　　数：001～500册

ISBN 978-7-5144-3219-0　　定价：350.00元

昂仁县行政区划图

西藏自治区测绘局绘制　　藏S（2015）005号

昂仁县全景图

2017年8月9日，西藏自治区副主席、日喀则市委书记张延清（右二）在昂仁县看望第八批援藏工作组

2017年11月18日，西藏自治区副主席、日喀则市委书记张延清（前排左四）在昂仁县如萨乡调研

2017年10月3日，西藏自治区高级人民法院党组书记、院长索达（右三）一行在昂仁县人民法院检查智能立案办公服务大厅使用情况

2017年10月20日，日喀则市委常务副书记冯继康（前排左四）在昂仁县检查指导安全生产工作

2017年9月21日，日喀则市委常委、统战部部长巴桑（左一）带队全市统战、民宗督导调研组一行在昂仁县民宗局检查指导工作

2017年10月17日，日喀则市委常委、秘书长雷进昌（右三）在昂仁县检查指导综治宣传工作

2017年5月3日，县委书记李有平主持召开安全生产工作专题会议

2017年8月3日，县委副书记、县长普布多吉出席昂仁县珠峰有机养殖产业开工仪式

2017年4月12日，昂仁县召开迎接中央环保督察推进会暨2017年环保工作会议

2017年4月13日，昂仁县召开2017年度消防工作会议

2017年5月31日，政协昂仁县委员会召开“四讲四爱”喜迎党的十九大书画展品评会

2017年6月20日，昂仁县召开村组织换届选举工作动员部署会

2017年8月22日，昂仁县召开民族团结进步暨民族团结榜样表彰大会

2017年8月25日，昂仁县举行帮扶大学生精准扶贫发放仪式

2017年12月13日，西藏自治区脱贫攻坚交叉考核工作组一行在昂仁县召开自治区脱贫攻坚交叉考核组工作反馈会

2017年12月19日，昂仁县第十三届人民代表大会第三次会议召开

2017年3月28日，昂仁县中学庆祝“西藏百万农奴解放纪念日”文艺活动

2017年4月15日，昂仁县开展“四讲四爱”主题教育实践活动践行暨2017年“校园文化月”展评会

2017年5月11日，昂仁县不动产登记中心不动产权证书首发仪式

2017年6月10日，昂仁县委副书记、常务副县长邢化良在青岛参加西藏日喀则市招商推介会暨签约仪式

2017年8月15日，昂仁县桑桑镇举办第十三届赛马文化节暨第二届酥油品鉴会

2017年9月30日，昂仁县在唐东杰布文化广场举办“喜迎十九大，共筑中国梦”干部职工文艺活动

2017年10月24—29日，迥巴藏戏队在浙江乌镇戏剧节上进行藏戏表演

2017年11月13日，山东省淄博市援藏项目——昂仁县卡嘎镇小学运动场启用仪式

全县党员干部及各族人民群众共同种植的“民族团结林”

昂仁县域内的藏野驴群

《昂仁年鉴》编纂委员会

《昂仁年鉴》编辑部

编辑说明

一、《昂仁年鉴》2017年开始编纂，每年出版1卷，2018年卷为第2卷。

二、《昂仁年鉴》以马克思列宁主义、毛泽东思想、邓小平理论、“三个代表”重要思想、科学发展观、习近平新时代中国特色社会主义思想为指导，坚持辩证唯物主义和历史唯物主义的立场、观点、方法，始终坚持“实事求是、质量第一、存史资政、服务大众”的办鉴宗旨，全面、系统、翔实地记述昂仁县上一年度政治、经济、文化、社会等各项事业的基本情况，为社会各界与国内外人士了解和研究当今昂仁县提供翔实资料。

三、《昂仁年鉴》分为正文与彩页两部分。正文采取分类编辑法，以类目、分目、条目为主要框架结构，个别包含多方面资料的条目，则在段落间加插楷体标题提示，方便读者查阅全书。

四、《昂仁年鉴（2018）》载录昂仁县2017年经济社会发展的基本资料，设有特载、概览、大事记、政党 政务、群团、军事、法治、综合经济管理、农牧林水、交通 通讯、城建 环保、财政 税务、教育 文化、卫生与计划生育、社会、乡（镇）概况、荣誉榜、附录等内容。

五、《昂仁年鉴》的编辑宗旨，在于求真务实，力求真实生动地反映昂仁县在改革开放和现代化建设中取得的崭新成就。

六、《昂仁年鉴》所提供的内容和数据，分别来自于昂仁县各有关部门和乡（镇）人民政府，经各级领导审核，但由于口径与统计方法不同，恐有不一致之处，使用时应以县统计局提供的数据为准。本书中农田土地面积的计量单位使用“亩”。

《昂仁年鉴》编辑部

2018年6月1日

目 录

特 载

概 览

大事记

政党 政务

中国共产党昂仁县委员会

昂仁县人民政府

政府办公室工作

信访工作

民政工作

人力资源和社会保障局

扶贫开发(扶贫办)

旅游

藏语言及编译工作

中国人民政治协商会议昂仁县委员会

中国人民政治协商会议昂仁县委员会办公室

纪律检查

群　团

工会工作

共青团工作

妇女工作

军 事

人民武装

消防

武警昂仁中队

法 治

政法工作

公安

检察

审判

司法行政

综合经济管理

发展与改革

统计

国土资源管理

安全生产监督管理

食品药品监管

工商行政管理

商贸(商务局)

粮油管理

农牧林水

农牧业

林业

水利

电力供应(供电所)

交通 通讯

交通运输管理

邮政

电信

农业银行

教育 文化

教育管理

县中学

县小学

文化管理

卫生与计划生育

卫生

藏医

卫生服务中心

社 会

民族与宗教事务

曲德寺管理委员会

强基础惠民生活动

乡(镇)概况

卡嘎镇

桑桑镇

切热乡

秋窝乡

达局乡

贡久布乡

亚木乡

达若乡

措迈乡

宁果乡

孔隆乡

如萨乡

阿木雄乡

查孜乡

日吾其乡

多白乡

雄巴乡

荣誉榜

附 录

特 载

中共昂仁县第九届委员会第三次全体会议上的讲话

中共昂仁县委书记 李有平

（2017 年 8 月 23 日）

一、肯定成绩，正视问题，切实增强加快发展的责任感和紧迫感

今年以来，我们在区市党委、政府的坚强领导下，以喜迎党的十九大为主线，深入贯彻落实自治区第九次党代会精神和市委一届五次全会精神，团结带领全县各族干部群众，敢于担当、主动作为，开创了经济社会各项事业发展新局面。

（一）综合实力更加强劲。严格按照区市党委、政府的一系列决策部署，积极衔接、搞好对接，抓紧盯办、跟踪落实，推动了经济持续健康发展。1——7月，全县地区生产总值达 5.8 亿元，同比增长 17.2%；全社会固定资产投资 6.5 亿元，同比增长 23%；社会消费品零售总额 1.1 亿元，同比增长 23%；地方一般公共预算收入 1710 万元，同比增长 14.3%；农牧民人均纯收入 5312 元，同比增长 16%。

（二）社会大局更加和谐。坚决贯彻区党委、市委关于稳定工作的部署要求，细化工作措施，完善处置预案，突出督导检查，确保了社会大局持续和谐稳定。加强和创新寺庙管理，深化寺庙法制宣传教育，着力在“导”上下功夫，积极引导藏传佛教与社会主义相适应，确保了“萨嘎达瓦”等各类宗教活动安全有序，促进了宗教和睦佛事和顺寺庙和谐。利用“6·2”民族团结进步日等重要节点，广泛开展民族团结宣传教育，表彰民族团结进步模范集体和个人，引导各族干部群众自觉维护民族团结，营造了各民族守望相助的良好局面。

（三）人民生活更加殷实。举全县之力，坚持“六个精准”，深入实施“九个一批”，脱贫攻坚步伐迈出有力，目前已开工建设扶贫产业项目5个，完成投资5892万元，受益636户2461人。15年教育免费“三包”政策全面落实，先后投入3300万元改善办学条件，大力推进义务教育均衡发展，小学、初中入学率分别达到100%、98.12%。强化医疗服务，认真落实全民健康免费体检，积极推进县人民医院“二乙”创建，基本公共卫生服务逐步均等化。健全文化服务体系，广播、电视综合覆盖率达到98%和97%。加强技能培训和就业服务，促进劳动力有序转移，民生福祉不断增进。

（四）城乡面貌更加靓丽。围绕提升群众生活满意度和增强县城综合承载能力，强力推进县城给排水、污水处理厂及管网收集系统等市政工程建设，目前已完成总工程量的85%，年内全面投入运营，市容市貌将焕然一新、城市形象将大大提升。全力加快灾后重建、易地扶贫搬迁步伐，干净整洁、规划有序的美丽城镇、乡村拔地而起，787户农牧民住上了安全舒适新房，配套基础设施已完成总工程量的75%；桑桑、卡嘎特色小城镇建设分别完成总工程量的74%、54%，农牧民群众生产生活条件得到明显改善。

（五）生态环境更加优美。坚守生态保护底线红线高压线，严格执行环境保护“一票否决”制，实现了“三高”企业和项目零引进、零审批。加强水土流失、沙化土地和退化湿地治理，大力实施造林绿化、退牧还草等工程，完成植树造林361亩、封山育林2700亩、防沙治沙1.3万亩、人工种草6000亩，加大执法监督力度，江河源头区、湖泊、湿地、草原、林地和生物多样性得到有效保护。22个主要河湖全面实现县、乡、村三级河长体系全覆盖，排查整治23个环保突出问题，确保了昂仁天蓝、地绿、水清、气净。

（六）党的建设更加科学。扎实推进“两学一做”学习教育常态化制度化，各级党组织和党员“四个意识”进一步增强、“四个自信”进一步坚定。制定出台《昂仁县委关于进一步规范和落实“三会一课”制度的实施意见》，固定开展“7+N·支部主题党日”活动，严肃规范了基层党组织生活。强化村级阵地建设，整合资金4530万元积极推进村级组织活动场所标准化和规范化建设，14个村级活动场所已全面开工建设。提前谋划村组织换届选举，准确掌握了村情民意，牢牢把握了工作主动权。严肃执纪问责，查处违反“六项纪律”、中央“八项规定”案件3起，给予党纪政纪处分3人、组织处理1人，形成了有力震慑。强化党内监督，圆满完成了九届县委第一轮巡察并启动了第二轮巡察，发现“三大问题”“六项纪律”方面问题17个，推动了全面从严治党向基层延伸。

虽然我县经济社会呈现出稳步发展的良好态势，但是与兄弟县区比，经济总量小、发展速度慢、综合实力弱、经济发展的初级性、粗放性、依赖性特征明显；经济建设起步晚，基础设施欠账多、差距大，抵御洪涝、雪灾等自然能力依旧弱，每年因灾损失不小；贫困量大、面广、程度深，扶贫产业发展欠基础、少条件、缺资金，农牧业生产方式相对落后、产业体系不完整、产业链条短、辐射带动能力弱，脱贫攻坚任重道远；群众困难多、困难群众多，基本公共服务体系不完善、水平低；干部队伍不同程度地存在学习意识不强、思路视野不宽，工作不作为慢作为乱作为、搞选择性落实和象征性执行等不良倾向。这些都迫切需要我们在思想观念、措施举措、作风效能上有一个大的转变、大的提升，主动作为、动真碰硬，以苦干实干赢得发展，以苦干实干改变面貌，以苦干实干加速赶超跨越。

二、突出重点，把握关键，奋力推进昂仁长足发展和长治久安

（一）紧扣“一个中心”，在坚决打赢脱贫攻坚战上持续发力。坚持把脱贫攻坚作为头等大事和第一民生工程，按照劲头不松、进度不拖、力度不减的要求，把脱贫攻坚往深里抓往实里做，确保如期实现“人脱贫、村出列、县摘帽”的目标。

强化内生动力培育。坚持扶贫不扶懒、扶贫先扶志，改变简单给钱、给物、给牛羊的做法，防止和克服扶贫养懒汉的现象，深入细致做好群众的思想发动、宣传教育、感情沟通，强化贫困群众脱贫致富主体意识，靠自己的辛勤劳动实现脱贫致富。

强化扶贫举措落实。突出产业扶贫，培育壮大以青稞生产加工、桑桑牦牛和霍尔巴羊养殖为主的主导产业，辐射引领群众就近就便融入产业发展，在家门口实现稳定就业、挣钱顾家两不误。加快1717户6226人易地搬迁民房建设，抢进度、保安全、严质量，确保年底全部入住新居，统筹推进基础设施配套和产业项目建设，有效实现搬迁群众住房有保障、产业有发展、增收有渠道，真正实现安居乐业。统筹安排有劳动力的贫困人口参与生态保护建设，获得生态补偿收入，实现稳定脱贫。继续壮大育才基金，资助贫困学生顺利上学，阻断贫困代际传递。加强技能培训，精准对接用工需求，实现一人就业、一户脱贫。围绕灾后重建，同步推进民房建设、基础设施配套、产业布局规划等工作，为群众脱贫致富创造条件。积极协调扶贫贴息贷款，缓解贫困群众生产发展资金短缺问题。深入开展结对帮扶、百企帮百村活动，汇聚各方资源，助力脱贫攻坚，确保脱贫攻坚不落一户、不掉一人。

强化项目建设带动脱贫。把项目建设作为脱贫攻坚和经济发展的重要载体，以项目建设补齐基础设施短板，提升城乡产业发展的支撑能力和群众就业的吸纳能力，加快推进基本公共服务均等化，使农牧民群众的生产生活条件得到明显改善。一要积极做好项目前期工作。进一步增强工作主动性和实效性，做实做细可研报告、方案设计等前期工作，加大向上汇报争取力度，最大限度地争取政策、项目和资金支持。二要全面加快建设进度。抓住当前项目建设黄金期，靠实工作责任，深入一线督战，在保证质量、安全、环保的前提下，不断战胜困难、加快进度、全力推进，按时完成项目各项施工任务，确保完成全年社会固定资产投资10.18亿元目标任务。对至今未开工和进度滞后的项目，要及时查找问题，分析原因，寻找对策，制定出可操作性实施计划和工作措施，全力攻坚推进，确保按照既定时间节点完成建设任务。三要合力推进项目落地。不断创新工作方式方法，主动搭建项目绿色通道，积极为招商引资重点项目签约落地提供要素和环境保障。特别对已经签约的招商引资项目，要加大沟通协调力度，强化后续保障服务，着力解决审批环节中的“中梗阻”问题，确保项目早落地、早建成、早运营、早见效，让贫困群众早日受益过上好日子。

强化扶贫资金管理。严格按照有关规定要求管好、用好扶贫资金，加强财政监督、纪检监督、群众监督和社会监督，以零容忍态度严肃惩处挤占、挪用、截留、贪污扶贫资金等违纪违法行为，对挪用乃至贪污扶贫款项的行为严肃处理、绝不姑息，确保扶贫资金公开透明、规范使用，每一分都用在贫困群众身上。同时，瞄准贫困群众，加大涉农资金整合力度，充分发挥资金整合规模效应，放大资金使用效益，让更多贫困群众从中受惠。

（二）完成“两件大事”，在中央环境保护督察迎检和村组织换届选举工作上持续发力。把中央环保督察迎检和村组织换届选举工作作为当前的重大政治任务，各就各位、各司其职、全力配合，以严肃的态度、严格的标准、严谨的作风、严明的纪律，圆满完成中央环境保护督察迎检和村组织换届选举工作，让市委放心、人民群众满意。

圆满完成中央环保督察迎检。严格按照区、市关于中央环保督察迎检的部署要求，全力支持、主动配合、切实保障好中央环保督察工作。一是思想上一定要高度重视。全县上下要切实把思想和行动统一到中央环保督察组的工作要求上来，统一到吴英杰书记“三个坚决”和张延清副主席“铁血忠诚、铁肩担责、铁腕治理、铁心履职”的讲话精神上来，把配合中央环保督察当作学习贯彻习近平总书记有关生态文明建设的重要讲话精神和落实党中央、国务院重要决策部署的过程，当作强化环保履职意识、提升环保工作水平的过程，当作坚持以生态保护优先理念抓好改革发展稳定各项工作的过程，真正把生态环境保护作为事关长远发展的全局性重大问题，抓紧抓实抓出成效。二是措施上一定要全面靠实。要对中央环保督察时反馈的涉及我县的问题诚恳接受、照单全收，不讲条件、立行立改，做到第一时间响应、第一时间核实、第一时间整改、第一时间反馈，以最坚决的态度和最有力的行动抓好整改落实，以“取得实效，群众满意”为衡量标准全面彻底整改到位。要加大宣传力度，在G219沿线、矿区周围广泛悬挂和张贴生态环境保护宣传标语，营造出人人关心、人人参与、齐抓共管，全社会参与生态文明建设的浓厚氛围。要落实“六个不放过”的要求，继续下沉至下你铅锌采矿点等矿山，对矿山环境保护中存在的突出问题，特别是延清副主席督导调研反馈的问题进行现场督办，力促同泰矿业加快整改进度，加大工作力度，在规定时限内坚决把问题全面彻底整改到位、承诺事项全面兑现完成。要规范采砂行为，一方面提高准入门槛，促进采砂合法有序、规范开展，对于手续不全、违法采挖的坚决予以取缔关闭，另一方面要处理好项目建设和环境保护的关系，按照边开采边治理的原则，有序采挖、有序治理，确保环境保护不出任何问题，确保项目建设进度不受影响。要健全完善医疗废物管理台账制度，严格按照相关规定加强医疗废物管理，实现医疗废物无害化处理。要督促施工单位搞好施工现场管理，建筑垃圾做到集中堆放、严密遮盖，并及时清运处理，确保建筑垃圾堆放安全、去向明确、合理处置。要加强饮用水源地保护，加大巡查监控力度，切实保障人民群众用水安全。要加大县城环境卫生责任区清扫保洁力度，督促沿街商户自觉落实“门前三包”，安排洒水车定时洒水降尘作业，遏制道路扬尘污染，确保县城环境干净整洁。要抓紧收集完善各类备查资料，做到类清、目明、档全，确保能及时准确提供全面翔实的台账资料。要认真开展环境信访梳理排查，对群众反映强烈、社会高度关切的环境问题要迅速到现场调查核实、现场解决答复，努力在第一时间化解矛盾、消灭隐患。三是纪律上一定要严格要求。中央环保督察组进驻期间，县级领导、各乡镇和县直部门主要负责同志无特殊情况务必在岗在位，保持电话畅通随时待命。县级领导要进驻挂包乡镇，聚焦矿山环境整治、白色垃圾清理、迎检氛围营造、台账资料完善、工作机制建立等开展督导检查，推动各项工作落实到位。同时，要从严追责问责，对配合环保督察工作中落实不力、履职不到位的单位及个人，依法依规严肃处理、绝不姑息，以铁的纪律推动中央环保督察迎检工作落到实处、圆满完成。

圆满完成村组织换届选举工作。村组织换届选举是一项政治性、政策性、程序性很强的工作，各级各部门要准确把握政策规定，严格换届程序，高标准、高质量扎实做好换届选举各项工作。一要坚持党的领导。必须把加强党的领导贯穿换届工作全过程，把充分发挥党组织的政治优势和把关作用贯穿到建立换届工作组织机构、开展业务培训工作、严把人选资格条件、组建村民选举委员会、进行选民登记、组织大会选举等重要工作和关键环节全过程，确保换届工作始终坚持正确政治方向，确保人事安排意图顺利实现。二要选优配强村班子。对照“十条标准”“十个注重”“十个严禁”，严把人选的政治关、品行关、作风关、廉洁关，切实解决好“选什么样的人、从哪里选人、如何选人、怎样用人”等问题。要在确保村班子党员比例达到100%的基础上，把那些党性观念牢、工作作风实、群众基础好、维稳能力强、致富本领高的先进分子和优秀人才列入人选范围，真正使换届后的村班子成为引领脱贫攻坚、维护社会稳定的坚强领导班子。要着力优化班子结构，坚持“老中青”结合，鼓励引导外出务工经商人员、未就业的高中专毕业生等积极参选，全面实现村班子中配备1名以上女党员和40岁以下青年党员的目标。三要严守换届程序要求。严格按照《党章》《农村基层组织工作条例》《基层组织选举工作暂行条例》《村民委员会组织法》《居民委员会组织法》等法律法规，细化换届工作方案、选举办法和流程步骤，紧盯大会组织、选民登记、推荐提名、投票选举等关键环节，做到法定程序不变通，规定步骤不减少，确保选举程序的合法性和选举结果的有效性、公正性。坚持时间服从质量，合理确定换届时间节点，科学设置工作程序，算准“时间差”，留出"提前量",做到环环相扣、有序衔接,确保换届选举工作如期圆满完成。四要严肃换届工作纪律。坚持把纪律和规矩挺在前面,广泛深入宣传换届选举工作纪律,严格落实县委组织部、乡镇党委与候选人选前集体谈话、签订换届纪律承诺书,做到教育在先、警示在先、预防在先。畅通信访举报渠道,做到有访必接、有报必查、查必有果。坚决查处和整治违法违纪行为,对违法操作、拉票贿选、以权谋私和弄虚作假的行为,发现一起、查处一起,用铁规铁纪确保换届风清气正。五要认真做好后续工作。换届后要及时组织好新老班子交接,帮助新班子熟悉情况、开展工作,保证村级事务正常运转。严格落实好离职离岗村干部待遇,组织好与落选退职同志的谈心谈话,引导他们继续发挥作用,支持新班子工作。抓好新任村干部的教育培训,着力提高其政治水平、法制观念和履职能力。指导新一届村班子制定发展规划、明确任期目标,向党员和群众公开承诺。建立健全并全面落实村级民主议事、民主决策、党务公开、村务公开、民主理财、民主监督、"四议两公开"等各项民主管理制度,进一步完善村党组织领导的村民自治机制。

(三)推动"三个转变",在农牧业增效农牧民增收上持续发力。从惠及群众最直接的地方着手,以区位优势和资源禀赋为基础,办实办优关乎群众切身利益的事情,不断提升群众的幸福感和满意度。

推动青稞从解决温饱向提质增效转变。坚持把青稞作为"政治粮""稳定粮""致富粮",大力实施青稞总产提高和单产提升的"双增长"行动,在确保粮食安全特别是青稞安全的前提下,推进青稞精深加工,让青稞产业成为农牧民致富的重要渠道。一是推广良种良法配套。继续加大青稞良种示范推广,推进种收全程机械化,充分释放青稞增产潜力。二是加强农田水利基本建设。加大高标准农田建设、中低产田改造,在农区乡镇建成集中连片、高产稳产、适宜机械化作业的绿色高效示范田。积极推进水利设施建设,保障灌溉用水,提高防洪除涝能力,确保旱涝保收。三是加强青稞生产服务指导。积极开展技术培训,指导农民科学防治病虫害、防灾减灾工作,确保增产增收。四是致力青稞精深加工。积极引进有实力的企业共同推进青稞产业发展,充分挖掘青稞富含 β-葡聚糖、膳食纤维的药用价值和营养价值,研发生产青稞酒、饼干、面条等食品以及 β-葡聚糖粉等高端保健食品,延长产业链,提高附加值,推进青稞精深加工和产业转型升级,实现从传统农业向现代农业转变,从解决农民温饱向农业要效益转变,调动农民种植青稞的积极性,促进农业增产、农民增收。

推动桑桑牦牛、霍尔巴羊养殖从粗放经营向集约经营转变。把标准化、规模化养殖作为推进畜牧业生产方式转变的突破口,努力转变靠家庭散养、利用天然草场放牧的传统养殖方式,逐步走现代化养殖路子,增加产出、提高效益。一是加强畜种改良。加大牦牛、霍尔巴羊优良种畜的引进、繁育、推广力度,提高牲畜生产性能和成活率,优化畜种结构,稳步提高牲畜出栏率和畜产品品质。二是大力实施人工种草。坚持立草为业、草料先行,积极推广紫花苜蓿等优质高产牧草品种力度,广泛应用条播、混播、机播等现代化种植技术,合理开发荒山、荒沟、荒丘、荒滩,集中成片实施人工饲草基地建设,同步推进土地平整、客土改良、渠系配套建设,实现人工饲草基地优质高产、就近就便提供饲草料,降低饲草料生产、运输成本,夯实畜牧业发展的物质基础和根本保证。三是培育新型经营主体。以村为单位扶持发展农牧民专业合作社,解决一家一户办不了、办不好、办了不合算的问题,促进农牧业专业化分工,提高农牧业组织化程度,特别是突出利益共享,支持基地采取订单农业、股份合作、利润返还等形式,与合作社、种养大户建立紧密利益联系,大力实施贫困户以土地、草场等入股行动,实现资源共享、利益均得、按股分红。四是调整畜群结构。结合区位条件,在桑桑镇 3 个村开展畜群结构调整试点并大力推广,推动每个村的畜群形成以桑桑牦牛或霍尔巴羊为主的单一结构。依托农牧民专业合作社等经营主体,推动农牧民合理化分工协作和牲畜合群放牧、统一使用草场、统一疫病防治,有效地节省劳动力,促进剩余劳动力转移就业,拓宽增收渠道。五是加快草场流转。积极鼓励无畜户、少畜户的草场有序向基地、养殖大户流转入股租赁，积极推动生产条件差的低产田种粮改种草，缓解草畜矛盾，维护草原生态平衡，促进养殖规模在核定载畜范围内适度扩大，让无畜户、少畜户、超载户合作共赢。六是强化技术支撑。深化科技入户指导，推广高效养殖、节本增效管理、疫病防治等实用技术，缩短养殖周期，降低养殖风险。七是注重防灾减灾。加强储草棚、暖棚圈等基础设施建设，提前做好饲草料储备，加强灾害性天气预警发布，指导农牧民做好防灾减灾准备，提高牲畜成活率、总增率。八是建立购销合作关系。积极与市内外肉业公司、超市洽谈，达成稳定的收购合作意向，在销售方式上实现从冬季集中上市向四季出栏上市转变，确保错峰育肥的牲畜、畜产品及早售出，降低养殖成本，提高养殖纯收入。

推动劳务输出从“体力型”向“技能型”转变。把劳务输出作为增加群众收入的有效途径，围绕农牧民群众“劳动有技能、就业有门路、收入有保障”，进一步完善培训措施，扩大培训规模，提升培训质量，增强就业竞争力，实现劳务输出由“体力型”向“技能型”转变，提高劳务输出质量效益。一是瞄准用工需求，依托各级技能培训资源，大力开展订单式、定向式就业培训，并积极筹备组建劳务输出公司，帮助贫困劳动力与用工单位实现有效对接，提高对外输送的成功率和稳定率，确保务工人员出得去、稳得住、能赚钱。二是加大外出务工人员法律宣传教育，增强法律意识、维权意识，提高依法维权能力。有组织地搞好劳务输出人员跟踪服务，监督用工单位对劳动合同的履行情况，确保务工人员按时足额领到工资，解决外出务工人员的后顾之忧。三是积极提供就业信息服务，对全县剩余劳动力按照性别、年龄、劳动技能、就业意向、联系方式等情况，建立劳动力就业情况动态管理档案，及时掌握劳务人员动态。同时，充分利用微信、手机信息等媒体平台，及时将用工需求、劳务报酬等信息向就业困难人员、外出务工返乡人员发布，尽快实现就业再就业。

（四）坚守“四条底线”，在党风廉政、社会稳定、生态保护、安全生产上持续发力。“四条底线”事关民心向背，事关事业成败，事关昂仁全局和长远发展，我们务必要以久久为功的态度抓廉洁，以守土尽责的意志抓稳定，以壮士断腕的决心抓生态，以坚若磐石的定力抓安全，确保不出任何问题。

坚守党风廉政底线。各级各部门要深刻认识从严管党治党的极端重要性，切实把抓党风廉政建设列入重要的议事日程，把一把手的责任扛在肩上，把中央、区党委、市委、县委关于党风廉政建设和反腐败斗争的要求落实在行动上，以实际成效取信于民，回报于党。一是严守政治纪律和政治规矩。要把政治纪律和政治规矩视为生命、放在首位，始终在思想上政治上行动上同以习近平同志为核心的党中央保持高度一致，对中央、区党委、市委、县委的决策部署坚定不移地贯彻落实，以实际行动践行对党忠诚。严格执行请示报告制度，凡无权决定的重大事项要及时请示报告，避免工作失误，确保政令畅通、令行禁止。二是拧紧责任链条。严格落实“两个责任”“一岗双责”，以抓牢“关键少数”带头履责、严查细考层层传责、履职不力严肃问责为导向，构建责任具体、环环相扣的责任链条，推动管党治党从宽松软走向严紧硬。三是严肃党内政治生活。各级党组织要认真落实“三会一课”、民主生活会、领导干部双重组织生活、民主评议党员等制度，以严格规范的组织生活锤炼党性。领导干部要带头以普通党员身份自觉参加双重组织生活，以上行下效、整体联动的总体效应，推进党的基层组织生活常态化制度化规范化。要坚持发扬民主、善于集中，特别是在“三重一大”上，广泛听取意见，协商于决策之前，严格按照议事规则研究决定，既发挥把关定向作用、又充分凝聚集体智慧，打造团结协作、共谋发展的领导班子。四是深入推进反腐倡廉建设。坚持对违纪违法典型案例有案必学、有警必示、逢会必讲，树牢党员干部的红线意识；坚持严管厚爱，对重要岗位、关键部门加强监督检查，正确运用监督执纪四种形态，抓早抓小抓苗头，防止小毛病演变成大问题；盯紧“微腐败”问题线索，“零容忍”严肃查处群众身边问题的不正之风和腐败问题，发挥警示震慑作用；深化政治巡察，聚焦“三大问题”“六项纪律”“三个重点”发现问题、形成震慑，堵塞漏洞、扎紧制度笼子，不断提升基层执政能力和治理水平。

坚守社会稳定底线。牢固树立稳定压倒一切的思想，防松懈、防麻痹、强督导，确保区、市、县各项维稳工作措施落实到部门、细化到人头、覆盖到全面，实现社会大局持续和谐稳定。特别是当前，要按照《党的十九大期间昂仁县维稳安保工作预案》的既定部署，突出抓好重点领域、重点行业、重点环节的管控工作，确保不留缝隙、盲区和空白点。要加强寺庙管理与服务，坚持“十导”工作法，做到“导”之有方、“导”之有力、“导”之有效，实现宗教和睦、佛事和顺、寺庙和谐；要细化完善各项应急处突预案，确保有备无患、防患未然。要持续深入开展“四讲四爱”“深化五项教育，增进五个意识”主题教育实践活动，大力宣传党的一系列利民惠民、利寺惠僧政策，大力宣传昂仁近年来经济社会发展所取得的辉煌成就和巨大变化，引导各族群众自觉加强民族团结、维护祖国统一，打牢维护我县社会和谐稳定的思想基础、群众基础、社会基础，确保昂仁“三无”“三不出”“三稳定”。

坚守生态环保底线。坚持生态保护第一，绝不以牺牲生态环境为代价发展经济，严守生态红线底线，确保国家生态安全屏障万无一失。一是坚持把发展建立在生态安全基础上，严格落实生态环境保护“一票否决”制，严把执行环境影响评价和“三同时”制度，严禁“三高”企业和项目进入昂仁。二是坚持“谁开发谁保护，谁破坏谁恢复，谁污染谁治理”的原则，加强环境监管执法，督促矿企履行好环境保护主体责任，严格落实矿山生态环境恢复治理，努力建设绿色矿区、和谐矿区、安全矿区、民生矿区，真正实现社会效益、经济效益、生态效益的有机统一。三是全面实施“两江四河”流域造林绿化工程，加强江河源头区、草原、湖泊、湿地、天然林和地质遗迹以及生物多样性保护，加强水土流失、土地草场沙化综合治理和污染防治力度，实施好退耕还林、退牧还草、人工种草等工程，并在海拔 4300 米以下地区大力推进全民植树、全民造林，消除“无林乡镇、无林村组、无绿院落、无林农户、种树空白”，切实保护好昂仁的山山水水、一草一木。四是全面落实河长制，因地制宜制定一河一策、一湖一策治理方案，建立长效管理机制，妥善处理好上下游、左右岸关系，联动推进治理、管护和建设工作，保障我县河湖水环境持续改善、水功能正常发挥。五是大力开展环境卫生综合整治，依托《美丽昂仁建设实施方案》构建起政府主导、干部带头、群众参与的环境卫生管理长效机制，全面巩固提升干净、卫生、整洁的城乡环境。同时，倡导绿色生活，加快环卫基础设施建设，引导居民定点投放垃圾，全面禁止使用一次性塑料餐具、塑料袋，从源头防止垃圾污染、减少白色污染对环境的破坏，保障城乡环境卫生整洁。

坚守安全生产底线。认真贯彻落实《中共中央国务院推进安全生产领域改革发展意见》，真正把“生命高于一切”的安全理念落实到生产、经营、管理的全过程。一是牢固树立“隐患就是事故”的风险意识，不定期开展安全生产大检查、大排查，对发现的各类违法行为和安全隐患，及时处置、督促整改、严格执法，确保将各类隐患消除在萌芽状态。二是突出抓好 G219 等重点路段和重点车辆、非煤矿山、危险化学品和烟花爆竹、建筑施工领域、人员密集场所的安全专项整治，完善人防、物防、技防措施，堵塞安全监管漏洞，坚决防范和遏制各类重特大事故发生。三是加强防灾减灾基础设施建设，健全完善应急预案体系，提前做好救灾抗灾物资储备，切实提升抵御自然灾害和应急救援能力，最大限度保障各族人民群众的生命财产安全。

三、勇于担当，狠抓落实，确保圆满完成全年各项目标任务

说一千道一万，抓好落实是关键。如果不落实，再好的思路、再好的措施也是一纸空文。各级各部门要把抓落实进行到底，真正在抓落实上下苦功，在求实效上比高下，坚决把县委、县政府的各项决策部署落到实处。

（一）靠实责任促落实。各级各部门主要负责同志要坚决扛起第一责任人的职责，紧紧围绕县委、县政府决策部署，逐级落实到岗位、落实到人头，确保每项任务都有人抓、有人盯、有人管，全面推动工作有力有序有效开展。要发挥“关键少数”的重要作用，县四大班子、各单位班子成员要发挥

整体功能，共同承担起抓落实的责任，同频共振，同向发力，合力推动任务落实。要强化责任压力传导，坚持以上率下，一级做给一级看、一级带着一级干，一级为一级担当、一级对一级负责，构建起“横向到边、纵向到底”的责任落实体系。要强化“一盘棋”思想，充分调动广大干部群众的积极性、主动性、创造性，心往一处想，劲往一处使，拧成一股绳，形成齐心协力、共谋发展的强大合力。

（二）突出关键促落实。各级各部门要紧盯关键领域、攻坚关键环节，以重点突破带动全局发展。要突出目标导向，紧扣全县目标绩效和乡镇、部门具体指标，逐项研究制定操作性强的落实举措和具体办法，精准发力、集中突破，全力推进各项目标任务顺利完成。要坚持问题导向，针对工作中的问题，在思想上找原因、在执行上找差距、在制度上找漏洞，积极研究对策、优先倾斜资源、狠抓措施落实，以点带面推动各项工作任务的全面落实。要坚定信心，牢固树立“办法总比困难多”的理念，深入分析研究，找准问题的关键环节，按照解决期限、难易程度，分清先后主次，区别轻重缓急，各个击破、有效解决。

（三）树好导向促落实。县委、县政府拟定了昂仁县目标绩效争先进位考核办法，目的就是发挥考核的导向、激励、约束作用，充分调动各级各部门领导班子、领导干部的积极性、主动性和创造性，务实高效推动各项工作落实，圆满完成全年目标任务，努力营造争先进位、干事创业的良好氛围。要坚持正确的选人用人导向，重用想干事、能干事、敢担当、善作为的优秀干部，把不作为慢作为乱作为、“庸政懒政怠政”的干部调整下去，形成干与不干不一样、干多干少不一样、干好干坏不一样、主动干与被动干不一样的良好导向，始终保持干部队伍的蓬勃生机。要紧紧盯住不落实的事、抓住不落实的人，找出不落实的原因，追究不落实的责任，以不见落实不放手、不见成效不撒手的韧劲，推动县委、县政府决策部署件件有着落、事事有成效。

各位委员，同志们：风劲潮涌，自当扬帆破浪；任重道远，更需策马加鞭。让我们更加紧密团结在以习近平同志为核心的党中央周围，在区市党委、政府的坚强领导下，以时不我待、只争朝夕的紧迫感，撸起袖子加油干，迈开步子加快赶，以市委“6677”工作思路为引领，为加快和谐文明幸福美丽昂仁建设做出新的更大贡献，以优异成绩迎接党的十九大胜利召开。

政府工作报告

——昂仁县第十三届人民代表大会第三次会议

昂仁县人民政府县长　普布多吉

（2017 年 12 月 19 日）

一、2017 年工作回顾

2017 年，在中共昂仁县委的正确领导下，在山东省淄博市人民的无私援助下，县人民政府团结带领全县各族干部群众，全面学习贯彻党的十九大精神，贯彻落实自治区党委九届三次全会和市委一届八次全会精神，不忘初心、牢记使命，以市委“6677”工作思路为引领，紧紧围绕年初确定的各项目标任务，攻坚克难，拼搏进取，埋头苦干，积极开展各项工作，全县经济社会保持了较快、协调、健康发展的良好势头，圆满完成了县人大第十三届第二次会议确定的各项任务。

2017 年，完成全县地区生产总值 9.16 亿元，同比增长 21.48%；累计完成社会固定资产投资 14.5 亿元，同比增长 65.5%；完成地方一般公共预算收入 4470 万元，同比增长 45%；完成社会消费品零售总额 2 亿元，同比增长 25.7%；农村居民人均可支配收入达 8105 元，同比增长 23%。

（一）产业发展持续向好。今年紧紧围绕全县青稞每亩增产 25 公斤目标任务，全县共落实农作物播种面积 7.91 万亩，今年实现粮油总产量 4511.44 万斤，其中：青稞播种面积 6.2 万亩，青稞产量达 4167.42 万斤，青稞单产达 672.16 斤，比 16 年每亩单产增加 38.63 斤，但离每亩增产 25 公斤目标任务还有一定差距。围绕畜牧业提质增效，积极开展人工种草，累计人工种草面积达 1.88 万亩。牲畜总存栏 55.56 万头（只、匹），新生仔畜 19.36 万头（只、匹），仔畜成活 18.24 万头（只、匹），成活率 94.2%；出栏数 18.67 万头（只、匹），出栏率 33.73%；成畜死亡 1.3 万头（只、匹），成畜死亡率 2.4%。积极开展牲畜疫病防控工作，共免疫 56.99 万头(只、匹)，实现注苗率 99.79%。兑现 2016 年、2017 年草补资金 9655 万元，落实涉农保险赔偿资金 289.45 万元。全县储备今冬明春防抗灾兽药 92 箱，防抗灾饲草料 1505.55 吨。旅游业平稳发展，全年共接待游客 13.19 万人次，同比增长 0.5%，实现旅游收入达 530 万元，同比增长 0.5%。

（二）社会民生持续改善。社会救助水平不断提升。全年落实城乡低保、医疗救助、临时救助等资金 1215.5 万元，落实五保供养经费 76.09 万元，落实残疾人“两项补贴”、“机动燃油补贴”共计 153.39 万元。劳动就业力度不断加大。实施精准培训，精准就业，共培训农牧民群众 814 人，440 人实现灵活就业，其中建档立卡贫困户 235 人实现就业。全年完成劳务输出达 17900 人，29625 人次，劳务收入累计达 7532 万元，超额完成市下达目标任务。医疗卫生服务不断提升。继续落实好以免费医疗为基础的农牧区医疗制度，扎实开展计生妇幼工作，着力开展包虫病筛查，共筛查 51885 人，筛查率达 94%；全力创建“二级乙等”综合医院。食品药品安全形势稳中向好，通过建立食品近效期专柜，加强对食品效期的管控力度，各项监管体制进一步完善。农村土地耕地确权工作不断推进。截至目前已完成 8 个乡镇，120 个行政村，7506 户，8.33 万亩外业测绘，外业测绘完成率达 100%，第一轮公示已全部完成，第二轮公示正在进行。农村公路网不断完善。今年新续建桑桑至日吾其乡、达局乡至亚木乡、查孜乡至宁果乡等 40 个项目，总投资达 23.45 亿元，项目建成后将实现乡镇通畅率达 90%，行政村通畅率达 58%，全县农村公路通车总里程达 2273.62 公里，已基本形成县、乡、村、寺公路网。市政基础设施建设不断加快。投资近 1.3 亿元的县城供水、排水、污水、路面改造等工程已全部完成，有效提升了县城功能和改善了县城脏乱差的环境问题。乡镇办公生活条件不断改善。2017 年整合乡镇政权建设资金 398.9 万元，重点改善乡镇干部职工办公生活环境；同时积极争取市委、市政府 1200 万元资金支持，维修新建 10 座光伏电站，有效解决了 10 个牧区乡政府、卫生院、小学、派出所等用电难问题；争取市级财政及县级财政配套资金共 900 余万元，用于更新乡镇公务车辆，进一步保证了乡镇公务用车需要和安全。村居活动场所建设不断落实。2017 年共筹措 4530 万元重点打造建设了 21 个村级组织标准化活动场所，进一步建强了反分裂和脱贫攻坚的主战场主阵地。教育育才基金不断发挥作用。今年共筹集教育育才基金 88 万元，上年结余 46 万元，向 2016 年 62 名往届在校建档立卡大学生兑现资助金 33 万元，奖励 2017 年 249 名考入大学、5 名考入内地西藏初中班、51 名中考成绩优秀学生共计 54.25 万元，落实教学质量奖励资金 35.57 万元。

（三）教育均衡持续推进。一是优先发展教育事业，全面迎接 2018 年教育均衡发展国家评估验收，今年将本级财政的 88% 以上收入 2662.85 万元和 725 万的援藏资金投入到教育工作。严格落实教育“三包”政策和营养改善资金，切实做好控辍保学措施，小学、初中入学率分别达到 99.91%、96.50%，学前一年制、两年制、三年制入园率分别为 99.49%、86.04%、56.11%。另外，加大了教育基础建设力度，实施开复工项目 57 个 2.46 亿元，项目开复工率达 100%。二是认真贯彻落实张延清书记 2016 年在昂仁县调研时的讲话精神，本着“教育均衡协调发展，城乡教育公平起跑”的原则，借鉴阿里地区和那曲地区在拉萨建校经验，积极向市人民政府呈报了在日喀则市建设昂仁县第二中学的请示(昂仁县第二中学总投资约 1.2 亿元，拟容纳 1500 名学生)，并主动加强与市教育局沟通衔接，现已纳入日喀则市“教育城”建设规划。三是打造桑桑镇集中办学示范点，积极探索高海拔学校适度集中办学模式，建设可容纳 1000 余名学生的桑桑镇集中办学示范点，实现牧区 10 所小学高年级学生集中办学。该项目已通过市级教育部门审批，目前正在接受自治区教育部门审核。

（四）项目投资持续加大。结合县域经济社会发展实际，以“十三五”规划项目完善为契机，协调县直相关部门，前瞻性地做好各类规划编制和重大项目谋划工作，编制完成了《昂仁县 2017 年上半年国民经济和社会发展计划》，正在编制《昂仁县产业发展规划》。2017 年全县共计储备项目 131 项(其中：新建 67 项，续建 64 项)，共计开复工项目 125 项(其中：新建 61 项，续建 64 项)，开复工率达 95%，年底完成全社会固定资产投资 14.5 亿元，超额完成与市政府签订的 11 亿元目标任务。

(五)环境督察持续发力。8 月 15 日至 9 月 15 日，中央第六环境保护督察组进驻日喀则市并开展督察工作。在中央第六环境保护督察受理群众举报期间，全面做好环境保护督察工作，结合区、市两级迎接中央环保督察的重点内容，组织 3 次理论中心组学习专题讲座环境保护相关知识、3 次动员部署会议，4 次推进会、16 次专题部署会议及协调会议。全年重点开展了矿山整治、砂场治理、饮用水源保护等工作，明确了各项工作任务的责任单位和时间节点，并制定印发了《昂仁县白色污染专项整治方案》、《砂石黏土类资源开发生态环境综合整治方案》，确保了环境综合整治形成常态化、机制化。

(六)脱贫攻坚持续奋进。严格按照“三年脱贫、两年巩固”的目标任务，根据《昂仁县关于打赢脱贫攻坚战的实施方案》，确保全县 4249 户、16630 人在脱贫攻坚路上实现“一个都不能少、一个都不掉队”，2017 年 1382 户，5705 人实现脱贫，42 个贫困村整村退出。一是资金投入情况。截至目前，申请小额贷款 6449.8 万元为 1457 户有效解决了发展生产资金紧缺问题；落实定向扶贫补助资金 575.8 万元，惠及建档立卡贫困户 7298 人；安排建档立卡贫困户和低收入人员 16404 个岗位，落实生态补助资金 4921.2 万元；积极开展“百企帮百村”活动，累计投入资金 123.88 万元；协调淄博援藏工作组，计划三年内将 80% 以上的援藏资金用于脱贫攻坚工作。二是易地扶贫搬迁。在村“两委”班子、驻村工作队以及广大农牧民群众的共同努力下，全县易地搬迁已实现 393 户 1484 人搬入新居，2017 年 1623 户 5925 人房屋主体工程已全部完工，预计明年 8 月底前全部实现搬迁入住。另外，已完成 139 户 473 人(其中建档立卡贫困户 92 户 301 人)跨县搬迁前期各项工作。三是扶贫产业情况。投资 433 万元的扶贫宾馆、200 万元的秋窝乡康萨粮油加工点项目已建成投入使用，投资 1500 万元的霍尔巴羊育肥基地配套工程 2500 亩人工种草基地已建完，另外，扶贫商砼、桑桑游客服务中心、扶贫综合商业用房、桑桑牦牛育培基地等项目正在有序推进中，以上产业落地后可带动 7016 人实现脱贫。

(七)灾后重建持续推进。按照时间节点统筹协调推进，确保总投资 3.9 亿元的灾后恢复重建项目有力有序有效开展。同时，本级财政出资 400 万元聘请专业的地勘、设计、监理，全程跟踪服务、监督把关重建房屋的设计、施工、用材用料等环节，定期反馈工程的质量和进度。年底总投资 7000 万元的桑桑特色小城镇和总投资 6380 万元的卡嘎特色小城镇分别完成总工程量的 85%、80%。灾后重建 11 个村整村推进工程已全部完工。

(八)防汛救灾持续高效。根据区市两级相关文件精神，结合我县实际，6 月 29 日全县进入汛期以来，县防汛抗旱指挥部组织人员多次对全县水库、电站、江河流域险工险段等重要设施部位进行全面排查。截至 9 月 30 日，全县受灾户数达 1577 户，受灾人口 8675 人，发生灾情 102 起，因灾造成经济损失约 2109.5 万元。此次汛期期间，县委、县政府第一时间投入救灾应急资金 104.43 万元，落实冬春受灾补助资金 91 万元，出动各类机械 460 台次，7250 人次，调运救灾帐篷 50 顶，各类救援物资 63755 件，转移安置 39 户 259 人，经过及时组织转移和抢修，群众生命安全得到了保证，实现了“零伤亡”。

(九)安全生产持续向好。按照年初安全生产既定目标任务，以“抓早、抓细、抓实”为原则，以国务院安全生产检查为契机，成立了巡查问题对照整改落实领导小组，制定了《昂仁县关于国务院安委会第八巡查组巡查反馈问题对照整改落实工作方案》，对国务院安委会第 21 综合督导组反馈的 40 项共性问题和 2 项个性问题，每项问题制定了具体整改措施，明确了牵头单位、责任单位和整改时限。通过不断地查漏补缺，着力推动安全生产责任体系建设、安全生产排查管控、隐患排查治理制度建设，坚持“党政同责”、“一岗双责”、“齐抓共管”、“失职追责”的责任体系，重点抓好交通运输安全、人员密集场所安全、非煤矿山安全等领域的监管，加大安全隐患排查整改力度，截至目前，共查出非煤矿山、危险化学品等领域安全隐患205处,已整改200处,整改率达97%。

（十）政府效能持续改进。全县政府系统扎实开展“两学一做”学习教育,以作风转变促效能提升,严格落实党风廉政建设责任制,持之以恒肃政风、正行风,深入推进政务公开,主动接受群众监督,提高政府工作透明度,让权力在阳光下运行。严格执行中央“八项规定”和自治区“约法十章”“九项要求”,重点整治了群众反映强烈的突出问题。自觉接受人大法律监督、政协民主监督和社会舆论监督。

各位代表,昂仁县改革发展稳定成绩来之不易。这是区党委、政府,市委、市政府亲切关怀,山东淄博市大力支援的结果,是县委坚强领导,全县各族干部群众团结奋斗的结果。在此,我代表县人民政府,向全县人民,向淄博市援藏工作组,表示衷心的感谢!向人大代表、政协委员和离退休干部,向驻军部队、政法干警,表示诚挚的谢意!向关心、支持昂仁发展建设的各界人士,表示崇高的敬意!

各位代表,成绩令人鼓舞,发展变化令人振奋。但我们应清醒地看到,我县经济社会发展与市委、市政府的要求,与全面建成小康社会、脱贫摘帽的目标还有一定差距。发展不够仍然是我县最大的实际,发展不平衡、不充分问题依然突出;产业结构不优、层次不高、链条不长,总体经济块头仍然偏小;招商引资难度大,重大项目支撑不够,持续发展动力仍显不足;贫困面大、贫困程度深,精准脱贫的任务艰巨;民生保障还有待进一步加强,教育、就业、医疗、食品药品安全与群众期盼还有差距;政府职能转变还显欠缺,发展环境还需优化,少数国家公职人员履职尽责还不够到位、工作作风还不够严谨、服务群众还不够扎实,不会为、不愿为、不敢为的现象还一定程度地存在。对于这些问题,我们将高度重视,加大改革创新力度,积极寻求破解之策,努力补齐发展短板,绝不辜负全县人民的期盼!

二、2018年工作安排

2018年是深入贯彻落实党的十九大精神的重要一年,也是全县脱贫摘帽决战决胜的一年,做好2018年政府各项工作,责任重大,意义深远。

2018年政府工作的指思导想是:坚持以党的十九大、区党委九届三次全会、市委一届五次全会、县委九届五次全会精神为指导,高举中国特色社会主义伟大旗帜,紧紧抓住发展、稳定、生态三件大事,大力弘扬“珠峰精神”,深入实施“6677”总体工作思路,突出改革创新,突出结构调整,突出生态保护,突出民生优先,加快政府职能转变,加快建设和谐文明幸福美丽昂仁。

2018年全县经济社会发展的主要目标是:全县生产总值增长16%,地方一般公共财政预算收入增长12%,全社会固定资产投资增长20%,社会消费品零售总额增长19%,农牧民人均可支配收入增长13%,城镇登记失业率控制在2.05%以内。

（一）进一步壮大基础产业,努力在农牧业发展上实现新突破。从全县实际出发,进一步加大农牧业结构调整力度,继续以藏青2000和喜马拉22号青稞良种为重点,加强高产创建和测土配方施肥工作,不断推进高标准农田建设,提高粮食单产水平,确保全县粮食安全;进一步发展蔬菜、油菜等经济作物,优化粮经饲比例,协调粮食生产与结构调整之间的关系;进一步做好草原生态保护奖励机制的政策落实,以草定畜、实现草畜平衡;进一步调整和优化产业布局,从桑桑牦牛和霍尔巴羊合作社养殖方式向现代化、规模化、标准化养殖转变,在销售方式上实现从传统的冬季集中出栏上市向四季均衡出栏上市转变,在生产方式上实现从粗放经营向集约经营转变,进而培育一批主导产业,加快农畜产品加工转化,提高产业化经营效益,形成特色优势产业区域化布局、专业化生产、规模化发展、产业化经营的新格局,着力转变农牧业发展方式,实现农牧业增产增效和农牧民增收。

（二）进一步争取项目投资,努力在重点项目建设上实现新突破。以项目建设为抓手,增强经济发展后劲,始终把项目工作作为全县经济工作的重中之重,不断扩大投资规模,强力拉动县域经济快速增长。紧盯政策抓谋划,深入研究国家产业政策,精心组织,围绕优势资源开发、基础设施建设和民生社会事业,超前谋划、积极研究论证一批事关全局和长远发展的重大项目。突出重点抓推进，坚持进度、质量、效益、安全并重，大、中、小项目协调推进。积极衔接、强化协调、跟踪督促，确保建成一批群众关注度高的民生项目。破解难题抓保障，完善领导干部包抓重点项目责任制，严格落实定期督查和现场办公制度，推行“管家式”、“帮办式”服务，统筹办理项目建设前期手续，解决好水、电、路等问题，确保项目顺利推进。

（三）进一步加大城乡统筹，努力在拓宽农牧民增收渠道上实现新突破。一是要在优化农牧民收入来源结构上下功夫，大幅度提高非农产业收入比重。突出加强就业技能培训，拓宽劳务就业渠道，重点开展藏式厨师、家政服务、建筑工、木匠、画匠、农机维修等技能培训，着力培育技能型劳务工作者，同时扶持和培育一批运输专业户、加工专业户、营销专业户、民族手工业生产专业户、旅游服务专业户、建筑建材生产加工专业户，通过发挥致富带头人的典型带动作用，引导和带动农牧区群众增收致富。充分发挥昂仁县人力资源丰富这一独特优势，把劳务输出当作产业来规划、组织和实施，从而实现由自发性、小批量输出向有组织、大规模输出转变，由输出低素质人员、就业层次低向输出高素质人员、就业层次高转变。二是要在改善农牧区面貌上下功夫，扎实推进社会主义新农村建设。继续实施农牧民房屋抗震加固建设工程，积极开展推进以安居乐业为突破口的社会主义新农村建设，进一步改善农牧民生产条件与人居环境。要建立健全保障机制，继续落实政策性直接补贴，完善农牧业保险体制，扩大农业保险的范围和品种，增强“三农”抗风险能力。构筑农村低收入群体保障体系，着力推进农村新型社会养老保险、医疗保险、农村最低生活保障制度建设，解除农牧民后顾之忧，实现减负增收。

（四）进一步提高群众幸福指数，努力在保障和改善民生上实现新突破。一是优先发展教育事业。加强教育基础设施建设，重视发展学前教育，完善职业教育，深化学校管理体制改革，扎实推进素质教育。大力推进教育均衡发展各级迎评工作，确保年内完成23所义务教育学校的国家评估认定工作，打造学校规范化建设和特色发展工作，全面推进教育公平和质量提升。进一步探索和推进适度集中办学模式，突出规划引领作用，加强县第二小学建设工作，力争年内完成。二是加强文化广播影视服务工作。大力发展公益性文化事业和文化产业，继续抓好文化广播电视村村通工程和农村电影放映工程。积极打造“一县一品”、“一乡一品”文化品牌，努力实现昂仁县唐东杰布文化品牌，策划举办唐东杰布文化旅游节。三是加快发展医疗卫生事业。继续深化医药卫生体制改革，完善县乡疾病预防控制体系、医疗救治体系和卫生执法监督体系。强化乡镇卫生院规范化管理，全面启动精准扶贫和重大疾病家庭医生签约式服务工作。四是完善社会保障体系。着力抓好新农保工作，进一步完善社会保险制度，不断提高医保报销比例，完善城镇、农村低保和五保户供养制度，加强城镇流浪乞讨人员救助管理，大力发展慈善事业。统筹人与自然和谐发展，努力构建资源节约型、环境友好型社会。继续抓好退耕还林、退牧还草、湿地保护、防沙治沙和植树造林等重点生态建设工程。积极应对气候变化，大力推进自然灾害防御体系建设。

（五）进一步加大脱贫攻坚力度，努力在全县脱贫摘帽上实现新突破。严格按照脱贫攻坚目标任务，2018年7193人实现脱贫并摘帽，经过2019—2020年的巩固，到2020年与全国同步全面建成小康社会。一是着力推进“九个一批”工程。严格按照“六个精准”要求，深入实施“九个一批”，因村因户因人分类精准施策，举全县之力，确保脱贫攻坚目标任务如期圆满完成。二是着力实施“十项提升”工程。大力实施水电路讯网、教科文卫保“十项提升”工程，加快破除发展瓶颈制约，夯实贫困地区脱贫致富的基础，优化农村发展环境，改善农牧民群众生产生活条件。三是着力培育壮大特色支柱产业。以区位优势和资源禀赋为基础，做大做强青稞、桑桑牦牛和霍尔巴羊特色支柱产业，让贫困群众不离乡不离土就能融入产业发展，实现长期稳定致富。四是着力开展转移就业脱贫行动。以实现贫困群众“劳动有技能、就业有门路、收入有保障”为目标，加大职业技能培训投入，统筹使用各类培训资源，以就业由“体力型”向“技能型”转变为导向，完善培训措施，提升培训质量，逐步实现有条件的家庭至少有一人掌握一门实用技术。五是着力培育脱贫内生动力。坚持扶贫不扶懒、扶贫先扶志。从结对帮扶抓起，改变简单给钱、给物的做法，通过走访入户、面对面谈心等形式加强正面宣传引导，强化贫困群众脱贫致富主体意识，真正实现“要我脱贫”到“我要脱贫”的根本思想转变。

（六）进一步加强社会管理服务，努力在平安昂仁建设上实现新突破。把握好新时期西藏工作的特殊矛盾，高举“五个维护”的旗帜，始终绷紧反分裂斗争、维护稳定这根弦，全面贯彻“旗帜鲜明、针锋相对、掌握主动、凝聚人心、强基固本”的方针，谋长久之策，行固本之举，完善军警民联防机制，巩固发展统一战线，健全寺庙管理长效机制。深入开展反分裂斗争，强化社会治安综合治理，加强安全生产监管，建立健全应急体系，重视和加强人防工作，扎实推进平安昂仁建设。以高度负责的态度认真做好信访工作，积极预防和妥善处置群体性事件和突发事件。时刻保持“严打”高压态势，严厉惩处各种违法犯罪行为，切实保障人民群众生命财产安全。深入开展专项整治，真心实意解决好群众反映的热点、难点问题。

三、加强政府自身建设

（一）强化思想建设。要牢固树立政治意识、大局意识、核心意识、看齐意识，绝对忠诚以习近平同志为核心的党中央，在思想上拥戴核心、政治上信赖核心、组织上忠诚核心、行动上捍卫核心，用对以习近平同志为核心的党中央绝对忠诚的实际行动，做好改革发展稳定各项工作。加强学习，不断增强把握引领新常态的能力和水平。

（二）突出廉洁自律。严格落实中央“八项规定”、区党委“约法十章”“九项要求”，全面加强廉洁政府建设，坚持用制度管人、管权、管事，坚决查处违法违纪案件，始终保持惩治腐败高压态势，营造风清气正的政务环境。坚持教育在先，警示在先，预防在先，加强廉政文化建设，做到警钟长鸣。自觉接受人大及其常委会的法律监督和工作监督，真诚接受政协的民主监督，主动接受社会监督，加强政府内部层级监督和监察，以廉洁自律的良好形象赢得人民群众的信任和支持。

（三）改进工作作风。进一步深化作风建设，强化责任意识，提高工作能力，创新工作方法，建立和完善目标管理、督查机制、绩效考核，诚恳接受群众监督，确保各项措施落到实处。进一步提高科学执政、民主执政、依法执政能力水平，切实做到严肃、严谨、严格，开明、开拓、开放，干事、干练、干净，努力建设人民群众满意的法治政府、为民政府、高效政府、廉洁政府。弘扬担当实干精神，始终把人民放在心中最高位置，深入实际、深入基层、深入群众，做到全心全意为人民服务。严格落实争先进位考核办法，强化工作督办落实和效能问责，完善考核机制，层层传导压力，建立激励机制，树立正确导向，全面推动政府工作高效运转。

各位代表，做好2018年政府工作，任务艰巨、意义重大。面对新的起点、新的形势、新的任务，我们一定要紧密团结在以习近平同志为核心的党中央周围，在县委的坚强领导下，在人大的高效监督下，凝心聚力，顽强拼搏，奋发进取，以更加昂扬的斗志、更加扎实的作风、更加振奋的精神，努力完成2018年经济社会发展目标任务，为实现与全国人民一道全面建成小康社会的宏伟目标而努力奋斗。

概 览

【历史沿革】 昂仁二字在藏语中意为“长沟”,不同时期的历史文献中也称之为昂忍、昂木仁、昂仁孜、傲不仁、阿木林、章阿木林、绛阿木林等。

昂仁有着久远的发展历史,早在细石器时代就有原始先民在这里繁衍生息。古老的历史孕育灿烂的文明。县内分布有众多的遗址遗迹、人文名胜,记录时代的发展、文明的进步。这里还是一世班禅的故里,汤东杰布的家乡,迥巴藏戏的诞生地。底蕴深厚的民族传统文化犹如一座宝库,散发出耀眼的光芒。1959 年民主改革之后,国家为便于行政管理,成立日喀则专区,改“宗”为县。1964 年,对部分地区进行调整后成立日喀则地区行政公署,昂仁县为日喀则行署所辖,2014 年 12 月 18 日,日喀则撤地设市,昂仁县为日喀则市所辖。

【地理位置】 昂仁县行政隶属日喀则市,地处日喀则市西部。全县总面积 3.96 万平方千米,占日喀则市总面积的 21%。昂仁县域介于北纬 29°—31°,东经 85.76°—87.75°之间,位于日喀则西北部,雅鲁藏布江上游,冈底斯山脉中脊线上,“一江两河”(雅鲁藏布江、多雄河、梅曲河)流经县域南部。东邻谢通门和拉孜两县,西接措勤和萨嘎两县,南靠聂拉木和定日两县,北依那曲地区尼玛县,县城距日喀则市驻地 217 公里。县内平均海拔 4513 米,县城驻地海拔 4380 米,年降雨量 400 毫米左右,年平均气温 4.5℃。昂仁县地势由东向西逐渐抬升,山脉占据全县总面积的 3/5 多,仅海拔 4500 米至 6300 米山呈红、黄、蓝、白、紫等色;海拔 4400—4600 米,山脉阳坡生长着爬地柏或少量草,阴坡则大面积覆盖着草科植被,河谷平原地多为草场、是昂仁县的牧业基地,大型草场如贡久布草原、措迈草坝、桑桑草坝等;海拔 4400 米以下,主要为昂仁县农业生产基地,即六个农业乡所在地。因冈底斯山脉东西横贯,所以县域地势中部较高,南北部稍低。南部平均海拔 4000 米左右。

【气候特征】 昂仁县属高原温带半干旱季风气候区,日照强,干湿季分明,夏季多雨,无霜期短。年无霜期约 60 天。年降水量 220 毫米左右。常见的自然灾害有风、沙、旱、雪、霜、虫灾等。独特的地理位置形成两大气候带:东南河谷地带(1 个镇 5 个农业乡)为温暖、少风、半干旱气候,平均气温 6.5℃,最热月(7 月)平均温度 12℃,年降水量约 400 毫米左右;西北高山地带(1 个镇 10 个牧业乡)为多风寒冷、半干旱气候,平均气温在 4℃以下,降水量约 300 毫米。

【水文状况】 昂仁县的水资源来源于地表水资源、地下水资源、冰川水资源和大气降水。昂仁县境内河流密布,主要河流 10 余条,水面面积近万平方公里,河流总长度近 1000 公里。雅鲁藏布江及其支流多雄藏布、美曲藏布属印度洋水系,其余大小河流均流入境内或境外湖泊中,属内陆河。雅鲁藏布江横贯县域南部,流经日吾其、多白、卡嘎三乡(镇),境内总长为 120 公里,河床平均宽约 1 公里,年均流量为 155.5 立方米 / 秒。其他主要河流:多雄河、美曲河。全县湖泊水域面积为15050440亩，湖泊储水量约为21亿立方米。畜如错面积最大为208平方公里。冰川水资源主要分布于县查孜、宁果乡，以高海拔冰川为主（宁果：北面打果山脉，查孜：污卡拉地）另外，在与萨嘎、吉隆交界区域分布以高山为主的冰川山脉。

【自然资源】 昂仁县共落实农作物播种面积7.85万亩，其中粮食作物播种面积6.39万亩、经济作物播种面积0.94万亩、饲草饲料作物面积0.52万亩。草原畜牧业和农区畜牧业潜力巨大，草场面积2864.85万亩，其中可利用草场2754.59万亩。牲畜总存栏55.56万头（只、匹）。其中，新生仔畜19.36万头（只、匹），仔畜成活18.24万头（只、匹），成活率94.2%，同比增长1个百分点；出栏数18.67万头（只、匹），出栏率33.73%。矿产资源丰富，昂仁县已探明有矿产20多种，其中有色金属有金、银、铜、铅、锌等8种，黑色金属有铁、铬等3种，非金属有砷、硫、硼、盐类等9种，另外还储一定藏量的大理石、煤、石油、地热等。昂仁县发现有哺乳动物53种，鸟类200余种，爬行动物6种，两栖类1种。野生动物主要有岩羊、羚羊、獐、狼、狐狸、豹、拾荆、野兔、旱獭、水獭、融鼠、斑头雁、野鸭、角维、秃鹫及野牦牛、野驴、黑颈鹤等。家养动物主要有牦牛、犏牛、马、驴、山羊、绵羊、猪、鸡等。这些动物大多是原始品种，长期以来自然选择起主导作用，适应高原环境。昂仁常见的主要树种有爬地松、桓树、杨树、贝母、党参、雪莲花、胡黄连、当归、车前子、紫菀等约50种，这些药材产量高，既是常用的中草药，同时也是有特殊风格和用途的藏药的重要成分。

【人文资源】 昂仁县是第一世班禅的故里，汤东杰布的家乡，迥巴藏戏的诞生地。昂仁县内分布有众多的遗址遗迹、人文名胜，记录时代的发展、文明的进步，如日吾其金塔、铁索桥，亚洲最大的间歇性高温喷泉达格架。底蕴深厚的民族传统文化犹如一座宝库，散发出耀眼的光芒。独特的高原文化散发着永恒的魅力。湛蓝的天空，苍茫的草原，神山圣湖，绵延雪峰，无不向世人诏示着她不老的魅力；独特的民族文化，博大精深的藏传佛教，无不给世人一份无尽的向往。勤劳、勇敢、智慧的昂仁人民世代守候的这片热土地上，悠扬粗犷的牧歌，燃烧不熄的篝火，香气四溢的酥油茶，充满活力的迥巴藏戏，传承着昂仁县古老的文明。日吾其迥巴藏戏属西藏藏戏蓝面具四大流派之一，被列为国家级非物质文化遗产。

【行政区划】 昂仁县下辖2个镇15个乡，其中农业乡镇6个，即卡嘎镇、多白乡、日吾其乡、亚木乡、达局乡、秋窝乡；牧业乡镇11个，即桑桑镇、阿木雄乡、切热乡、如萨乡、孔隆乡、宁果乡、查孜乡、贡久布乡、措迈乡、达若乡、雄巴乡。全县共有185个行政村，485个自然村。

【特色产业】 昂仁县是自治区较大的畜牧业养殖县之一，现有农区畜牧业和传统民族手工业等支柱产业。昂仁县农作物主要有青稞、豌豆、小麦、油菜等；畜牧养殖主要有牦牛、绵羊等；工业进一步发展，主要有昂仁县卡嘎镇民族手工业专业合作社、昂仁县卡嘎镇江嘎村民族手工业制品专业合作社、昂仁县聂木昌富民畜产品加工专业合作社、昂仁县多白乡奶牛专业合作社、昂仁县德琴新能源科技有限公司等；昂仁县民族手工业种类众多，有纺织、编织、缝纫、木工、绘画等。

【经济概要】 2017年，全县地区生产总值8.66亿元，同比增长16%；完成社会固定资产投资11.98亿元，同比增长38.65%；完成地方一般公共预算收入4470万元，同比增长44.98%；完成社会消费品零售总额2亿元，同比增长25.7%；农村居民人均可支配收入达7467.46元，同比增长13.32%，完成全年目标任务。

（彭天亮）

大事记

1月

3日　昂仁县政协党组召开“两学一做”学习教育专题民主生活会。

5日　昂仁县人民政府党组、人大党组召开2016年度民主生活会。

同日　昂仁县召开县委常委班子2016年度民主生活会。

10日　昂仁县开展农村公路冬季道路安全隐患排查。

12日　昂仁县开展少数民族发展资金项目县级初验工作。

同日　昂仁县完成永久基本农田划定工作县级初审。

13日　昂仁县开展2016年度政府经济发展考核工作。

17日　第六期西藏大学生防艾下乡主题宣传活动在昂仁县日吾其乡顺利举办。

18日　昂仁县开展健康教育宣传活动。

19日　日喀则市阳孜饭店在昂仁县达局乡江嘎村开展“百企帮百村”结对帮扶活动。

2月

8日　昂仁县开展“世界湿地日”宣传活动。

12日　昂仁县委理论中心组召开第三次集中学习会议，县委副书记、县长普布多吉主持会议并讲话。

13日　昂仁县卡嘎镇兑现受灾群众资金，共计发放资金18万元。

23日　昂仁县召开农村土地（耕地）确权登记颁证工作部署大会，会议由县委副书记、人大常委会主任旦木真主持，所有在岗县级领导，各部门负责人、各乡（镇）负责人及农村土地确权领导小组成员等共计60余人参加会议。

28日　昂仁县开展指导农业普查PDA录入工作。

3月

5日　昂仁县召开理论中心组第五次学习会议，专题讲座环境保护相关知识，会议由县委书记李有平主持，所有在岗县级领导、县直部门负责人、各乡镇负责人参加会议。

7日　昂仁县住建局局长和昂仁县国土局工作人员等七人组成工作组一行到贡久布乡开展海拔4000米以上乡镇“八有”工程调研。

同日　昂仁县召开县委理论中心组第7次学习会议，在岗县级领导、各乡镇负责人、县直单位负责人参加会议，会议由县委书记李有平主持。

10日　昂仁县民政局召开精准扶贫工作培

训会。

同日 昂仁县开展学生返校护送工作，出动警力95人次，警车47台次，护送学生7733人。

同日 昂仁县交运局开展县城至秋窝乡公路段超载超限治理工作。

同日 昂仁县查孜乡发放2016年农村生活保障资金，共计发放8.12万元。

14日 日喀则市委常委、组织部部长杨昆一行督导组到卡嘎公安二级检查站、中石油加油站、桑桑镇洛布村、桑桑镇人民政府进行督导检查，看望慰问坚守一线的执勤民警、驻村工作队员、村“两委”班子成员和乡镇干部职工。

同日 昂仁县司法局开展法治宣传活动。

同日 昂仁县副县长司昆强、旺拉到亚木乡采砂、采石场进行专项检查。

同日 昂仁县境内普降大雪，昂仁县启动应急预案，确保道路交通安全。

同日 昂仁县召开迎接中央环境督察工作矿产开发领域第二次推进会，县环保局、国土局、安监局、人力资源和社会保障局、信访局、公安局、农牧局、林业局等7个涉矿部门负责人及同泰、西盟、嘉实、丰恩、中翔等5家矿山企业负责人参加会议，会议由副县长司昆强主持。

15日 自治区交通运输局厅联合环保厅、国土资源厅一行督导组到昂仁县开展农村公路建设项目环境保护督查工作。

同日 昂仁县人社局开展六弦琴技能培训，六弦琴是西藏的传统乐器，藏语叫扎木年，深受藏族人民喜爱。

同日 针对县域内出现的非法采砂现象，以及农牧民举报的非法采砂问题，昂仁县成立督导组实地对各河道采砂场整改情况进行督查。

同日 昂仁县环保局开展环境宣传活动。

16日 由于县域内连续降雪，昂仁县贡久布乡党员先锋队走村入户了解牲畜死亡情况。

同日 昂仁县交通安全组成功在雪地中解救3辆被困车辆，及被困的12名人员。

同日 受冷空气及降雪影响，农牧民生产生活，针对此情况昂仁县阿木雄乡开展发放饲草料工作。

19日 中国人民政治协商会议第二届昂仁县委员会第二次会议胜利闭幕。

同日 昂仁县第十三届人民代表大会第二次会议胜利召开。

22日 昂仁县召开同泰下你矿山及嘎日选矿厂推进会，县环保局、国土局、安监局、人社局等4个涉矿部门主要负责人及同泰矿山企业负责人参加会议，会议由副县长司昆强主持。

同日 西藏自治区人大常委会副主任维色，自治区人大民族宗教外事侨务委员会副主任委员朱朗时，日喀则市委常委、市人大常委会主任扎西泽仁一行督导组到昂仁县人大检查指导工作。

26日 昂仁县2017年脱贫攻坚工作会议顺利召开。

28日 昂仁县举行“3·28”西藏百万农奴解放纪念日活动，纪念西藏百万农奴解放58周年，庆祝第九个“3·28”西藏百万农奴解放纪念日。

30日 由县委副书记、县长普布多吉带队一行的工作组到达局乡对教育、扶贫、财政、发改、水利等方面进行调研指导。

4月

3日 县委副书记、县长普布多吉和副县长次琼、索朗次仁，以及县政府办、教育局、财政局、发改委、扶贫办、重建办、疾控中心等负责人一行工作组到贡久布乡检查指导工作。

5日 县委常委、县政府党组成员杨洋和交运局局长达瓦带领县国土局、环保局、水利局和项目设计单位等相关负责人，在昂仁县日吾其乡对道路改建进行实地踩点。

同日 昂仁县多白乡发放各项惠农补贴，共发放冬春救灾资金8万元、低保资金76.95万元、流浪乞讨补助金0.18万元、农资综合补贴资金53.36万元、生态岗位补助资金272.7万元、先进双联户奖金7.96万元、双联户户长补助资金25万元，共计444.15万元。

同日 县委副书记、县长普布多吉与副县长次琼及易地搬迁负责人一行工作组对昂仁县易地搬迁工作进行调研。

同日　昂仁县中学举行“深化五项教育，增进五个意识”主题宣传文艺活动。

6日　日喀则市卫计委副调研员尼玛次仁到昂仁县达局乡帮玉村检查指导工作。

同日　昂仁县农牧服务中心副主任桑珠一行到达局乡伦定村实地选址有机肥效试验田地块。

同日　昂仁县食药监局协助县禁毒办对药店进行专项检查。

同日　昂仁县农牧局、科技局联合举办“青稞增产行动”春耕备耕技能培训，6个农区乡镇共115名村级科技特派员和6名乡镇农业科技专职人员以及4名县农牧局农业科技专职人员参加培训。

7日　昂仁县举办六弦琴制作培训班，23名学员参加培训，培训时间为90天，培训结束时23名参训学院全部通过考核鉴定，培训合格率达100%。

同日　日喀则市教育局党委副书记、局长索旺带队，组成市教育局工作组到昂仁县桑桑镇小学开展教育督导，县委副书记、县长普布多吉，副县长索朗次仁，县政协副主席、桑桑镇党委书记阿珍，教育局主要负责人等陪同考察。

同日　西藏自治区扶贫办公室副主任李新年一行督导组到昂仁县检查指导精准扶贫工作。

同日　昂仁县人大常委会副主任边顿到达局乡宣讲“四讲四爱”主题教育实践活动。

8日　县委副书记、县长普布多吉在县域内23所中小学校调研教育均衡发展工作，分管教育副县长索朗次仁、县教体局、各乡镇相关负责人陪同调研。

10日　昂仁县开展义务植树活动。

同日　日喀则市司法局党组副书记、局长阿旺次仁一行工作组到昂仁县司法局进行调研。

12日　昂仁县召开2017年第一季度干部监督管理联席会议。

同日　日喀则市国土资源局副局长王进虎一行工作组到昂仁县检查指导达格架地热间歇性喷泉群保护区项目。

同日　昂仁县政协副主席次仁群培一行的政协委员宣讲团到卡嘎镇宣讲“四讲四爱”主题教育实践活动。

同日　昂仁县民间艺术团到亚木乡进行“文化下乡”惠民演出。

同日　中国共产党第九届昂仁县纪律检查委员会第二次全体会议胜利召开。

13日　昂仁县委副书记、县长普布多吉带队，县委组织部、重建办、发改委、政府办、财政局等单位主要负责人组成工作组在项目施工方、工程监理、设计方等负责人的陪同下到桑桑镇旅游接待中心、镇政府办公楼、卫生院扩建、梅朵村村委会活动场所等施工现场进行调研。

同日　昂仁县委政法委副书记尼玛吉拉、县综治办主任巴桑旺堆组织县委政法委、县综治办工作人员、乡镇长、乡镇政法委员、综治专干、寺管会主任等共19名干部到谢通门县考察学习。

同日　昂仁县卡嘎镇雪村启动土地确权测量制图工作。

同日　昂仁县项目办对秋窝乡卫生院建设项目进行放线。

同日　昂仁县项目办对帮玉寺管会综合业务用房建设项目进行放线。

同日　昂仁县中学开展植树活动。

同日　昂仁县卫生服务中心对新调来的医务工作人员进行岗前培训。

同日　昂仁县查孜乡开展易地搬迁选址地勘工作。

14日　日喀则市农牧局调研员宋一彤一行的督导小组到多白乡进行督导检查。

同日　日喀则市委第三巡察组巡察昂仁县桑桑镇、多白乡、日吾其乡党委工作动员会顺利召开。

15日　昂仁县委政法委开展“4·15”全民国家安全教育日宣传活动。

17日　昂仁县卫生局举办乡镇医务人员医疗设备使用操作培训。

19日　昂仁县人民政府第三次工作推进会胜利召开。

21日　昂仁县举行村干部培训班开班仪式，全县185名村党支部书记参加仪式。

24日　昂仁县委组织部邀请“老党员、老干部、老劳模”拉巴同志为185名村党支部书记专题讲党课。

25日 日喀则市新闻出版广电局局长盖法奎率办公室主任苏征等一行调研组到昂仁县文广局及广播影视服务中心检查指导工作。

同日 县委常委、统战部部长尼玛平措带队的宗教领域“四讲四爱”主题教育实践活动宣讲团到达局乡对所属寺庙僧尼进行主题教育实践活动宣讲。

26日 昂仁县财政局投入使用电子票据管理软件。

同日 昂仁县召开创建全国民族团结进步示范县工作推进会。

同日 昂仁县委书记李有平，县委副书记、县长普布多吉等一行到秋窝乡当通村、康萨村实地调研扶贫产业项目。

28日 日喀则市巡回宣讲团到昂仁县开展“四讲四爱”主题宣讲报告会。

同日 昂仁县农牧局开展草原法律法规宣传活动。

同日 昂仁县召开2017年度“三包”及营改物资政府采购会议。

5月

2日 昂仁县迎检办召开迎接中央环境保护督察阶段工作情况会。

同日 日喀则市民族艺术团到昂仁县达局乡开展“四讲四爱”主题教育实践活动喜迎党的十九大文艺巡演。

3日 昂仁县召开县委理论中心组第八次学习会议。

4日 日喀则市交通局建设科一行工作组对昂仁县2017年交通专项扶贫项目进行实地审查。

同日 日喀则市委外宣办副主任田冰一行工作组到昂仁县推广和宣传迥巴藏戏、日吾其金塔、汤东杰布铁索桥。

5日 昂仁县多白乡青稞增产行动领导小组下村督导机播。

同日 昂仁县中学召开新任领导班子任职见面会。

同日 昂仁县召开县委理论中心组第九次学习会议。

同日 日喀则市科技局督查组到昂仁县检查指导工作。

8日 昂仁县水利局开展县城水源保护区环境整治活动。

9日 昂仁县国土局召开“4·25”灾后重建施工对接会。

10日 自治区交通厅副处长尼珍一行工作组到昂仁县如萨乡进行道路交通设计审查工作。

11日 昂仁县不动产权证首发仪式圆满完成。

同日 西藏自治区交通厅农村公路处领导、市交通运输局建设科领导、昆明林业勘察设计研究院、中国华西设计院专家一行工作组，到昂仁县对查孜乡至宁果乡公路、如萨乡至孔隆乡公路、桑桑至措迈乡公路等8个“脱贫摘帽县农村公路”项目设计进行审查，项目总里程531公里，项目总投资207913万元。

23日 水利部规划计划司巡视员庞进武到昂仁县调研帕孜水利枢纽及配套灌区工程，西藏自治区水利厅党组成员巡视员李克恭，区水利厅规划计划处副处长伦珠，区建管中心副书记主任侯兴华，市水利局局长普琼，县委副书记、县长普布多吉和县委副书记、人大常委会主任旦木真陪同调研。

26日 日喀则市文广局党组成员、调研员边巴旺堆到昂仁县检查指导广电工作。

同日 日喀则市民族团结进步示范市领导小组到昂仁县督导检查工作。

同日 日喀则市交运局副调研员普布次仁一行工作组及第三方检测单位，对昂仁县2017年在建的公路项目实地进行检查指导。

6月

5日 县委副书记、县长普布多吉到昂仁县中学检查指导教育均衡发展工作。

同日 昂仁县藏医院开展全民健康体检工作。

同日 县委常委、副县长达次一行工作组到雄巴乡督导易地搬迁项目建设工作。

同日 昂仁县食药局举行药械化不良事件监测哨点医院授牌仪式。

6日 日喀则市安监局党组书记陈海英一行工作组到昂仁县检查安全生产迎国检工作筹备情况。

8日 昂仁县国土资源局组织开展违法违规用地执法巡查行动。

同日 昂仁县委副书记、人大常委会主任旦木真到日吾其乡达夏村,对37户搬迁项目进行监督检查。

9日 昂仁县日吾其乡央曲村"兴边富民水渠工程"顺利通过县级验收。

13日 昂仁县召开县委理论中心组第十次学习会议。

14日 自治区社科院副院长吴坚及驻村工作人员在宁果乡对精准扶贫工作开展进度、"四讲四爱"宣传工作及各项惠民资金落实情况进行调研,并对宁果乡小学教育教学、校园安全等相关工作进行调研指导。

同日 自治区环保厅环境监察总队队长张博一行区、市两级环境督察组到昂仁县开展环境保护督察工作。

同日 自治区环保厅环境监察总队队长张博一行的区、市两级环境督察组到昂仁县桑桑镇嘎日尾矿库进行检查指导工作。

16日 昂仁县人民政府2017年第四次工作推进会顺利召开。

同日 昂仁县珠峰有机养殖产业在秋窝乡当通村举行开工仪式。

21日 日喀则市人民保险公司工作人员到多白乡宣传保险政策。

同日 中国人保日喀则市分公司工作人员到昂仁县阿木雄乡宣讲相关政策。

23日 昂仁县中学举办"我的中国梦.青春梦"演讲比赛。

同日 昂仁县桑珠格丹寺开展僧尼手抄"四讲四爱"书法比赛。

26日 日喀则市农牧局调研员宋一彤一行的青稞增产行动督导组到昂仁县多白乡、日吾其乡、达局乡开展第三次实地督导检查。

29日 昂仁县纪委开展清理公款私借工作。

同日 昂仁县政协副主席次仁群培一行4人到阿木雄乡就精准扶贫易地搬迁项目建设情况进行督导检查。

7月

1日 昂仁县召开庆"七一"表彰大会暨喜迎党的十九大胜利召开。

同日 昂仁县卫生系统党总支在敬老院开展"七一"义诊活动。

同日 日喀则市委副书记、市长刘虎山到昂仁县慰问离退休老干部、老党员。

5日 西藏自治区检察院案管处处长央宗、市检察院案管处处长刘硒川一行工作组到昂仁县人民检察院检查指导业务综合工作。

同日 昂仁县十三届人大常委会第六次会议胜利召开。

6日 昂仁县二级乙等综合医院等级评审工作推进会议顺利召开。

同日 昂仁县卫生服务中心接受创建二级乙等综合医院预评审。

8日 日喀则市国土资源局副局长王进虎一行的环境保护督查二组到昂仁县督察环保工作整改落实情况。

9日 昂仁县开展十九大前期危化品专项检查。

12日 昂仁县召开第二季度安全生产工作总结会议。

同日 日喀则市人民检察院党组成员、政治部主任曾涛到昂仁县人民检察院调研机构设置和队伍建设状况。

13日 日喀则市纪委常委、监察局副局长张春峰一行工作组到昂仁县调研信访、案管工作开展情况。

14日 昂仁县迎接中央环境保护督察部署会议顺利召开。

17日 受持续强降雨影响,部分乡镇遭受风雹、洪涝灾害,县民政局积极开展救灾防灾工作,解决受灾群众生活、居住问题。

18日 昂仁县人大常委会组织部分县、乡两级人大代表、退休老干部代表、卡嘎镇雪村村两委成员,领导班子卡嘎镇雪村选民代表,在昂仁县城专题监督检查县城给水、排水、污水处理、路面恢复等项目建设情况。

19日 中共昂仁县委理论学习中心组第十一次(扩大)学习会议顺利召开。

20日 昂仁县藏医院开展“喜迎十九大”免费义诊活动。

25日 日喀则市委书记张延清到昂仁县督察调研环保迎检工作。

27日 昂仁县委常委、纪委书记屈小刚一行到切热乡检查指导党风廉政建设和反腐败工作。

同日 日喀则市交通运输局纪检组长罗布顿珠一行工作组到昂仁县督导检查公路建设项目进展情况。

31日 日喀则市发改委、住建局、强基惠民活动办、“两学一做”办公室组成的联合调研组到昂仁县调研村集体经济合作社发展情况。

8月

1日 西藏民族大学财经学院实习基地揭牌仪式在昂仁县举行。

2日 西藏自治区教育厅财务处处长刘炳江一行教育财务审计组到昂仁县卡嘎镇小学、县教育局财务室开展检查指导教育财务工作。

同日 西藏自治区人大常委会副主任李文汉一行调研组到昂仁县检查指导精准扶贫工作开展情况。

6日 日喀则市中级人民法院党组成员、副院长康春生一行工作组到昂仁县人民法院督导执行工作。

10日 日喀则市藏语委办副主任次仁卓嘎一行到昂仁县调研《日喀则市人民政府关于加强藏语言文字工作的意见》贯彻落实情况。

18日 昂仁县桑桑镇举办赛马文化节暨酥油品鉴会。

24日 昂仁县村组织换届选举工作动员部署会议顺利召开。

25日 昂仁县2017年帮扶大学生精准扶贫发放仪式顺利举行。

27日 日喀则市农牧局副局长宋一彤一行工作组到昂仁县秋窝乡检查指导二级青稞种子长势情况。

同日 西藏自治区高级人民法院行装处副处长普琼扎西一行工作组到昂仁县人民法院检查指导项目建设。

9月

1日 日喀则市中级人民法院基建办一行工作组到昂仁县人民法院桑桑镇人民法庭检查指导项目建设情况。

4日 昂仁县顺利完成贫困人口动态调整系统录入工作。

10日 西藏自治区政协副主席洛桑久美带领有关部门负责人,在昂仁县调研“传承和发展民族藏医药”工作。

13日 昂仁县卫生院二乙医院创建迎评安排部署会顺利召开。

18日 中国佛教协会副秘书长全柏音一行中国佛教协会工作组到昂仁县寺庙举行《十万松》经书捐赠仪式。

20日 国家安全生产应急救援指挥中心信息管理部主任孔亮带队的督查组一行6人在西藏自治区政府党组副书记、政府顾问、区党委统战部常务副部长、区党委政法委副书记、自治区民宗局党组书记、自治区安委会副主任格桑次仁,日喀则市副市长、市安委会副主任、市安委会办公室主任次仁扎西和区、市相关部门负责人以及昂仁县委书记李有平的陪同下,对昂仁县安全生产工作进行全面督导。

22日 日喀则市学前双语教育督导评估组到昂仁县开展学前双语教育督导评估工作。

10月

9日　昂仁县组织政协委员到吉隆县学习考察国际商贸市场产业项目。

同日　西藏自治区教育厅电教馆现代教育技术管理办主任扎西尼玛到昂仁县日吾其乡小学检查验收自治区基础教育试点工程电子白板项目。日喀则市教育局电教馆馆长次多、阿里地区电教馆馆长洛桑欧珠、区市电教工作人员、昂仁县教育局主要领导及相关项目监理、承建单位负责人等17名参与验收。

17日　昂仁县委书记李有平和县委副书记、县长普布多吉一行到昂仁县中学进行推门听课。

同日　昂仁县举行驻藏部队考录乡镇公务员培训班开班仪式。

20日　山东省援藏干部总领队、日喀则市委副书记、常务副市长冯继康在市委副秘书长汲广树、市发改委副主任赵兵等同志陪同下到昂仁县视察淄博援藏项目建设工作，并亲切看望慰问淄博市第八批全体援藏干部。

30日　县委副书记、县长普布多吉到昂仁县中学为全体教师讲廉政党课，中学全体教职工参加党课，党课由中学校长巴桑扎西主持。

11月

17日　山东省淄博市援藏工作组到昂仁县举行市政环卫抢险救灾设备捐赠交接仪式。

19日　昂仁县委九届五次全会顺利召开。

28日　日喀则市水利局第二轮水利工程验收组一行到昂仁县秋窝乡、达局乡、亚木乡等6个农区乡镇开展2013年至2016年小型农田水利专项县项目工程竣工验收工作。

12月

21日　日喀则市中级人民法院党组书记、代院长李世蓉到昂仁县人民法院调研指导工作。

政党 政务

中国共产党昂仁县委员会

【概况】 中共昂仁县委认真学习贯彻党的十八大、十八届历中全会精神以及党的十九大精神。2017年,在全县干部职工的共同努力下,完成2017年度工作任务。全县完成地区生产总值8.66亿元,同比增长16%;社会固定资产投资11.98亿元,同比增长38.65%;地方一般公共预算收入4470万元,同比增长44.98%;社会消费品零售总额2亿元,同比增长25.7%;农村居民人均可支配收入7467.46元,同比增长13.32%。

【招商引资】 年内,招商引资到位资金1.6亿元。

【旅游发展】 年内,旅游人次达153321人次,同比增长22.07%;旅游收入达597.04万元,同比增长18.21%。

2017年4月28日，县委书记李有平，县委副书记、县长普布多吉，县委副书记索旦一行调研产业项目基地

【金融机构存贷款余额】 中国农业银行股份有限公司昂仁县支行2017年存款余额为13.6460亿元,同比下降1.2%;贷款余额为8.0493亿元,同比增长14.46%。中国邮政集团公司西藏自治区昂仁县邮政分公司2017年存款余额为2236万元,同比增长15%。

【农牧业发展】 2017年,全县农作物播种面积7.91万亩,其中亚木乡1.1万亩,达局乡0.78万亩,秋窝乡1.7万亩,卡嘎镇1.41万亩,多白乡1.45万亩,日吾其乡1.23万亩,桑桑镇0.22万亩,雄巴乡0.018万亩(青稞播种面积6.2万亩,粮食作物产量4316.68万斤,同比增长9.46%),草场总面积2864.85万亩(可利用草场面积2754.59万亩);青稞产量达4167.42万斤,每亩单产672.16斤、较上年增加38.63斤;牲畜存栏55.5万头(只、匹),其中大畜10.9万头(牦牛8.08万头),小畜44.6

万头,出栏18.67万头(只、匹),出栏率33.7%。

【脱贫攻坚】 年内,实现1382户5744人脱贫,42个贫困村退出。全年本级财政累计投入12048.4万元用于脱贫攻坚,其中改善基础设施建设8500万元,扶持产业发展3078.44万元,解决县乡脱贫攻坚工作配套经费469.96万元。

【特色产业】 年内,引导种养大户、致富能手发展农牧民专业合作社、家庭牧场等新型经营主体,组织引导贫困户以土地、草场、牲畜等生产要素入股,与其建立紧密利益联结机制,实现资源共享、风险共担、按股分红、合作共赢。2017年,出栏桑桑牦牛4000头、纯利润达800万元,吸纳150名贫困劳动力就业,带动1612名建档立卡贫困人口实现增收;出栏霍尔巴羊5万只、纯利润达1000万元,吸纳120名贫困劳动力就业,带动673名建档立卡贫困人口实现增收。截至年底,投资5000万元的桑桑牦牛育肥基地已开工建设,投资4400万元的霍尔巴羊育肥基地项目资金已经到位。

【灾后重建】 年内,总投资1.3亿元用于11个村483户民房重建,已全部建成并完成入住;总投资7000万元的桑桑特色小城镇和总投资6380万元的卡嘎特色小城镇分别完成总工程量的90%、85%。

【社会民生】 2017年,将2016年度财政收入的21.5%即662.85万元投入教育,另额外拨款2000万元用于推进均衡发展查漏补缺资金,争取援藏资金750.95万元,支持教育事业发展。国家免疫规划疫苗接种率以乡为单位均能达95%左右,2017年法定传染病总发病率控制在198/10万以内,健康教育普及率达到100%;开展包虫病筛查工作,共筛查51885人,筛查出包虫病疑似患者113人,确诊患者226人,已手术25人,筛查率达94.3%;住院分娩率达97%以上,孕产妇死亡率控制在76/10万以内,婴儿死亡率控制在15.3‰以内;农牧民免费健康体检率为98%,在编僧尼免费体检率达100%。全县参加基本社会保险43744人次,覆盖率达98%,征缴基金11497.65万元。其中,机关事业单位养老保险参保1940人、征缴基金8230.68万元,覆盖率达100%;工伤保险共参保1951人、征缴基金68.8万元,覆盖率达100%;生育保险共参保1716人、征缴基金146.5万元,覆盖率达100%;城乡居民养老保险共参保33847人、征缴基金384.07万元;城镇职工医疗保险共参保2238人、征缴基金2502.5万元,覆盖率达100%;失业保险共参保1083人、征缴基金118.6万元,覆盖率达100%;城镇居民医疗保险共参保969人、征缴基金46.5万元,覆盖率达100%。城镇登记失业率控制在2.5%以内。全年实现劳务输出1.79万人、2.96万人次,实现劳务收入7532万元。全年组织钢筋工、混凝工、农机及摩托车维修等实用技能培训10期,共培训农牧民群众814人,已结业463人,440人实现灵活就业,其中精准扶贫建档立卡贫困户243人。全年技能培训建档立卡贫困户495人,其中271人已结业。向区、市输送152人参加技能培训,其中60人为精准扶贫建档立卡贫困户,培训合格率达90%。

2017年12月5日,县委书记李有平到下你矿山指导整改工作

2017年5月23日，县委书记李有平一行调研扶贫产业项目基地

【生态环保】 年内，全县基本农田面积为85328亩，耕地保有总面积97280亩，基本农田保护率达到88%。全年共办理农用地转用手续三个批次，共计106个建设项目，123个点，总面积1980.5亩，均为草地和林地。2017年共完成人工造林361亩、封山育林2700亩，义务植树300亩，防沙治沙13002亩，造林成活率保持在90%以上。全年开展造林地挖坑作业共计3000坑，试种树苗600株，消除无树户120户。完成好苗木检疫工作，严格把关5.5万株中国沙棘苗木、6200株漳河柳苗木、4000株白榆的两证一签手续，杜绝病虫害的发生；投入14.4万元开展林业有害生物综合防控体系建设及林木病虫害防治。

【产业结构优化】 年内，立足区位条件、资源优势，大力发展具有带动性的人工种草、桑桑牦牛和霍尔巴羊标准化规模化养殖、“短平快”项目。合理开发海拔4600米以下荒地建设集中成片人工饲草料基地，同步推进土地平整、客土改良、渠系配套建设、优质高产牧草品种推广，建成2.1万亩人工饲草基地，年产干草4200吨左右，在保障饲草自给的同时使539名投工投劳参与人工种草的贫困人口年均收入超过2000元。同时，在6个农区乡镇积极推动生产条件差的低产田种粮改种草，县农牧局与农户签订饲草购销协定，276户建档立卡贫困家庭年收入增加2500元左右，实现经济效益和生态效益双赢。支持引导种养大户、致富能手发展农牧民专业合作社、家庭牧场等新型经营主体，组织引导贫困户以土地、草场、牲畜等生产要素入股，与其建立紧密利益联结机制，实现资源共享、风险共担、按股分红、合作共赢。积极实施糌粑加工、羊皮袄加工、畜产品统购统销、农机维修点、民族手工业（唐卡、六弦琴）、G219沿线旅游服务接待等“短平快”项目。

【学习贯彻党的十九大精神】 年内，制定《昂仁县认真学习宣传党的十九大精神工作方案》《昂仁县“面对面宣讲点对点落实党的十九大精神进万家”宣讲工作方案》《昂仁县学习贯彻党的十九大精神新闻宣传工作方案》等，将学习贯彻党的十九大精神作为重点工作，与全县各项工作融为一体统筹推动。各乡镇、各单位结合工作实际分别制定实施方案和工作计划。发挥县委理论学习中心组示范作用，坚持逢会必学制度，县委常委带头撰写心得体会、带头发言讨论，做到入脑入心、融会贯通。

年内，共开展县委理论学习中心组学习党的十九大精神专题学习会议7次，11月27日，特邀请区党委宣传部副部长丁勇在昂仁县解读党的十九大精神；成立宣讲团，坚持以“五下乡”为活动载体，推进宣讲党的十九大精神在农牧区做到全覆盖，深入12个乡镇100多个行政村、部分寺庙和学校开展党的十九大精神宣讲活动。自治区、日喀则市联合宣讲团到昂仁县宣讲17场次，受益干部群众1506人。成立农牧民宣讲员讲师团，开展宣讲达573场次，直接受益群众达58000余人，直接覆盖全县185个行政村，44座寺庙。党的十九大胜利召开后，昂仁县积极响应上级号召，及时更换党的十九大宣传标语，县直机关共悬挂横幅327条，各乡镇党委悬挂横幅260条，各村组织悬挂横幅450条，制作大型户外高炮广告11面，219国道沿线悬挂横幅140条，LED显示屏滚动播放宣传标语720余条次，发放党的十九大系列辅导读本书籍35000余本。

（郑春成）

2017年5月9日，中共昂仁县党群系统总支第二支部委员会党员大会召开

县委办公室工作

【政务工作】 年内，县委办公室共起草领导讲话80余篇、起草各类文稿180余份；印发各类文件240余篇2500余份；通过县乡党政网公文交换6000余次；撰写各类信息简报1200余篇；向日喀则市委办信息科提供信息940余条，采用290余条，年度信息考核排名第七；做好上传下达工作，全年保障200余场会议顺利召开，保证全县各项工作有序推进。档案局新馆2015年10月正式投入使用，2017年年底已完成三个全宗（县委、人大、政府）和各乡镇1959—2004年以卷为保管单位的档案共有1988卷（其中永久918卷、长期1070卷）和2005—2015年以件为保管单位的档案共计4032件（其中永久1152件、长期2880件）；根据日喀则市档案局归档文件规范新要求，档案馆工作人员对2005—2014年的所有文书档案进行重新分类、排列、编号、编目、装盒等归档工作，完成县委2016年文书档案归档整理305件（其中永久82件、长期223件）；将1959—2004年共计1988卷的案卷归档目录从手写版改为电子版一式两份，进一步完善档案立卷归档工作；按照上级文件指示，完成接收进馆档案有组织部2000—2003年共13卷（其中永久10卷、长期3卷），2005—2016年共905件（其中永久308件、长期597件），政府办从2007—2016年共3110件（其中永久1982件、长期1130件），人大办2005—2006年共248件（其中永久99件、长期149件），环保局2016年共87件（其中永久65件、长期22件），严把进馆档案的质量标准，查漏补缺，保时保质保量完成档案接收进馆工作。机要局全年共处理电报6133条，其中收报4608条，发报1525条；向领导传阅电报1558余次，领导批示1442条，全年未发生一起漏收、漏

2017年4月24日，日喀则市地方志办公室工作组一行到昂仁县检查指导方志工作

报、压误电报现象和失泄密事故，确保上传下达和政令畅通，顺利圆满完成年度工作。督察室工作人员年内共下乡督察4次，发现问题3类5种，下发整改清单23份，促进各乡镇工作向上向好发展。县方志办工作人员全力配合好市委党史研究室开展工作，共向市委党史研究室提供各类材料16篇；顺利完成《昂仁年鉴2017》出版任务。

【理论学习】 年内，认真开展“四讲四爱”主题教育实践活动，中国共产党第十九次全国代表大会召开后，认真贯彻学习宣传会议精神。全年共组织干部职工（公益性岗位除外）集中学习20余次；组织观看纪录片4部，撰写观后感28篇；撰写十九大精神学习心得体会32篇；学习党规党章2次，撰写心得体会16篇；根据实际采取集中学、自学和帮带学等灵活多变的模式提升干部思想觉悟，凝聚支部战斗力，为办公室顺利开展工作打牢根基。

（郑春成）

组织工作

【概况】 县委组织部属县委下辖机构，主要职能有研究和指导党组织特别是党的基层组织建设，组织开展新时期党的建设理论研究；负责干部宏观管理工作、抓好干部人事制度改革工作、贯彻执行和结合实际研究制定选拔任用干部的标准、程序、抓好干部双重管理工作；提出关于乡镇和县直副科级以上单位以及其他列入县委管理的领导班子调整、配备的意见和建议，并负责县委管理干部的考察及任免；负责干部监督工作的宏观指导，负责组织工作和干部工作的检查督促，同时抓好干部监督制度的落实和历史遗留问题的审查；制定干部教育规划，组织县委管理的干部和一定层次的中青年干部培训；负责县直机关党的建设指导、监督及党员发展、教育与管理工作；培养和建设适应市场经济发展要求的人才队伍。

2017年3月25日，县委常委、组织部部长拉欧主持召开全县基层党建工作会议

【从严管党治党】 年内，县委组织部始终坚定不移推动全面从严治党向纵深发展。积极引导党员干部始终牢固树立“四个意识”、坚定信心、攻坚克难，切实肩负起管党治党的政治责任，不断推动全面从严治党向纵深推进，强化政治意识，坚定正确政治方向。始终以高度的思想自觉、政治自觉和行动自觉，坚持把加强《中国共产党地方委员会工作条例》《中国共产党党组工作条例（试行）》《中国共产党工作机关条例（试行）》《中国共产党农村基层组织工作条例》《中国共产党党和国家机关基层组织工作条例》的学习贯彻作为落实从严治党责任、规范党委运行、提高执政能力的有力抓手和重要任务，先后4次召开常委会议专题传达学习，提出具体贯彻落实意见，要求全县党组织将5项党内法规作为一项长期性的内容从严从实抓好学习贯彻，以推进“两学一做”学习教育常态化制度化，确保广大党员全员参与、深学笃行。现已开展各类谈心谈话317人次，其中教育提醒类谈话69人次，告诫整改类谈话18人次，鞭策鼓励类谈话230人次。

【“四讲四爱”主题教育实践活动】 年内，全县1754名干部与3504户贫困群众结对帮扶；462

名领导干部带头靠前指挥，深入防汛抗洪一线，及时拨付救灾物资达300余万元；坚持把领导经济建设作为党的中心工作，进一步建立和完善农业、交通、水利、基础设施、社会发展等119项重点项目工作，总投资13.936亿元，其中108个重点项目已开工实施，开复工率达到84%；组织各级党员志愿服务活动达28余场次，参与服务活动共3.6万余人次，切实做到月月有活动，次次有效果，全力做好迎接中央环境保护督察工作；大力开展民族团结宣传教育和民族团结进步创建活动，近年来共投入36.6万元表彰33个民族团结先进集体和51个民族团结先进个人，树立人人为民族团结做贡献的导向。提拔选派48名汉族干部深居基层一线，推进各民族交往交流交融，通过推进藏汉双语互学活动，营造各族群众共居、共学、共事、共乐的浓厚氛围。

【基层党组织建设】 年内，县委组织部严格按照打造“八个主阵地”突出“两项功能”的重要指示，始终把村级组织活动场所标准化建设作为县委书记和组织部长的一号工程来抓。各级党组织始终把加强村级组织活动场所标准化建设作为当前和今后一个时期的重大政治任务，切实抓紧抓牢、抓实抓细，在规划上，坚持把村幼儿园、卫生室等基础设施向村活动场所集中，发挥聚集效应；在选址上，始终把最好、最核心的位置作为活动场所用地；在功能布局上，坚持办公区域最小化、服务场所最大化、服务功能最优化。以村级组织活动场所标准化建设的实际成效，践行对以习近平同志为核心的党中央的绝对忠诚、绝对看齐、绝对负责。

截至年底，已完成14个村开工建设，交付使用8个，建成后通过引导群众发展旅游业、服务业等途径，以及通过商品房出租，能够解决当地1088贫困人口脱贫，从而达到以党建促脱贫的目的。按照2019年之前实施完成村级组织活动场所标准化建设项目要求，昂仁县计划于2018、2019年分别实施100个、64个村级组织活动场所标准化建设项目。

【村组织班子换届】 年内，先后召开5次换届工作前期部署工作会，坚持攻坚克难，笃实担当，积极备战村级组织换届选举工作。坚持实事求是、优中选优、宁缺毋滥的原则，严格评审、认真把关，同时提名工作中严格按照市委“十条标准”要求，及时制定换届方案。经过县委常委（扩大）会议研究审定并在市指导检查组、市换届办审批后，制定出台《昂仁县级村组织换届选举工作方案》《中共昂仁县委关于成立村组织换届选举工作领导小组的通知》。完成全县村组织换届工作，新一届村“两委”班子成员平均年龄在41岁，比上一届下降3岁；其中，40岁以下411名，比上一届上升8.19%；女干部191名，比上一届上升0.3%。

【党建工作】 年内，强化党建主体责任，全面推行支部主题党日活动“7+N”模式，规定每月第二周星期四为全县党员主题党日，严格落实党员党费收缴日、党员志愿者服务活动日、党员再学党章日、党员学习党规党情日、党员重温入党誓词日、党员交流谈心日、党员唱红歌日“7个主题党日”活

2017年10月18日，县委常务副书记何恒斌，县委常委、组织部部长拉欧出席卡嘎镇欧村村级组织活动场所标准化建设揭牌仪式

动，严肃党内政治生活，强化谈心谈话，规范“三会一课”等制度，研究制定《关于进一步规范和落实“三会一课”制度的实施意见》，使各级党组织形成上下联动，切实强抓“三会一课”制度的良好风气，突出党性锻炼，坚决防止表面化、形式化、娱乐化、庸俗化。制定下发600本藏汉双语的“三会一课”记录本，先后派出巡察组进行3轮督导，累计下发督导清单36份，督促各级党组织履行主体责任，确保主题活动有人抓、有人管。截至年底，已组织开展宣讲活动102余场次，参与学习教育达4.8万余人次，共计投入培训经费25万余元。

【党风廉政建设】 年内，坚持把党风廉政建设和反腐败工作与组织工作齐抓共管，做到统一研究部署、统一组织实施、统一检查考核，确保任务落实。建立以县委常委、组织部部长拉欧任组长、正科级副部长任副组长的党风廉政建设责任制领导小组，牵头落实部机关党风廉政和反腐败工作。年初对党风廉政建设工作任务进行责任分解，明确领导班子和班子成员的职责和任务分工，推动责任落实。

【严格落实干部选任制】 年内，共调整6批次264人次，提任正科级领导职务9人、提任正科级非领导职务32人、正科级非领导职务转任领导职务7人、提任副科级领导职务60人、提任副科级非领导职务30人、正科级领导职务平职调整18人、正科级非领导职务平职调整13人、副科级非领导职务转任领导职务14人、副科级领导职务平职调整41人、免去正科级领导职务1人、正科级领导职务转任非领导职务2人、免去县级兼任正科级领导职务2人、聘任事业单位管理人员21人、解聘副科级领导职务9人（教育系统）、县级干部兼任正科级领导职务1人、免去正科级领导职务兼任副科级领导职务1人、村干部兼任第一支部书记平职调整3人。

2017年7月25日，县委常委、组织部部长拉欧组织各乡镇领导召开村组织换届工作座谈会

【落实退休干部“政治待遇”】 年内，县委老干部局在市委老干部局的安排部署下，组织退休干部在区内开展健康疗养活动，共享发展成果；隆重纪念“3·28”西藏百万农奴解放纪念日、“七一”中国共产党建党日、重阳节等重大节日，组织开展“送政策、送温暖、送爱心”主题活动及“展示阳光心态、体验美好生活、畅谈发展变化”等主题活动，让广大退休干部感受到党的温暖，丰富晚年生活，努力让党组织放心、让老干部满意。

【落实退休干部“生活待遇”】 年内，县委老干部局始终将关于“全面做好离退休干部工作”的指示精神作为工作准则，更好的管理和服务全县退休干部，努力做好“六个老有”，做到“一帮三必访”。年底及时对因病住院、去世的19名退休干部职工进行走访慰问，送去慰问金2.8万元，把党和政府的温暖送到老干部及遗属的心坎上；对3名特困退休党员干部送去帮扶金1.93万元，帮助他们解决生活和工作中的实际困难；对5名优秀老革命、党务工作者进行慰问并送去激励关怀金3500元；扎实做好退休干部职工“三大节日”慰问活动，每年年底在成都、拉萨市、日喀则市、县城等召

2017年8月6日，县委组织部副部长罗廷华为党务工作人员进行党建基础知识培训

开座谈会、2017年共发放慰问金26.102万元，全力让广大退休干部度过一个愉快、祥和、喜庆的新春佳节。

【发挥退休干部余热】 年内，县委老干部局根据“离退休干部为党的事业增添正能量”会议精神，积极参与强基惠民、政策宣讲、扶贫帮困等方面发挥余热释放正能量。4名退休干部担任昂仁县维稳督导员、人民陪审员、干部监督员、廉政监督员等特殊职务，为全县社会经济发展和长治久安发挥积极作用；在“两学一做”“四讲四爱”主题等系列活动中，邀请退休老干部宣讲团通过现身说法、新旧西藏对比等内容开展形式多样、内涵丰富的宣讲活动，弘扬中国精神、传播中国好声音，用积极声音影响社会舆论，维护党和政府的形象，为昂仁县社会经济发展贡献力量。截至年底，共巡回宣讲3个乡镇、1所学校、7个行政村，受益人数达2456名。

【建立健全老干部活动阵地】 年内，为昂仁县驻日喀则市退休党支部活动中心添置6.806万元新设备，切实解决日喀则市退休党支部“学习活动场所”；投资5.048万元服装设备款成立“金木措夕阳红艺术团”，开展丰富多彩的文化活动，把思想政治工作与各项活动融合，以正确的舆论引导老干部，助力老干部跟上时代的步伐，使他们始终保持政治坚定，思想常新，理想永存，自觉与党中央保持高度一致。

【老干部信访工作】 年内，县委老干部局针对退休老干部反映的问题，按照有关政策规定，积极与有关部门协调沟通，稳妥处理老干部来电、来信和来访，做到事事有回音、件件有落实。

【党风廉政建设】 年内，认真贯彻执行中央“八项规定”和自治区、市委、县委各项要求，坚持厉行节约、反对浪费，规范公务接待行为。认真做好党务公开工作，接受社会各界的监督，认真落实党风廉政建设责任制，接受党员群众的监督，从严治党、率先垂范，促使党风廉政建设迈向制度化、规范化轨道。

（王一跃　白玛旺姆）

2017年7月1日，县委常委、组织部部长拉欧与优秀退休党员干部谈心谈话

宣传工作

2017年10月4日，县委常委、宣传部部长孙晓锋在查孜乡检查指导工作

【概况】2017年，全县宣传思想文化工作紧紧围绕县委、县政府中心工作，喜迎党的十九大，“四讲四爱”主题教育实践活动，始终坚持“团结稳定鼓劲、正面宣传为主”的方针，深入贯彻落实党的十九大精神，贯彻落实全国、全区、全市宣传部长会议精神，贯彻落实自治区第九次党代会和九届三次全会精神，全力推进“六大战略”，用昂扬向上的主流舆论鼓舞干劲，用社会主义核心价值观立心铸魂，用生动鲜活的昂仁故事树好形象，用优秀精湛的文艺作品坚定自信，有计划、有步骤地开展宣传思想文化工作，在理论武装、舆论引导、文明创建和文化发展上都取得新的进展，为全县经济社会又好又快发展营造良好氛围。

【理论学习】年内，根据区、市两级要求，结合昂仁县实际制定出台《中共昂仁县委理论中心组学习制度》和《县委理论中心组2017年学习计划》，并按照方案和计划组织县委理论中心组集中学习36次。

【“四讲四爱”主题教育实践活动】年内，县委、县政府高度重视，将开展“四讲四爱”主题教育实践活动作为一项重大政治任务，列入重要日程，纳入总体工作，县委书记亲自挂帅、以上率下，紧紧围绕“四讲四爱”主题教育实践活动的主题主线、目标要求、活动内容和方法步骤，周密部署、精心安排，实现“四讲四爱”主题实践教育实践活动在全县上下迅速铺开、见行见效。结合“两学一做”学习教育常态化制度化和“四讲四爱”主题教育实践活动为契机，成立宣讲组深入基层，宣讲党的各项方针政策、宣讲习近平总书记系列重要讲话精神，宣传“四讲四爱”主题教育相关内容、宣讲党的十九大精神等内容共573场，受教育群众58096人次；配合区、市两级宣讲团在县城及17个乡镇进行“四讲四爱”和党的十九大精神等宣讲，在县机关干部职工中宣讲3场次，乡镇宣讲18场次。紧紧围绕“四讲四爱”主题教育实践活动的主题主线、目标要求、活动内容以及上级部门要求，全县范围LED显示屏上滚动播放宣传标语80余条(次)、制作悬挂大型户外宣传牌40条(面)、制作喷绘50余幅、各乡镇各单位悬挂横幅180余条、粉刷标语150余幅。围绕“脱贫攻坚”“灾后重建”“产业发展”“四讲四爱”主题教育实践活动、“两学一做”学习教育制度化常态化以及党的十九大精神学习宣传贯彻等重点工作，对昂仁县民生工程、驻村驻寺、城镇网格化管理、民族团结教育、安全生产教育等进行深入宣传报道并制作专题，汇聚推动社会发展的正能量。

昂仁县电视台共制作新闻300余条，市电视台采用100余条。为营造“脱贫攻坚”“灾后重建”“产业发展”的浓厚氛围，在县域内219国道沿线大型户外宣传牌上制作悬挂宣传标语12个(面)，LED显示屏上滚动播放相关宣传标语240条(次)、墙上悬挂128条(幅)、制作宣传喷绘80余幅、各乡镇各单位悬挂宣传横幅290余条、粉刷宣传标语300余处。

【信息报送】年内，上报新闻素材3000余篇，提高对外对内宣传的质量和水平，向自治区主流传媒推荐典型榜样如萨乡村支书嘎玛，达若乡干部事迹被西藏日报头版头条刊发，昂仁县农牧民群众观看党的十九大图片被共青团中央未来网新闻采用等。

【舆情监管】 年内，加强互联网宣传管理工作，加强网络舆情及政府网站的监控机制，密切注视网上舆论动态，做好突发事件的舆论处置。尤其是对党的十九大召开前后制定网络舆情应急预案，定期进行网络舆情研判，严格网络舆情值班，高昂主旋律充沛正能量，为十九大营造风清气朗网络环境。

【新兴媒体】 年内，昂仁县政府新闻网发布信息1522条，总访问量106045次，国家及自治区安全监测评估2次，整改安全漏洞5个。全县共有微信公众号14个，其中网信昂仁拥有粉丝1420人，全年推送1762条，阅读数191818次。昂仁县发布官方政务微博发布163条，阅读数310878次，互动346次。

【基层文化建设】 年内，先后举办文艺演出、文体活动148场次，为各族群众提供丰富的精神食粮；鼓励藏戏队走出去，积极参加各类文化活动，扩大迥巴藏戏的知名度和影响力。同时在新演员培养中引入竞争机制，通过多种措施，使迥巴藏戏得到有效保护；完善县级综合文化活动中心免费开放职能，保证开放时间，发挥宣传文化思想阵地的作用。共举办活动4次，宣传图片展览2期，接待群众1000多人次；组织协调桑桑赛马节、多雄文化节、日吾其康东文化节等大型民间文艺活动，结合“五下乡”活动，组织选派唐东艺术团、电视台记者等在重大节日积极组织各项文化活动，丰富干部职工和群众的文化生活。县民间艺术团和电影队多次开展下乡演出和播放爱国影片、警示教育片等。推进三区人才、文化志愿服务和春雨工程，顺利完成珠峰文化节和“唐东文化旅游节”演出准备工作，并邀请编导老师对县唐东艺术团演员的综合素质进行再提高，通过下乡采风，搜集乡下民间的文艺，创作《珠峰脚下的牧人》《强谐》等舞蹈作品。邀请拉萨市编导老师对演员的体能素质舞蹈演技进行培训。深入农村、单位慰问演出10场，观众达3500余人次。从7月开始，唐东艺术团选派一名代表，参加舞剧《太阳的女儿》编排，并在北京中国保利剧院、陕西人民大会堂演出。根据自治区文化厅关于做好2016年文化志愿服务工作的通知要求，在市文化局的安排部署下，由昂仁县工作人员参加山东省文化厅主办的春雨工程全国文化志愿边疆行活动。

【广播电视】 年内，昂仁县电影队深入农牧区播放爱国主义电影180场次，观看人数达36000余人次；县民间艺术团共演出65场次，观众达32500余人次。

【文化市场监管】 年内，加大对网吧、音像制品、打字复印店、茶馆、歌舞娱乐等场所的监管力度，坚决打击盗版、反动宣传品、违禁光碟等。日常执法检查按照每周不少于两次的要求开展，并在节假日、重要节点时期联合县公安、文广、安监、工商、消防等相关部门开展联合执法，2017年共开展文化市场联合执法8次、出动执法

2017年11月27日，西藏自治区党的十九大精神宣讲团在昂仁县作宣讲报告

2017年9月29日，昂仁县庆国庆喜迎党的十九大文艺汇演

人员65人次、检查文化经营单位71家次，维护了文化场所的正常经营秩序；按照上级业务部门要求和2017年昂仁县文化市场综合执法工作计划，开展网络和校园周边文化整治等“扫黄打非”系列集中行动；开展部门联合执法专项行动收效显著，上半年联合公安、工商、消防等部门，开展昂仁县“2017年元旦、春节、藏历新年”文化市场联合检查专项行动、全面清理和打击十四世达赖集团分裂势力反动宣传品渗透专项行动、昂仁县深入开展十九大前后文化市场专项行动等四次专项行动，确保昂仁县文化市场的安全稳定。

【创新工作机制】 年内，重点工作以喜迎党的十九大、“四讲四爱”主题教育实践活动，学习贯彻习近平总书记系列重要讲话精神和治国理政新理念、新思想、新战略的做法、经验，及上级文件精神相结合，吸取“两学一做”学习教育常态化制度化的具体举措和好的经验，将鲜活的事例由点到面全方位多角度的宣传出去，凝聚强大正能量，为建设幸福美丽昂仁再立新功。

【意识形态】 年内，召开意识形态工作专题安排部署会议2次，召开意识形态领域分析研判会2次，坚持每半年向上级部门专题汇报意识形态工作，定期在单位内部通报、传达意识形态领域工作情况。班子成员把意识形态工作作为民主生活会和述职述廉报告的内容，接受干部群众监督和评议；明确县委书记为意识形态工作第一责任人，带头抓意识形态工作，带头管阵地、把导向、强队伍，带头批评错误观点和错误倾向，重要工作亲自部署、重要问题亲自过问、重大事件亲自处置。同时也明确分管领导和其他班子成员对于意识形态工作的分工，严格落实“一岗双责”。狠抓责任落实，健全完善工作机制，将意识形态工作落到实处。

2017年县网安办理煽动民族仇恨案件2件，给予8人行政处罚，落地查人12人次；将意识形态工作纳入县委理论中心组学习的重要内容，及时传达学习党中央和上级党委关于意识形态工作的决策部署及指示精神，健全、完善县委理论中心组学习制度；结合“两学一做”学习教育制度化常态化工作，县委每月召开三次理论中心组学习会议，开展交流讨论，认真抄写政治理论学习笔记，撰写心得体会；党员干部理论教育坚持以邓小平理论和“三个代表”重要思想为指导，深入贯彻落实科学发展观和党的十八大、十八届历次全会和党的十九大精神，结合“两学一做”学习教育常态化制度化和“四讲四爱”主题教育实践活动，以开展系列教育活动为载体，明确学习任务，创新学习形式，努力创建学习型党组织建设。通过扎实的理论学习，教育引导广大党员干部用科学武装头脑，在思想上行动上同以习近平同志为核心的党中央保持高度一致，确保意识形态工作政治导向不偏差、不含糊、不动摇。

【学习贯彻党的十九大精神】 年内，发挥县委理论学习中心组示范作用，坚持逢会必学的制度，县委常委带头撰写心得体会、带头发言讨论，真正做到入脑入心、融会贯通，开展县委理论学习中心组学习党的十九大精神专题学习会议7次，其中11月27日县委邀请区党委宣传部副部长丁勇为昂仁县理论学习中心组解读党的十九大精神；县委召开全体党员干部职工学习党的十九大精神会议3次，全县5大党组、17个乡镇党委、44个机关党支部分别召开学习党的十九大精神专题会议，并及时组织本单位本部门干部职工观看党的十九大宣传教育片；县委及时成立宣讲团，坚持以“五下乡”为活动载体，着力推进宣讲党的十九大精神在农牧区做到全覆盖。于10月31日起，以县委宣传部履行牵头抓总，会同统战部、公检法司、教体局、文广局等有关单位，深入农牧区涉及12个乡镇100多个行政村、部分寺庙和学校开展党的十九大精神宣讲活动。积极配合区市联合宣讲团到昂仁县17个乡镇宣讲17场次，受益干部群众达1506人。成立农牧民宣讲员讲师团，按照县委制定《党的十九大精神宣讲提纲》要求，认真开展宣讲达573场次，直接受益群众达58000余人。同时在县委安排部署下，要求每名党员领导干部为分管部门及挂包乡镇讲一次党的十九大精神专题党课，每个党组织书记讲一次党的十九大精神专题党课，每个“双联户”户长讲一次党的十九大精神专题党课，直接覆盖全县185个行政村，44座寺庙，确保党的十九大精神，入脑入心。

【藏族传统文化宣传】 年内，为贯彻落实好中宣部“推动传统文化走出去”和自治区党委宣传部“讲好西藏故事”的要求，更好地在国际舞台展示日喀则浓厚的文化底蕴和藏戏的独特魅力，经县委宣传部争取，市委宣传部、市委外宣办与第五届乌镇戏剧节组委会沟通协调，昂仁县日吾其乡迥巴藏戏队参加2017年第五届乌镇戏剧节展演，昂仁县唐东艺术团参加“高原梦 · 齐鲁情”淄博 · 昂仁文化交流专场文艺晚会，将藏民族的传统文化展现给全国人民。

（廖建勇）

统一战线

【概况】 2017年，昂仁县委统战部共设有统战部、宗教工作领导小组办公室和工商业联合会3个机构，总编制人数12名，实有7名，其中副县级1名、正科级3名、副科级2名。全县共设有19个寺庙管理特派机构（6个寺庙管理委员会、7个片区管理委员会、6个专职特派管理机构），驻寺干部编制人数共100名，实有54名；配有驻寺民警19名。

【“四讲四爱”主题教育实践活动】 年内，以“四讲四爱”为主题，喜迎党的十九大为主线，坚持“主题不变、内容不省、步骤不减、要求不降、不走过场”原则，主动探索和挖掘创新亮点工作，研究和分析重点要点工作，以“三统三进两联”“三答三比”“三抓工作法”等活动为载体，向广大僧尼讲透政策、讲明核心、讲清习近平同志为核心的党中央对西藏工作的高度重视，对西藏各族人民的深切关怀，对寺庙僧尼特殊关怀，特别是有效发挥“双联户”作用，把主题教育实践活动宣讲工作与僧尼联保工作有机结合起来，开辟新颖宣讲渠道，以“三联制度”为保障，以“宣讲提纲”为重点，激发僧尼感恩热情，坚定广大僧尼爱国信念，抓好“新闻联播僧舍看”活动，确保主题教育实践活动引向深处、实

2017年1月22日，县委常委、统战部部长尼玛平措在阿木雄乡调研

处、细处。全年共设立宣传广告3个、张贴宣传标语223张、微信发布21条，宣讲寺庙1023座次，受教僧尼21250人次，覆盖率达到100%，切实把自治区“12个规定项目”，日喀则市宗教领域“九个一”，昂仁县“五个起来”“六个载体”，宗教领域“七个一”等规定动作在全县宗教领域落地生根、开花结果，为喜迎党的十九大胜利召开营造了浓厚氛围。

【凝心聚力做好寺庙环境改善工作】 2017年，全县33名县级领导平均深入联系寺庙调研走访2次，慰问折价金1000元、解决实际困难12件。始终把解决困难作为争取人心工作的重点，坚持底线原则，对萨木寺、多洛寺落实20万元维修资金，解决四省藏区学经返回人员的安置工作20万元专项经费，解决拉扎寺、格丹曲龙寺、贾叶寺29万元维修资金，解决日吾其乡那布查仓寺9.3万元挡墙资金，使广大寺庙僧尼在真情关心和贴心服务中受更深教育、得更多实惠。始终把驻寺工作作为特殊重要的工作，本级财政垫资443万元修建全县9个驻寺机构的综合服务用房，改善驻寺干部生活办公环境。

【教育文化】 年内，以“深化五项教育、增进五个意识”主题活动为抓手，深入开展“一教育”、爱国爱教宣传服务下乡、“两守两尽”主题法制教育等活动，进一步增强广大僧尼守法持戒意识，特别是以张延清副主席提出的“十个导”的工作方针为抓手，组织辖区高僧大德开设寺庙文化补习班，组织驻寺干部开办“藏汉双语”学习班，提高僧尼双语水平和文化基础，并成立高僧大德宣讲团，在综治宣传月、民族团结宣传教育月、法制宣传日、民族团结进步日等时段，深入开展巡回宣讲活动，让高僧大德身先士卒、现身说法发挥独特作用，引导藏传佛教中国化方向，促进各民族交往交流交融，努力把宗教与社会主义社会相适应引向深入。2017年，累计开展法制宣传活动12场，民族团结宣传教育11次，寺庙双语学习平均16次，发放13200份宣传单(册、本)，受教人数达16700余人。

2017年1月19日，县委统战部副部长巴桑在苏龙寺发放惠寺利僧资金

【加大宗教领域督导调研力度】 着眼解决当前宗教领域存在的突出问题，加大宗教领域突出问题督导调研力度，认真调查研究辖区未登记宗教活动场所的原因现状和四省藏区学经返回人员的安置融入、教育转化、群众观念，以实情为依据、问题为导向，形成《关于解决未登记宗教活动场所问题的对策建议》《如何提高辖区高僧大德影响力的对策建议》《关于当前基层统战工作面临的挑战及其改进思考》，其中一篇深度调研报告荣获2017年度全区统战理论政策研究创新成果二等奖，为上级科学决策部署提供了理论依据和实践经验。

【非公组织建设】 年内，围绕“两个健康”发展主题，进一步提高非公经济人士民主监督和参政议政能力，非公有制企业会员已发展到34名，非公经济人士中担任自治区政协委员1名、市政协委员2名、县政协委员9名、县人大代表3名、乡(镇)人大代表2名。非公党支部发展到13个，其中党员48名，预备党员9名，签订非公经济组织党建暨创建“五有五好”活动目标责任书，下派党建指导员13名。非公工会组织发展到5个，会员人数达330名。年内，召开“百企帮百村”精准扶贫行动对接会，明确帮扶方和帮扶对象，确立工作任务和目标，2016年至2017年非公企业共捐赠扶贫123万元。

【党外人士培养使用】 年内，召开2次党外人士座谈会，兑现42名县级政协委员生活补助31.8万元，1名党外爱国人士申请推荐为县政协一职，1名党外知识分子到西藏社院培训，2名党外人士到内地考察。并建立完善党外人士数据库，做好动态管理和培养推荐工作。

【回国探亲藏胞服务】 按照藏胞管理工作要求，坚持“深入调查，全面了解，事实清楚，确保万无一失”原则，通过调查个人事实、签订目标责任、召开专题会议、开展走访慰问、政策讲解等方式，全面做好藏胞服务管理工作。2017年共接收申请39份，接待藏胞2人，投入慰问金2.5万元。

【落实利寺惠僧政策】 年内，实施寺庙“六建”工作，健全完善驻寺干部工作职责和驻寺机构管理机制，推进寺庙管理实现法制化、规范化、社会化。详细制定交友机制，认真开展“进寺联僧、结对认亲”活动，及时落实41.1万元“六个一”活动经费，切实为驻寺干部深化服务、加强教育、强化管理保障了经费。零差额落实本年度20.8万元“九有”经费，更新国旗、

2017年4月13日，县委统战部宗教领域“四讲四爱”主题教育实践活动巡回宣讲团在日吾其寺向僧尼讲解“四讲四爱”知识

领袖像，维修通达工程，保障“九有”工程作用发挥长效。2017年昂仁县召开2次创建评选活动，共评选出县级和谐模范寺庙26座共398名僧尼，爱国守法先进僧尼157名、先进寺庙管理机构8个、优秀驻寺干部8名；市级和谐模范寺庙9座、爱国守法先进僧尼116名、先进寺庙管理机构9个、优秀驻寺干部7名、优秀宗教工作者2名；区级和谐模范寺庙1座共56名僧人、先进寺庙管理机构1个、优秀驻寺干部11名，优秀宗教工作者1名，共兑现163.5万元奖金，激发了广大僧尼的爱国热情和涉宗干部的工作激情。

【组织驻村干部参加各类培训】 年内，县委统战部专门组织全县驻寺干部，以实地观摩和理论学习等模式，举办2期驻寺干部专题培训，另外选派6名僧尼、6名寺管干部和3名统战科级干部参加自治区社会主义学院培训，3名僧尼和3名寺管干部参加日喀则市社会主义学院培训，4名寺管干部参加日喀则市党校培训，2名工商联（1名主席、1名执委）赴上海参加培训，1名党外人士到苏州培训。

【乡（镇）统战委员队伍建设】 年内，为加强统战工作的全局性，筑牢统战工作基层根基，逐步升温基层统战工作，高效发挥属地管理原则，积极协调组织人社部门为全县7个乡（镇）配备专职统战委员，为10个乡（镇）配备兼职统战委员，建立健全统战委员责任制，促进发挥统战委员积极作用，明显提升统战民族宗教基础工作。2017年，共举办2期乡镇统战委员专题培训。

【干部队伍建设】 年内，为健全驻寺机构班子功能、强化队伍建设、优化队伍结构，驻寺干部提拔上一级职务2人、交流使用9人，5

名驻寺干部通过非公务员身份驻寺人员考录公务员考试，切实提高驻寺干部的激情和干劲。

（米玛顿珠）

党校教育

【概况】 年内，党校围绕党的十九大精神和中央第六次西藏工作座谈会精神以及习近平总书记系列重要讲话精神、西藏自治区第九次党代会精神，以新旧西藏对比等内容为重点，从党校师资库中抽调精干教师到乡镇村进行流动宣讲。年内，流动宣讲5场次，参训人数超过1450余人次。通过举办乡村流动党校，把党的各项方针、政策和支农惠农政策送到千家万户。

2017年12月7日，邀请日喀则市委党校高级讲师欧珠为昂仁县新任村级党组织干部宣讲党的十九大精神

【联合办班】 年内，党校与县委组织部联合举办6期培训，参训人员611人，其中全县185个行政村党支部书记培训1期共185人，新任村组织领导培训3期共348人，初任公务员培训1期共37人，退伍军人培训1期共41人。通过培训，达到进一步提高农村基层干部素质，增强农村基层组织的凝聚力和战斗力，推动农村基层民主政治建设，维护农村社会稳定，促进农村经济发展，充分发挥村干部建设社会主义新农村、构建和谐社会骨干带头作用的目的。

2017年4月18日，昂仁县开展全县185个行政村党支部书记培训

【党风廉政建设】 年内，认真贯彻执行中央“八项规定”和自治区、市委、县委各项要求，坚持厉行节约、反对浪费，规范公务接待行为。认真做好党务校务公开工作，接受社会各界的监督；认真落实党风廉政建设责任制，接受党员群众的监督，从主要领导做起，从班子成员做起，从党员干部做起，时时处处从严要求，率先垂范，促使党风廉政建设迈向制度化、规范化轨道。

【“四讲四爱”主题教育实践活动】 年内，自治区党委做出深化开展“四讲四爱”群众教育实践活动重大决策部署，在全县上下深入贯彻区市党委决策部署，奋力开启全面建设社会主义现代化新征程之际，掀起“讲党恩爱核心、讲团结爱祖国、讲贡献爱家园、讲文明爱生活”的热潮,凝聚起各族干部群众紧跟核心、推进昂仁长足发展和长治久安的强大力量。在“四讲四爱”主题教育实践活动中,县委党校以《“四讲四爱”宣讲提纲》为遵循,用群众身边看得见、摸得着的发展变化,用新旧对比的方法,用通俗易懂的语言,向群众宣讲“四讲四爱”坚持走到哪讲到哪,使“四讲四爱”深入人心,为全县各部门全面深入开展“四讲四爱”主题教育实践活动做出表率。

【教学和学风建设】 年内,按照讲纪律、守规矩要求,探索制定教师授课规则;为提高教学科研水准和培训质效的要求,建立专兼职教师课件、讲义把关制度,推行教师校外授课报批制度,同时完善学风、学纪和学员管理制度。

(德 吉)

昂仁县人民代表大会常务委员会

【概况】 第十三届人大常委会于2016年8月换届产生,换届选举共产生县十三届人大代表131名,乡镇十四届人大代表557名。常委会核定编制数为5人,领导指数5名;主任1名,副主任4名;平均年龄为42岁,学历大专4名、中专1名。2017年,共召开常委会议8次,主任会议6次,开展“一府两院”部分单位工作评议1次,组织代表考察学习1次,开展专题调研4次,人大代表及乡镇人大主席、人大专干培训3场次,指导联系乡镇人大工作82次,任免国家机关工作人员18名,办理代表意见建议154件。

【重大事项决定】 年内,严格法律程序,正确处理县委决策、人大决定和县政府执行的关系,依法对县人民政府工作报告等重大事项做出9项决定,确实把党的主张转换为人民的意志,保证人大工作与县委的决策部署同心、同向、同步。

【人事任免】 年内,坚持党管干部与人大依法任免相结合的原则,依法行使人事任免权。任免前,严格审查拟提请任免人员的相关材料,认真听取县委人事安排的意见和对拟任干部德、能、勤、绩、廉考察情况的说明。2017年,人大常委会共任免国家机关工作人员18人,人民代表大会依法选举产生县纪律监察委员会主任1名,补选县十三届人大常委会委员4名,并通过向宪法宣誓,实行任职表态发言、发放任命书等形式,切实增强被任命干部公仆意识和自觉接受人大监督的意识。

【监督工作】 年内,昂仁县人大常委会坚持“突出重点、提高监督实效”的工作原则,依法履行人大监督职能,促使依法行政,公正司法。年内,共组织考察、监督检查和调研10次,形成视察报告3份,调研报告4份。

年内,人大常委会组织交通、发改、财政、住建、环保等单位负责人,召开监督工作部署会,对监督事项、监督形式、监督的必要性等方面进行说明、提出具体要求,明确监督任务和目标,为全县经济社会发展提供有力的监督保障,根据年初计划,围绕县委中心工作,乡镇人大将监督重点放在易地搬迁项目的监督上,各乡(镇)人大对每个易地搬迁项目点上安排1—2名人大代表,对项目的质量、进度、规模等进行监督,

2017年9月13日,县委副书记、人大常委会主任旦木真在达若乡指导乡镇工作

形成监督日志，发现问题及时提出整改意见建议。组织部分区、市、县、乡四级人大代表和选民、退休干部等对秋亚公路、阿木雄公路建设、县城改造等重点建设项目进行专题视察，对县城及卡嘎镇至桑桑镇219公路沿线的环境卫生进行专题视察，根据实际情况提出建议，将整治环保相关措施纳入到乡规民约中，为“生态红线”提供制度保障。加强和创新对“一府两院”工作的监督，按照常委会年初安排，对县扶贫办等4家政府部门工作进行评议，将形成的专题报告报县委，反馈至县政府和被评议单位，并向社会公示。

【专项资金监督】 年内，县、乡人大上下联动，加大对草原生态奖励补贴、生态岗位补偿金等各项支农惠农政策的落实情况，财政预算执行情况进行监督检查，确保各项惠农资金落到实处。

【法律监督】 年内，县人大常委会为实现社会公平正义，加强法律监督和司法监督，人大常委会通过听取专项工作报告、人大常委会委员及人大代表参加县法院开庭审判案件的旁听等渠道进行监督。对《日喀则市城市卫生管理条例》和《食品药品安全管理法》贯彻落实情况开展监督，针对存在的问题提出意见建议。

【代表工作】 年内，认真交办、督办代表建议意见。县级人大代表共提出建议意见154件，通过召开建议意见交办会，把建议意见及时转交给各承办单位，共召开建议意见交办会2次。为使各承办单位更好地履行法定职责，加快人大代表意见、建议办理进度，保障办理的实效性，提高代表的满意率，昂仁县人大常委会实行人大常委会委员联系承办单位的制度，负责督促承办单位认真办理，人大代表建议意见的办结率、满意率均达到100%。昂仁县人大常委会坚持县、乡人大联动制，组织县乡人大代表联合开展监督检查、考察、调研等工作，发挥人大整体的履职作用，拓宽代表的履职平台。为保证人大代表依法行使代表职权，昂仁县人大常委会坚持人大代表列席县人大常委会会议制度；实行人大常委会委员联系基层人大代表的制度，加强与基层人大代表的联系，了解群众身边最热点、难点的问题，充分发挥人大代表桥梁作用。

2017年12月20日，在昂仁县十三届人民代表大会第三次会议上代表们依次投票

【自身建设】 年内，组织人大常委会委员及乡镇人大主席和人大专干开展2次培训会，重点讲解《监督法》《选举法》《代表法》，以及人大的日常业务。人大常委会研究制定年度考核制度，以考核促使乡（镇）人大工作落实。组织人大代表考察学习是提升代表履职能力的有效途径之一，在县委的高度重视和淄博援藏的大力支持下，先后组织部分人大代表，分别到山东省和那曲地区进行考察学习。组织人大代表深入学习贯彻党的十九大精神，利用人大代表的广泛性优势，在各自选区进行开展十九大宣传活动。

（卓玛普尺）

昂仁县人民代表大会常务委员会办公室

【概况】 昂仁县人大常委会办公室成立于1981年。办公室核定编制数为3人，实际人数3名，其中办公室主任1名，副主任1名，科员1名。人大常委会办公室以高度的政治责任感和使命感，提高服务水平，坚持围绕中心，服务大局，严格按照人大常委会年初既定的工作目标，认真开展各项工作任务，充分发挥参谋助手作用。

2017年6月29日，人大常委会办公室组织开展人大党组书记讲党课活动

【文秘工作】 年内，昂仁县人大常委会办公室高度重视文秘工作，严格按照人大常委会的要求，起草和审核县人民代表大会、县人大常委会、人大常委会党组会、主任会等相关会议材料、简报、会议纪要等，做好会议的宣传工作；起草人大常委会工作计划，人大党组学习计划，人大常委会工作报告、工作总结、人大常委会领导讲话等，为人大常委会工作有序开展，提供科学依据；起草县人大常委会开展的视察、监督检查、调研等报告，通过文字服务，发挥人大办公室的参谋助手作用。

【会议服务】 为人民代表大会、人大常委会会议和常委会主任会议服务（简称“三会”）是常委会办公室工作的重要职责。人大常委会办公室严格按照法定程序做好“三会”的会前筹备和会中的后勤服务，会后的总结和信息报送等工作，保障会议按期召开。2017年，共召开县人民代表大会2次、县人大常委会8次，主任会6次。在工作中加大沟通衔接和联系指导力度，主动与乡（镇）人大和相关部门的联系，认真准备会议所需材料，及时通知参会人员，确保会议进行。合理安排工作人员认真做好出席日喀则市人民代表大会昂仁县代表团的服务工作。

【督办代表建议】 在昂仁县人大常委会的正确领导下，各承办单位的大力支持和配合下，坚持代表主体，支持和保证代表依法履职。2017年，县级人大代表共提出建议意见154件，为使各承办单位更好地履行法定职责，加快人大代表意见、建议办理进度，保障办理的实效性，提高代表的满意率，严格按照县人大常委会实行的人大常委会委员联系承办单位的制度，通过走访、座谈、电话等方式提醒和督促承办单位认真办理。人大代表建议意见的办结率达到100%。

【内部管理】 年内，昂仁县人大常委会办公室按照文件归档及处理要求，上级部门及县直机关的来文来电及时传阅给县人大常委会领导，根据领导批示认真办理传送。县人民代表大会的公告、会议材料，县人大常委会的决定、决议等重要文件及时发送并归档，从未发生耽搁送阅、影响工作的现象。

【理论学习】 年内，人大常委会办公室通过“两学一做”学习教育活动常态化和办公室支部学习活动，加强理论学习，提高整体素质。认真学习党的十八大和十八届三中、四中、五中、六中全会和党的十九大、第六次西藏工作座谈会和习近平总书记系列重要讲话精神；学习党章、党规、廉政准则等，转变工作作风，进一步提高干部党性修养，强化为民服务意识。加大人大业务知识的学习。认真组织办公室干部职工学习《监督法》《地方组织法》《选举法》《代表法》等法律法规，学习自治区党委文件精神，努力提升办公室工作人员的履职能力和工作水平。

【“人大代表之家”】 年内，人大常委会办公室为更好地利用“人大

2017年3月15日，人大常委会办公室工作人员精心准备各项会议材料

代表之家”平台，围绕县委中心工作，结合人大工作实际，年初制定活动计划，协助县人大常委会组织人大代表开展视察、调研、述职评议、学习培训等活动，为人大代表履职、学习培训、联系群众等搭建平台，丰富代表闭会期间的活动。登记和充实“一册八薄”内容，促使“人大代表之家”的作用发挥。

【党风廉政教育】 年内，人大常委会办公室明确以支部书记为机关党风廉政建设第一责任人的责任。坚守廉洁底线，坚持用制度管权、管事、管人，严格落实《关于新形势下党内政治生活的若干准则》和《中国共产党党内监督条例》，时刻要求办公室干部职工，对照廉政准则，增强廉洁意识，端正思想，严明政治纪律，依法办事，清正廉洁，严格执行中央“八项规定”和自治区“约法十章”“九项要求”，坚持勤俭开会、勤俭办事，改进会风文风，在全县干部职工中树立好人大干部“廉洁自律、为民务实”的良好形象。

【精神文明创建】 年内，按照目标责任书，人大常委会办公室始终坚持党的领导，坚持正确的政治方向，坚持群众路线，以维护和实现最广大人民的根本利益为出发点和落脚点，继往开来，与时俱进。通过开展精神文明建设，干部职工加强对社会主义核心价值体系、中国梦等精神实质的理解和把握，牢固理想信念，坚定政治立场，提高综合素质；通过创造纪律严明、和谐关爱的工作环境，干部职工形成力争上游、争先创优、相互支持、协作配合的良好工作作风。以加强办公室干部队伍建设为载体，强化队伍素质为目的，以“两学一做”学习教育常态化为契机，以改革创新的精神，加强人大队伍自身建设。

（卓玛普尺）

昂仁县人民政府

【概 况】 2017年，紧紧围绕全县青稞每亩增产25公斤目标任务，全县共落实农作物播种面积7.91万亩，2017年实现粮油总产量2255.72万公斤，其中：青稞播种面积6.2万亩，青稞产量达4167.42万斤，青稞单产达336.08公斤，比2016年每亩单产增加19.315公斤，但离每亩增产25公斤目标任务还有一定差距。围绕畜牧业提质增效，积极开展人工种草，累计人工种草面积达1.88万亩。积极开展牲畜疫病防控工作，共免疫56.99万头（只、匹），实现注苗率99.79%。兑现2016年、2017年草补资金9655万元，落实涉农保险赔偿资金289.45万元。全县储备今冬明春防抗灾兽药92箱，防抗灾饲草料1505.55吨。

【项目建设】 年内，结合县域经济社会发展实际，以“十三五”规划项目完善为契机，协调县直相关部门，做好各类规划编制和重大项目谋划工作，编制完成《昂仁县2017年上半年国民经济和社会发展计划》。2017年，全县共计储备项目131项（新建67项，续建64项），共计开复工项目125项（新建61项，续建64项），开复工率达95%，全年完成全社会固定资产投资11.98亿元，圆满完成与市政府签订的11亿元目标任务。

【城乡建设】 年内，按照时间节点统筹协调推进，确保总投资3.9亿元的灾后恢复重建项目有力有序有效开展。同时，本级财政出资400万元聘请专业的地勘、设计、监理，全程跟踪服务、监督把关重建房屋的设计、施工、用材用料等环节，定期反馈工程的质量和进度。总投资7000万元的桑桑特色小城镇和总投资6380万元的卡嘎特色小城镇分别完成总工程量的85%、80%，灾后重建11个村整村推进工程已全部完工。

【社会救助】 年内，落实城乡低保、医疗救助、临时救助等资金1215.5万元，落实五保供养经费76.09万元，落实残疾人“两项补贴”“机动燃油补贴”共计153.39万元。

【劳动就业】 年内，实施精准培训，精准就业，共培训农牧民群众814人，440人实现灵活就业，其中建档立卡贫困户235人实现就业。完成劳务输出达17900人，29625人次，劳务收入累计7532万元。

【医疗卫生】 年内，扎实开展计生妇幼工作，着力开展包虫病筛查，共筛查51885人，筛查率达94%；全力创建二级乙等综合医院。食品药品安全形势稳中向好，通过建立食品近效期专柜，加强对食品效期的管控力度，各项监管体制进一步完善。

【农村土地耕地确权】 年内，共完成8个乡镇120个行政村7506户8.33万亩外业测绘，外业测绘完成率达100%，第一轮公示已全部完成。

【农村公路网已基本形成】 年内，新续建桑桑至日吾其乡、达局乡至亚木乡、查孜乡至宁果乡等40个项目，总投资达23.45亿元，项目建成后将实现乡镇通畅率达90%，行政村通畅率达58%，全县农村公路通车总里程达2273.62公里，已基本形成县、乡、村、寺公路网。

2017年11月23日，县委副书记、县长普布多吉参加昂仁县学习贯彻党的十九大精神专题辅导报告会

【市政基础设施建设】 投资近1.3亿元的县城供水、排水、污水、路面改造等工程已全部完成，有效提升县城功能和改善县城脏乱差的环境问题。

【改善乡镇办公生活条件】 年内，整合乡镇政权建设资金398.9万元，重点改善乡镇干部职工办公生活环境；同时积极争取市委、市政府1200万元资金支持，维修新建10座光伏电站，有效解决10个牧区乡政府、卫生院、小学、派出所等用电难问题；争取市级财政及县级财政配套资金共900余万元，用于更新乡镇公务车辆，进一步保证乡镇公务用车需要和安全。

【村(居)活动场所建设】 年内，共筹措4530万元重点打造建设21个村级组织标准化活动场所，进一步建强反分裂和脱贫攻坚的主战场主阵地。

【教育育才基金】 年内，共筹集教育育才基金88万元，2016年结余46万元，向2016年62名往届在校建档立卡大学生兑现资助金33万元，奖励2017年249名考入大学、5名考入内地西藏初中班、51名中考成绩优秀学生共计54.25万元，落实教学质量奖励资金35.57万元。

【抢险举措提高】 6月29日，全县进入汛期，县防汛抗旱指挥部组织人员多次对全县水库、电站、江

2017年12月4日，县委常委、副县长达次主持召开县政府第15次常务会议

河流域险工险段等重要设施部位进行全面排查。2017年，全县受灾户数达1577户，受灾人口8675人，发生灾情102起，造成经济损失约2109.5万元。防汛期间，县委、县政府第一时间投入救灾应急资金104.43万元，落实冬春受灾补助资金91万元，出动各类机械460台次，7250人次，调运救灾帐篷50顶，各类救援物资63755件，转移安置39户259人，经过转移和抢修，群众生命安全得到保证，实现“零伤亡”。

【政府效能提升】 年内，全县政府系统开展“两学一做”“四讲四爱”学习教育，以作风转变促效能提升，严格落实党风廉政建设责任制，持之以恒肃政风、正行风，深入推进政务公开，主动接受群众监督，提高政府工作透明度，让权力在阳光下运行。严格执行中央“八项规定”和自治区“约法十章”“九项要求”，重点整治群众反映强烈的突出问题。自觉接受人大法律监督、政协民主监督和社会舆论监督。

【党风廉政建设】 年内，全县政府系统站在树牢“四个意识”，坚持标本兼治、惩防并举、注重预防的方针，坚持民主集中制原则，严格落实“三重一大”制度，不断强化主体责任，着力抓学习、促改革、建机制、严监管、转政风、惩贪腐，党风廉政建设和反腐败工作取得新成效，新成果。

（彭天亮）

政府办公室工作

【概况】 2017年，以“服务领导、服务基层、服务群众”为宗旨，以“强化理论武装、转变工作作风、提高服务水平”为重点，切实履行参谋助手、综合协调、督促检查、信息反馈、后勤保障等职能，深入开展“两学一做”“四讲四爱”专题学习教育活动，加强自身建设，全面完成办公室各项工作任务。

【以文辅政】 年内，严把公文拟稿、审核、会签、签发程序关，提高公文撰写质量，减少公文差错。2017年，以政府名义共印发文件431件，以政府办公室名义共印发文件120件；撰写好会议、领导讲话稿等各类材料。完成换届政府工作报告、政府经济运行分析会材料、精准扶贫和产业发展等各类大型会议材料80余份；全面推进办文及档案管理。全年共传阅、处理中央、区、市及县级有关文件550余份，为相关领导准确把握上级意图提供可靠保障；为及时、准确传阅文件，规范文件档案查阅工作。2017年11月，对办公室所有文件进行全面清理，进一步规范档案管理；协助县级领导加大基层调研工作。为准确了解各乡镇脱贫攻坚、灾后重建等重点工作开展情况，办公室协助政府各县长开展下乡调研，形成调研报告9篇。政府办公室向市政府信息科报送涉及经济发展、项目建设、社会保障、社会事业等政务信息165条。

【协调督察】 年内，根据上级部门及县委、县政府的安排，认真搞好会务的统筹协调，全年组织县政府专题会议9次，政府工作推进会议6次，县长办公会议9次，政府党组会议13次，政府常务会议16次，清理规范性文件5件，协调办理电视电话会议120余场次，协助全县各部门办文办会50余次。2017年，政府办公室坚持以务实的工作态度办理各项事务，将工作

2017年8月15日，政府办公室主任、党支部书记次仁卓玛组织办公室干部职工进行集中学习

做细、做实、做精，做到忙而不乱、杂而不散、应对自如，配合相关部门开展精准扶贫、灾后重建、产业发展和专项整治等重要工作10余项。通过书面督查与实地查看等形式，全年共落实目标任务完成情况、项目推进等各项工作10余项。

【政务信息公开】 年内，政府办公室根据《西藏自治区人民政府办公厅关于印发2017年政府信息公开要点的通知》精神，针对昂仁县实际情况，协调各乡（镇）和县直各部门，通过政府网站、广播电视、微信平台、宣传资料等形式公开各种规章制度、重点领域信息和体系建设等信息23000余条。

【后勤保障】 年内，政府办公室在做好日常服务的基础上，会同机关后勤服务中心细化接待服务制度，在筹备和接待工作中，严格按照《昂仁县"三公"经费管理办法（试行）》和《昂仁县公务用车管理办法》，对领导用餐、车辆安排等相关事宜进行认真部署，做到领导放心、客人满意，全年接待工作组、督导组和考察团等245次、2050人；按照《昂仁县政府采购管理办法（试行）》，会同相关部门完成全县各项政府采购工作。

【法治工作】 年内，在市法制办的指导下，开展行政复议、行政应诉统计工作；在"七五"普法宣传日、"4·22"世界地球日等节日协助相关部门开展法制宣传教育8次，发放《中华人民共和国环境保护法》《法律援助条例》《公民道德建设实施纲要》等藏汉双语各类宣传资料3100余份。

【教育管理】 年内，政府办公室以"两学一做""四讲四爱"为载体，不断强化办公室自身建设，为县政府工作高效运转提供保障。在内部管理方面，为提高工作效率、规范内部管理，结合政府办公室工作实际情况，对办公室全体工作人员分工进行细化，进一步明确各自工作职责，规范内部管理；通过告示牌对公务车辆派遣数据进行及时公示，进一步规范驾驶员管理。

【制度规范】 年内，结合办公室工作实际，补充完善《工作人员行为规范》《值班制度》《接待

2017年9月8日，政府办公室主任、党支部书记次仁卓玛召开工作交接会

制度》《信访工作制度》等各项办公室工作制度10余项，规范并完善《三会一课》《民主评议党员会议制度》等各项党建工作制度10余项，新修订、补充完善的各项工作制度逐一上墙；结合党建工作，设立政府及办公室历年来工作荣誉墙，进一步鼓励并激发干部职工工作的积极性；制作并充实“两学一做”“四讲四爱”“文明创建”“党务工作”“干部职工去向”等各项宣传公示专栏7个，有效促进各项工作的顺利开展。

【理论学习】 年内，以“两学一做”“四讲四爱”、精神文明创建、党风廉政建设等工作为载体，制定学习计划，完善学习制度，结合办公室工作实际，开展多种形式的学习活动，引导干部职工改善知识结构，提高办公室工作效率。全年共组织干部职工集中学习20余次，撰写学习心得体会和观后感130余篇。

【业务能力建设】 年内，开展应知应会业务练兵和工作交流讨论，强化组织会议、协调活动、文稿起草、政务督查等办公室日常工作的学习培训，引导广大干部牢固树立大局观念和窗口意识，认真开展争做服务标兵活动，办公室整体服务水平明显提高。

（彭天亮）

信访工作

【接访工作】 年内，共受理来访件58件，305人次，较2016年同期上升45%，包括来访55件，382余人次，较2016年同期上升20%，其中集体上访100人次，个体访53批，160人次，来信8件，8人次，下访排查6件。共受理58件，58件已办结，信访办结率达到100%。

【体制机制创新】 年内，召开信访工作专题会6次，信访工作联席会议5次，起草下发排查通知等10余份，签订目标责任书27份，十九大期间信访工作承诺书34份；及时调整充实《昂仁县信访工作联席会议成员单位》，制定下发《县级领导下访包案制度》，与各乡镇、各部门签订目标责任书，严格落实《信访工作考核办法》。

【法规宣传】 年内，借助普法宣传日、综治平安日等契机，就信访条例、信访流程、信访政策以及信访件处理方面的常识进行了宣传普及，共开展17次宣传，发放宣传册378份。

（段二东）

民政工作

【概况】 昂仁县民政局属于正科级单位，核定行政编制5人，领导职数3人。昂仁县民政局负责全县城乡低保、城乡医疗救助、“双集中”供养和老龄、“双拥”优抚安置、残疾人事业、救灾救济、婚姻登记管理、基层政权建设、勘界、区域地名管理等工作。

【城乡低保】 年内，坚持“应保尽保”“应退尽退”动态管理的原则，机制运作良好，及时更新低保信息系统录入，保质保量完成全年低保调整和核实工作。没有出现“漏保”“错保”现象。民政局先后组织人员两次对城乡低保进行全面的清理整顿，深入乡（镇）、以走村入户和邻里走访的方式进行调查、核查低保对象家庭人均收入和家庭贫困程度等相关情况，对超出保障线标准的城镇低保户208户、248人，农村低保

2017年7月20日，西藏自治区民政厅副厅长江娟（右三）一行在昂仁县五保集中供养中心考察

户 243 户、739 人，按照有关政策规定进行停保。同时逐步提高最低生活保障标准，1 月，农村低保标准由原来年人均 2550 元调整到 3311 元，城镇低保标准由原来的人均月收入 640 元调整到 700 元。截至年底，全县共有城乡低保 1778 户、5066 人，其中城保 22 户、24 人落实资金 8.1024 万元，2017 年下半年调整为农村低保 1755 户，5041 人，落实资金 586.81245 万元。

2017年12月25日，民政局局长吴琼在昂仁县与阿里地区措勤县交界处进行勘界工作

【医疗救助】 年内，会同县卫生局深入推进城乡弱势群体医疗救助服务，巩固和完善重特大疾病医疗救助制度，规范救助办法，扩大救助内容，简化救助程序，提升救助效果，提高救助的准确性和时效性。2017 年，对 185 名农村特困群众实施医疗救治，救助资金 58.7871 万元；对 2 名城镇特困群众实施医疗救助，救助资金 0.453 万元，从根本上解决群众看病难、看病贵的问题。

【临时救助】 年内，为切实解决好因生活暂时出现困难或因病、就业、教育等问题生活临时出现困难或返贫现象家庭的实际困难，民政局根据城乡困难群众临时救助相关政策要求及规定，共落实城乡困难群众临时救助金 26 户 4.87 万元。

【“双集中”供养】 年内，全县共有 154 名五保户，其中集中供养 96 名，分散供养 58 名，分散供养五保户分布在 17 个乡镇，分散供养由村委会和亲属托养，有意愿集中供养率达 100%；五保供养服务中心运行经费主要以五保供养对象本身的年供养经费和护理费为主，以原社会福利院房屋租金收入款为辅。机构支出主要有食材费、燃料费、医疗费、衣物费、丧葬费等；截至年底，食材费和燃料费等日常支出 18.24 万元；丧葬费 5500 万元；为 41 名老人进行医院治疗，医疗总费用支出为 7.71 万元（其中合作医疗报销 5.7 万元、医疗救助金报销 2.01 万元）。重阳节期间给五保户发放慰问金 5000 元与 350 元的水果和零食。全县 46 名孤儿中到市级福利院集中收养 37 名，收养率达 80.4%。

【做好流浪乞讨人员救助工作】 年内，为进一步加强昂仁县流浪乞讨人员及“三无”人员的管控工作，从源头上治理流浪乞讨人员的管理工作，全面维护社会局势稳定，为确保做好昂仁县流浪乞讨人员和“三无”人员的管控和救助，民政局在年初民政工作部署会议上与各乡（镇）签订《昂仁县 2017 年度流浪乞讨人员救助管理工作责任书》基础上再结合昂仁县实际制定红头文件《昂仁县关于进一步做好流浪乞讨人员及“三无”人员相关工作的通知》，并下发至各乡（镇），确保流浪乞讨人员和“三无”人员的管控工作；同时为 9 名外籍流浪乞讨人员落实救助金 1350 元。

【婚姻登记】 年内，深入推进婚姻登记规范化建设，建立婚姻登记联网登记查询系统，提高服务质量。坚持依法行政，严格婚姻登记手续，不办人情证、关系证，加强婚姻证件管理，坚持规范化管理，并将办事程序、收费标准等向社会公开，接受群众监督。为降低离婚率促进社会和谐稳定，严格控制离婚率，对离婚当事人进行思想教育，帮助其查找原因和

2017年8月3日，特困供养中心工作人员带领五保人员集中体检

解决办法。2017 年，民政局共办理 121 对结婚证，28 对补办结婚证，11 对离婚证。

【残疾人福利事业】 年内，为确保昂仁县残疾人基本服务状况和需求专项调查工作的顺利实施，民政局严格按照《西藏残疾人基本服务状况和需求专项调查残疾人基础信息核查工作方案》，及时有效开展昂仁县残疾人基本服务状况和需求专项调查各项工作，全面完成专项调查各项工作。及时为 1305 名残疾人落实残疾人“两项补贴”资金 142.098 万元；为 297 名残疾人落实“机动燃油补贴”资金 11.286 万元，360 万元的县级残疾人康复中心项目已顺利完成并通过验收。

【防灾减灾】 年内，进一步对县、乡、村三级《自然灾害救助应急预案》进行完善和修订，使其更具可操作性和合理性，并成立三级灾害信息速报员，形成统一领导、综合协调、分类管理，分级负责、属地为主的灾害应急工作机制。准确调查、统计、上报灾害信息。受灾害影响，全县 8792 人受灾，农田受损 361.659 公顷，其中绝收 53.225 公顷，房屋受损 364 间，其中倒塌 103 间，严重损坏 117 间，一般损坏 144 间，造成直接经济损失 2201.015 万元。

为切实保障受灾群众生产生活，恢复受灾群众正常生产生活，扎实有效开展救灾工作，进一步提升救灾工作能力，在汛期期间结合各乡（镇）受灾情况和群众反映所需，给受灾群众发放 50 顶救灾帐篷并发放 0.3 万元的临时救助；为确保受灾群众安全度过今冬明春，在“暖”字上下功夫，引导受灾群众备足燃料，储备大衣、棉被、帐篷等防寒衣物，确保受灾群众安全过冬。昂仁县向受灾乡镇下拨资金 91 万元。为提高防灾、救灾物资保障能力，使昂仁县防抗灾工作有效开展，积极开展救灾物资储备工作，做到“三有一到位”，即县有救灾仓库、易灾重灾乡镇有救灾仓库、库库有充足物资、确保防抗灾工作到位。以“5·12”防灾减灾日，根据上级安排统一制定昂仁县 2017 年“5·12”防灾减灾日宣传活动实施方案，在县城主街道悬挂横幅、发放宣传单 870 余份，给学生和群众讲解减灾知识，完成“5·12”全国防灾减灾日的宣传各项工作。

【“双拥”优抚】 年内，建立退伍军人数据库，做到底数清、情况明。积极开展送温暖活动“三大节日”“八一”中国人民解放军建军日等重大节日县委、县政府牵头开展对 55 名重点优抚对象和驻地部队慰问活动，落实慰问资金 3.5 万元，落实 2016 年退役军人发放家属优待金 33.6 万元，落实退役军人一次性就业金 64 万元。

【地名勘界】 年内，对 17 个乡（镇）所辖范围内的地名名称、位置及相关属性信息进行记录，对不规范地名进行标准化处理，对重要地理实体设置地名标志，建立地名信息数据库，为社会提供全面准确的地名信息。同时对县城街牌和门牌进行摸底调查。边界区域管理工作．在平安边界创建工作中，民政局牵头与阿里地区措勤县开展边界区划工作，签订协议书，确保边界无赚，持续平安、稳定。

【项目工作】 年内，争取到 75 万资金，用于五保集中供养服务中心阳光棚建设和达局乡农村幸福苑建设，积极争取两个易灾乡镇的乡级救灾仓库建设和一个天葬台项目。

（吴 琼）

人力资源和社会保障局

【概况】 昂仁县人力资源和社会保障局位于昂仁县巨龙路1号，正科级单位，下设社保中心、就业局、公务员局、劳动保障监察局、劳动人事仲裁中心，编制核定人数为11人，现有在职在编人员10名。

【社会保险】 养老保险（包括企业基本养老保险、城镇居民养老保险、机关事业单位干部职工养老保险）、医疗保险（包括城镇职工基本医疗保险、城镇居民医疗保险）、工伤、生育和失业保险，参保人数分别为36053人、3207人、1951人、1716人、1083人，完成日喀则市下达任务的参保率分别为102.3%、100%、100%、100%、100%，缴纳保险金额分别为8955.05万元、2549万元、68.8万元、146.5万元、118.6万元。

【全民参保】 年内，昂仁县人力资源和社会保障局先后组织召开两次全民参保登记工作专题安排部署会，联合昂仁县委、县政府成立领导小组，下发实施方案，召集17个乡镇业务专干开展业务培训，先后2次到乡镇督导检查。完成对全县17乡镇农牧民、常住人口以及县直在编在职干部职工入户登记调查工作，并与公安以及卫生院进行信息比对，筛选出未参保人员信息并录入未参保电子模板和数据导入工作。全县共计57459人，完成入户登记人数57054人，入户登记率达99%，系统录入人数共计53151人，录入率达93%。

【精准扶贫】 年内，全力推进就业再就业，城镇登记失业率控制在2.5%以内。2017年实现劳务输出1.79万人、2.96万人次，实现劳务收入7532万元，分别完成市年初下达目标任务的112%，113%，100%。按照市、县精准扶贫工作要求，制定全县转移就业脱贫工作实施方案，大力实施精准培训、精准就业，先后组织钢筋工、混凝工、农机及摩托车维修等实用技能培训10期，共培训农牧民群众814人，已经结业463人，其中440人已灵活就业，其中精准扶贫建档立卡贫困户243人。全年技能培训建档立卡贫困户495人，243人实现就业，超额完成年初市局下达目标任务。此外，根据农牧民群众培训需求先后有针对性地、分批次地输送昂仁县农牧民到区、市开展装载机、挖掘机、厨师、绘画、汽车驾驶等技能培训，输送人数达152人，其中60人为精准扶贫建档立卡贫困户，培训合格率达90%，超额完成市年初下达的目标任务。

【“双创”工作】 7月，昂仁县人力资源和社会保障局联合县委、县政府开展“第二届珠峰创业创新大赛昂仁分赛”活动，此次全县共有10名参赛选手，设立一等奖1名，二等奖1名，三等奖1名，鼓励奖3名，共发放奖金6万元。激发昂仁县农牧民群众的创业热情，打开“双创”工作新局面。力争实现高校未就业毕业生“清零”。统计全县应往届高校未就业毕业生共计269人，以市委“321”结对帮扶工作为契机，先后制定《昂仁县“双创”工作暨大学

2017年12月25日，日喀则市人社局副局长张新光（右二）在昂仁县未就业高校毕业生家中调研

生（中职生）就业动态清零工作领导小组》《昂仁县大学生（中职生）就业创业宣传工作方案》《〈中共昂仁县委 昂仁县人民政府关于开展大学生（中职生）就业动态清零行动的实施方案〉任务分工方案》《昂仁县未就业大学生（中职生）“321”结对帮扶工作实施方案》，组织实施2次专项招聘，全年实现164名高校毕业生就业。

【人事人才】 年内，根据上级组织分配原则，结合昂仁县实际情况，先后合理分配57名新生在各相应单位工作，科学合理安置内地招引21名高校毕业生扎根基层；顺利完成2017年度昂仁县政府系统512人公务员信息系统维护以及数据更新工作；完成179名公益性岗位人员合同签订以及公益性岗位人员的信息库数据更新工作；完成31名农牧、卫生、文化系列初级职称评聘工作，完成7名农牧、卫生、文化系列中级职称评聘工作；完成2017年度干部职工退休申报工作，涉及机关事业单位人数共计23人。

【劳动监察】 年内，利用各种宣传日，组织全局干部在县城主要街道开展《中华人民共和国劳动法》《中华人民共和国劳动合同法》、工资支付条例等法律法规宣传活动。开展日常巡视检查5次和专项检查2次，共出动监察人员15人次，检查用人单位18家，涉及劳动者123余人；接访劳资纠纷案件7起，涉及农牧民工56人，涉及拖欠资金76.5万余元，结案率100%，维护了广大农牧民工合法权益，保障县域社会持续稳定；加强农牧民工工资保证金管理工作，共44家承建企业缴存工资保证金，缴存金额达1372万元。

【工资福利】 年内，根据自治区、市要求，及时上报并审核全县干部职工调资增资工作，其中机关事业单位退休干部209人，企业退休人员31人；完成全县1122名干部职工折算工龄变动以及补发工作，其中3类区778名，4类区344名，共计月增资85583.5元；完成3名村转干、专技15人平调、9名调入调出人员工资变动审核以及落实工作。

【帮扶慰问】 年内，昂仁县人力资源和社会保障局先后组织2次全局干部下乡下村，深入帮扶对象家中，为帮扶对象每户送去一袋大米、一袋酥油、一袋面粉、一条砖茶（每户折合人民币375元）；慰问达局乡兜底5户，每户发放慰问金300元；慰问亚木乡贫困户12户，每户发放慰问金300元。共涉及达局、亚木、卡嘎等三个乡镇21户困难群众，发放慰问金共计6600元。此外，每户发放对口帮扶干部职工信息牌（姓名、单位、联系方式），并全面登记填写结对帮扶人员基本信息。

（郭德能）

2017年10月13日，昂仁县人社局局长边巴联合县交通、国土等部门在阿木雄矿点开展劳资纠纷调查

扶贫开发（扶贫办）

【概况】 2017年，昂仁县扶贫开发办公室实有干部4人（在编4人），脱贫攻坚指挥部实有干部28人（抽调26人、志愿者2人）。2017年，县委、县政府认真贯彻落实区、市关于打赢脱贫攻坚战的决策部署，把脱贫攻坚作为“十三五”时期头等大事和第一民生工程来抓，精心谋划狠抓落实，脱贫攻坚工作成效明显，净脱贫5747人，完成市委下达指标的

2017年8月23日，日喀则市扶贫办主任旦增（前排左三）一行在昂仁县检查指导精准扶贫工作并宣讲相关政策

100%,36个贫困村实现退出。

【完成脱贫摘帽】 年内,昂仁县共计完成5747人的脱贫任务,脱贫率达到100%,脱贫户基本实现“三有”“三不愁”“三保障”。

【完成贫困村退出程序】 年内,全县35个行政村,通过全方位考核,贫困发生率降至3%以下,达到贫困村退出相应要求,符合退出相关程序,完成贫困村整体退出任务。

【易地搬迁】 年内,共实施易地搬迁1715户6226人。其中跨县搬迁92户301人,17个安置点项目已开复工,完成总工程量的95%。截至年底,累计完成下拨资金29820.98万元。

【产业项目】 年内,在6个农区乡镇大力推广蔬菜温室、民族手工业和旅游服务业等产业项目,促进贫困户在产业项目中直接受益。在11个牧区乡(镇)计划投入1亿元,实施桑桑牦牛养殖基地及畜产品开发、畜产品统销统购等产业项目,采取“公司+基地+贫困户”和家庭牧场等经营模式,建立完善产业、企业、贫困户利益链条。截至年底,投资433万元的扶贫宾馆已建成投入使用,投资200万元的秋窝乡康萨粮油加工点项目已建完正在运营当中,投资1000万元的扶贫商砼建设项目已完工,投资1500万元的霍尔巴羊育肥基地配套工程2500亩人工种草基地已建完,投资957万元的桑桑游客服务中心项目已完工。投资3300万元的扶贫综合商业用房项目正在开工建设,主体工程已完成75%。投资5000万元的桑桑牦牛育培基地建设项目正在建设当中,已完成35%,投资2300万元的建材市场项目已做完前期工作以及15个“短平快”扶贫产业项目正在做前期工作。

【发展教育】 年内,在国家教育减免政策的基础上,成立昂仁县教育育才基金,对建档立卡贫困户的在校大学生,从2016年开始,每年资助生活费和学费,以减轻贫困家庭负担。2016年县财政从全本级财力安排100万元注入基金,2017年援藏投入50万元,社会募捐33万元,共落实资助金额82.3万元,共计311名(大学生)。

【转移就业】 年内,围绕实现贫困家庭户户有门路、人人有活干、经常有收入,加大农牧民职业技能培训投入,统筹利用各类培训资源,以就业为导向,提高培训的针对性和有效性。建立就业服务平台,帮助劳动者和用工单位实现有效对接,实现培训一人、就业一人、脱贫一户,积极加大贫困人口实用技能培训,2017年转移就业开展技能培训10期,共培训814人,其中建档立卡贫困户495人,帮助243名建档立卡贫困户通过转移就业实现脱贫。

【生态补偿】 年内,充分利用草原监督管理员、自然保护区生态补偿管护员等政策性补助资金,安排有劳动力的贫困人员和低收入人员16404人转为草原监督管理员、自然保护区生态补偿管护员等7个岗位,每人每年可实现工资收入3000元,及时足额落实岗位工资4921.2万元。

【医疗救助】 年内,认真贯彻国家医疗政策的同时改善县乡村三级公共卫生服务体系,加强医疗救助保障体制、逐步提高贫困人口的新农合筹资标准和大病补偿比列，加大新型合作医疗报销比例，通过民政医疗救助，临时救助等措施，采取医疗救助贫困人口享受大病统筹住院报销，乡镇90%、县级85%、县级以上75%比例上提高5%优惠政策。

【社会兜底】 年内，强化政府救助托底功能，对全县1045户2821人无劳动能力和严重缺乏劳动力的贫困户实行社会保障兜底，保证弱势群体的正常生活。

2017年11月13日，副县长次琼带领县脱贫攻坚指挥部工作人员及17个乡镇扶贫专干，在卡嘎镇多旦村填写明白手册

【信贷扶持】 年内，充分发挥金融扶持、有效利用信贷扶持政策、大胆创办村级合作社、寻找贫困户脱贫门路为工作思路，从银行贷款，坚持民借、民还、民管民用，积极创办村级合作社，发挥各村的资源优势，实现经济效益，切实解决贫困群众生产经营小额资金短缺问题。2017年，小额贷款资金6504.8万元，覆盖1465户贫困户。

【结对帮扶】 年内，认真贯彻落实《日喀则市开展精准扶贫结对帮扶“4321”工作方案》，将4248户建档立卡贫困户实现结对帮扶全覆盖，健全资金保障机制，建立本级财政配套扶贫览全排续增长机制，从2017年起本级财政预算每年安排扶贫开发资金，投入占本级财政收入比例不低于12%以上，并随财力的增长逐年增加，专项用于扶贫开发；成立昂仁县滨湖扶贫开发投资有限责任公司，注册资金300万元，并为公司投放1800万元产业项目风险保障金；成立扶贫专项基金，解决建档立卡贫困户最困难、最急需解决的现实问题。号召广大干部积极参加扶贫工作，共筹集资金70余万元。积极协调第八批山东淄博援藏小组，三年内将援藏资金10640万元投入脱贫攻坚，占援藏总资金的88%。

【党风廉政建设】 年内，为加强党风廉政建设，把落实党风廉政建设作为工作的中心来抓紧抓好，成立党风廉政建设工作领导小组，并将党风廉政建设列入重要议事日程，全年共召开4次研究党风廉政建设和反腐败专题会议，明确领导班子和领导干部在党风廉政建设中承担责任；突出廉政廉洁，领导班子带头履行职责。年初主持召开会议学习责任书，研究党风廉政建设，对全年工作任务做出安排部署，重点工作亲自过问，抓好落实；召开4次廉政党课；观看廉政警示教育片1次，各项工作在阳光下运行，做到“早发现、早提醒、早纠正”，远离职务犯罪，廉洁一生平安；充分利用党的群众路线教育实践活动，严格按照群教总要求，认真解决“四风”“两问题”“薄弱”，广泛开展批评与自我批评活动，查摆问题、剖析问题，提出改进的方法和今后的努力方问题的整顿力度。

（德吉卓嘎）

旅游

【概况】 2017年9月，昂仁县旅游局正式更名为昂仁县旅游发展委员会（简称旅发委），为县政府工作部门，机关行政编制2名，正式干部2名，中共党员2名，均为本科学历。2017年，全县旅游总接待为153321人次，同比增长22.07%，实现旅游综合收入597.04万元，同比增长18.21%。

【旅游宣传】 年内，收集和整理昂仁县90%的景区景点的图片和景点资料，制作《唐东故里、藏戏之乡、魅力昂仁》旅游宣传手册1000本。手册涵盖包含重要人物、旅游景区景点、非物质文化遗产、地方美食、交通概况、旅游设施、旅游须知等等，通过旅游手册，可让游客们对昂仁县进行更全面的了解。

【旅游战略品牌逐步树立】 年内，依据《昂仁县旅游总体规划》，昂仁县将全县旅游景区划分为“一心、一轴、两廊、五分区”，以塑造唐东故里为核心品牌，其中唐东铁索桥所在《日吾其金塔景区》《唐东杰布文化园区》节点规划已编制完成，并启动219国道沿线旅游景点和配套服务设施的建设，唐东文化园区一期项目在援藏省市的投资下已建成并全面投入使用，唐东纪事馆、迥巴藏戏文化传习所已完成主体建设，2018年将投入使用。唐东文化园区二期工程包括环湖自行车赛道、游客服务中心等包括12个节点进入招商引资阶段，该项目的实施将有效带动昂仁县整体旅游产业的提升，促进当地群众积极参与旅游事业，增加现金收入，提高旅游服务水平。

【旅游基础项目稳步推进】 年内，依据昂仁县旅游总体规划进行旅游开发工作，完成桑桑镇湿地乡村景点基础设施项目验收；昂仁县“十三五”重点申报项目唐东杰布文化旅游园区节点的朗措湖景点项目，前期筹备工作已完成；卡嘎镇香客服务站项目成功申报2017年国家旅游发展基金补助地方项目。

【贯彻实施“厕所革命”】 年内，旅发委协同县住建局、国土局以及施工单位、设计单位负责人对昂仁县的曲德寺、格旦曲林寺、拉扎寺等10个旅游厕所进行现场选址，选址根据上级旅游厕所相关要求进行选址，在方便当地农牧民群众和前来游玩的游客为前提条件下必须符合当地文化、突出特色、环保、卫生等标准。旅游厕所的修建不仅是贯彻实施“厕所革命”，更为完善昂仁县旅游基础设施建设奠定基础。

【旅游基础设施建设】 年内，县城及219国道沿线已有各类宾馆、家庭旅馆23家，共4家星级农牧民旅馆，铜星级两家、银星级两家，2017年申报星级宾馆2家，未得到批复。各类餐饮饭店、茶馆892个。国道219沿线扎桑寺、日吾其金塔等景区设立旅游标识牌，其他景区的标识牌正逐步协调解决；卡嘎镇二级检查站旅游厕所项目顺利开工；桑桑镇梅朵村“旅游厕所”项目所有前置手续办理完成。

【旅游市场监管】 年内，进一步推动建立完善“1+3+N”旅游市场综合监管机制，充分发挥部门职责，聚焦重点区域和重点景区，针对全县重点旅游景点景区、星级宾馆开展旅游市场秩序检查，充分发挥旅游市场综合监管机制作用，落实综合监管责任。根据游客投诉、舆情监测等线索，梳理整治重点，对游客投诉集中、行业反映强烈、舆论曝光较多的景区、宾馆开展重点检查。严厉打击利用非法手段获取不当利益的企业和个人，引导星级宾馆规范操作。

【旅游文化产业】 昂仁县文化底

2017年10月17日，昂仁县旅发委主任格桑曲珍在卡嘎镇香客服务站选址

2017年3月31日，旅发委协同县国土资源局在切热乡达格架地热间歇自然保护区所需标识标牌、导览图，以及宣传栏内容等进行实地调研

蕴浓厚，全县有44座寺庙，是日喀则市寺庙最多的县，也是藏戏文化的发祥地。昂仁县人杰地灵，一世班禅大师克珠杰.格勒巴桑在昂仁县秋窝乡出生；藏戏和西藏桥梁鼻祖唐东杰布出生在昂仁县多白乡仁青顶村。唐东杰布大师为改善群众出行条件，修建58座铁索桥，为集资缔造集说、唱、跳、弹于一体的“迥巴藏戏”，2006年被列入国家级第一批非物质文化遗产名录。2017年10月亮相乌镇戏剧节，广受好评。昂仁县湖泊众多，大小湖泊19个，西藏著名的第三大湖——扎日南木措的一部分在昂仁县境内，海拔4500米至6300米的山峰80余座。

【旅游安全生产】 年内，坚持“安全第一、预防为主”的方针，昂仁县旅发委在全年各重要节点组织相关执法人员对全县辖区内各级宾馆、饭店、景区等相关旅游企业进行联合检查，防微杜渐，消除不安全因素，确保旅游市场的安全有序，累计出动行政执法人员100余人次，检查企业60家，检查景区20余次，排查安全隐患25处，维护旅游者的合法权益，进一步净化旅游市场秩序；为巩固平安昂仁建设成果，推进昂仁县各旅游景区景点社会治理工作，按照“预防为主、防控结合”的管理理念，狠抓“平安景区”各项创建工作落实，2017年底县“平安景区”创建领导小组根据昂仁县“平安景区”考核表对全县4座旅游景区进行考评，并对考核过程中发现的问题提出整改建议。

【旅游产品开发】 年内，在“第十五届珠峰文化旅游节”富有昂仁特色的旅游纪念品拉堆强传承唐卡、拉堆马头六弦琴、羊皮鼓、妇女民族手工业合作社的藏式卡垫、靠背等进行参展销售。精湛的技艺和丰富的本土文化内容准确反映昂仁旅游形象，充分体现昂仁浓厚的历史文化底蕴与人文资源。其中六弦琴和唐卡均在区内旅游大赛中荣获名次，2017年六弦琴和唐卡合作社负责人与县旅发委达成初步协议，以昂仁县唐东杰布旅游发展公司名义进行商标注册及开发和设计，以上特色产品具有昂仁独特文化价值和市场价值。此外，年底前完成历时两年的昂仁县旅游文化宣传音乐专辑《梦寻唐东杰布》的录制，联合西藏众多著名音乐人和创作人员，用歌声和美景领略昂仁厚重的历史文化和美丽风情，专辑将于2018年上半年正式发行，届时将为昂仁县旅游事业的宣传写上浓墨重彩的一笔。

【曲德寺AAA级景区】 地处昂仁县政府驻地卡嘎镇雪村东面山麓，海拔4400米。曲德寺的始建年代可上溯到公元1225年，距今已有777年的历史。该寺创始人为夏加桑格，也是寺庙第一任主持人，属于格鲁教派，寺庙创建后僧人很多大德高僧到此讲传法，公元1434年寺庙进行扩建，扩建80柱大经堂，此时寺庙拥有3000余人，1861年八世班禅丹白旺久时期，门巴洛桑南捷奉命前来昂仁县对曲德寺进行较大规模的维修并且称作曲德寺德庆伦珠，热旦林密宗院。1959年民主改革时，寺庙有70余名僧人，被列为自治区级文物保护单位，后来“文化大革命”时，寺庙彻底被毁。1985年班禅大师到昂仁县视察，在班禅大师的关怀下于1986年寺庙得到恢复重建。是日喀则地区保留寺庙，曲德寺是昂仁县33座寺庙中规模最大的一座寺庙，占地总面积4732平方米，其中寺庙大殿面积为8柱；据布拉康面积为3柱；令康面积为2柱。另外还有僧舍、伙房、仓库等附属建筑。

【日吾其金塔、铁索桥AAA级景区】位于日喀则地区昂仁县日吾其乡，距昂仁县城90公里处，海拔4260米，属于自治区级重点文物保护单位。金塔为塔寺合一的建筑物，属于宁玛教派。由桥梁建筑大师、藏戏创始人汤东杰布于1389年创建。塔周围寺庙建筑曾被毁，塔身基座以上被毁。1985年在党和政府的关怀下，日喀则地区行署批准并拨款进行维修。金塔高35米，共有9层，分为座、塔瓶、塔顶3部分，塔瓶直径20米，占地面积5228平方米，建筑面积3228平方米。塔身自下而上逐层收封，各层每边面正中砌有亮门，亮门为1.2米高、0.8米宽，塔内设有佛殿4座，全塔共有108个门，内有佛殿、神龛，形象传神的佛教艺术壁画及汤东杰布的许多遗物。日吾其金塔建筑风格与西藏佛塔之冠的白居塔风格相近，却比白居塔早建成近百年，是西藏最早最雄伟的佛塔之一，也是藏传佛教较具有代表性的建筑物。距该塔800米处有汤东杰布建的第一座铁索桥，2008年在自治区文化厅关怀下拨款进行维修。

【党风廉政建设】年内，认真学习贯彻党十八届六中全会和党的十九大精神，按照上级反腐倡廉建设和作风建设工作的决策部署，把党风廉政建设摆上全年工作的突出位置，切实履行主体责任，从深化作风建设、深化制度建设、规范权力运行等方面入手，签订《旅游党风廉政建设目标责任书》，确保旅发委党风廉政建设有序推进。

10月，旅发委制作《党员干部负面言行》提醒手册，使每一位党员干部认识到“扎扎实实干事，清清白白做人”是每位干部的本职所在，牢记遵守纪律和规矩的底线，充分认识党风廉政建设的重要性，务必求真务实、自觉自省认真学习廉洁自律以及拒腐防变的相关知识。

（塔　曲）

藏语言及编译工作

【概况】根据日机编委《关于县市藏语文及编译工作机构编制调整的通知》，2014年6月昂仁县二级班子调整的同时，从县委办公室管理的副科级事业单位调整为县政府直属事业单位正科级建制，核定编制3到4名，实有人数3名，并配备藏语委办（编译局）主任（局长）1名，副主任（副局长）1名；科员1名，因工作需要副局长借调到自治区区编译局工作，现实人数2名，学历均为大专以上；现有3间办公室，设备齐全。

【“四讲四爱”学习教育实践活动】8月7日，日喀则市藏语委办（编译局）党组书记、副主任（副局长）次仁卓嘎带队的调研组在昂仁县就贯彻落实《日喀则市人民政府关于加强藏语言文字工作的意见》情况进行调研，采取实地检查的方式对县城唐东路、达格架路以及219国道沿线的社会用字使用情况进行检查，并听取昂仁县藏语文工作委员会近期工作开展情况。

【翻译工作】根据区、市两级藏

2017年11月25日，日喀则市编译局党组副书记、局长次仁（右一）在昂仁县检查编译地名普查工作完成情况

语委办藏语文社会用字检查整改情况的相关文件要求，结合昂仁县实际，制定昂仁县《关于进一步做好藏语文社会用字检查整改工作的实施方案》，藏语文社会用字检查整改工作领导小组相关成员着重对交通沿线及县城主街道所在的党政机关、窗口行业、路识标牌、旅游景点、商户门牌等藏语文使用情况进行认真细致的检查整改，在检查中存在的问题要求个体工商户在限期的时间内尽快整改，为昂仁县藏语文社会用字检查工作的有序开展奠定基础。

年内，利用“3·28”西藏百万农奴解放纪念日和“6·2”民族团结进步日等宣传日活动，共排查54个宣传标语的双语使用情况，基本上达到相关规定的要求；2017年全面实现昂仁县会议横幅和座签均使用双语；围绕全县中心工作，高质量地完成县“两会”、人大、政府、政协、发改委、财政的工作报告等大型材料以及开闭幕会领导讲话稿、会议议程的翻译审定工作，翻译字数达249732字；围绕全县发展稳定大局，运用通俗化，大众化的语言，加大对群众的精准扶贫教育工作，引导群众顺利完成脱贫摘帽工作的各项任务，圆满完成精准扶贫相关政策解析的应急翻译任务，翻译字数达8709字；自治区巡视组对昂仁县反馈的意见落实情况的公告，字数达27344字；市委巡察组在昂仁县顺利开展各项工作，巡察重点工作等相关材料的翻译任务，字数达19805字；为切实加强和改进村两委班子建设，促进村“两委”班子管理的规范化、制度化，推动发展，服务群众促进和谐的作用，完成争先进位考核工作开展情况等相关材料55495字的翻译任务；“四讲四爱”主题教育实践活动和“五五”主题教育活动深入人心，全程贯穿喜迎党的十九大胜利召开这一主线，完成五五活动藏汉双语宣传手册以及实施方案、测试题的翻译任务，字数达22501字；更好地传达党中央等各级党委、政府的重要会议精神，向县委宣传部、县委党校等宣讲团提供市委一届五次全委会会议精神等宣讲提纲3份，翻译字数达67565字。完成曲德寺管委会的“僧人之家”制度，国土局的不动产登记管理制度、公安局禁毒宣传以及各单位送来的应急翻译任务，共字数达40125字。8月，负责珠峰文化节所有节目单的翻译和昂仁县卫生环境实施办法意见的翻译，字数达20多万字。半年多内翻译字数共计达719600字，比2016年同期相比翻一番。

2017年2月25日，编译局工作人员翻译昂仁县“两会”材料

【精准扶贫】 年内，编译局3名干部分别在卡嘎镇和贡久布乡9户贫困户基本情况进行数据核准工作，并为结对帮扶对象送去价值1000元的帮扶资金，确保2017年脱贫摘帽的各项任务得到落实。

【藏语文文化传承和发展】 年内，进一步联合县政协，县编译局具体负责完成民间歌谣、传统服饰以及传统游戏等文献资料的收集、翻译、整理、编审等工作，已基本上形成4万字左右的双语历史文献，为进一步发掘昂仁藏语言文化工作提供可靠的原始资料；根据市藏语委办（编译局）2017年工作安排，为做好昂仁县村名、寺庙和山川名称核实工作，将各乡镇村名、寺庙和山川名称（征求意见稿及表格）发给各乡镇，根据征求意见稿做好核实名称工作，编译局将这项工作列在重要工作日程，做好名称核实工作；要求各乡镇要专人负责深入本辖区各村、各寺庙，请教熟悉该地区的文化人、名人和年长者，围绕地名复查的相关内容查阅资料，进行一一核实，确保准确无误；正确记录后报编译局办公室。在核实过程中如存在村名、寺庙和山川名称、著名景区名称漏掉现象或名字藏文书写等方面存在错别字、漏字等现象编译局安排专人及时补充更改。按照年初市及县里下达的工作任务分解要求，认真对昂仁县17个乡镇185个行政村、寺庙、旅游景点、交通标志、重要山河、湖泊、溶洞等自然地理名称的普查工作，努力完成市县下达的各项目标任务。

（普布卓玛）

中国人民政治协商会议昂仁县委员会

【概况】 政协昂仁县委员会成立于2012年7月，编制7人。2017年主席1名，副主席3名，办公室主任1名，办公室副主任1名，科员2名；政协机关设综合办公室。政协第二届昂仁县委员会共委员101人，共分8个界别：中共党员界、经济界、宗教界、少数民族界、工青妇联界、教育界、文化艺术界、农牧界。2017年，县政协深入学习贯彻科学发展观，认真学习贯彻党的十八大、十八届历中全会精神和十九大精神，按照县委“牧矿兴县跨越发展”工作思路，牢牢把握团结、民主两大主题，围绕中心，服务大局，充分发挥委员主体作用，调动各界别委员积极性，切实履行政治协商、民主监督、参政议政职能，狠抓工作落实，推动工作创新，不断开创政协工作新局面。

2017年9月8日，昂仁县政协党组书记、主席吕世瑞在亚木乡督导检查政协委员联络办工作

【二届二次会议】 3月18—20日，政协第二届昂仁县委员会第二次会议召开。会议应到委员101名，实到93名，县政协副主席次仁群培主持会议，县委、人大、政府主要领导和驻昂仁县自治区政协委员、市政协委员，以及部分县直单位主要负责人应邀列席会议，会议审议通过政协第二届昂仁县委员会第二次全体会议议程（草案）；审议通过政协第二届昂仁县委员会第二次会议日程（草案）；听取政协昂仁县委员会第二届常务委员会工作报告；听取政协昂仁县委员会常务委员会关于政协二届一次会议以来提案工作情况的报告。会议期间，共收到委员提案101件，经提案审查小组审查立案74件。县委书记李有平，县委副书记、县长普布多吉，县委副书记、人大常委会主任旦木真等领导到会指导，昂仁县政协主席吕世瑞作闭幕讲话。

【二届三次会议】 12月18—20日，政协第二届昂仁县委员会第三次会议召开。会议应到委员100名，实到委员90名，县政协主席吕世瑞主持会议。县委、人大、政府主要领导和驻昂仁县自治区政协委员、市政协委员，以及部分县直单位主要负责人应邀列席会议。会议审议通过政协第二届昂仁县委员会第三次会议议程（草案）；审议通过政协第二届昂仁县委员会第三次会议日程（草案）；听取政协昂仁县委员会常务委员会工作报告和政协第二届昂仁县委员会常务委员会关于二届二次会议以来的提案工作情况报告。

会议期间，共收到委员提案100件，经提案审查小组审查立案71件。县委副书记、县长普布多吉，县委副书记、人大常委会主任旦木真等领导到会指导，县政协主席吕世瑞作闭幕讲话。

【重要活动】 由县政协牵头，组织各界委员在寺庙、学校、乡村等地开展“四讲四爱”主题教育实践活动宣讲；组织各界委员，围绕精准扶贫、环境保护等内容开展监督检查活动；召开政协第二届昂仁县委员会第二期委员培训会。召开“乡（镇）政协委员联络办”动员部署会，并在后期对相关工作进行实时督导检查；召开政协学习宣传党的十九大动员部署会，并在后期组织各界委员在乡村、学校、寺庙等地大力开展宣讲活动；组织委员在山南、吉隆围绕精准扶贫、创新寺庙管理等内容进行考察学习。

【精准扶贫】 年内，县政协主席吕世瑞包多白乡，县政协副主席次仁群培包雄巴、措迈、达若3个乡，多次前往检查指导贫困人口动态调整、入户调查及相关数据统计等工作。县政协主席吕世瑞、副主席次仁群培、区市县三级政协委员多次深入到各乡（镇）、乡村进行精准扶贫工作调研，了解各乡（镇）精准扶贫工作开展基本情况，致贫原因、存在的问题，发展潜力和产业优势及扶贫脱贫工作中呈现的特色做法和亮点工作，结合乡（镇）实际提出精准扶贫、精准脱贫的有效措施和对策建议，深入各乡（镇）、乡村走村入户实地调查了解一线情况、与贫困户和群众面对面交流，召开座谈会议、听取各乡（镇）精准扶贫、精准脱贫工作情况汇报，并组织委员赴异地扶贫搬迁施工现场围绕工程质量、进度等开展监督检查活动。

2017年6月30日，昂仁县政协党组成员、副主席次仁群培带领政协委员督导检查异地扶贫搬迁项目建设工程质量

【考察学习活动】 年内，为学习借鉴兄弟县（市）先进经验，切实提升政协委员参政议政的能力和水平，根据县政协常委会工作安排，昂仁县政协先后2次组织各界别委员代表、机关干部和扶贫专干在山南市、吉隆县考察学习。昂仁县政协吕世瑞、副主席次仁群培先后带领各界别委员代表和机关干部就兄弟县（市）精准扶贫、创新寺庙管理、旅游产业发展和文化产业开发等工作进行考察学习，并同各县政协交流学习委员履职能力提升和基层政协建设的经验和做法。

【召开二届二次会议提案交办会】 5月19日，昂仁县政协召开提案交办会，经政协提案审查小组审查立案的二届二次会议74件提案正式交办给涉及承办的14家单位办理。县政协主席吕世瑞，县委常委、副县长王卫华，副县长司昆强，索朗次仁，县政协副主席次仁群培以及政府相关提案承办单位负责人参加会议；吕世瑞主席主持会议。

【切实履行政治责任】 年内，常委会深入昂仁县各乡（镇）和各寺庙认真宣传党的十九大会议精神、民族政策和宗教政策，宣传国家法律法规，参与寺庙法制宣传教育和寺庙建设等活动，引导广大政协委员深入揭批达赖集团的反动本质，旗帜鲜明地同达赖集团进行针锋相对的斗争，反对分裂，切实维护宗教和睦、佛事和顺、寺庙和谐，促进宗教与社会主义相适应。政协领导班子按照县委统一安排部署，全力以赴，投身维护昂仁县社会稳定工作中，并在敏感时段蹲守负责包乡（镇）和联系的重点寺庙，开展维护督导和防控工作。

【结对帮扶】 年内，昂仁县政协认真落实县委关于“党员干部走村入户，结对认亲交朋友”活动和党员干部“4321”结对帮扶要求，主席班子成员带头深入各自结对帮扶点了解贫困户生产生活情况，制定帮扶计划，慰问贫困群众，全年落实解决物资资金价值共计4.5万元，有效改善贫困群众的生产生活条件。

【党建工作】 2017年，昂仁县政协开展“两学一做”常态化制度化学习教育和“四讲四爱”主题教育实践活动，贯彻落实全面从严治党要求。县政协按照县委统一部署安排，认真学习党章、党规、党的十九大会议精神和习近平新时代中国特色社会主义思想，进一步加强政协党员队伍在思想、组织、作风、纪律等方面的先进性。

【党风廉政建设】 年内，昂仁县政协明确以党组书记、主席为机关党风廉政建设第一责任人的责任，严格落实党风廉政建设责任制。贯彻执行中央“八项规定”、区党委“约法十章”“九项要求”和市委、县委有关要求，坚持精文简会，厉行勤俭节约，践行群众路线，简化工作程序，有效提高效率，切实改进作风。

（张 超）

中国人民政治协商会议昂仁县委员会办公室

【概况】 2017年，昂仁县政协办公室深入贯彻落实中共十八届三中、四中、五中、六中全会和党的十九大会议精神，开展“两学一做”常态化制度化学习教育和“四讲四爱”教育实践活动，围绕县委、县政府中心工作，履行协调服务职能，较好地完成2017年的工作任务。

【办文办会】 年内，精心组织，开好政协全体会议。为确保县政协二届二次全体会议、二届三次全体会议如期顺利召开，县政协机关全体工作人员全力以赴，主动做好二届二次、二届三次会议各项筹备工作，及时起草、翻译会议文件、会议材料，为会议的召开提供优质服务保障。精选议题，开好常委会议，共召开6次政协常委会会议，每次常委会召开之前，县政协办公室对常委会协商议题和相关材料实行提前告知，并对会议资料进行严格审核，确保不出差错，提高常委会协商议政的质量；精简高效，开好主席会议，共召开主席会议7次，每次召开主席会议前，政协办根据《2017年县政协工作要点》以及县委、县政府的中心工作、任务，提前拟出主席会议协商的议题，待政协主要领导审定后，组织筹备有关会议资料，并提前把会议材料分发给主席会议成员，切实提高协商议政的效果。

【调研考察活动】 年内，县政协机关把为委员开展调研考察活动服务作为工作的重要内容。为使县政协调研考察活动的顺利开展，县政协机关按照常委会工作部署和要求，根据各专题调研视察活动的内容和特点，认真研究，制定各工作组调研视察活动的具体实施计划，调研视察活动都安排政

2017年9月14日，昂仁县政协办公室党支部组织党员签订党员不信仰宗教承诺书

协机关工作人员分工联系，责任到人，确保服务。年内，县政协办公室组织就全县精准脱贫、全县环境治理和环境执法能力建设、各级政协委员对维稳发挥作用及存在问题工作等开展专题调研视察活动。在开展专题调研和专题视察活动过程中，通过采取分散、集中、走访和召开座谈会等多种形式了解有关方面的详细情况，听取各单位部门领导和广大群众的意见建议，进行详细分析，融入委员智慧，撰写专题调研、视察报告，为县委、县政府及有关部门推动相关工作提出科学可行的意见建议。

【委员提案工作】 年内，县政协委员紧紧围绕县委的中心工作和群众关心的热点、难点问题，加强调查研究，积极撰写提案。2017 年，召开全委会两次，共征集到委员提案 201 件，经整理，并经提案审查小组审定立案 145 件，提案内容涉及昂仁县经济社会发展的方方面面，提案具有很强的针对性和可操作性。所有提案已移交县政府转有关部门办理。重点提案由县政协分管副主席负责跟踪督办。2017 年，在交办的二届二次全委会 101 件提案中，立案 74 件，承办单位已办复提案 71 件，办复率达 95%。

【政协工作“三化”建设】 年内，创新工作模式，开展“政协委员履职提升年”“乡（镇）政协委员联络办建设年”活动。充分利用政协优势，向全体县政协委员发出倡议，号召全体政协委员强化委员意识，增强履职能力。

【自身建设】 年内，按照中央“八项规定”和区、市、县作风建设要求，大力加强机关作风建设，进一步转变作风，紧密结合“两学一做”常态化制度化学习教育活动和“四讲四爱”教育实践活动的要求，做到以政治意识、看齐意识、大局意识、核心意识为标尺，勇于担当，主动作为，完成领导交办的各项工作任务。

【党建工作】 年内，政协支部利用“七一”中国共产党建党日、“十一”中华人民共和国成立等节日期间，组织党员开展精准扶贫结对帮扶和党员志愿者服务活动，全年共走访 16 户，送去慰问物资折合人民币 3 万余元。制定和完善政协机关工作人员学习制度、机关工作人员守则、廉政建设制度等，以创建“学习型、创新型、服务型、和谐型、效能型”为目标，造就一支政治坚定、作风优良、学识丰富、业务熟练的高素质政协工作队伍，增强政协机关干部事业心、责任感、服务意识和政策水平，提高服务质量和工作效率，使政协机关成为深受广大政协委员欢迎的“团结之家”“建言之家”和“温暖之家”。

（张　超）

2017年8月15日，昂仁县政协办公室党支部组织党员重温入党誓词

纪律检查

【概况】 2017 年，中共昂仁县纪律检查委员（昂仁县监察委员）会党风廉政建设和反腐败工作聚焦监督检查，执纪问责；着力查办案件，惩治腐败；严明党的纪律，加强作风建设；构建预防工作格局，从源头治腐；聚焦中心任务，激活体制改革；加强自身建设，提升队伍素质。12 月 25 日，为加强监督执纪能力提升，昂仁县监察委

员会成立与纪委合署办公对全县干部遵守和执行党章以及其他党内法规和国家法律法规等情况、依纪依法履行职责情况、干部作风建设和廉洁自律等情况进行监督。中国共产党昂仁县纪律检查委员会（简称“县纪委”）驻昂仁县巨龙路党政大楼5楼。

2017年11月3日，县委常委、纪委书记屈小刚组织纪委全体干部职工学习党的十九大精神

【组织领导】 年内，进一步明确党委主体责任和纪委监督责任，及时调整充实县党风廉政建设责任制与反腐败工作领导小组，县委李有平书记任组长负总责，县委常委、县纪委书记屈小刚任副组长具体协调落实。2017年召开的38次县委常委会议中，共有11次涉及党风廉政建设工作，县委常委会、县纪委常委会集体审议纪律审查案件4次，县委主要领导对重要文件、重大问题、重要信访线索批示批办50余次，切实加强党风廉政建设和反腐败工作组织领导。

【重要会议】 3月22日，召开中国共产党昂仁县纪律检查委员会第二次全体会议。会议认真总结2016年全县党风廉政建设和反腐败工作，深入分析工作中存在的问题，全面部署2017年工作任务。会议审议通过县委常委、县纪委书记屈小刚代表县纪委常委会所作的题为《以永远在路上的恒心和韧劲推动全面从严治党向纵深发展》的工作报告。

【完善责任体系】 年内，为明确党风廉政建设主体责任，形成县、乡、村三级责任联动网，制订下发《昂仁县贯彻落实〈建立健全惩治和预防腐败体系2016—2017年工作规划〉实施方案》，将任务分解至11个牵头单位和各分管职能部门；召开县纪委九届二次会议，传达学习十八届中纪委第六次全会、八届自治区纪委七次全会和一届市纪委四次全会精神，回顾总结2016年总体工作和主要经验，重点对2017年党风廉政工作进行详细安排部署；结合乡镇、部门实际，量身定做《2017年党风廉政建设工作目标责任书》，并由县委书记和相关负责人分别签订。进一步明确目标，传导压力，形成上下联动，齐抓共管的工作体系。

【监督检查】 年内，修订完善《昂仁县党风廉政建设责任制检查考核办法》，实行日常督促检查、半年专项检查和年底全面考核，促进各项工作落实。考核结果在全县大会上进行通报，对严格履行责任制勇创先进的，进行表彰奖励；对不履行或履行责任制不到位拖后腿的，严格责任追究。2017年8—9月，由县委常委、纪委书记带队开展调研活动，对县环保局等单位和17个乡镇执行党风廉政建设责任制情况进行督促检查，共形成专项调研报告4篇。

【党风廉政建设】 年内，发放《习近平关于党风廉政建设和反腐败斗争论述摘编》《警示教育读本》《纪律审查工作手册》《党员行为规范规章制度汇编》等资料共2000余本，加强对党员干部特别是党员领导干部的廉政教育。发挥昂仁电视台、昂仁政务网、昂仁发布主阵地广泛宣传中央、自治区、市、县反腐倡廉方针政策、任务、形势和成效，传播廉政文化，建立“清风昂仁”微信公众号发布各类反腐倡廉信息30余条，在各

2017年12月25日，县委副书记、人大常委会党组书记、主任旦木真主持成立昂仁县监察委员会

大小节日和重要会议期间发送清风寄语、政策解读手机报信息10项5000余条，营造廉政宣教大格局，共筑8小时外廉洁自律防线。

【准确把握“四种形态”】 年内，运用把握执纪监督“四种形态”，及时对党员领导干部慵懒散等靠要、慢作为、不作为甚至乱作为等苗头性、倾向性问题开展约谈提醒，督促进行整改。对新提拔调整的党员干部进行廉政集体谈话共240余次，同下级党政主要负责人廉政谈话10人次，同乡镇纪委书记廉政谈话17人次，谈话函询1人，诫勉谈话7人，约谈4人。

【纠正“四风”问题】 年内，坚持越往后执纪越严，紧盯各类节点和敏感时段，紧盯违反中央“八项规定”精神和“四风”有关问题，共开展“四风”问题检查9次，县（区）交叉检查1次，干部上下班纪律检查4次，联合其他部门对三月重要时期和“萨嘎达瓦”期间政治纪律情况检查2次，清查党员干部参与赌博问题及公务活动饮酒问题检查2次。

【党政机关公务用车问题专项治理】 年内，在对全县221辆公务车喷涂标识的基础上，深入开展公车使用专项监督检查，坚决查处宁果乡占堆违规使用公车等问题，有效遏制公车私用现象，使全县公务用车进一步规范化、制度化。

【严控“三公”经费支出】 年内，县纪委根据财政局提供的“三公经费”增长幅度较大的单位以及县政府后勤服务中心发生的接待费为重点检查对象进行监督检查。共开展“三公经费”专项检查2次，公务用车维护费专项检查1次。

【执纪审查】 年内，县纪委共受理问题线索28件，初核了结处理13件，立案4件，给予党纪处分5人，其中给予党内处分5人、开除党籍2人。

【信息报送】 年内，制定出台《昂仁县纪委监察信息报送制度及奖惩暂行办法》，对全县纪检监察系统信息工作实行积分制考核。截至年底，县纪委先后向自治区、市纪委及各级媒体报送信息和新闻稿件120余条，其中区纪检监察网采用50余条，市纪委综合办公室采用5条，取得全区前三名的好成绩。

【惩防体系建设】 年内，在建章立制过程中，县纪委不断按照从易到难、从局部到全局、从增量到存量的顺序，研究制定或修订完善《昂仁县贯彻落实〈建立健全惩治和预防腐败体系2016—2017年工作规划〉实施方案》等一系列制度，提高惩防体系建设标准和层次，把权力关进制度的笼子。严格执行《日喀则市党政机关重大事项请示报告制度》，建立昂仁县党政领导干部廉政档案，全县共60名科级以上干部填写廉政档案，强化对权力运行的制约和监督，切实把权力关进制度的笼子，形成不敢腐、想作为、敢担当的党风廉政新机制。建立健全纪检工作双重领导机制，落实查办腐败案件以上级纪委领导为主的规定，建立线索处置、案件查办同时向同级党委和上级纪委报告的制度。

【成立监察委】 深化国家监察体制改革是以习近平同志为核心的党中央做出的重大决策部署，是事关全局的重大政治体制改革，昂仁县制定《昂仁县深化国家监察体制改革试点工作实施方案》，明确县监委班子职数，昂仁县纪委、监察委员会领导班子按职数保持一致均为5名。通过昂仁县第十三届人民代表大会第三次会议于2017年12月20日选出监察委员会主任由县委常委、纪委书记屈小刚担任，昂仁县第十三届人大常委会第十二次会议审议通过决定任命扎西格桑、次仁卓玛为监察委员会副主任，嘎松永西与转隶人员黄增顺为监察委员会委员，会议严格按照《监察委员会干部管理体制和任免审批、法定任免程序》要求进行。

2017年12月8日，昂仁县纪委开展党的十九大精神知识竞赛

【培训提升履职能力】 年内，始终把加强培训教育放在重要位置抓紧抓好，切实提高全县纪检监察干部思想业务素质和纪律审查能力。县纪委对各乡镇纪委书记共实战轮训9人次，选派4名纪检干部到北京、上海、山东、黑龙江进行培训，截至年底，共培训全县纪检监察干部46人次，同比增长37%。严格按照分级分类和全员培训的原则，制定《昂仁县乡镇纪委书记轮训工作实施方案》，实行由党风政风室、纪检监察室牵头，带领各乡镇纪委书记积极开展惠农政策落实、“三公”经费管理使用、干部离任审计、公车管理使用等领域的监督检查。截至年底，县纪委对17个乡镇纪委书记已全部轮训完毕。

【内部管理】 年内，对县纪委内部进行明确权限划分，专人负责、责任到人，强化相互制约，防止“灯下黑”；由办公室负责统筹协调，做好接待、后勤会议筹备、办公设备采购、请销假备案等工作；党风政风监督室对问题线索实行集中管理、动态更新，将问题线索拟办单、初步核实呈批表交由纪委主要领导批示，按程序移送纪检监察室进行处置；纪检监察室按领导批示，对问题线索按五类处置方式进行处理，并在县纪委常委会上汇报处置情况；案件管理室对案件查办工作建立管理登记台账、录入案管电脑系统，向市纪委对口部门及时报送，并做好内部跟踪督办查结工作；县纪委常委会定期召开专题研究会议、听取工作汇报、进行集体讨论、提出处置要求；规范内部登记，严格财务管理。由纪委办公室专门负责小额办公用品采购、请销假登记备案、出差加班登记、重大事项提请支部大会研究讨论；党风政风监督室负责把关审查报销事由、真实性，对口财政领取报销资金，做好账簿登记，做到有源可查，随时掌握资金动态，以便合理计划和安排资金使用。

（许　超）

群 团

工会工作

【概况】 年内，党政机关、事业单位、国有企业入会率达到100%；规模以上非公有制企业（符合四要素）建会入会率分别达到100%和95%以上；农民工会员达到在25人以上的建制行政村建立8个工会委员会；驻寺干部、便民警务站、网络、环卫等入会率达到100%；17个乡镇基层工会委员会"六有"规范化建设已全部达标，达标率为100%。按照市总工会对乡镇工会要在2018年内达到规范化建设"八有"的要求，截至年底，已有5个乡镇工会达到规范化建设的标准，真正履行了工会职能，达标率29.41%。

【工会组织建设】 年内，全县共有会员组织58家会员2685人，国有企业会员3家会员37人，农民工组织17家会员2220人。昂仁县总工会为响应"农牧民工集中入会行动"号召，坚持自上而下推动建会与自下而上指导入会相结合，努力探索加强农民会员和个体会员的管理，不断提高农民工入会率，任务目标为1200人，新增农牧民工会员1220人，完成任务率为100%。

【工会机制建设】 年内，严格按照新《工会会计制度》《工会预算管理办法》及上级对工会财务会计的相关规定，实行财务工作规范化管理。加强对专项经费使用的监督检查，送温暖资金、帮扶资金、宣传资金、文体活动资金以及专项补助资金的专款专用；随着企业的转型升级，县总工会特别关注结构调整中产生的冗员处理方案，一方面做好他们的权益保障，另一方面做好思想开导，畅通利益诉求表达渠道，尽可能消除矛盾纠纷，协助他们解决好在技能培训、创业就业、生活救助等方面的问题；面对时代发展、社会变化、企业变革和职工需求带来的新问题，县总工会坚持问题导向，

2017年7月4日，昂仁县总工会主席彭兆红在卡嘎镇雪村慰问生病退休老干部

着力开拓创新，把“家”建在职工身边，建在职工心中。通过不断优化工会管理，提升工作水平，发挥好工会在服务企业转型发展大局的作用。

【工会职能建设】 年内，为加强企业的民主管理，让职工享有知情权、监督权、议事权，县总工会在非公企业大力推行“两建六公开”，在国有企业推行“三重一大”决策制度。全县2家国有企业厂务公开和职代会推行率100%，非公企业5家，厂务公开及职代会推行率90%；县总工会深入到企业，深入到基层，通过开展“3·5”“3·28”“9·20”等系列活动日对《中华人民共和国工会法》《工会组织》《农民工维权》等相关政策法律以发放传单、手册的方式发放传单手册160余份，进行工作宣传，为保证职工、群众合法权益提供坚强的思想保障；县总工会面向干部职工开通“中工网”“西藏工会新闻网”“高原劳动者”微信公众号，加强职工群众正面宣传教育和引导工作，主动发声，确保所属职工群众持续稳定；扎实开展“送教到基层”活动，注重书屋的利用率。落实《主人》杂志、《职工思想教育读本》《乡（镇、街道）工会干部读本》等刊物的征订发送；年内，县总工会配合县人社局协调解决2起维权案件，追回拖欠的农民工工资27万元。

【开展文体活动】 年内，“五一”国际劳动节期间与县团委，利用干部职工的闲暇之时，积极筹划、广泛宣传、认真组织、统筹协调，举办形式多样的乒乓球、拔河、足球、篮球、长跑等“五一”国际劳动节文体活动，并颁发奖金与纪念品。为践行“四讲四爱”主题教育实践活动，庆祝“五四”青年节，县总工会联合团县委开展以“践行四讲四爱 争做时代好青年”为主题的演讲比赛，为比赛者提供一个展示自我、锻炼自我的平台，也加强了干部职工对党的了解和认识，增强干部职工的社会责任感和历史使命感，坚定永远跟党走的信念，最终树立远大理想，传承与发扬党的不朽精神。为庆祝“七一”中国共产党建党日，县总工会、团县委和妇联联合举办党群系统“唱红歌”比赛，比赛围绕党的丰功伟绩，以不忘根本为人民服务的宗旨与西藏社会近来的跨越式发展为主题，得到广大干部职工的充分肯定。为迎接党的十九大胜利召开，县总工会作为主办单位之一积极组织筹备“喜迎十九大，共筑中国梦”干部职工文艺活动，9月30日，昂仁县以丰富多彩的文艺活动在唐东杰布文化广场与各族干部群众迎接党的十九大胜利召开，热情讴歌新中国社会主义现代化建设的伟大成就。

2017年5月4日，昂仁县纪念“五四运动”98周年暨“五一、五四”文体活动、共青团工作表彰

【开展“送温暖”活动】 年内，“三大节日”期间，开展“送温暖”活动。慰问困难职工24名（每名1000元标准，小计2.4万元）、环卫工人24名（每名500元标准，小计1.2万元），共计3.6万元；强化困难职工帮扶中心规范化建设，建立健全困难职工管理办法。帮扶困难职工18名，发放救助金2次，每次1.8万元；发放由格力集团赞助高压锅2台，折合人民币0.06万元；发放困难职工医疗救助资金1名，0.3万元；发放困难职工子女“金秋助学”资金1名，0.4万元，慰问退休生病老职工1名，0.05万元，共计发放救助资金

4.41万元；根据昂仁县委、县政府的指示要求，县总工会负责对秋窝乡拉日孜村2户贫困户进行结对帮扶，通过购买砖茶、酥油、蒸锅、水壶的方式进行慰问，并对其致贫原因、家庭需求等进行走访了解，通过制定脱贫策略决定用帮助就业，技能培训的方式做到因人施策、分类帮扶、精准脱贫。县总工会切实把各级党委，政府的关爱之情送到千万户职工家庭和广大困难群众之中，进一步筑牢“顺民心、解民情、暖民心”的民心工程。

【“安康杯”竞赛活动】 年内，为进一步做好安全生产和工会劳动保护工作，调动广大职工参与安全生产和职业病防治的积极性、主动性，引导企业树立科学发展、安全发展理念，提升企业安全保障能力和核心竞争能力，促进昂仁县安全生产的稳定形势。县总工会成立以县委副书记、人大常委会主任旦木真为组长，以工会、各单位负责人为组员的竞赛活动领导小组。制定以“安全第一、预防为主”为主题的2017年“安康杯”竞赛活动实施方案，使竞赛活动有目标、有计划、有方案，为竞赛活动提供有力的组织保障。经过“安康杯”竞赛活动，4家单位安全工作水平总体有新的提高，取得新的进展，安全防范措施进一步得到加强和完善。年内，未发生重大人身伤亡事故、重大消防事故，做到零事故发生。

【党风廉政建设】 年内，昂仁县总工会加强领导干部的理论学习。每季度召开一次党风廉政教育专题会，组织学习中央“八项规定”和区党委“约法十章”“九项要求”精神，认真学习《廉政准则》，增强党员干部廉洁从政的意识，认真执行党员领导干部报告个人有关事项的规定。进一步规范公务接待制度，严禁公款大吃大喝，坚持勤俭节约，反对铺张浪费。按照工作职责严格执行自纠自查，建立“勤政、廉洁、务实、高效、创新、为民”的工会组织，为昂仁县营造风清气正的工作环境做出贡献。

（张晓翔）

共青团工作

【概况】 2017年，昂仁县辖2镇15乡，185个行政村。截至年底，17个乡镇（185个村居）团委（团支部）团干配备率达到100%；全县团干部546人，专职团干部2人，兼职团干部544人，西部计划大学生志愿者2名。全县有中学1所，在校学生2434人，其中学生团员1889人，占在校学生77.6%。有小学22所，学校少先队组织22个，少先队辅导员22人。

【团组织建设】 年内，共青团昂仁县委员会在团建“十表一总结”、25套团建制度和组织台账8项、青年台账5项、团务台账7项的基础工作上，补充完善乡镇“十有”进一步规范农牧区团建的各类工作制度，夯实团的工作基础。

【党建、党风廉政建设】 年内，共青团昂仁县委员会共报送工作信息简报70期，制定各项工作计划、方案及总结26份，参加各类宣传活动5次，组织举办活动4次，在日常每周开展一次党建和党风廉政学习、每季度开展一次党员大会、每年开展一次民主评议，还把学习上级纪律文件穿插于日常工

2017年5月4日，昂仁县纪念“五四运动”98周年暨“五一、五四”文体活动、共青团工作表彰

2017年6月1日，团县委在县小学进行“十佳”优秀少先队员表彰

作学习，确保团昂仁县委党员干部自身加强党性修养，坚定理想信念，提升道德境界，团昂仁县委领域工作整体呈现良好的发展态势。

【青少年思想领域】 年内，为引导全县各族青年主动适应新常态、展现新作为、响应号召，争做新时代“五好青年”。结合县创建“平安昂仁”工作，举办“健康人生尤毒青春青少年禁毒知识竞赛”活动、倡导文明上网签名仪式、防止传销“进校园”等系列活动，及时发布“学习雷锋”“文明上网”等倡议书促进广大青年健康成长。全年各项活动参与人数达2300余人，影响范围广泛。共青团昂仁县委员会联合县总工会和司法局等单位积极组织各类法制宣传活动，加大法治宣传力度，提升全县青少年知法守法素质。共发放《中华人民共和国未成年人保护法》《西藏自治区未成年人自我保护知识读本》《西藏自治区青少年法律知识读本》等10余类5800余份宣传资料，受惠青少年达5800余人。

【坚持组织引领】 年内，为加强少先队阵地建设，切实在建设规范化、活动常态化上下功夫，为未成年人育德、益智、健体创造条件、提供方便。共青团昂仁县委员会为卡嘎镇小学申请一套少先队鼓号设备，通过加强阵地建设，引领广大少年儿童听党话、跟党走。组织和引导全县各界青年立足本职，不断提高岗位文明、岗位技能、岗位效益，培养和造就更多“品德优良、技术精湛、贡献突出”的优秀青年人才，团昂仁县委在各乡镇、各系统推荐下，联合县委组织部、县纪委筛选确立昂仁县“十佳”青年岗位能手10名。

【扶贫助困】 年内，为认真履行服务青年的职能，共青团昂仁县委员会积极参与到全县育才基金中，从自身经费中，拿出5万元支持和帮扶全县贫困青少年升学问题。共青团昂仁县委员会精心组织，周密安排，制定帮扶计划，积极开展节日慰问活动。在县中学、卡嘎小学、县完小开展关爱留守儿童助贫活动3次；为昂仁县109名留守儿童送去爱心，总价值5.48万元；开展“青春扶贫行动”，2017年向市委推荐建档立卡贫困户家庭中的50名在读小学生，届时将由全国青联提供爱心助学基金5万元，与昂仁县第八批援藏工作组积极协调，在淄博团市委的大力支持下，组织15名中小学生到淄博参加藏汉青少年手拉手文化交流学习夏令营活动；开展2017年大学生录取情况和基金帮扶活动，为30名受助学生代表发放助学金；组织全体干部职工进行入户探访工作，完成登记人员家庭情况和采集信息工作，用实际行动助推全县精准扶贫、精准脱贫工作，为6户结对户共发放1600元慰问金及价值200元学生用品。

【开展实施系列活动】 年内，共青团昂仁县委员会紧紧围绕昂仁县重点工作积极组织志愿者开展“关爱留守儿童”、净化县城环境、学雷锋志愿服务行动等等，定期动员志愿者参与县城清洁工程、保护母亲河植树活动等等。青年宣讲员深入12个乡镇100多个行政村、部分寺庙和学校开展党的十九大精神宣讲活动，工青妇驻村队在驻村点开展十九大宣传教育，宣传部牵头组织昂仁县青年

2017年8月25日，昂仁县卡嘎镇雪村开展“会改联”换届选举工作

干部开展十九大精神演讲比赛和知识竞赛活动。开展“五一 五四”文体活动、“践行四讲四爱 争做时代好青年”演讲比赛、“六一红领巾相约中国梦”“七一唱红歌比赛”“喜迎党的十九大共筑中国梦十一文艺汇演”“喜迎十九大—我向习爷爷说句心里话”“校园文化月”展评会等大型文体文艺活动6次。利用青少年入学、入队、入团、入党等时机开展丰富多样的教育实践活动5次。

【开展暑期自护教育活动】 在临近暑假期间，共青团昂仁县委员会积极安排各校团队干部在各中小学，围绕交通安全、用电安全、消防安全、饮食安全等进行主题安排讲座；各学校团队组织积极响应号召，及时组织召开讲座，并以主题班会等形式让学生之间进行自我保护教育心得交流活动，取得良好的成绩。

（李世凯）

妇女工作

【概况】 年内，按照“党建带妇建”的原则，开展思想建设、组织建设、队伍建设、阵地建设、作风建设、严格按照《中国共产党党和国家机关基层组织工作条例》和“两学一做”学习教育活动要求。年初制定支部工作学习计划、工作总结、活动安排，发展党员工作规范；提升素质，开展“两学一做”学习教育讨论落实活动。按照县委关于“两学一做”学习教育讨论落实活动的安排部署，认真开展学习讨论落实活动。一方面加强学习，组织全县妇女干部职工学习中央、区党委两级党的群团工作会议精神。在广大妇女群众中广泛深入开展党的十九大、十九届二中、三中全会，贯彻落实习近平总书记治边稳藏重要战略思想和加强民族团结、建设美丽西藏重要指示，以及习近平总书记系列重要讲话和全国“两会”精神，及时学习传达贯彻落实全国、区、市妇联重要文件和会议精神。认真记录学习笔记、撰写心得体会。一把手带头为妇联全体党员讲党课，全面提升妇联工作整体水平。另一方面深刻开展反思剖析，紧密联系妇联工作实际和每位党员自身实际，全体党员之间开展思想交流，查找本单位存在的突出问题，查找自身存在的问题，认真剖析原因，制定切实可行的整改措施。通过学习讨论落实活动，全体同志在思想理论上有明显提高，增强妇联工作必须深入妇女群众的理念和意识；加强干部队伍建设，建立联系点，深入基层调研，撰写报告2篇。村妇代会主任在本村组织学习、活动、调解、入户2次，发挥好妇代会主任作用；发展女党员，建立女干部、女党员、妇联干部信息库。加大村妇代会主任培训工作力度，提高基层妇女工作者素质。

【建设示范“妇女之家”】 全县185个行政村全部建立妇女之家，各类“妇女之家”每年开展活动2次，每次参加数15人以上，在每年的“三八”妇女节和藏历新年开展文体活动。做好“两新”组织建设，在昂仁县妇女吉木措传统民族服饰编织厂建立妇联之家活动室。尝试在尼姑寺建立妇女组织，延伸妇联工作手臂，妇联在符合条件的尼姑寺中建立妇女组织2家。

【结对帮扶】 年内,"三大节日""三八"国际劳动妇女节、母亲节等开展兜底户、贫困户妇女、孤寡老人、80岁以上老人等进行慰问,为她们送去价值2500元的慰问品和慰问金,受益人数达43人,并着眼于基层妇女的实际需求、利益关切、兴趣爱好,以"三八"国际劳动妇女节为契机,组织开展内容丰富、形式多样、妇女喜闻乐见、有益身心健康的文体活动,使妇女在活动中参与、在参与中受益、在受益中发展。

为纪念108个国际劳动妇女节,在驻村点开展活动提升广大农牧民妇女群众的向心和凝聚力,激发农牧民妇女群众的积极性。带领驻村工作队员为本村16名贫困母亲、婴幼儿进行"三八"国际劳动妇女节慰问送去共计3000余元的慰问金和慰问品。进校对全乡境内6名贫困妇女、8名贫困学生开展走访慰问送温暖活动,为他们送去节日的祝福和慰问物品。

2017年4月24日,昂仁县妇联工作人员在县城开展妇女儿童维权保障法宣传活动

【开展宣传活动】 年内,利用"3·5""3·8""3·17""3·28"等契机通过悬挂横幅、发放宣传单、宣传册、设立咨询台等形式大力宣传《中华人民共和国婚姻法》《中华人民共和国宪法》《妇女权益保障法》《中华人民共和国反家庭暴力法》等有利于妇女儿童的政策。不定期下村慰问建档立卡贫困户学生73人、单亲母亲6户,养老院孤寡老人62名,贫困妇女7户、孤儿13人等送去衣物和学生用品折合人民币12750元。根据自治区、市妇联的工作要求,认真组织开展"最美家庭"评选工作。通过层层筛选,最终昂仁县卡嘎镇1户家庭荣获全国"最美家庭"荣誉称号。

(拉巴卓玛)

军事

人民武装

【政治工作】 深入贯彻党风廉政建设和反腐败工作会议精神，研究制定《进一步加强自身作风建设措施》，围绕陆军“禁酒令”严抓落实军区“十个严禁”“六条规定”开展作风整治，风气建设持续向上向好。

【军事工作】 年内，紧盯实战抓练兵、按纲施训打基础、创新强训促转型、真练实训抓作风。狠抓基础训练，规范训练秩序，严格落实党委议战议训议军制度，坚持每年召开一次装备工作例会，每半年召开一次民兵干部例会，结合民兵整组、训练、征兵等工作，适时组织召开民兵连（排）长会议，讲评先进、部署任务、表彰先进。认真组织民兵骨干进行基础训练和防暴处突演“训”练，全年民兵实际完成训练15个训练日，参训率43%，训练成绩总评良好以上。严格组织民兵组织调整，对乡镇基干民兵做一次全面的调研，针对存在问题，及时调整不符合要求队员，出入转队率控制在15%以内，民兵应急分队平时在位率保持在80%以上，能够满足战备勤务的要求。认真抓好征兵工作，武装部长、专武干部亲自下基层，逐村逐户进行走访，认真调查兵源，搞好思想发动，做好宣传工作。严格政审程序，把好“初检初审目测关”“推荐送检关”和“上站验证关”三个关口，确保兵员质量。

【安全工作】 年内，落实军区及军分区2017年安全稳定工作会议精神，牢固树立安全工作无小事的思想，坚持安全工作各制度，定期召开安全形势分析会，确保各种安全隐患、苗头消灭在萌芽状态。

加强安全教育，全面整治和规范民兵武器仓库，大力开展“争创安全年”“条令学习月”和“三互活动”，灌输科学发展、安全发展理念，打牢官兵安全思想基础。坚持一日生活制度，落实上下班、请

2017年7月8日，武装部组织民兵开展训练

2017年10月20日，武装部组织党员干部在县敬老院慰问老人

销假等制度，规范人武部“四个秩序”。2017年，单位未发生任何违规违纪问题。着眼战时参战支前、平时服务经济社会发展和应对突发事件的任务需求，在节假日积极组织民兵配合公安、武警中队搞好维护社会稳定工作，确保社会和谐稳定和人民正常生产生活。根据区、市年度征兵工作会议精神，及时成立组织领导，召开专题会议进行安排部署，统一思想、明确任务，各相关单位紧密协作，严把征兵政策、标准和条件关，保质保量完成夏秋季征兵任务，昂仁县人民武装部被军分区评为依法治军从严治军先进单位。

【后装工作】 年内，落实后装工作制度，加强后勤、装备建设，规范库室物资器材摆放，不断提高民兵应急处突、维稳和抢险救灾的保障能力。结合实际，搞好后勤农副业生产，加强温室田间管理，提高蔬菜自给能力，改善官兵的生活水平。坚持抓好装备建设，认真开展民兵武器仓库安防工作和装备保养擦拭日活动，确保民兵装备器材随时处于良好状态。

（小拉巴次仁）

消防

【概况】 2017年，昂仁县共发生抢险救援事故2起，火灾起数较2016年有所下降，实现自2009年建队以来未发生一起亡人火灾事故的好成绩。

【部队管理】 年内，昂仁县公安消防大队多次召开部队管理形势分析会，狠抓《条令条例》和部队的规章制度的学习教育，深刻领会精神实质，明确要求、标准，把学习贯彻条令条例作为部队正规化管理的突破口，把条令条例落实到日常管理之中，严格按照正规化管理规定，全面兼顾。严格请销假制度，狠抓部队管理，严格遵守“五条禁令”，落实交接班、晚点名、查铺查哨等制度，确保部队“四个秩序”正规，无亡人责任事故、无刑事案件、无自杀事件、无严重违纪的发生。

【消防保卫】 年内，昂仁县公安消防大队在党的十九大消防安保活动、第十五届珠峰文化旅游节、春节、藏历新年、“萨嘎达瓦”宗教活动等重大活动消防安保工作，投入监督检查、执勤安保力量180余人次，出动执勤执法车辆40余台次，开展监督检查、执勤安保30余次，确保各项活动期间“不冒烟、不起火”。

【火灾防控】 年内，昂仁县公安消防大队在县委、政府的重视、在各职能部门积极协作以及社会单位、广大公民积极参与下积极开展文物古建筑、人员密集场所、易燃易爆场所等多项消防安全专项检查行动，严防发生火灾事故，为全县的消防安全稳定提供强有力的保障。年内，县公安机关和消防机构发挥工作合力和专业优势，出动警力1527人次，检查单位763家次，责令“三停”单位5家，临时查封1家，下发法律文书541份，督促整改火灾隐患907处，罚款7.65万元。昂仁县公安消防大队联合县安监、国保、民宗、法制等部门成立工作检查组，明确职责，细化任务，认真部署开展文物保护单位消防安全隐患排查工作。排查隐患期间，工作组深入全县17个乡镇、44座文物保护单

2017年2月26日，昂仁县公安消防大队大队长章嘉一行在曲德寺检查消防安全工作

位。在各寺庙管理委员会和值班工作人员的陪同下对各殿堂、僧舍、功能用房进行全面细致的排查，发现并整改一批火灾隐患。

【宣传教育】 年内，昂仁县公安消防大队因地制宜深入开展消防宣传“八进”活动，积极开展“119”宣传周等大型消防宣传活动；开展消防宣传培训23场次，发放各类宣传品3100余份，在昂仁县电视台滚动播出消防专题、新闻、消防公益广告、消防安全提示信息50余条（次），引导广大群众自觉做到不违规、不违章、不造成火灾隐患，不引发火灾事故，各族干部群众消防安全意识得到有效提升。

【消防设施建设】 年内，昂仁县政府投资14万余元用于消防装备器材基础建设，极大充实昂仁县消防大队的灭火救援力量；消防大队提前介入，主动作为对全县的市政消火栓进行摸排，已全面掌握全县市政消防供水情况，并绘制城区道路水源图，召开专题会议进行研讨。多种形式消防力量稳步推进。根据《日喀则市人民政府关于开展微型消防站建设工作的通知》，挂牌成立微型消防站7个。其中便民警务站微型消防站5个，重点单位微型消防站1个，寺庙微型消防站1个。“一站多点”局面初步建立，社会消防安全防控水平得到进一步提升。

【党风廉政建设】 年内，在各级党委的领导下，昂仁县公安消防大队党支部狠抓党风廉政建设，严格落实廉洁从警规定，坚决杜绝该单位发生吃拿卡要、接受当事人宴请和钱物、索贿受贿以及参与经商办企业、参与经营娱乐场所、商业贿赂等问题。严格贯彻各项禁令，坚决杜绝本单位发生违反公安部“五条禁令”、部消防局“十条禁令”等违令问题。严格遵守财经纪律，坚决杜绝该单位发生乱收、乱罚、乱拉赞助、私设“小金库”、坐收坐支罚没款等问题。严格履行职责，坚决杜绝本单位发生不作为、乱作为、失职渎职和玩忽职守等问题。严格执行法律法规，坚决杜绝本单位发生违反执法程序、执法不严、执法不公等问题。严格部队内部管理，坚决按照廉政要求，做到“人要精神，物要整洁，说话要和气，办事要公道”，杜绝发生脏乱差、稀拉松、冷横硬以及要特权、道德违规、侵犯群众利益、漠视群众疾苦等问题。大队始终把加强理论学习作为加强班子建设的首要工作，坚持用科学的理论武装头脑，采取集中学习、分组讨论、个人学习等方法，认真学习马列主义、毛泽东思想、邓小平理论、“三个代表”重要思想、科学发展观和习近平新时代中国特色社会主义思想等内容，做到年度有计划、月份有安排、笔记有调阅、情况有汇报。都能够把“讲学习”与“讲政治”有机结合起来，不断提高政策理论水平，使部队建设始终沿着正确的轨道发展。

（潘　鑫）

武警昂仁中队

【概况】 2017年，武警昂仁中队坚持以习近平总书记系列重要讲话精神为指导，按照新《纲要》建设部队，依据条令管理部队，注重建队育人，强化练兵备战，圆满完成上级赋予的各项工作和任务，确保部队安全。

【"班子"建设】 年内，中队干部变动比较大，能够迅速改选支委，在抓支委个人提高上，结合"大练基本功"活动，充分利用党课、组织生活时机不断培养支委人员从思想上政治上掌控部队、带领官兵完成使命任务、预防事故案件、依靠组织开展工作、抓好经常性工作落实和协调各种关系的能力；结合"两学一做"学习教育常态化制度化，不断加强个人的学习教育，平时相互间能够主动剖析问题，克服自身存在的不足，不断提高自身素质，确保连队按纲抓建水平有明显的提高。

【支部风气建设】 年内，支部"一班人"在生活、工作、连队建设上能互补、互助，经常交心通气，团结一致，自觉贯彻支部的决定、指示，全力维护核心，支部班子成员以高度的政治自觉和责任担当，作为头等大事来抓，快速清查资料，持续抓好教育引导，进一步纯净官兵思想、坚定理想信念。

【经常性教育】 年内，支部坚持每月议教制度，拓宽教育形式，注重教育质量。教育中灵活运用官兵身边所见所闻和一些事故案件，努力吸引官兵教育的兴趣，课后及时组织干部深入班排进行讨论，并撰写心得体会，对公差勤务不到课人员及时指定人员进行补课，确保教育"四落实"。年内，主要进行理想信念教育、职能使命教育、优良传统教育、艰苦奋斗教育、心理健康教育、内部关系教育、安全法纪教育、保密教育和计划生育等经常性教育。上半年针对新兵下连后的思想波动，及时进行正确对待分工教育，组织为新兵送温暖活动，帮助新兵树立起只要安心工作，哪里都是大舞台，哪里都能有作为的思想，帮助新兵顺利渡过第二适应期，针对当前改革调整在即，官兵思想活跃等实际，及时组织官兵，谈心了解，并做好针对性工作。

2017年7月25日，武警昂仁中队中队长旦增索朗带领中队卫生员在敬老院为老人检查身体及发放药品

【开展主题教育】 年内，为抓好"维护核心，听从指挥"主题教育活动，连队党支部高度，始终把活动作为一项政治任务来抓，认真组织官兵进行动员，明确活动要求，认真制定连队方案及配合活动。结合当前部队实际，广泛开展"学强军思想、讲强军故事、干强军事业"群众性主题实践活动。在教育上除参加集中组织专题教育外，中队自己每月组织3次实践活动，并广泛开展讲强军故事、"投身改革强军实践、争做'四有'革命军人"主题网络演讲、观看《邓小平百万裁军决策内幕》纪录片，组织"大功三连做好了，我们应该怎么办"大讨论活动，不断培养官兵做"有灵魂、有本事、有血性、有品德"的新一代革命军人。

【开展文化活动】 年内，充分利用连队现有设施，科学合理制定文体活动计划，广泛开展篮球、乒乓球、羽毛球、拔河、跳绳、象棋、扑克等文体活动；利用元旦、春节、"五一"国际劳动节、端午、国庆、中秋放假期间组织开展卡拉OK、演讲比赛；结合2017年主题教育和"两学一做"学习教育活动，大力开展读好书活动，观看红色教育影片，广泛征集读书心得体会和观后感，组织官兵撰写网络新闻。通过组织各种比赛和活动，既丰富广大官兵的业余生活，增强连队官兵的凝聚力、向心力，又陶冶情操，极大促进连队各项工作的开展。

【勤务管理】 年内，围绕"执勤隐

患排查整治”活动，开展经常性执勤教育，学习典型执勤案例教育官兵，提高思想意识，克服麻痹思想，着力强化官兵“哨位就是战场、执勤就是战斗的忧患意识、责任意识、防范意识和使命意识，提高全体官兵的执勤能力，结合十九大维稳安保实际，突出抓好反恐防袭、防自焚、城市武装巡逻等安保措施的训练”坚持依照“六查两问”，查在位、查思想、查能力、查枪弹、查设施、查隐患；问职问责、问执勤情况的方法，结合哨位意识弱化、注意力不集中等常见病，中队研究出定时汇报执勤情况，不定时查勤的方法有效解决执勤中常见病和多发病。

2017年3月17日，武警昂仁中队官兵日常巡逻

【后勤队伍建设】 年内，坚持把思想稳定，吃苦性强，专业技术精的人员选配到后勤岗位上，积极开展定期培训和岗位练兵活动。

【伙食保障】 年内，严格落实伙食“五项制度”，每周制定食谱，合理搞好伙食调剂，每周利用军人大会、班务会，征求大家对伙食的建议意见；坚持落实食物验收制度，按时公开逐日消耗。

【严格经费管理】 年内，在经费使用上，能够严格经费管理要求，合理开支，严格落实“财务八项规定”和“财务纪律‘十不准’”要求，在重大经费项目上坚持党支部议财制度，军人委员会能够定期公布经费使用情况。

2017年9月21日，邀请网络安全中队工作人员为官兵授课

【卫生防病】 年内，始终加强对饮食卫生进行检查与管理，定期对炊事班卫生及厨具进行卫生消毒。严格按照上级指示要求做防病工作，特别是刚进入新兵下连，及时加强教育引导，平时教育战士及时加减衣服，积极关心生病的同志，并安排晚上每班哨兵下岗后，对人员睡觉情况进行检查，帮战友盖好被子，定期对排房进行消毒，有效减少生病感冒情况的发生。

【开展农副业生产】 年内，及时对中队副业地进行翻垦，播种菜苗，搭架菜棚，每天细心维护，菜地长势良好。此外，还积极腌制各类小菜，大力开展自家自建活动，教育战士养成勤俭节约的良好习惯。

（胡建华）

法 治

政法工作

【概况】 2017年，中共昂仁县委政法委员会下设办公室、社会治安综合治理办公室、维稳工作指挥部办公室、反邪教办公室、国家安全领导小组办公室、“双联户”办公室、法学会七块牌子一套班子。核定行政编制6人，实有在编人员9名；核定领导职数4名，实有领导班子4名，其中正科级副书记1名、副科级副书记1名、综治办主任1名，综治办副主任1名。

【治安防控】 2017年，全面加强社会治安综合治理工作组织领导，建立预防、监控、打击体系，不断强化社会治安综合治理奖惩制度建设，充分发挥社会治理创新的职能作用。加强基层安全防范分级管理，不间断地开展社会治安重点区域、单位、部门的排查整治、风险化解工作，夯实基层治安防控根基。辖区各业务主管部门联合，积极开展社会面巡逻管控，认真检查辖区治安复杂区域、重点要害部位、人员密集场所的流动人口登记、食品卫生安全、消防安全、治安隐患等工作，及时消除公共安全隐患。充分发挥辖区派出所、警务站、“双联户”之间互联互通的优势，突出联防联治责任共担、安全管理同舟共济，鼓励群众积极参与群防群治活动，从源头上消除各类治安隐患，做到大街小巷有人管，形成社会和谐人人参与、和谐社会人人共享的生动局面。

年内，共盘查流动人口51万余人次、查验物品66万余件次、检查车辆21万余台次，查处交通违法行为107起，检查涉危涉爆单位23家，检查网吧、旅馆、出租屋、娱乐场所14350家次，整治消除各类安全隐患390处，开展缉枪治爆宣传活动14次，发放宣传材料2500余份，查处治安案件12起，惩处违法违规人员23人。

【矛盾纠纷排查调处】 年内，坚持“一手抓发展，一手抓稳定”，在

2017年6月20日，日喀则市委政法委副书记王向虎（右一）在昂仁县检查指导政法综治工作

2017年9月9日，县委书记李有平一行在卡嘎镇江嘎村参观村级综治服务中心

综治宣传日着重宣传党的惠民政策、法律法规、信访条例等内容，建立健全矛盾纠纷、信访工作联席会议制度，与各乡镇各单位签订信访工作目标责任书，在辖区项目地设立信访公告栏，公开信访流程，拓宽信访渠道，配齐信访专干，研究制定《信访工作“八化”制度》《县级领导下访包案制度》，成立矛盾纠纷信访隐患联合排查督导小组，县委、县政府先后组织召开迎接党的十九大信访工作专题会议和信访工作联席会议5次，对建筑项目领域劳务纠纷、民工工资拖欠信访隐患进行全面分析预判，坚持每半个月督查一次，对未解决的问题集中梳理、重点研判，对可能发生信访的苗头问题逐一落实包案领导、落实化解措施、落实结案时间，全力推动信访积案化解工作，确保信访案件在十九大前全部疏导稳控化解到位、息诉息访。同时，按照“属地管理，分级负责，谁主管，谁负责”原则，对辖区所有建筑项目进行拉网式、滚动式排查，强化利益诉求重点人和缠访闹访人员稳控措施，进一步明确责任、严格值守，及时把矛盾问题解决在基层、化解在当地、控制在萌芽，有效防范越级上访和群体性事件。年内，共开展矛盾纠纷排查283场次，调处化解各类矛盾纠纷123起，涉及人数179人金额100余万元，处理来信来访32件184人次，已全部办结，实现信访案件零搁置。

【健全网格化管理体系】 年内，各乡镇派出所、便民警务站、“双联户长”认真落实划片分区巡逻管控机制，积极发挥便民警务站、乡镇派出所、“双联户长”属地管理作用，通过开展法治宣传、便民服务、“红袖标”辖区巡逻、属地联保和查人、查证、查新面孔、查异常动向，强化辖区流动人口、治安隐患的排查，及时消除不稳定因素；卡嘎二级公安检查站按照“四必查”“五不分”要求，逐车、逐人、逐物对过往车辆、人员、物品进行严格查验，不放过任何疑点，有效把输入型隐患消除在“护城河”“过滤网”之外。各乡镇党委、政府对辖区常住人口和流动人口执行一周一排查、每月一调度措施，对辖区实有人口变动情况做到底数清、情况明、管得住。

【健全寺庙管理制度】 年内，坚持“十导”工作法，深入贯彻党的民族宗教政策，严格遵守宗教领域“三个不增加”规定，结合辖区实际制定《昂仁县宗教领域排查整治专项行动工作方案》。在寺庙深入开展“四讲四爱”“深化五项教育，增进五个意识”主题教育实践活动，全面落实“六建”“九有”“六个一”等利寺惠僧政策，加强寺庙僧尼法治宣传、爱国主义教育、“两守两进”教育，积极引导广大僧尼爱国爱教、遵规守法。从严审批寺庙佛事活动，加强寺庙僧尼日常管理，强化寺内外安防措施，做好寺庙防火防盗工作，切实消除寺庙消防隐患。提高驻寺人员服务管理水平，严格僧尼和驻寺人员请销假制度，确保宗教和睦、佛事和顺、寺庙和谐。

【社会面管理】 年内，严格按照戒备等级工作要求，坚持把警力摆到面上，采取车巡步巡结合、警便结合、电子眼监控与武装巡逻相结合的方式，开展每日小清查，每周大排查活动。在元旦、春节、藏历年、清明节、“五一”国际劳动节、国庆节、党的十九大等重大节日期间全面启动护村队、护院队、护寺队、护校队、护路队、“红袖标”巡逻队等基层群防群治力量，广泛开展矛盾纠纷调处、流动人员管理、环境卫生整治、安全隐患排查等基础工作，对流动人口、进藏人员严格落实查验措施，建立健全县、乡、村为一体的维稳防控体系，做到不留盲区、不留缝隙、不留空白点。

【项目建设领域管理】 年内，协调辖区各乡镇、各行业主管部门对项目建设领域突出问题开展全面摸底排查和专项整治行动，特别是针对项目建设领域民工工资拖欠、劳务纠纷、越级上访等问题进行滚动式、拉网式排查，做到矛盾纠纷排查出一起、化解掉一起，切实把项目建设领域矛盾问题解决在当地，消除在基层。

【安全隐患排查】 年内，先后四次召开专题会议，安排部署五大专项排查整治工作，坚持问题导向，强化底线思维，摸清找准影响全县社会稳定的隐患点、风险点。认真落实安全生产监管责任和问题隐患排查整治措施，先后组织安委会成员单位召开6次安全生产工作专题会议，结合国务院安委会安全生产大检查21综合督导组反馈的“思想高度重视不够，营造浓厚氛围不够，曝光处罚力度不够”三个方面15个共性问题，按照“四明确四到位”的要求，制定可操作、可量化、可检查的整改措施，逐一明确责任单位、责任人并限期整改落实，通过整改进一步完善人防物防技防措施，堵塞安全生产监管漏洞，提升安全生产和监管水平。按照“管行业必须管安全，管业务必须管安全，管生产经营必须管安全”的原则，将安全生产工作责任层层分解落实到县级领导、部门、企业、具体责任人，突出道路交通、非煤矿山、建筑施工领域、人员密集场所等重点领域，深化安全隐患排查治理、台账管理，加强重点领域和关键环节的安全生产监管，坚决防范和遏制各类重特大事故发生。年内，开展安全隐患排查整治461场次，查处隐患340处，整改340处，整改率达100%，没有发生1起重特大安全生产事故。

2017年3月21日，县委副书记、县长普布多吉在全县综治工作会议上与乡镇代表签订2017年综治目标责任书

【平安建设】 年内，按照综治工作“有研究部署、有体制机制、有人员场地、有资料台账、有措施抓手、有成果成效”的要求，科学谋划，周密部署，全面动员，集全县财力人力物力，大力实施“法治昂仁”建设，全力打造昂仁西部法治文化走廊、法治人民公园、法治街道；在卡嘎镇建设集综治维稳办公室、国家安全人民防线办公室、“双联户”办公室、安全生产委员会办公室、人民调解办公室、普法办、信访办和维稳指挥部为一体的卡嘎镇综治维稳中心；在卡嘎镇江嘎村建设集村综治办、阳光调解室、法律服务站于一体的村级综治工作服务中心；在曲德寺管委会建成集寺庙综治办、法治书屋、谈心谈话室、双语教育室和寺庙娱乐室于一体的寺庙综治服务中心。进一步建立健全各级各类综治维稳工作台账，完善综治维稳机制，设立巨型法治文化宣传牌6个，建成大型法治文化宣传栏37处、小型法治宣传板100余个、公园综治宣传板30个、路灯杆宣传牌150个、墙体喷绘30处、墙体写真15个、山体石块摆字4处，制作法治昂仁宣传册100份，全面加强基层群体法治思想

教育，配齐配全基层群防群治队伍，夯实筑牢基层综治维稳工作基础，形成层层重视综治维稳、人人参与综治维稳工作的格局。

【党建工作】 年内，政法委党支部共集中学习40次、谈心谈话2次、召开党员专题组织生活会1次、专题研究部署会10次、学习讨论会5次、召开党员大会6次、支部委员会12次、党小组会7次，专题党课3次、廉政党课1次，撰写心得体会每人4篇、班子成员对照检查材料每人1份、党建信息46份、调研报告10篇。

【党风廉政建设】 年内，县委政法委及时调整充实党风廉政建设责任制工作领导小组和政法委反腐败协调工作领导小组，建立重大事项（问题）决策机制、责任分解机制、压力传导机制、考核评价机制，制定《昂仁县委政法委党支部2017年度党风廉政建设学习计划》《2017年度昂仁县委政法委党支部党风廉政建设及反腐败工作计划》《2017年昂仁县委政法委领导班子党风廉政建设和反腐败工作责任分工方案》《昂仁县委政法委党员干部作风建设问题清单》《昂仁县委政法委领导班子落实党风廉政责任清单》等一系列文件，认真学习领会中央、区、市、县有关党风廉政建设的文件精神和领导同志关于党风廉政建设的重要讲话，积极贯彻落实“两个条例”、党纪党规、廉洁自律手册和《建立健全教育、制度、监督并重的惩治和防腐败体系实施纲要》，组织政法干部签订《严禁党员干部操办婚丧喜庆事宜的承诺书》《严禁党员信仰宗教问题承诺书》《党员文明过节承诺书》《党员不越十条红线承诺书》，全面开展自查自纠工作，逐项列出问题清单、建立整改台账，做到问题查找到位、整改措施到位、整改成效到位。

（王玉峰）

2017年10月26日，党员干部红袖标巡逻队在县城开展巡逻执勤工作

公安

【概况】 昂仁县公安局正式挂牌成立于1960年1月，局党委成立于2015年9月，现有7名党委委员，下设20个党支部。2017年，党员共130名，预备党员5名，积极分子13名。现有在编民警233名（正科级22名、副科级53名、科员139名、办事员4名、见习民警15名、治安辅警员57名、工人1名、公益性1人、临时工4人）。下设机构34个，其中内设机构8个，即综合保障大队、办案大队、情报指挥大队、社会防控处突大队、交通管理警察大队、国内安全保卫大队、执法监督大队、特警大队。直属机构26个（17个乡镇派出所、5个便民警务站，看守所、拘留所、卡嘎公安二级检查站、曲德寺警务室）。

【信息搜集】 年内，昂仁县公安局紧紧围绕党的十九大、全国“两会”“三大节日”等重要节点安保工作，牢固树立信息是维稳工作的灵魂这一理念，切实将信息工作的触角延伸至接触不到的角落，拓宽情报信息渠道，建立起反应灵敏、触角广泛，能够覆盖社会面的各个层次信息网络。共搜集各类情报信息450余条，整理上报有价信息236条，分析研判12条，形成各类风险评估10份、网上搜集上报各类情报340条。

【案件侦办】 年内，昂仁县公安局开展“三个不发生”“两抢一盗”“三打击一整治”“打击拐卖妇女儿童专项”等社会治安整治和打击整治等专项行动。进一步强化案件侦防工作，继续坚持有案必破方向，严格落实以“一长双责”制，将打击锋芒对准危害公共安全犯罪、涉枪涉爆犯罪等群众反映强烈的犯罪活动。2017年，共立刑事案件8起，破获6起，破获率为80%。共打击处理6人。通过微信公众平台、短信平台、高炮、拼石、发放宣传单、张贴警示语等方式，多次开展“防网络新型电信诈骗”“禁毒”等宣传防范；同时，坚持“发案少、秩序好、社会良好、群众满意”工作目标，加强推进社会治安管理、提升服务群众能力水平，全面深化“三个不发生”“六个专项大排查”“社会治安重点地区排查整治”“护校护医”“猎鹰系列专项清查”等专项行动，深入农牧区、治安复杂区域、流动人员聚集区开展治安清查和乱象整治。2017年处理治安案件13起，一般程序处理11起，简易程序处理2起，查处率100%，其中警告9人，罚款20人，行政拘留17人。

【人口管理】 年内，认真贯彻落实西藏自治区人民政府《关于进一步推进户籍制度改革的实施意见》的通知，办理身份证2346张，录入指纹信息2300人次，出生入户1944人，迁出325人，市外迁入938人、重户和无人注销1780人，为方便群众办理临时身份证325份。

【交通、消防安全管理】 年内，围绕“降事故、保安全、保畅通”为目标，以“百日道路交通整治”为契机，狠抓县乡道路安全隐患排查、农村地区交通违法专项整治、宣传工作，继续深入落实“两限一警”“分片包干”、道路交通严打常态化工作措施，同时，针对国道219线，全警上阵、严管严控、全力以赴“压事故保平安”，确保全县道路交通安全、畅通、有序。深入开展“两站两员”工作力度。2017年，共查处各类交通违法行为212起(无证17起、超速32起、其他163起)。治安联合消防部门加强宣传和检查力度，全年共计开展消防安全检查上千次，查处各类消防安全隐患上百处。年内，全县未发生火灾案(事)件。

【精准扶贫】 年内，为深入学习贯彻落实各级党委、政府召开的系列精准扶贫工作会议精神和县脱贫攻坚办下发的相关通知要求，踊跃参加全县精准扶贫攻坚战役，按期保质完成扶贫脱贫工作任务。年内，局属机关和各便民警务站、乡(镇)派出所、驻村驻寺民警先后陆续开展结对帮扶活动，共走访慰问贫困户258户，形成摸底调查表258份、谈话记录258份，送去价值折合人民币104300.00元慰问品。

2017年11月27日，公安局党委副书记、政委达瓦扎西主持召开学习贯彻党的十九大精神第一次专题研讨会议

【大部门大警种制改革试点工作】 4月，承接大部门、大警种制改革试点以来，积极争取县委、县政府的意见并协调相关部门，开展大量前期调查研究、反复论证、酝酿方案，按照“精简机关、充实基层”的原则，稳步推进内设机构合并整合。将原来的13个内设机构精简归并为9个大队(原来办公室、政工、警务保障职能部门归并为综合保障大队；刑侦、经侦、禁毒侦查办案部门归并为办案大队；法制、纪检、督察、审计部门归并为执法监督大队；指挥中心、网

2017年9月16日，公安局网安大队、法制大队民警在县中学开展国家网络安全宣传周“网络安全为人民 网络安全靠人民”主题宣传教育活动

安、情报、技侦部门归并为情报指挥大队；治安、便警部门归并为社会防控处突大队；国保、出入境归并为国内安全保卫大队；特警大队、交警管理大队为单设机构，机关警种部门较改革前减少25%，有效提升队伍战斗力和凝聚力。

（多布杰）

检察

【概况】 昂仁县人民检察院受日喀则市人民检察院和中共昂仁县委领导，受昂仁县人大及其常委会监督。昂仁县编制办核定编制10人，下设核定办公室、侦查监督科、公诉科、民事行政检察科等4个科室，核定一正三副领导职数。2017年，昂仁县人民检察院实有干警9人，其中，少数民族8人，汉族1人。检察长1人，副检察长2人。具有本科及以上学历9人，干警平均年龄33岁。

【案件侦办】 年内，共受理侦查机关提请批准逮捕案件7件7人，同比减少1件。其中，批准逮捕6件6人，因不适合羁押的身体原因不予批准逮捕1件1人。全年共受理侦查机关移送审查起诉案件11件20人，同比增加2件，涉案当事人增加11人。案件类型包括盗窃案5件10人，故意伤害案3件3人，非法猎捕案2件6人，交通肇事案1件1人。其中，向审判机关提起公诉9件18人，案件终结8件13人，正在审理1件5人。终结案件均做出有罪判决。不起诉1件1人，退回侦查机关补充侦查1件1人。

【立案侦查活动监督】 年内，到公安机关刑事办案部门开展立案监督活动5次，查阅治安案件收案登记台账，了解刑事立案处理情况，重点检查是否存在有案不立、以行代罚等立案方面的问题。在受理审查案件过程中，因证据原因先后退回公安机关补充侦查4次；就证据收集、文书填录、办案期限等问题提出口头意见建议，并发出书面《检察建议》1份；就县法律援助部门没有及时为未成年犯罪嫌疑人联系律师援助事宜发出书面《检察建议》。

【民事审判活动监督】 年内，共审查民事裁定书3份，民事调解书42份。认真填写民事行政案件检察监督卡，排查审判活动中存在的不合法问题。

【社区矫正活动监督】 年内，每月定期开展社区矫正工作，对现有8名社区矫正对象逐一登记基本信息，深入卡嘎、亚木等矫正对象居住地，向当地派出所、村委会了解矫正对象受教育情况，形成每月与社区矫正对象定期联系机制，及时掌握思想行为动态，促进矫正对象健康回归社会。

【与政府职能部门联系合作】 年内，与县食品药品监督管理局等部门就全县食品安全案件查办工作建立“行刑衔接”联系工作机制，先后两次召开联席会议，成立工作领导小组，明确食品安全案件侦办标准和工作办法，为保障全县食品安全提供监督支持。与县扶贫办等部门就监督预防扶贫领域职务犯罪案件建立联系协作机制，深入多白乡某村就该村负责人落实惠农政策不到位问题进行走访调查，排除犯罪问题。与县环保局等部门就监督惩治环保领域刑事犯罪案件建立联系协作

2017年6月29日，党组书记、检察长巴桑次仁为政法系统总支全体干警讲党课

机制，重点化解环保检查中可能出现的环保案件，防范环保责任事故。

【深化民事行政公益诉讼职能】 年内，组织全院干警学习新修订的《中华人民共和国民事诉讼法》和《中华人民共和国行政诉讼法》关于公益诉讼的规定，掌握公益诉讼诉前程序和诉讼程序，先后4次通过微信、微博等新型媒介大力宣传报道检察机关公益诉讼工作开展情况，为推进检察院公益诉讼工作奠定基础。

【品牌创建】 年内，按照区检院的统一部署，县人民检察院于年初启动"一院一品"创建工作，经研究确定以"三大提升、两项落实"，即"提升办案能力、提升监督能力、提升检察队伍水平，落实廉政建设责任制、落实办公信息化建设责任制"为主要内容的品牌创建工作任务，制定工作计划，多次听取区、市两级院专题工作组的指导意见，逐步对品牌创建工作进行总结完善。

5月，组织侦监、公诉、职务犯罪侦查、民事行政监督等部门联合开展案件自查评查活动，重点围绕司法干警作风、文书写作能力、法律文书审查阅卷能力、涉法涉诉实务处理能力等方面开展横向和纵向评查活动。活动中，发现材料不完整问题6件，卷宗装订不规范问题5个，发现材料签字、捺印等不符合规范要求13处。经自评自查后，对卷宗材料存在的问题及时进行更正完善。6月，组织举办模拟庭审辩论活动，通过精心准备、周密筹划、认真落实，辩论活动达到掌握法律规定、熟练运用诉讼程序、锻炼提高队伍素质的预期目的。

【法治宣传】 年内，昂仁县人民检察院把普法工作作为一项经常性、重点性工作来抓，制定年度法制宣传工作计划。同时，针对"12·4"法制宣传日和国家宪法日、"萨嘎达瓦节"、安全生产月、平安西藏宣传日、喜迎党的十九大等，出台专题性法治宣传活动计划，根据不同主题进行专题性法治宣传教育。全年在县城集中开展法治宣传活动12场次，免费发放宣传单（册）5000余份，向过往群众宣传检察

2017年9月13日，检察院组织党员干警签订不信仰宗教承诺书

职能、法律规定，义务接受群众法律咨询100余人次。

【司法体制改革】 年内，在人员分类管理方面，分设检察官、检察辅助人员、司法行政人员三类，检察官应有名额5个，现配置4名检察官，占编制总额的30.7%；配置4名检察辅助人员，占编制总额的30.7%；行政人员1人，占编制总额的7.7%；在检察职业保障方面，按照检察官办案权限配置办法，赋予检察官更广泛的独立决定权。检察委员会、检察长、检察官权限更加明晰，责任更加明确。初步完成检察官套改工资核算工作，实现入额检察官每月增资3000元，其他工作人员每月增资1200元；在司法责任制方面，建立与职业权益相一致的司法责任终身追究机制。入额院领导严格按照办案比例要求亲自参与具体案件办理过程，带头承办疑难、复杂、重大案件；在人财物省级统一管理方面，深化基础调研，广泛征求和听取干警意见建议，加强财务和人事管理教育培训，为下一步推进改革工作做好准备。

2017年8月21日，检察院召开2017年度“行刑衔接”工作联席会议

【精准扶贫】 年内，按照县委安排，县人民检察院9名干警结对帮扶亚木乡、秋窝乡28户贫困户。为全面深入了解结对帮扶户基本情况，干警先后两次分赴各自联系点，走进贫困户家中了解生产生活状况，填写联系贫困户明白卡，详细采集家庭人口、土地面积、牲畜数量等基础数据，重点了解家庭致贫主要原因，制作贫困户联系卡片，形成定期联系机制。在前期充分调研的基础上，结合贫困户特点研究制定脱贫计划，针对贫困户技能培训愿望，及时与县人社局取得联系，登记学习培训需求，争取尽早安排培训；针对贫困户缺乏基本生产物资的情况，及时与乡党委政府、驻村工作队联系，争取从基层惠民资金中予以帮扶。针对贫困户缺乏劳力的情况，与村委会进行沟通协调，争取在农忙时节能够给予帮助。同时，全院干警自发开展扶贫慰问活动，为贫困户家庭送去价值约1.2万元的生活物资，自愿向县扶贫基金募捐资金1万余元。

【“两学一做”主题教育】 年内，昂仁县人民检察院先后两次专题研究学习教育主题，按季度制定学习计划，明确具体学习内容、主讲人和学习时间，重点结合当月工作特点确定学习主题。先后拟定综治维稳、“四讲四爱”、意识形态、党性教育、基层换届、生态环保、学习宣传贯彻党的十九大等12个主题的学习计划。每个专题学习内容由重要讲话、重要文件、时事评论和法律实务等部分组成，既具有理论性，又具有实践性。另一方面，积极参加党员志愿服务，工作作风更加务实。全院党员干警响应县委号召，先后多次参加县城街道卫生清理、河道和湖边卫生整治、植树、助农收割、扶贫帮困等党员志愿服务活动，加强与基层的联系沟通，切实密切党群干群关系。

【党风廉政建设】 年内，昂仁县人民检察院成立以检察长为组长的党风廉政建设及反腐败工作领导小组，由检察长与县纪委签订《党风廉政建设目标责任书》，明确4大类17项主体责任。由主要负责人与分管副检察长签订目标责任书，明确一岗双责职责13项。主要领导和分管领导认真对照目标责任内容，督促落实具体工作，定期汇报廉洁建设工作开展情况；院党组认真落实民主集中制。先后就人才引进、人员提拔推荐、基础项目的改造、办公设备采购等六个重要议题召开党组会议，实行民主表决，充分发挥集体作用。落实当事人会见等工作规定，没有出现徇私枉法等违法违纪现象。廉洁工作接受党委和社会监督。检察长亲自填写廉洁档案，就财产、家属、生活等状况接受党委监督。针对部分办公场所面积超标问题，检察院组织开展自查自纠，自觉接受纪委监督，按要求整改落实。

【强基惠民工作】 年内，昂仁县人民检察院派驻宁果乡坚定村工作队，自进驻坚定村以来，以对党和人民高度负责的态度，放下架子，俯下身子，与群众保持“零距离”，认真对待每一项具体的工作任务，抓紧、抓实驻村“五项主要工作任务”，先后组织村“两委”班子成立相关工作领导小组，明确各自的职责；协助村“两委”制定完善党务、村务村规民约等规定11条。结合“四讲四爱”主题教育实践活动，向当地农牧民群众宣讲相关政策8场次；开展“节前送温暖”活动，集资1.04万余元。为坚定村贫困户及困难党员家庭送去大米、面粉、糌粑、酥油等生活物品进行慰问8余次，解决当地困难群众的燃眉之急。

（边 索）

审判

【概况】 昂仁县人民法院级别为副县级，下设6个内设机构，2个派出机构，法院现核准编制18人，实有干警16人。内设机构分别为院办公室、立案庭、刑事审判庭、民事审判庭、执行局、审监庭。派出机构为桑桑镇中心法庭和宁果乡人民法庭。已批准领导班子职数为一正三副，于1998年组建审判委员会，2017年共有委员4人；于2008年成立院党组，成员5人，全院共有中共党员14人，按照司改有关文件精神对本院17名干警进行人员分类定岗，其中入额法官5人、司法补助人员7人、司法行政人员3人、聘用法警2人。

【党风廉政建设】 年内，昂仁县人民法院强化党风党纪教育，深入学习习近平总书记关于政治纪律、政治规矩的重要论述及习近平新时代中国特色社会主义思想，认真组织开展廉政教育活动，引导广大干警进一步增强政治意识、大局意识、责任意识和法纪意识，坚决做到立场坚定、旗帜鲜明，在思想上、政治上、行动上同党中央保持高度一致，严格落实廉政主体责任和监督责任，严格按照中央“八项规定”，区党委“约法十章”“九项要求”等规定和要求，坚持不懈抓制度，层层签订党风廉政建设工作责任书，把党风廉政建设和反腐败工作与审判执行工作同部署、同安排、同检查，专题研究部署党风廉政建设和反腐败工作2次，专题学习党风廉政建设理论和法规制度3次，院主要领导讲廉政党课2次等一系列党风廉政建设措施，筑牢拒腐防变的坚强堡垒，营造风清气正的崭新气象；做到推动责任落实，严格责任追究，坚持从严管理，以“零”容忍态度坚决惩治司法腐败，教育干警始终做到心中有戒，严

2017年12月21日，日喀则市中级人民法院党组书记、院长李世蓉（左二）在昂仁县人民法院调研

2017年12月1日，党组书记、院长米玛旦增速裁程序审理一起刑事盗窃案

格落实好对干预案件进行记录问责“两个规定”，坚决依法惩治伤害法官的违法犯罪行为，坚决支持法官公正司法。2017 年，“无枉法裁判案件、无超审限案件、无重大上访案件、无安全责任事故”，队伍执法形象进一步改善，社会满意度逐年提升。

【创先争优】 年内，昂仁县人民法院为不断完善和规范内部管理，提高司法能力，确保政令畅通，鼓励创先争优，促进法院工作有效突破，激发干警工作热情、提高干警的工作积极性和责任心、树立“以院为家”主人翁精神和牢固树立全心全意为人民服务的意识，法院创建党员“星级评定”机制，以“热爱学习星、优质服务星、廉洁自律星、业务能力星、集体荣誉星”作为星级参评细则，以年终“星级评先选优”的表彰奖励作为鼓励机制；制作干部去向栏、使用指纹考勤机以及院内会议签到等机制，建立健全客观、公正的精细化管理考核和评价体系，提升干警作风、树立法院队伍新的形象。

【刑事审判】 年内，昂仁县人民法院准确把握宽严相济刑事政策，落实量刑规范化工作的有关要求，依法高效审理盗窃、诈骗、故意伤害、交通肇事等严重危害社会稳定、损害群众生命、财产利益和影响群众安全感的犯罪，运用司法调解手段处理刑事附带民事诉讼案件。年内，共受理刑事一审案件 11 件，审结 10 件，未接 1 件，结案率为 100%；开庭率达到 100%；无改判、发回重审的案件；判后答疑率达到 100%；不存在超期羁押和无法定事由超审限案件。

【民商事审判】 年内，按照“司法公正，一心为民的要求”，牢固树立“群众利益无小事”的观念，通过大力加强队伍建设，积极推进审判方式改革，创建家事审判方式和工作机制改革联席会议制度，认真落实司法为民措施，充分发挥民事审判化解矛盾，促进发展的职能作用，妥善审理好婚姻家庭、人身损害赔偿以及劳动争议等各类民商事案件；注重落实“调解优先、调判结合”原则，把调解工作贯穿民事审判工作全程，努力从根本上化解社会矛盾，较好地完成民事审判任务。年内，共受理民商事案件 32 件，其中诉前调解 2 件、撤诉 2 件，调解案件 28 件，判决 0 件，结案率为 100%；调撤率为 100%；结案标的达 206.2 余万元。

【执行案件】 年内，执行工作坚持依法执行和文明执行并重，分散执行与集中执行、说服教育与强制措施相结合，参与社会诚信体系建设，依法制裁各类欺诈、不正当竞争、虚假诉讼等失信行为，鼓励诚信交易、倡导互信合作。并加强法院内部立、审、执协调配合，与公安、金融等机构开展信息交换，强化执行联动及威慑，全面挤压规避执行者的活动空间，努力破解执行难题。2017 年，受理执行案件 17 件，执结 15 件，未接 2 件，执结率达 93.75%；执行到位标的额 992120 余元。

【信息化建设】 年内，昂仁县人民法院始终坚持党的领导，认真执行防止干预过问案件的“两个规定”依法独立行使审判权，切实解决“六难三案”问题，增强司法公信力。依靠“办公系统、办案系统、执行系统、司法公开”四大信息化平台支撑，促进审判运行更加高效规范、司法为民更加便捷周到。积极推进“天平工程”信息化建设，抓好案件卷宗材料与办案流程“同步录入”“同步查询”。从而实现审判执行工作全程留痕、全程受到监督，切实规范司法行为、促进司法公正。昂仁县人民法院领导带头应用信息化办公系统，提高现代司法服务能力和管理水平，促进办公体系和办公能力现代化，实现无纸化办公。截至年底，录入案件信息55条，制作电子卷宗95册，公开裁判文书10件，公开率达100%；全面使用办公系统办理文件312条，办公自动化有很大的进展。

【法治宣传】 年内，坚持开展“法律七进”活动，充分发挥“车载流动法庭”优势，深入乡村、田间地头和机关、学校、企业、社区、广场等开展普法宣传26场次，发放宣传资料9500余份，受教育群众1.6万人次，接受法律咨询36人次，诉前化解纠纷8起，协助各级机关、社会团体化解调处各类非诉纠纷2起，投入经费达8.555万余元。

【“车载流动法庭”服务】 年内，昂仁县人民法院根据县域辽阔，交通不便，群众居住较为分散，偏远乡村的老百姓诉讼难等实际问题，创建“车载流动法庭司法服务民生的平台”，以方便、快捷、平等、公正、高效的新审理模式，解决农牧民诉讼不便问题，使很多矛盾纠纷化解在萌芽状态，避免恶性事件的发生。充分彰显法律的公正和权威，促进法院审判活动效率的提高，审判公信力得以加强，为构建和谐社会提供较好的司法保障和服务。2017来，昂仁县人民法院发挥“车载流动法庭党员先锋服务队”在辖区内大力开展巡回审判工作，通过法官走出机关、进村入户等方式巡回案件8件，同比上升18%。发放宣传资料1.2万本(册)，受教育人数达1万人次。巡回指导基层调解员7次136人，指导民间调解组织化解矛盾纠纷18件，非诉途径化解矛盾纠纷15件。2017年，帮助困难农牧民群众办实事、办好事10余件，进一步拉近党群、干群之间的亲情，为今后的各项工作开展打下坚实基础。

2017年2月16日，昂仁县人民法院发放执行款

【司法体制改革】 年内，严格遴选员额法官，5名法官宣誓入额，并将审判资源向一线倾斜配置，2017年院庭长办案占比为总办案数的100%。健全审判权运行机制，探索“1名员额法官+1名法官助理+1名书记员”审判模式，组建专业化审判团队，形成5名法官与7名司法辅助人员的审判团队及3名司法行政人员的人员分类结构。严格落实司法责任制，完善裁判文书签发机制、审委会议事规则，确保让审理者裁判、由裁判者负责。

【“四个意识”教育】 年内，强化“四个意识”教育，大力开展向先进典型人物学习，坚决做到忠诚、干净、担当。坚持正规化、专业化、职业化队伍建设要求，创新人才培养机制，加强干警教育培训工作，选派干警参加上级法院组织的业务培训，增强素养、提升能力。2017年参加上级法院各类专项培训19余人次、参加党政机关组派培训2余人次。加强信息化建设，顺应“互联网+”的时代要求，全面建成信息化建设3.0版本。依靠“办公自动化系统、办案系统、执行系统、司法公开”四大信息化平台支撑，促进审判运行更加高效规范、司法为民更加便捷周到。推进“天平工程”信息化建设，抓好案件卷宗材料与办案流程“同步录入”“同步查询”。

截至年底，共制作电子卷宗86册，县法院信息化水平迈上新的台阶。昂仁法院以弘扬“公正、廉洁、为民”的司法核心价值观作为法院文化建设的首要任务，围绕文化主旋律，加强法院文化建设。挖掘提炼出“崇法载德”的院训，提升法院文化；把制度文化、廉政文化等有机融合，建设廉政文化墙、法院文化长廊，开展特色实践活动，营造积极向上、健康和谐的法院人文环境，激发队伍活力，陶冶干警情操；通过新媒体、官方微信公众号发布西藏昂仁县人民法院信息56条，昂仁网信办昂仁发布32条。

【强基础、惠民生】 年内，共选派6名干警，积极参与并扎实开展强基础惠民生驻村工作。县法院驻村工作队紧紧围绕中心工作，抓好脱贫攻坚工作，全面摸底村民脱贫情况，并与结对帮扶干部交流脱贫思路，推进拿纳村脱贫工作；抓好“四讲四爱”主题教育实践活动宣讲工作，以喜迎党的十九大为主线，集中时间力量，分阶段、分步骤在农牧民群众中多次宣讲，并创新宣讲方式，以邀请院主要领导对群众进行宣讲，坚持全覆盖、常态化、重创新、求实效，教育引导各族群众拥戴信赖忠诚捍卫习近平总书记这个核心，强化“五个认同”，增强中华民族共同体意识。另外，加大教育引导和扶持脱贫思路，寻找脱贫思路，制定脱贫方案，并认真开展“结对帮扶”工作。年内，昂仁法院干警参与宣讲脱贫政策活动8场次，帮扶22人次，帮扶资金折合人民币达1.76万余元。

【强化监督意识】 年内，始终坚持党对法院工作的绝对领导，及时向县委汇报法院工作的重要部署、重要措施以及需要解决的问题和困难。自觉接受人大及其常委会的法律监督和工作监督，加强与人大、政协的联络工作，邀请代表、委员多次视察法院、旁听案件庭审、参与执行，主动将法院工作置于人大、政协和社会各界的监督之下。2017年，先后邀请人大代表、政协委员旁听案件审理3次、指导重大工作1次。并重视吸收人民陪审员参加诉讼活动，5起刑事案件有人民陪审员的参审。

（格桑曲珍）

司法行政

【概况】 2017年，昂仁县司法局（局编制和司法所编制）现有编制13人。实有人员12人，其中党员8人，入党积极分子4人；本科10人，大专1人，中专1人；男7人，女5人。司法局内设社区矫正、安置帮教、人民调解和普法等4个业务办公室、一个法律援助中心。

【法治宣传】 年内，结合“四讲四爱”主题教育实践活动，开展“七五”普法工作，司法局牵头组织普法巡回宣讲团成员深入全县各个乡镇、学校、寺庙、施工工地等以巡回模式为13400余人开展践行“法律七进”助推“四讲四爱”宣讲活动。并以“四讲四爱”为主线，“七五”普法为宣传点制作一批宣传日历和饮水纸杯、笔记本等一系列法治宣传产品，让参与的每一名人民群众感受到多彩多

2017年5月23日，司法局局长普布、人民调解工作人员兑现拖欠农民工工资

样的宣传内容，更加深刻的领会各项法律法规和惠民政策，共计制作和发放10000余份；在昂仁县国道沿线醒目的位置设立法治宣传标语，在昂仁县辖区内设立大型的宣传牌1个，小型宣传栏2个；局内部和外围制作LED滚动播放宣传条幅；开展“法律进寺庙”活动。下乡走访全县20余座寺庙，向寺庙僧尼现场讲解相关法律知识和“四讲四爱”主题教育实践活动内容，活动期间共发放《法律进寺庙手册》80余份，“四讲四爱”宣传手册及挂历共220余份。

司法局干警深入17个乡镇当场讲解法律知识，并发放《中华人民共和国合同法》《法律援助手册》《中华人民共和国未成年人保护法》等相关的法律书籍560余册。利用卡嘎镇法治宣传教育基地，开展喜迎党的十九大法治宣传教育活动，为当地人民群众开展法治教育课为主的法制宣传教育集中宣讲活动7场次，受教群众达650余人次，发放各类宣传册500余份；为深化“法律七进”工作，昂仁县普法办到县武警中队、消防大队、茶馆、朗玛厅等公共场所、进行法治宣传，发放宣传资料380余册；开展大型宣传4次，利用全县LED电子屏幕宣传25余条，贴墙、贴电线杆等宣传标语80余条；以“3·5”“3·10”“3·14”“3·28”等节点为契机，利用电视、音响、发放影碟、设立法律咨询点、发放挂历等方式在全县城范围内进行法治宣传。

2017年7月25日，司法局局长普布在看守所对社区服刑人员进行警示教育

【法律援助】 年内，法援中心为昂仁县辖区内弱势群体提供各类法律援助案件45起，其中代写诉讼书22份，拖欠民工工资案件22起，合同纠纷案1起；9月，司法局法律援助中心积极参与全县拖欠民工工资纠纷案件调解工作，期间共参与调解6起，涉事人数达40余人，涉案资金达100余万元，均调解成功。司法局驻村工作队充分发挥司法行政法律援助工作职能为亚木乡人民政府提供法律帮助，切实解决亚木乡萨那达异地搬迁项目中出现的合同纠纷及拖欠民工工资一案，当即调解解决39余万元纠纷款项，成功和解；4月12日，司法局为昂仁县桑桑镇19名农牧民民工在阿里地区务工而未及时兑现工资款一案展开法律援助，初步为昂仁县群众挣得9万元工资，并正在继续办理相关后续援助工作。

【安置帮教】 年内，安置帮教办公室对全县刑满释放人员进行回访，其间，走访17个乡镇，45个行政村，针对在册刑满释放人员基本信息进行核实，形成档案登记造册，完善刑释解教人员信息，实现与综治办、乡镇、派出所之间有机衔接，逐个了解排查两类人员情况，摸清底数，签订目标责任书。严格按照刑满释放人员必接必送工作要求，派专人从拉萨监狱接收2名昂仁县籍刑满释放人员，并对其进行安置帮教。昂仁县共有刑满释放人员56名，均已安置，发放安置帮教证，安置率达100%，重新犯罪为零。

【社区矫正】 年内，社区矫正办公室走访社区服刑人员22人次，集中教育5次，实行“零”报告制度，电话报告280人次，接收月报60份，公益劳动480小时，教育学习480小时；同时对生活中存在困难的社区服刑人员进行帮助，为社区服刑人员送去大米、蔬菜、面

2017年9月5日，司法局组织全体干警观看警示教育片

粉，通讯手机，衣物等物品共计2万余元。共有社区服刑人员10人，其中解除矫正2人，在册8人，昂仁县社区服刑人员均遵纪守法，接受矫正，未出现脱管漏管情况。

【调解组织建设】 年内，按照上级工作要求，完善昂仁县矛盾纠纷排查工作方案，确定领导小组，特别是党的十九大期间安全稳定相关方案、预案等矛盾纠纷制度化建设。3月，司法局参与全县维稳五项专项排查小组，深入全县17乡镇排查矛盾纠纷，共排查出矛盾纠纷隐患18起，均调解成功，未出现上访情况。重点排查、治理社会难点和热点矛盾纠纷，全县各级人民调解组织共排查调处矛盾纠纷104起，涉及人数305人，涉及金额达33.80万余元，其中村级人民调解委会调解39件，乡镇人民调委会调解65件，案件分类为婚姻纠纷53起、合同纠纷15起、拖欠民工工资纠纷9起、邻里纠纷20起、其他7起，均已调解成功，调解成功率达100%。

【党风廉政建设】 年内，司法局党支部加强反腐倡廉思想教育，在全局党员中开展“廉政自律，勤政为民”为主要内容的党风廉政教育活动，组织学习党风廉政建设的法律法规和规章制度，教育党员干部必须时刻保持自重、自省、自警、自励，牢固树立共产主义世界观、人生观、价值观，使广大党员干部真正提高遵纪守法的自觉性，增强抗腐拒变的能力。把党风廉政建设真正列入重要议事日程，一手抓业务，一手抓党风廉政建设，真正做到两手抓，两手都要硬。切实把反腐治本任务落实到实处，把执行廉洁自律规定落实到人，把全面落实党风廉政建设的任务落实到每名干部身上；以积极主动的工作姿态，深入基层，为群众做好普法和法律服务工作，以更新的观念、更新的思路、更新的方法研究和解决司法行政工作所面临的新情况、新问题，确保各项工作落到实处；加强财务工作的管理，严格控制支出，促进廉洁从政。认真落实领导干部行政问责四项制度，及时掌握领导干部的廉政情况。通过不断完善各项管理制度，在司法局形成学习、考勤、考核、廉政、财务等一系列管理约束机制，规范化、制度化管理各项工作。

（次旦平措）

综合经济管理

发展与改革

【概况】 昂仁县发展和改革委员会（简称县发改委）属政府系统正科级国家机关，下设工信局、粮食局、物价局、能源局。2017年，实有人数15人，行政编制6人，借调6人，司机2人，以工代干1人。

【国民经济运行情况】 2017年，昂仁县经济发展形势良好，呈现出民生不断改善，社会大局稳定和社会各项事业协调推进的良好态势。2017年，全县实现生产总值8.66亿元，同比增长16%。全社会固定资产投资达11.98亿元，同比增长38.65%；社会消费品零售总额达2亿元，同比增长25.7%；完成地方财政收入4470万元，同比增长44.98%；2017年农村居民人均收入7467.46元，同比增长13.32%。

【发挥协调作用】 发展改革部门是推进经济体制改革，促进经济社会协调发展的部门，具有协调各部门之间关系的职责，尤其是部门职责分工、任务分解、各项工作分别推进的条件下，发改委做好各部门间综合协调工作更是责无旁贷。县级发改委适应职能转变的要求，创新协调方式，探索并建立统筹协调的工作机制，重视发改委协调作用的发挥。县级发改委在全县宏观经济运行和经济体制改革的重点、难点问题的协调工作中，不断总结，不断创新，探索行之有效的协调方式，争取当地党委、政府以及相关部门的支持，将发改委协调职责和协调范围以政府文件的形式进行明确，形成制度，建立长效协调机制。

【在建项目建设管理】 年内，昂仁县发展和改革委员会严格按照基本建设程序和条例，从工程质量、资金控制、安全监督、资料汇总、预防"拖欠"和后期交接等方面加强管理力度。不断完善和补充项目建设资金审批表制度，规范拨款程

2017年10月8日，县委副书记、县长普布多吉，县委常委、纪委书记屈小刚一行到亚木乡调研

序，严格按照施工进度拨款；拨款时附民工工资兑现表和使用单位意见证明，杜绝拖欠民工工资现象的出现；在各部门实施项目过程中，昂仁县发展和改革委员会始终与各部门协调沟通，保证昂仁整体项目进展顺利；为保证县委、县政府主要领导及时掌握项目进展情况，提供有效的决策依据，昂仁县发展和改革委员会每月开展一次项目进展情况统计。

2017年5月18日，县委副书记、县长普布多吉组织各项目单位到桑桑镇督导检查

【项目工作开展情况】 昂仁县发展和改革委员会充分利用县政府年初安排的项目前期经费，重点开展市政基础设施项目的前期工作。昂仁县全社会开(复)工固定资产投资项目131个，其中续建项目64个，新建项目67个；全社会固定资产完成11.98亿元，同比增长38.65%，重点完成昂仁县县城道路、县城排水供水、污水处理等重点项目。

【项目储备】 昂仁县发展和改革委员会全面负责全县项目的前期沟通、协调、推进和申报工作，督促开展项目前期工作，增加项目储备，搞好项目库建设，优化项目结构，广开渠道筹措项目资金。2017年，昂仁县发展和改革委员会全面梳理昂仁县已完成前期工作，计划在2017年实施的项目以及正在开展前期工作的储备项目基础上，并向上级行业部门申报前期工作完成及正在开展前期工作的储备项目。

【灾后重建】 “4·25”地震发生后昂仁县高度重视，及时开展灾情核查上报，编制灾后重建规划，在自治区、市两级党委、政府的高度关心重视下，批复“4·25”灾后重建项目13个，总投资3.08亿元。同时，本级财政出资400万元聘请专业的地勘、设计、监理，全程跟踪服务、监督把关重建房屋的设计、施工、用材用料等环节，定期反馈工程的质量和进度。基本完成了昂仁县卡嘎镇特色小城镇、昂仁县桑桑镇特色小城镇、8个整村推进等2个灾后重建项目工作。

【物价局工作】 年内，为切实维护消费者的利益，针对食品是否过期，是否卫生，餐饮行业的餐具是否卫生，是否办理卫生许可证等情况。根据昂仁县市场发展情况，多次深入对全县药品、食品、蔬菜等商品进行物价专项检查，专门打击囤积居奇、哄抬物价等不法商业行为，切实保护消费者的合法权益。尤其是节假日、重点时期，发改委加强对市场商品价格监测，并及时上报市物价局，全力保障全县市场秩序的稳定。

【粮食局工作】 年内，进一步加强昂仁县粮食流通监督检查工作，规范粮食流通秩序，维护生产者、经营者、消费者的权益，落实国家粮食收购政策及市场调控政策，稳步推进粮食流通监督检查行政执法工作。

【工信局工作】 年内，完成对水源点的勘察调研工作，及时处理市工信局下达的各项相关工信工作的数据收集、材料汇报等工作。

【能源局工作】 年内，负责全县煤炭能源工业产、运、销环节的组织协调，贯彻、落实国家有关煤炭能源工业的法律、法规，对全县煤炭能源资源的开发利用实行行业管理，研究提出全县煤炭能源的发展规划。

【党风廉政建设】 年内,组织党员干部职工学习《中国共产党廉洁自律准则》《中国共产党章程》《中国共产党纪律处分条例》中央"八项规定"、自治区"约法十章"等,不断加强勤政廉政教育,始终把反腐倡廉教育贯穿于干部职工的培养、选拔、管理、使用等各个方面。同时,发改委始终坚持把党风廉政建设与政治思想教育相结合,与项目建设工作相结合,把党风廉政建设贯穿到各项工作当中。单位经费开支经集体研究决定,然后报分管领导审批同意后实施,杜绝腐败现象的发生。

(马 哲)

统计

【概况】 2009年10月,昂仁县统计局正式挂牌成立。2016年1月,县级社会经济调查队正式成立,成为全市唯一的且设有正式机构编制的县级统计局,全局共配有行政编制3个,事业编制3个。2017年,昂仁县统计局实有工作人员5名,其中3名行政编制,2名事业编制。

【内部管理】 昂仁县统计局紧紧围绕全县中心工作和经济社会事业发展的各项目标,认真落实区、市统计局的各项工作部署,以"提升统计能力,服务经济发展"为中心,全力打造现代化服务型统计。翻译成藏语版的畜牧业季报、年报、国民经济统计等各类报表进一步提高基层统计数据质量;为推动全县经济发展,昂仁县统计局充分认识新形势下做好统计工作的重要性,努力发挥统计工作在经济社会发展和宏观决策中的信息、咨询、督查作用,加强对统计报表的分析,做好每个季度全县国民经济运行分析工作,每季围绕全县主要经济发展指标,特别是考核指标,加强分析,及时预警预测,撰写经济运行分析报告,统计服务水平进一步提高。较好地完成畜牧业、工业、固定资产投资等各专业的2017年报表报送工作;统计数据的完整性、时效性和准确性进一步提高,全面反映全县发展实际。

【经济总量】 2017年,地区生产总值完成8.66亿元,同比增长16%。

【全社会固定资产】 2017年,全县完成固定资产投资11.98亿元,相比增长38.65%。

【收入】 在一系列支农惠农政策的支持下,农牧民收入继续保持稳定增长态势,2017年完成农牧民人均可支配收入7467.46元,同比增长13.32%。

【消费】 消费品市场较为活跃,2017年完成社会消费品零售总额2亿元,同比增长25.7%。

【财政收入】 财政收支稳步增长,2017年完成地方财政一般预算收入4470亿元,同比增长44.98%。

【党建工作】 年内,昂仁县开展"两学一做""四讲四爱"学习教育实践活动为契机,昂仁县统计局根据县委、县政府要求,始终坚持党建工作基本原则扎实开展党建工作各项基本工作,明确领导责任制并成立统计局党支部党建工作领导小组,明确工作任务,责任层层落实,形成党建工作人人

2017年10月11日,昂仁县统计局局长格旦为乡镇扶贫专干人员讲解农村居民人均可支配收入核算

2017年4月21日，昂仁县统计局局长格旦在多白乡日果村开展宣传惠民政策

有事干，事事有人管的良好工作格局，完善党的各项规章制度，积极组织开展党内各项活动以及党的先进性教育实际活动，确保党内各项规章制度得到有效落实。

【党风廉政建设】 年内，坚持党要管党、从严治党，以明确责任主体为基础，坚决纠正党员干部队伍中存在的各种不良作风，加强思想政治工作和增强学习的自觉性为先导，组织学习和手抄《中国共产党章程》《习近平总书记在建党95周年上的讲话》等，及时传达学习中央及区、市、县纪委会议精神，并要求每人撰写心得体会。积极引导党员干部尤其是领导干部自觉加强党性修养，加强和改进思想作风、学风、工作作风、领导作风和生活作风，把全面从严治党各项要求真正落到实处。

【精准扶贫】 年内，昂仁县统计局紧紧围绕县委、县政府关于精准扶贫工作要求，充分了解结对帮扶的基本情况、致贫原因和户主对脱贫措施方面的具体愿望，先后组织干部对结对帮扶户进行2次入户，共计慰问金额2000元。

（格桑卓玛）

国土资源管理

【概况】 2017年，昂仁县国土资源局有工作人员10人，其中正科级1人、副科级4人、科员1人、专技人员2名、公益性岗位1人、企业合同工1名。内设不动产登记中心。国土资源局主要负责昂仁县土地管理，矿产资源管理，地质灾害防治，不动产权证办理等工作。

【宣传工作】 年内，利用“4·22”世界地球日、“5·12”防灾减灾日、“6·25”全国土地日等集中宣传活动设立咨询点，制作宣传展板及宣传资料。同时通过短信方式，每个月发送短信500条宣传耕地保护、土地管理、防灾减灾、不动产知识等法律法规，切实使国土资源领域各项法律法规，深入家家户户。

【耕地保有量】 2017年，昂仁县耕地保有量不低于9.728万亩，基本农田保护面积不低于9.01398万亩，均完成市政府下达的目标任务，达到“耕地总量不减少，质量有提高”的目标要求。落实责任，严格检查执法，昂仁县人民政府每年都与各乡镇人民政府、各乡镇人民政府与个村民委员会各村委会与农户层层签订《耕地保护责任书》，做到各乡镇的耕地保有量及基本农田保护面积、耕地占补平衡制度、基本农田“四落实”的要求，昂仁县国土资源局负责对全县耕地保护工作进行执法检查。

【土地开发项目】 2016年申报总投资803.12万元的亚木、达局两乡1005.6亩土地开发项目，2017年已完成招标工作。土地开发项目实施后，有利于改善农业生产条件，增强农业生产的后劲，充分发挥耕地的经济潜力和科技转化率，促进农业的稳产、高产，进一步提高群众的物质生活水平。

两项土地整治项目不仅使两村的经济翻一倍，同时也带动整个乡、村民的积极性，促进经济发展，加快脱贫致富步伐，保持社会政治局势稳定具有十分重要的政

2017年8月16日，日喀则市国土资源局副局长伟色（右二）在搭格架温泉开展督导检查工作

治和经济意义。同时该项目的建设，使项目区水利基础设施得到完善，有效解决下游草场灌溉困难问题，进而增加草地载畜量，提高牧业产值，推动副产品加工等其他行业的发展，其效益无法估量。

【农村集体土地确权】 年内，为深入贯彻落实《国土资源部、财政部、农业部关于加快推进农村集体土地确权登记发证工作的通知》，确保西藏自治区农村集体土地所有权确权登记调查发证工作的顺利进行。昂仁县农村集体土地于11月28日完成招标。12月5日，农村集体土地所有权确权登记调查工作全面开始，在亚木乡和措迈乡作为此次工作的试点乡。通过开展两个试点乡农村土地所有权的调查，全面查清农民集体经济组织的每一宗土地的权属、界址、面积等基本情况，掌握真实的农民集体经济组织的土地构成和基础数据，进一步建立和完善土地调查、土地统计和土地登记制度，满足经济社会发展及国土资源管理的需求。2017年，亚木乡、措迈乡两个试点乡的内外作业工作已全部完成，其余乡镇野外调绘工作已完成。

【不动产登记发证】 5月11日，昂仁县不动产权证书首发仪式在昂仁县新政府大楼前举行，首发对象4户，不动产权证书的首发，标志着昂仁县不动产工作也随之进入“发新停旧”的新阶段。2017年，昂仁县共受理申请9件不动产权证，2件不动产登记证明，昂仁县全缴土地出让金的500余户住户已完成权籍调查和核对工作，并将逐步完成登记发证工作。

【用地报批】 年内，昂仁县国土局完成建设项目用地初审21件，建设项目用地预审48件。共计完成106个项目建设用地1980.5亩的农用地转用手续，批次用地分别为昂仁县2017年度第一批次城市建设项目用地新增面积399.2亩；昂仁县2017年度第一批次村镇建设项目用地新增面积580.11亩；昂仁县2017年度第二批次村镇建设用地新增面积1001.19亩。为昂仁县项目单位及时办理项目前置手续、早日落成项目，做好基础性工作。

【土地矿产卫片执法】 年内，做好土地卫片执法工作，卫片执法检查工作有序推进，按照上级工作要求，开展对照下发土地、矿产卫片影像图进行核查、查处和整改工作，实地复查，疑似违法图斑已整改到位26个，国土资源局卫片执法检查工作有序推进，根据上级工作要求，开展土地、矿产卫片影像图核查、查处和整改工作，2017年度土地疑似违法图斑22个，矿产疑似违法图斑6个。

按照市国土局图斑28的要求，国土资源局工作人员于1—4月深入11个乡镇，实地进行一一核查，经检查发现28个图斑里面2个违变化，18个违法图斑已组件报件上报国土资源厅，其中图斑14号为昂仁县扶贫商砼建设项目，2017年以单独选址项目报件形势上报，但因资料不齐退回，正在补齐相关资料；图斑21号为昂仁县陈嘎拉康寺4座寺庙管委会综合服务用房项目，国土资源局计划上报2018年度第一批次建设用地报件。为全县年度卫片执法工作实现“零约谈、零问责”的工作目标。

【地质灾害防治】 年内，国土资源局制定《昂仁县2017年地质灾害应急预案》《昂仁县地质灾害群测群防员管理暂行办法》《关于汛期地质灾害防范的紧急通知》等文件，做到对地质灾害防治工作进行早安排早部署，严格按照上级文件要求积极开展地质灾害防治工作。

2017年，昂仁县地质灾害隐患点共有267处，比2016年新增7个点，发放工作明白卡267份，比2016年多发放7份，发放避险明白卡2163份，比2016年多发放1099份，确定地质灾害隐患点预警标示牌位置，对全县危害较大的138处地质灾害点配备群测群防监测人员，并明确职责，签订监测人员责任书。

组织各乡镇国土专职人员召开《昂仁县地质灾害防治知识培训会》和《昂仁县地质灾害监督管理培训会》，为2017年地质灾害防治工作打下坚实的基础。利用中国移动手机报形式和“4·25”法制宣传日等活动，共计开展宣传活动29余次，下村宣传74余次，出动人员325余人次。2017年，已完成签订日喀则市地质灾害防治高标准“十有县”建设目标责任书和《日喀则市地质灾害防治高标准“十有县”建设实施方案》征求意见上报工作。

【建立汛期24小时值班制度】 年内，昂仁县国土资源局严格在汛期实行上下联动的工作机制，制定防治方案、应急预案，落实群测群防，层层夯实责任；认真执行24小时值班、灾险情速报、应急处置、零报告等制度，实现地质灾害防治工作“零伤亡”的目标。

【建立地质灾害速报制度】 年内，国土资源局与各乡镇国土专职人员建立“微信群”联系制度，真正做到上情下达、下情上报的工作机制，随时掌握全县地质灾害情况；每天第一时间通报天气气象预警预报情况和收集监测点工作动态，确保地质灾害防治工作顺利有效开展。

2017年8月15日，县委副书记、县长普布多吉陪同日喀则市国土资源局副局长伟色（左三）在同泰矿山督导检查工作

【地质灾害治理工程项目】 年内，昂仁县域内地质灾害防治工程共15个。第一批9个地质灾害项目，总投资约1624.79万元，除两个调整项目外，已全部竣工。第二批6个地质灾害项目，总投资约1087.98万元。截至年底，已完工4个点。

【自治区级地质遗迹保护】 昂仁县达格架地热间歇喷泉群是我国目前最大的喷泉群，成泉机制独特，喷泉种类齐全，景观保存完好，具有十分重要的科研价值和观光旅游价值，同时最大限度上改善昂仁县沿线旅游服务设施，提升旅游服务质量，能使当地群众增收致富提供经济平台，达格架地热间歇喷泉群自治区级地质遗迹类自然保护区建设项目已批准实施，总投资额2967.26万元。2016年6月29日，已经按照设计报告放线完毕，2017年国土资源局共计到实地验收37余次，该项目已全部施工完毕并完成项目初验工作。

【土地执法】 年内，每月对县城及周边的土地进行动态巡查，加强对新增建设用地、临时用地、设施农用地的监测，对以其他名义隐瞒违法用地，拒不变更的，从严处理。年内，国土资源局共计到实地检查96余次，下达责令停止违法行为通知书62份，下发督办整

2017年2月23日，国土局局长索多主持召开昂仁县国土资源领域依法经营、纳税、协税工作座谈会

改通知书17份。

【矿产资源管理】 年内，国土资源局共计到矿山检查27余次，出动人员150余人次，下发督办整改通知书12份；到非金属矿点检查共计48余次，出动人员240余人，下达责令停止违法行为通知书6份，下发督办整改通知书22份，召开专题会议8次，同比2016年加大了对矿山及非金属矿点的检查力度。

【矛盾纠纷排查化解】 年内，国土资源局共接到涉矿信访案件5件，涉案人数41人，涉案金额362.06万元，其中1起涉及机械租聘，已走司法程序解决，信访案件已全部办结。国土资源局认真排查违规建设用地、证件不齐全的采砂采石和临时用地租让合同等矛盾方面坚持“保持稳定、依法规范、确地为主、民主协商、因地制宜”，对有据可依的矛盾问题依法依规调节处理，对没有明确依据的问题参照相关法律法规和政策精神，秉持“尊重历史、面对现实、平等协商”的原则妥善解决确保国土工作平稳有序发展。

【党风廉政建设】 年内，支部班子在工作中坚持将党建工作纳入重要议事日程，成立以支部书记任组长，其他支委任副组长，各党员为成员的党建工作领导小组，具体负责党建工作的组织、领导和协调。同时明确目标任务，切实抓紧党建工作不放松。中共昂仁县农牧系统总支第二支部委员会多次召开党建工作专题会议，及时研究和解决党建工作中遇到的困难和问题，研究并下发党建工作的相关文件，以更好地指导全系统党建工作。

2017年，为进一步提高干部职工的政策理论水平和业务能力，国土资源局深入贯彻落实习近平新时代中国特色社会主义思想，贯彻落实党的十九大、区党委九届三次全会精神，扎实开展党的群众路线教育实践活动、“三严三实”“两学一做”学习教育和“讲学习、讲忠诚、正风纪、转作风、提效能”主题活动，全面增强国土资源局党员干部的党性意识和责任意识，力争学以致用，以学促做、学用结合，更好推进新启动的不动产登记和昂仁县国土实事等工作。

（李　涛）

安全生产监督管理

【概况】 昂仁县安全生产监督管理局（以下简称县安监局）组建于2009年，综合管理昂仁县安全生产监督管理工作，承担安委会办公室日常工作。2017年，在职干部职工6人，公益性职工1人。

【安监队伍建设】 年内，围绕加强队伍建设、增强队伍素质、提高执法水平。把安监队伍建设作为加强安全生产工作的重要保障措施，切实加大力度，不断充实加强安监力量，乡镇有1名安全生产专职工作人员，各行政村有安全生产联络员，解决乡镇以下安全检查力量薄弱的问题。由于一贯注重和加强自身建设，坚持严格执法、热情服务，2017年未发生投诉、行政复议和诉讼。

【目标管理】 年内，结合《中共中央、国务院关于推进安全生产领域改革发展的意见》《中共西藏自治区委员会西藏自治区人民政府关于推进安全生产领域改革发展

2017年3月24日，日喀则市安监局党组书记陈海英（左二）在昂仁县安监局检查指导工作

的实施意见》《日喀则市安全生产体制机制建设实施意见》指导要求和国务院安委会第八巡查组巡查反馈问题整改工作以及国务院安委会第21综合督导组督查反馈问题，提出的具体反馈意见40项、对昂仁县提出3项个性问题等要求，加大执法检查工作力度，推动企业认真落实安全生产主体责任，建立健全安全生产管理制度，落实安全生产各项措施，加强现场管理，提升企业安全管理水平，督促用人单位全面落实职业安监健康主体责任，维护好劳动者的职业健康权益。

召开县委专题会议两次、政府常务会议两次，专题安排部署安全生产工作，年初安全生产部署会议及岁末年初安全生产专题会等召开四季列会，并针对重大节日、环境保护、汛期、道路交通、安全大检查等专题部署会议5次；及时召开国务院督查、巡查组反馈问题整改工作动员部署会议。多次全面展开17个乡镇、非煤矿山、危化、建筑施工领域、44座寺庙、人员密集场所、道路交通、卫生院、各类学校、寄递物流领域的安全隐患排查整治工作。实现生产安全事故起数和死亡人数双下降，控制较大事故，杜绝重特大事故的目标，促进全县安全生产形势持续稳定向好。

【专项执法】 年内，开展大检查活动共查出安全隐患208处，已整改205处，整改率达98.5%。根据国务院安委会的统一部署和区、市两级关于国务院安委会安全生产第八巡查组对自治区巡查反馈出的问题清单整改落实工作的系列会议及文件精神；国务院安委会安全生产大检查第21综合督导组对昂仁县安全生产督导检查中提出的3项问题隐患，召开反馈问题整改落实工作动员部署会议，制定整改落实工作方案，对每项问题制定具体整改措施，明确牵头单位、责任单位和整改时限。完善制度，进一步强化责任，严格监管，坚决堵塞漏洞，逐项进行整改落实；根据自治区、市级安全生产工作电视电话会议精神及特别深入贯彻落实今冬明春安全生产各项工作的相关文件指示精神，结合昂仁县实际认真制定《昂仁县岁末年初、今冬明春安全大检查方案》。

【安全生产监管执法】 年内，共开展联合检查、专项检查等124次，下发执法文书437份，其中：现场检查记录267份，整改责令文书85份，复查文书85份，共查处安全隐患685处，已整改674处，整改率达98.3%。共处罚相关部门14家，处罚资金达5.23万元，同比增长15.4%。

【交通运输安全监管】 年内，针对全县不同时段的安全生产特点，突出抓好途径219国道长途客车、农用车辆、运输危险化学品特种车辆的安全监管，联合县公安局、县交通运输局对辖区国道道路沿线隐患及乡村道路进行排查，共排查隐患点33处，对存在隐患的相关责任单位下发整改督办通知，已全部整改完毕。县交警大队出动1800余人次，开展交通整治大检查51次、处理违章违纪人员134人次、进行劝导教育600余人次。投入6.3万元对6791台农用车辆粘贴反光膜，以提高广大农民群众的夜间行车安全，受到广大农民群众的欢迎。

【人员密集场所安全监管】 年内，

开展消防应急疏散撤离、应急抢险等演练演习14次，参加人员110人次，开展安全隐患检查25次，下发执法文书167份，其中：现场检查记录117份，整改责令文书25份，复查文书25份，共查处安全隐患296处。

【非煤矿山应急处置】 年内，先后联合环保、国土、环保、公安、人社等部门召开5次矿山协调会议，主要对辖区同泰、嘉实、西盟、丰恩、中翔矿山的安全隐患问题进行研究部署，对每个矿山下发《矿山安全隐患整改督办通知》，要求企业结合隐患治理自查自纠，认真制订整改工作放案，并由县委、县政府主要领导带队，对同泰矿山督促整改工作蹲点20天。联合相关单位对非煤矿山企业下发执法文书共65份，其中现场检查记录29份、责令限期整改指令18份、整改复查意见18份，存在安全隐患80处，均整改完成。

【危化领域安全监管】 年内，进一步加强危化领域安全监管工作，联合商务、消防等部门开展检查25次，下发执法文书72份，其中现场检查记录46份、责令限期整改指令13份、整改复查意见书13份，存在安全隐患72处，均整改完成，加油站通过标准化建设，巩固提升3家加油站安全标准化建设工作，重大节点活动，严把成品油销售、零散加油相关规定，在加油站监管人员的基础上，十九大期间联合相关部门蹲点加油站进行安全监管。

【安全生产应急管理】 年内，根据《中共西藏自治区委员会西藏自治区人民政府推进安全生产领域改革发展的意见》精神，设立安全生产应急救援中心，拟增派2名事业编制人员。修订完善《昂仁县生产安全事故应急预案》及各专项安全生产应急救援预案，明确应急救援体系建设目标、内容、要求和步骤，增强对突发事件的应急救援能力。

【安全生产宣传月活动】 年内，组织全县35家安委会成员单位、17个乡(镇)、各企业单位开展大型安全咨询日活动，悬挂安全生产相关主题横幅61条，主要以发放宣传单、宣传手册，当面讲解的形式开展。活动当日安监局累计接受群众咨询16次，发放安全生产宣传手册(藏汉双语)42张、应急手册40张、中华人民共和国安全宣传法30本、职业病防治13本、《西藏自治区安全生产条例》10本、安全生产挂历50张、安全生产宣传单70张、宣传发放《中共中央国务院关于推进安全生产领域改革发展的意见》学习读本38本，为更好落实企业安全生产主体责任，对昂仁县辖区内相关企业(非煤矿山、尾矿库、加油站、加气站)发放企业职业病防治宣传手册、应急手册等80余份、并对昂仁县辖区内219国道沿线粘贴县安监局制定的安全生产警示标语60余条(藏汉双语)，各成员单位发放宣传资料1618余份，切实引导各类企业牢固树立安全发展理念，推进安全生产领域改革发展。

【突发事件应急演练】 年内，在昂仁县辖区德旺加气站进行实战演练，结合昂仁县消防大队制定的重点单位灭火救援预案再次对单位内部的交通道路、水源情况、重点部位进行熟悉，并假设重点部位发生泄漏起火对展开路线进行考察、分工，开展消防应急疏散撤

2017年10月12日，县委常委、副县长、安委会常务副主任达次带队在县中学开展校园安全隐患排查工作

离、应急抢险等演练演习，参加人员13人次。

【精准扶贫】 年内，支部全体党员干部在支部书记米玛顿珠带领下对23个贫困帮扶户开展慰问及政策宣传活动；结合“两学一做”学习教育，支部全体党员干部开展“七一”贫困学生慰问活动，为5名贫困学生送去学习用品和衣物等慰问品，帮助他们解决生活中的实际困难，为他们送去党的关心和关怀，送上节日的问候和祝福；组织全体干部职工对秋窝乡落空村、达局乡谢如村、如萨乡路唐村共14户帮扶户进行走访慰问共3次。为他们送去大米、面、砖茶、棉被、床垫等生活用品，同结对户主交谈，及时了解掌握帮扶对象的家庭动态等基本情况，对每一户扶贫户的家庭情况、人口状况、生产生活条件、家庭收入、生活现状、需求意愿以及脱贫打算等情况进行认真登记，帮助他们理清发展思路，向他们宣传党和政府的扶贫政策，鼓励帮扶对象振奋精神，树立信心，并为其脱贫致富出谋划策，做到“政治上关心，经济上资助，技能上培训，生活上照顾，精神上慰问”，助推贫困户加快脱贫。

（边巴穷达）

食品药品监管

【概况】 年内，昂仁县食品药品监督管理局针对“两非一超”和使用“超过保质期”产品两大突出问题，开展风险隐患排查工作。重点排查整治带有行业共性的隐患和“潜规则”，清理整顿不符合食品安全条件的餐饮服务单位，切实净化餐饮消费环境；开展春秋季开学前学校食堂及周边商店食品安全大检查，落实学校食品安全管理员主体责任，指导和督促学校食堂食品安全管理员落实晨检制度、进货查验台账制度、食品采购索票索证制度、餐饮具的清洗消毒制度、食品留样制度、食品储存条件、餐厨废弃物处理制度以及从业人员的健康管理培训制度等，保障师生在校期间的食品安全。

【生产流通环节监管】 年内，加强农牧区流通环节食品安全监管，开展农牧区食品安全整治和“百日扫雷”行动，以城乡接合部、318公路沿线各乡镇、批发市场、集贸市场、各超市、学校周边各商店等为重点区域，以消费者申诉举报的“五毛辣条”等为重点品种，坚决杜绝不合格食品、过期食品、“三无”食品和假冒伪劣食品进入农村市场，坚决取缔无证经营，切实维护农牧区食品市场秩序；要求各食品经营单位必须做好食品安全的日常管理工作，重点对销售过期变质食品行为、销售病死肉制品、植物油塑化剂、牲畜水产品添加瘦肉精，抗生素等行为加大检查力度，对此类违法行为实行“零容忍”，发现一起，查处一起。

2017年，昂仁县食品药品监督管理局共出动执法人员200人次，检查食品经营单位600余家次，没收过期、“三无”2600余斤，货值金额37363元，下达责令整改通知书60份，立案处理3起食品违法案件，约谈食品经营单位责任人并下达责令整改通知书3份。

【药品、化妆品、医疗器械监管】 年内，昂仁县药品经营单位3家，药

2017年6月15日，昂仁县食药局局长桑珠次仁在县小学学生食堂开展学校食堂安全检查

品使用单位210家，医疗器械经营单位3家，医疗器械使用单位210家，化妆品专卖企业10家，兼营企业50家。2017年，昂仁县食品药品监督管理局针对不合格药品、不合格化妆品，含麻黄碱易制毒类药品、体外诊断试剂、医疗器械省抽任务、不合格注射液、日常检查等工作开展各类专项检查，出动执法人员40人次，检查药品、化妆品、医疗器械经营使用单位500家次，没收过期药品、医疗器械100余盒，货值达1000元，收集上报药品、化妆品、医疗器械不良反应48例。

2017年5月28日，工商局局长巴罗一行在秋窝乡拉日孜村结对帮扶对象家中座谈

【专项检查】 年内，昂仁县食品药品监督管理局对安全用药用械、“三大节日”期间、工地食堂、不合格药品、不合格食品等共开展各类专项整治工作50余次，出动执法人员100余人，检查“四品一械”经营、销售、使用单位700余家。

（何周检）

工商行政管理

【概况】 2017年，全县实有各类市场主体2425户，注册资金99912.1万元，其中内资企业19户，注册资金3057.6万元；私营企业414户，注册资金85070.3万元；农民专业合作社67户，注册资金3158.2万元；个体工商户1925户，注册资金8626.3万元。2017年，昂仁县工商行政管理局新发展485户，注册资金23377.3万元，分别同比增长23.5%、30%。其中内资企业1户，注册资金64.63万元，分别增长5%和2%；私营企业51户，注册资金18309万元，分别同比增长13.8%、27.6%；农民专业合作24户，注册资金1627.4万元，分别同比增长55.8%、110.7%；个体工商409户，注册资金3376.3万元，分别同比增长25%、58%。

【推进商事登记制度改革】 年内，认真落实“多证合一”改革。昂仁县工商行政管理局积极向县委、县政府汇报，进行改革整体部署，建立工作联络机制，推动乡镇一级积极配套采取措施，加强改革宣传，确保改革落实到位。截至年底，昂仁县工商行政管理局累计核发“五证合一、一照一码”营业执照499份；自2016年12月1日开始实行“两证整合”后，结合“3·15”国际消费者权益日、3月法治宣传活动、下乡年报为契机，大力宣传“两证整合”改革政策，随时解答个体户的疑问并发放宣传材料298份。截至年底，核发“两证整合”营业执照1470户，其中新开业418户，存量变更335户，换发1052户，注销66户。已发“两证整合”营业执照占总户数的76.4%，同时做到相关信息及时与税务部门的共享；昂仁县工商行政管理局作为日喀则市个体工商户简易注销登记试点单位，为把此项工作稳妥推进，通过组织干部职工认真学习试点方案，开展专题学习讨论2次，从而吃透方案，找准方向，明确目标。同时针对性地对县城及卡嘎镇区域的个体工商户进行实地核查工作，昂仁县工商行政管理局简易注销34户，其中私营企业4户；为进一步提高审批效能，解决注册大厅“排长龙”的问题，该局对企业实行电子化网上登记。结合全县实际，在打字复印店设立电子化网上受理点，并对负责人进行培训和指导，提高办事效率。截至年底，网上核名85户，设立68户，其中内资企业1户，私营企业49户，农民专业合作社17户、个体工商户1户，核准率达到85%；昂仁县工商行政管理局坚持“利用一切手段宣传、利用一切措施督促、利用一切资源年报”，构建纵向加压、横向协作、全员参与的企业年报信息公示工作机制。2016年度综合年报率为99.8%，其中内资企业100%，私营企业98.92%、农专100%、个体工商户100%，达到年报工作预期目标。

2017年7月22日，工商局工作人员开展流动经营户备案工作

【执法办案】 截至年底，昂仁县工商行政管理局已办理一般案件10件，案值1.57万元，罚没款1.6455万元，其中产品质量3件、商标侵权6件、无照经营1件；截至年底，已办理简易程序6件，罚款0.03万元，其中禁塑5件，无照经营1件。

【商标品牌工作】 年内，制定昂仁县商标品牌战略实施意见，并征求昂仁县政府主要领导的意见，进一步提升商标品牌工作战略的重要性；截至年底，辖区注册商标量26件。年内，商标注册申请9件。特别是对桑桑系列(桑桑牦牛、桑桑牦牛肉、桑桑酥油、桑桑奶渣)地标申请工作上下大力气，4件地标已收到受理通知书，正在实质审查中。

【消费维权】 年内，成立专项领导小组，召开部门联席会议，部署工作任务，做好各类活动落实到位；制定昂仁县消费维权工作联席会议制度，成立以分管副县长为组长，相关部门为成员单位的联席会议成员单位，并以昂仁县人民政府文件形式下发至相关部门，为开展全县消费维权工作明确领导小组和成员单位的职责，确保组织保障；昂仁县工商行政管理局在较大的商品零售商、服务提供商试行《昂仁县市场主体消费纠纷和解制度》《昂仁县消费环节经营者首问制度》，更好地完善消费纠纷调解的事前机制；借助“3·15”国际消费者权益日、3月法治宣传活动日、“综治宣传日”“十九大法治宣传活动”等宣传节点，大力宣传“12315”互联网投诉平台及相关法律法规；借助人员流动性大、稠密度强的道路沿线设置“12315”投诉广告牌，拓宽投诉渠道，提高消费权益，促进依法经营。截至年底，共受理投诉2件，案值900元，挽回经济损失400元。

【打击传销】 年内，以昂仁县政府名义制定并下发2017年打击传销工作方案，由主要领导在政府会议室与公安、各乡镇签订《禁止传销目标管理责任书》17份。与县公安部门密切协作，信息共享的工作机制，形成执法合力，加强对新增涉传11名人员的管控力度，加大对传销重点地区的整治力度。通过各类法制宣传日活动，大力宣传打击(禁止)传销的相关法律法规、海报、日历等，提高全民法律意识，在卡嘎镇设立“无传销乡镇”示范。

【广告市场监管】 年内，昂仁县工商行政管理局制定昂仁县整治虚假违法广告部门联席会议工作制度，成立以分管副县长为组长，相关部门为成员的领导小组，并以昂仁县人民政府文件形式下发给相关部门，为开展整治全县违法广告工作明确领导小组和成员单位的职责，确保组织保障。开展辖区广告内容中的文字用语规范化审查和驰名商标广告宣传行为专项整治。

【宣传报道】 年内，为讲好工商故事，传播工商声音，昂仁县工商行政管理局通过各大媒体报刊，报送工作创新、亮点性文章。截至年底，通过电视、报刊及新闻网共宣传报道13篇，其中国家级3篇、自治区级5篇、市级媒体2篇和县级3篇。西藏自治区工商局门户网站上共刊登文章36篇。截至年底，注册服务大厅共收到4面锦旗和一封感谢信，被评为昂仁县"六五"普法先进集体。

【党风廉政建设】 年内，认真贯彻执行中央"八项规定""约法十章""九项要求"、《中国共产党章程》《中国共产党廉洁自律准则》《中共共产党纪律处分条例》等规定，督促检查廉洁执行情况，增强廉政文化的影响力、渗透力。先后下发各个节日前夕廉洁自律通知共8次，要求党员干部认真贯彻落实相关规定，严禁在节日期间发生违规现象；制作宣传版面、悬挂横幅、张贴廉政警示格言，建成廉政文化走廊。同时，创新宣传载体，利用QQ群、微信群积极宣传党的路线方针、党风廉政相关知识等，进一步形成"人人思廉、个个倡廉、工作从廉"的廉政氛围；严格按照公车管理规定，严禁公车私用，杜绝公车私用现象，同时认真执行"公务车辆派车单"制度；年初制定财务制度，指定2名专人财务工作人员，制作专项账目，按季度公示"三公"经费等收支情况，进一步把财务规范化、透明化；扎实开展驻村工作各项工作，认真落实驻村慰问经费并制作专项账目。

（张万瑛）

商贸（商务局）

【概况】 昂仁县商务局成立于2004年9月，前身为昂仁县经济贸易局和昂仁县乡镇企业管理局。昂仁县乡镇企业管理局成立于1993年6月。2003年6月根据地委行署的要求，昂仁县乡镇企业局管理局正式更名为昂仁县经济贸易局。2004年9月根据地委行署的要求，昂仁县经济贸易局更改为昂仁县商务局。2017年，昂仁县商务局编制3名，1名正科级、1名副科级，1名科员，现有4名干部，中共共产党员4名。

【党建工作】 年内，商务局按照党支部活动计划，集中学习35多次。坚持"三会一课"制度，针对"两学一做"学习教育活动常态化制度化和"四讲四爱"主题教育实践活动要求，上党课3次，开展党员志愿活动3次、主题党日6次，共计修改或补充制度20个，进一步规范机关党建工作、增强党员干部服务群众等方面创新意识，落实党建工作责任，明确职责与分工，从而增强党员干部的责任意识和担当意识，发挥应有的作用。

【党风廉政建设】 年内，商务局为全面贯彻落实党风廉政"两个责任"，年初层层签订党风廉政建设责任书，教育干部职工"常思贪欲之害，常怀律己之心"；制定《商务局2017年党风廉政学习计划》，积极开展集中学习16次，召开2次专题研究会议，进一步增强党员干部廉洁自律的自觉性，进一步做好商务市场监管力度，进一步增强行政执法、行政审批工作

2017年7月24日，商务局局长果杰组织工作人员开展商务领域土壤污染检查

公开透明和廉洁自律，有力地促进商务局党风廉政建设和反腐败工作的深入开展。

【招商引资】 年内，县委、县政府始终将招商引资工作作为全县一项重点工作，成立组织机构，制定优惠政策，明确部门职责，年初财政预算安排10万元，作为招商引资专项经费，并6次召开会议研究推进招商引资工作，县商务局制定完善全县招商引资项目库，制作昂仁县招商引资宣传指南，多次采取参会招商、走出去招商和网上招商等方式，到山东、日喀则等地开展招商活动，积极采取多种形式的招商引资工作措施，先后与招商新能源、北京恒基阳光、中科光电、西藏德琴、海润光伏、昊天混凝土等多家公司洽谈投资事宜，及时形成招商引资工作信息和统计报表（月季年），上报市商务局和县委、县政府。

2017年，西藏金满地青稞产业发展有限公司等4家公司已在昂仁县注册，注册资金达5400万元，实现招商引资资金1.6亿元，完成市下达的年度招商引资目标任务。

【油气市场监管】 年内，依法依规共开出零散成品油售前审批证明共开出2069次，同比增长59.9%；柴油销售为174228公升，同比增长6.1%；汽油销售为164860公升，同比增长15.5%；并在全县内开展18次宣传并发放宣传资料753份。对3家加油站、1家液化气站开展行政执法检查25余次，共出动执法人员112人次，排查整改安全隐患处6处。同时派2名工作人员开展加油站蹲点督导监管工作，严管成品油源头管理，切实发挥"反自焚"斗争工作中的积极作用，确保昂仁县油气领域安全稳定。

2017年7月24日，商务局局长果杰组织工作人员开展昂仁县油气领域安全检查

【惠农工作】 年内，农牧区配送碘盐301吨，配送率达到100%，惠及全县农牧民总人口54887人，碘盐收缴金额达15.09万元；完成市局下达的2017年碘盐配送任务指标。加强食盐市场管理，打击制假售假违法活动，积极开展食盐市场监督检查5次，出动执法人员10人次，切实掌握农牧民食用碘盐质量和农牧民食用碘盐的稳定供应，严防农牧民碘盐反流市场，进一步加大碘盐市场秩序整治，确保昂仁县食盐市场规范有序。

【市场监管】 年内，商务局指定专人积极联合其他职能部门加强市场监督检查，准确掌握市场动态和各产品质量安全。特别是重大节前为确保市场平稳和质量安全。年内，质量工作成员单位共联合开展10次较大规模的执法检查，主要到县城内的餐饮、商店、超市、农贸市场、学校、电梯、使用单位等30多家各类饮食食品经营户以及特种设备使用单位经营市场检查，出动执法人员110人次，下达限期整改通知书6份，经检查所有涉及质量问题的食品均被依法没收，并进行统一的存储销毁工作。

【以商贸流通为支撑】 年内，为有效地促进昂仁县商品流通，活跃城乡经济，发挥良好的招商引资作用，达到刺激特色产业快速发展，增加农牧民收入的目的，昂仁县商务局积极组织特色产品加工销售企业及广大农牧民参加日喀则市承办的珠峰物交会及西部县拉孜物交会，17个乡镇积极派出代表，展出各类手工产品、农畜产品，促进特色手工与农畜产品的销售。参展次数达3余次，共投入使用8顶标准帐篷，参会商户48家，展销产品总计6大类9种产品。2017年，物交会上商品总交易额约135万余元，相比2016年同期增长12.5%，通过政府主导，企业参与，市场运作的新运营尝试，越来越多的民间企业、普通老百姓参与其中极大的推动农牧区发展、扩大消费，活跃市场，增加农牧民收入群众，取得良好的社会效应。

（参决卓拉）

粮油管理

【概况】 昂仁县粮食公司成立于1960年1月（前为昂仁县粮油管理站，1993年7月改为昂仁县粮食公司），位于昂仁县雪村伟色路59号、注册资本570万元，公司法人次旺罗布。昂仁县粮食公司职工共有10人，其中正式工8人，临时工2人。公司主要经营粮油，桑桑招待所，房屋出租等。全县有6个库点。公司下设财务、统计、营业、保管等。

【公司性质】 昂仁县国有粮食企业，注册为西藏昂仁县粮食公司，由县发改委业务主管，县粮食公司实行独立核算，自负盈亏。

【经营范围与职责】 负责粮食公司资产的经营管理，负责全县农民余粮收购，全县粮食市场稳定，保证粮油供应。

【粮油收购】 年内，昂仁县粮食公司按照国家粮食部门相关收购政策，充分认识秋粮收购对管理通胀预期、保持价格总体水平稳定的重要性。在保护农民利益的前提下，增强政府宏观调控能力、稳定市场价格，促进国家和西藏粮食安全的高度，坚持“多收粮、收好粮、防风险”和“购得进、销得出、有效益”的原则。认真处理好保收购与防风险的关系，切实防止“大白条”现象出现。2017年，昂仁县粮食局公司共收购青稞62500公斤，各地采购粮油746143.5公斤。

【粮油销售】 年内，昂仁县粮食公司按照粮食流通体制改革的新政策和新措施，特别是在县政府和县教育局、县民政局的大力支持和统一安排下，结合昂仁县广大农民群众的用量需求和全县低保粮及“三包”学生的粮油供应量而发出，进一步扩大销售渠道，组织开展各乡镇粮食保管员要根据公司年初制定的经济目标责任书来进村进户销售，县粮食公司充分发挥引导作用，转变服务方式，按照薄利多销的原则，开展放心粮油进学校进村活动。2017年，昂仁县粮食公司粮油总销售826072.5公斤。2017年多种经营收入392924.78元，上缴税金334879.79元。

【“两学一做”学习教育活动】 年内，昂仁县粮食公司开展“三严三实”和“两学一做”学习教育活动，认真组织公司员工重点学习宪法、党章、中共十八大和十八届三中、四中、五中全会精神。学习习近平总书记系列重要讲话精神、特别是“治国必治边、治边先稳藏”的战略思想。根据区、市、县委统一部署要求，加强学习，不断提高自己的思想道德情操，坚定信念、坚于职守，思想上与党中央保持高度一致。

【安全生产】 年内，昂仁县粮食公司始终坚持“安全第一、预防为主、综合治理”的方针，认真贯彻落实安全生产工作会议精神。加强安全规范化管理，深入开展“安全生产”活动；认真开展“安全警示日”和“安全生产月”活动等，切实把安全生产工作落实到生产、建设、经营、管理等各个方面，确保安全生产局面的持续稳定。

【遵守各项规章制度】 年内，工作上加强职工业务水平提高，严格遵守各项规章制度和安全生产制度。始终把安全生产工作放在首位，落到实处，做好全县粮油收购及销售工作，为昂仁县的经济社会跨越式发展和长治久安提供更急优质服务。

（次旺罗布）

农牧林水

农牧业

【概况】 昂仁县农牧局位于昂仁县金塔路，属于政府系统正科级国家机关，主要负责全县农牧业工作，下设科技局和农牧综合服务中心。科技局主要负责全县科技工作，农牧综合服务中心主要负责种植业、畜牧业、动物检疫和防疫、草原奖励机制等。2017年，昂仁县农牧局共有干部职工16名，其中行政编制6名；专业技术人员10名。

【完成良种推广任务】 年内，昂仁县共落实农作物播种面积7.91万亩，同比全年增加0.057万亩，其中粮食作物播种面积6.53亩、经济作物面积0.91亩、饲草饲料作物面积0.47亩。粮、经、饲82.55:11.5:5.95。

【调整种植结构】 年内，昂仁县落实高产高效创建示范田4.7万亩；测土配方施肥示范田4万亩；农作物良种推广5.25万亩；在多白等4个乡落实“千亩千斤”“百亩千斤”示范田；落实控制有机肥效实验田和“3414”试验田15亩；落实控施配方示范田0.1万亩。

【强化农机作业率】 年内，农牧局从农机购置补贴资金中购置精选机2台，种子精选达到238.5万斤，使用面积达到5.3万亩；包衣机2台，种子包衣达到114.3万斤，使用面积达到2.54万亩，切实加强种子精选和包衣力度，确保种子净度和质量；在原有基础上购置36台播种机、收割机等农机具，全部种子田均已实现机播，大田实现机播3万亩。

【技术指导服务】 年内，加强与宣传部门的沟通，动员驻村工作队开展青稞增产行动政策宣传教育；3月31日，开展科技特派员培训班，共计90名科特派员参加培训，4月19日，从市推广站邀请专家，对30名昂仁县农牧民科技特派员进行讲解科学种植“藏青2000”“喜马拉雅22号”理论知识，包括田间管理、有机肥施用、植物保护、病虫害防治等内容。4月26—27日，从日喀则市白朗县邀请2名机播能手在昂仁县达局乡和多白乡以老百姓教老百姓的形式开展播种机的操作及使用培训，参加培训人员80人。

【“三秋”工作】 8月25日，昂仁县下发“三秋”工作紧急通知全面安排各项工作；9月15—21日，组织农牧局农技人员在6个农区乡镇22个行政村59块田地进行理论测产工作；9月20日，开展“3414”试验田取样工作。同时有效利用农机户和农机专业合作社服务功能，粮食主产乡（镇）秋收农机利用率85%，差额实现秋收面积3.1万亩目标任务；抓好秋翻工作，粮食主产乡（镇）机械化秋翻率70%以上，非主产乡（镇）达到50%以上。

【接羔育幼及牲畜死亡情况】 年内，昂仁县高度重视牲畜接羔育幼工作，加强对牲畜接羔育幼工作的服务和指导，积极组织牧民圈舍饲养，备足牲畜越冬过春的草料、药品等物资，对接羔育幼工作的顺利开展提供有力保障。截至9月30日，全县新生仔畜187853头（只、匹），仔畜成活169361头（只、匹），成活率为90.16%，同比下降3%（仔畜成活169495只、减少2118只），成畜死亡7214头（只、匹），成畜死亡率为1.3%。

【农牧业受灾情况】 年内，昂仁县受灾乡镇6个，受灾村庄47个，户数1033户，人数6017人；耕地受灾面积5505.4亩，其中绝收845.89亩、重灾1714.72亩、轻灾2944.79亩，草场淹没603亩，粮食损失196.29万斤，造成经济损失约392.58万元。截至年底，昂仁县因天气灾害，造成牲畜死亡11926头（只、匹），其中新生仔畜8136，棚圈受损4个，经济损失达395.55万元。

【牲畜疫病防治】 年内，农牧局高度重视牲畜疫病防控工作，年初逐级签订重大动物疫病防控目标责任书，同时县、乡、村专职工作人员到各户进行疫苗注射工作。截至年底，昂仁县共免疫牲畜549901头（只、匹），注苗率达100%。其中小反刍注苗444412只，五号病注苗107689头。切实做到"县不漏乡、乡不漏村、村不漏户、户不漏针、针不漏量"和"应免尽免、不留空当"。

【草原生态保护奖励机制】 昂仁县草场面积为2864.85万亩，其中可利用面积2754.59万亩，落实草场承包面积为2754.59万亩，禁牧面积290万亩。县委、县政府高度重视草原生态保护奖励机制工作，昂仁县多次赶赴各乡（镇）进行草奖工作督导检查及自验工作，按照区地两级方案要求，制定合理的牲畜减畜方案。昂仁县草奖工作以查阅资料形式通过自治区验收，同时兑现2016年草补资金5655.29万元；2017年草补资金4000余万元。

2017年8月15日，农牧局局长米玛次仁带队在阿木雄乡开展草原检测工作

【举行气象局挂牌仪式】 8月24日，对17个乡镇的气象信息负责人开展为期一天的气象培训。8月25日，进行气象挂牌仪式。

【土地确权】 年内，昂仁县土地确权工作应确权8个乡镇，120个行政村，7460户，二调面积97321亩。截至年底，入户调查工作全部完成；完成120个行政村、7460户、82423亩的外业测绘工作，外业完成率达到100%；并已通过市级验收。

【桑桑牦牛养殖基地】 该项目总投资为5000万元，截至年底，该项目已通过市扶贫办项目评审，市扶贫开发有限公司已投资5000万元，已签订投资合同，资金已到位。该项目的实施能有效带动建档立卡贫困户169户676人受益，使户均增收2450元，人均增收550元。

【霍巴羊养殖基地】 秋窝及多白乡霍尔巴羊养殖基地建设项目新建羊圈及采购霍尔巴羊总投资3000万元。截至年底，霍尔巴羊育肥基地建设项目中人工种草基地完成投资200万元。该项目的实施能有效带动建档立卡贫困户140户560人受益，使户均增收2200元，人均增收608元。

【秋窝乡康萨村粮油加工合作社】 该项目总投资200万元。该项目的实施能有效带动建档立卡贫困户60户，148人受益，使户均增收

2017年3月8日，昂仁县农牧综合服务中心副主任格桑在贡久布乡兑现兽医工资

3100元，人均增收1257元。截至年底，已完成投资100万元。

【"两学一做"学习教育】 4月22日，农牧局党支部召开"两学一做"学习教育动员部署会议，成立以局长为组长的"两学一做"学习教育领导小组，并制订出台"两学一做"学习教育实施方案以及学习计划安排表。主题活动启动以来，农牧局始终把学习作为主题活动的基础，切实处理好工学关系，确保工作学习两不误、双带动。要求全体党员每天利用1小时开展自学，改变以往我念你听、沉默党会的不良现象，力争人人参与、人人发言。

【"四讲四爱"主题教育实践活动】 5月27日，农科林党支部书记普琼主持召开农科林支部"四讲四爱"主题教育实践活动领导小组办公室工作推进会议。"四讲四爱"主题教育实践活动领导小组办公室全体工作人员参加会议。农科林支部"四讲四爱"主题教育实践活动要求。办公室工作人员必须加强学习，每天确保1.5小时的学习时间，确保将"四讲四爱"主题教育实践活动精神吃准吃透不走偏；办公室工作人员结合单位实际，形成有特色的工作思路、工作方法，创新载体，推动工作进一步开展；加强与县"四讲四爱"活动办及各乡镇、各部门之间的联系，加强信息简报报送及工作通报，使"四讲四爱"主题教育实践活动有序开展，为昂仁经济社会长足发展和长治久安提供强大的思想保障和支持。

（顿 珠）

林业

【概况】 昂仁县林业局认真贯彻落实区、市林业有关会议精神，紧紧围绕林业绿化造林中心工作，防沙治沙工程项目，林地资源，野生动物保护及各类林业直补资金落实等工作。

【党风廉政建设】 年内，林业局认真落实党风廉政责任制，将党风廉政工作列入林业重要工作日程，并由局领导实行"一岗双责"制度。同时，林业局还与各乡镇单位负责人签订《昂仁县林业局各类工程目标管理责任书》，并明确各项惠农资金兑现程序、监督程序、考核制度等相关制度，使党风廉政工作切实做到有部署、有落实、有检查。

【造林绿化】 年内，完成工程造林361亩，封山育林2700亩，义务植树300亩，高原生态安全屏障保护与建设防砂治沙工程13002亩。

【项目验收】 年内，圆满完成2016年度拉萨及周边防护林工程项目和2016年度防沙治沙工程的县级验收。

【"五消除"工作】 年内，根据市林业绿化局下达的目标责任书要求，昂仁县需完成消除海拔4300米以下无树户854户。昂仁县林业局开展造林地挖坑作业共计3000坑，小范围试种树苗600株，已消除无树户120户。

【林业宣传】 年内，积极开展以"植树节""爱鸟周""湿地日"等活动为契机，在县城区域、卡嘎镇、秋窝乡等共计发放宣传资料500余份，出动宣传车辆5次，出动人员20余人次，组织乡镇人员培训6次。

【有害生物防治】 年内，为保障引进外地苗木安全，从根源上防治外来病虫害的发生，昂仁县林业局认真贯彻执行《植物检疫条例》和《森林病虫害防治条例》，严格执行苗木"两证一签"制度，全面开展检疫、监测和防治工作，坚决杜绝带病苗木进入造林点。未发生大规模病虫害灾害。

【森林防火】 年内，与各乡镇签订目标责任书，明确责任单位和人员，为昂仁县森林防火工作提供组织保障，同时，进一步加强与县消防大队的沟通联系并积极参加部署防火工作。昂仁县范围内未发生森林火灾，无经济损失。

【集体林权制度改革】 年内，根据《日喀则市集体林权制度改革实施方案》内容要求，结合昂仁县工作实际，经昂仁县人民政府批准，制定出台《昂仁县集体林权制度改革实施方案》，按照上级要求，已向日喀则市林业绿化局上保昂仁县集体林权制度改革方案，日喀则市人民政府批准后实施。

【野生动物保护】 年内，为加大林业执法监察力度，昂仁县林业局协同公安局、农牧局每年开展至少三次打击非法征地占用林地，盗猎野生动植物专项行动，在专项行动和执法当中为发现有偷猎、运输野生动物等违法行为，有效保护昂仁县森林生态资源，林地资源保存在100%以上。

【林业直补资金兑现】 年内，按照上级下达各项目资金节点，及时安排资金兑现工作，保证各类林业惠民资金无截留、挪用等情况的发生。截至年底，共计兑现林业各类惠民资金511.727万元，在实现群众增收的同时，有效调动群众的工作积极性，更好地为林业各项工作的开展奠定基础。

（罗光振）

2017年8月15日，副县长司昆强检查防沙治沙项目情况

水利

【概况】 2017年，昂仁县水利局在职人员共12名，其中正科级1人、副局长主任科员1人、主任科员1人、科员2人、助理工程师2人、技术人员2人、高级工人1人、公益性岗位2人，共有党员10人。2017年，昂仁县水利局水利工程项目共开工建设4个，总投资为9574.98万元。通过项目的建成有效解决22427亩灌溉、新增2000亩耕地灌溉的用水问题及1042户、3791人、33045头（只、匹）牲畜饮水安全问题。

【多白乡亚多普曲山洪灾害治理工程】 该项目根据《日喀则市财政局水利局关于昂仁县多白乡亚多普曲山洪灾害治理工程初步设计概算批复》，总投资为2054.38万元，建设规模为新建防洪堤9.457千米及配套设施，保护多白乡亚多村、玛多村2个村，81户，433人、4856头（只、匹）牲畜、200亩耕地及其他基础设施，已完成总投资90%。

【亚木乡甲仲灌区项目】 该项目根据《关于日喀则市昂仁县亚木乡甲仲灌区工程建设项目初步设计概算批复》，总投资2795.24万元，新建取水枢纽3座，新建渠道29.656公里，有效解决灌溉面积

10027 亩，已完成总投资 85%。

【亚木乡聂沙准唐灌区项目】 该项目根据《关于日喀则市昂仁县亚木乡聂沙准唐灌区工程建设项目初步设计概算批复》，总投资3376.83 万元，新建取水枢纽 6 座，新建渠道 23.481 公里，有效解决灌溉面积 12200 亩，已完成总投资的 85%。

【农村饮水巩固提升工程】 该项目根据《关于日喀则市昂仁县第一批“十三五”农村饮水巩固提升工程实施方案批复》，工程总投资1349.11 万元，该工程涉及 17 个乡（镇）29 个点，新建取水口 5 座（截潜流坝），蓄水池 4 座，新建大口井 45 座，新建机井 11 眼，配套机电设备 10 套，10 千伏高压输电线 0.63 千米，设管道总长 41.91 千米，入户工程 155 座，集中供水点12 座，有效解决的 961 户、3358 人、28180 头（只、匹）牲畜的饮水安全问题，已完成总投资的 75%。

【水资源管理】 昂仁县的水资源源于地表水、地下水资源、冰川水资源及大气降水。昂仁县境内河流密布，主要河流 10 余条，河流总长度近 1000 公里。全县湖泊水域面积为 15050440 亩。为加强昂仁县最严格水资源管理工作，建立完善昂仁县水资源管理体制机制。根据考核评分标准，昂仁县 2017 年目标完成情况自评分为 83 分，制度建设和措施落实情况自评分为 87 分，考核自评总分 84 分，自评等级为良好。

整合相关部门力量，在多领域。多方面探索水资源改革，积极推进水权制度改革，探索流域生态补偿，开展规划水资源论证，推动产能过剩行业节水市场准入标准，各项改革稳中有进；开展“净空、净水、净土”行动，进一步强化水生态修复和水环境治理。以保障饮用水水资源地水质安全为抓手，完善饮用水水源地安全保障规划、饮用水源地突发污染事件应急预案及水资源的节约、保护和管理机构；近年来，水资源节约与保护受到高度关注，随着生态文明建设和深化改革全面推进，水资源工作面临诸多新问题，新挑战，昂仁县坚持统筹兼顾规划和日常督导并行的原则，着力形成各级联动、分级负责、层层落实的水资源管理工作局面，保障各项制度、政策高效执行、坚实落地。

2017年5月23日，水利部规划计划司巡视员庞进武（中）在昂仁县检查指导帕孜水利枢纽配套灌区工程

【防汛工作】 年内，昂仁县以行政首长制为防汛抗旱领导小组组长，调整充实防汛抗旱指挥部领导小组明确各成员单位职责，并与6 个农区乡镇签订防汛抗旱目标责任书。编制《防汛抗旱应急预案》《水库度汛预案》《电站度汛预案》《山洪灾害防御预案》。汛前，昂仁县储备编织袋 3 万条、铅丝笼 5300 平方米、铁丝 1 吨、发电机组及水泵 6 台套。汛期期间，县委、县政府及时启动县财政应急资金 104.43 余万元，调运救灾帐篷 50 顶、转移安置 39 户 259 人，下拨防汛编织袋 62500 条、铅丝笼 295 卷；农药氨基酸叶面肥 150箱、旱地龙 280 箱、化肥尿素 150袋、商品有机肥 380 袋，投入救灾人数 7250 人次，各类机械 460 台次。有效控制灾情，无人员伤亡。

【“河长制”工作】 年内，成立全面推行“河长制”领导小组，出台《昂仁县全面推行“河长制”工作方案》，明确“河长”职责，确定辖区内 22 个主要河湖实行县、乡、村乡三级"河长制",形成政府主导,水利部门牵头、有关部门共同配合的河长制管护制度组织体系;立足县域河湖实际,因地制宜抓紧制定一河一策、一湖一策治理方案,建立长效管理机制,妥善处理好上下游、左右岸关系,联动推进治理、管护和建设工作,保障昂仁县河湖水环境持续改善、水功能正常发挥;充分发挥1650名水生态保护和村级水管员的作用,对辖区内河湖周边白色垃圾、水面漂浮物进行全面清理,清淤垃圾75吨,清淤长度达15公里,有效美化河湖水域岸线及周边环境。同时,制作"河长制"管理公示牌185个,加大日常宣传和巡察力度,引导农牧民定点投放垃圾,从源头防控垃圾进入河湖。

【党风廉政建设】 年内,水利局在党风廉政建设工作中,把机关党风廉政建设摆在突出位置来抓,坚持依法行政、从严治党,加大从源头上解决腐败问题的力度,并结合水利工作的实际,在改进工作作风,模范遵守党纪、政纪上做文章,在抓教育、抓管理、抓落实、抓监督上下功夫,有力地带动党风廉政建设和反腐败工作深入开展。在内容上习近平总书记系列重要讲话精神、纪委文件精神为主,把党风廉政教育同"两学一做"教育学习等活动紧密结合起来。从思想深处深刻剖析,找出根源,并有针对性地着力解决。扎实有效的开展政治思想教育,使干部职工牢牢筑起拒腐防变的思想防线,为搞好党风廉政建设和反腐败工作打下牢固的思想基础。对水费征收,向社会公布程序及收费标准,公布监督电话,全面接受社会监督,使办事质量和效率有明显提高。按照"一岗双责"责任制度,明确党风廉政建设目标任务和责任分工,将党风廉政建设和反腐败工作的目标任务具体落实到领导、办公室、干部职工,形成层层分解、逐级落实的党风廉政建设工作格局。

(边巴吉巴)

2017年4月5日,副县长旺拉带领水利技术人员检查水毁项目防线

电力供应(供电所)

【概况】 昂仁县供电有限公司职工共30名,其中长期用工17人,新进大学生3名,临时工7人,公益性3人。公司于2015年8月20日由国网日喀则供电有限公司代管。昂仁县辖区内有110千伏变电站1座、容量为12500万千伏安、线路57.74千米;35千伏变电站4座、容量为6500万千伏安、35千伏线路166.21千米;10千伏配变201台、容量11041万千伏安,线路50495.93千米,低压线路302千米。2017年完成发电量264万千瓦时,购电量1024万千瓦时,同比2016年增长23%;售电量1255万千瓦时,综合线损40%,电费回收率99.7%。2017年完成营业收入775万元,同比增长13%;利润10万元;资产总额1969万元。

【经营范围】 发电、供电、电力调度及制定农村电力发展规划;经营管理;线路架设及维护(依法需经批准的项目,经相关部门批准后方可开展经营活动)。

【安全生产】 年内,昂仁县供电有限公司始终坚实"安全第一、预防为主、综合治理"的方针,认真贯彻落实安全生产工作会议精神,牢固树立安全生产不以牺牲生命为

2017年3月28日，昂仁县供电有限公司职工开展安全宣传活动

代价的意识，为做好安全生产工作，加强安全规范化管理，深入开展“安全生产年”活动，加大违章督查力度，严格落实整改措施；认真开展“安全警示日”和“安全生产月”的活动。明确思想加强学习，安全工作精细化管理。根据公司2017年安全工作会议精神，组织全体职工学习领会，部署全年安全工作任务并签订安全目标责任书，安全生产工作按月、季、年份别制定计划。在工作中每月按计划完成消缺任务，中间有检查。完成有总结。全年组织安全活动8次，编写安全简报10篇。

【落实各级安全生产责任制】 年内，严格执行国网日喀则供电公司和昂仁县委、县政府关于安全生产的决策部署，全面落实公司各级安全生产责任制，坚守发展绝不能以牺牲安全为代价这条红线，全面落实国家电网公司和自治区有关安全生产工作部署，始终坚持把安全放在首位，突出预防为主、源头治理和过程管控，加强基层、基础、基本功建设，持续开展隐患排查治理和安全巡视督查等活动，切实提升本质安全，杜绝人身伤亡事故、大面积停电事故和重特大设备事故，实现全县电力安全生产的历史最高纪录。

【电网建设】 年内，抓住新一轮农网升级改造的有利时期，充分利用上级拨付电力建设资金，切实增强工作紧迫感和压力感，科学组织调配，强化施工力量，加强与县委、县政府的汇报沟通，积极做好属地化协调工作，保证新一轮农网升级改造工程的顺利完工。年内，新建10千伏线路23.64公里，改造10千伏线路65.04公里；新建0.4千伏线路5.27公里，改造0.4千伏线路5.04公里；新建0.22千伏线路7.05公里，改造0.22千伏线路2.05米；新建及改造配变14台，总容量为980千伏安；新建户表197户，改造户表2794户；新建ADSS光缆线路5.895公里。改造完成后，全县电网网架结构进一步优化，供电能力和质量明显提升，为昂仁县经济和社会可持续发展提供坚强的电力保障。

【营销服务】 年内，组织开展“和谐彩虹”行动，健全完善服务包保体系，主动征求客户意见与建议，帮助客户解决用电难题，将“你用电、我用心”的服务理念落实到具体工作中和行动上。开展业扩报装提质提速行动，深入市场调研分析，做好全县重点项目的跟踪服务，积极培育效益增长点，确保电量稳步增长。严格执行电价政策，超前分析电费回收风险，持续关注企业生产经营情况，确保电费颗粒归仓。

（达瓦次仁）

交通　通讯

交通运输管理

【概况】 2017年，昂仁县交通运输局有职工8人，行政编制3人（其中实有干部6人，公益性1人，临时工1人）；共有养护抢险保通机械2台（装载机），公务用车1辆。全县农村公路通车总里程2273.157公里，其中国道1条187公里；省道2条248公里（S205线173公里、S206线75公里）；县道1条233.789公里；乡道8条665.051公里；村道867.893公里；专用公路通达里程70.965公里。县交通局负责管护1805.714公里占通车里程的88%。乡镇通畅率为24%（全县17个乡镇中4个乡镇已通畅）；建制村通达率为100%建制村通畅率为11%（其中185个建制村中20个建制村已通畅）；专用公路通达率为100%，通畅率为7%；基本形成县、乡、村的公路网格。

【实施项目】 年内，续建项目5个，总投资3.15亿元，预计2018年年底交付使用。2017年，新建交通项目35个，建设里程共计824.505公里，总投资20亿余元，其中重点项目22个，建设里程778.996公里，总投资19亿元，一般项目13个建设里程达45.509公里，总投资1.089亿元。以上建成后乡镇通畅率可达90%，建制村通畅率可达50%。

【养护工作】 昂仁县交通运输局管养的农村公路范围之广、面积之大，致使公路养护工作任务重。经请示上级有关部门同意后，按照养护责任主体的要求和属地养管的原则，将公路养管工作交给各乡（镇），同时每年年初与各乡镇签订养护工作目标责任书，并结合各乡（镇）管养范围的实际里程，相应的分配养护补助资金。2017年养护大中修工程项目7个，安排资金80余万元确保农村公路安全通畅。

【项目前期工作】 年内，完成日

2017年10月30日，日喀则市交通局局长顿珠（中）在贡久布乡考察交通专项扶贫项目

吾其乡至聂拉木县锁作乡公路工程、雄巴乡公路改建工程、达局乡大桥至亚木乡龙玛村公路改建工程、日吾其乡至布热村公路改建工程、日吾其乡至果朗村公路改建工程、昂仁县城至卡嘎镇公路改扩建工程、环湖道路等30个交通项目的前期工作，并完成昂仁县客运站项目前期工作。

【政务公开】 年内，大力推行政务公开，公开权责清单202项，其中行政许可11项、行政处罚163项、行政强制8项、行政检查8项、行政确认2项、行政奖励2项、其他权力8项。

【安全生产】 年内，昂仁县交通运输局组织开展公路项目专项安全生产检查20余次，排查道路路安全隐患10处，下发限期整改通知书10份，不安全因素得到有效整改，争取到6000余万元实施农村公路生命安全防护工程，使农牧民群众的出行得到安全保障。

【党风廉政建设】 年内，坚持党要管党、从严治党。调整充实党风廉政领导小组，与县纪委签订《党风廉洁目标责任书》，制定《党风廉政建设和反腐败工作要点》，按照《党风廉政建设工作目标责任制分解表》，全年召开党风廉政建设专题研究会议4次，全面从严治党得以加强；坚持“两学一做”学习教育常态化，集中学习党的十九大精神10余次，开展专题党课活动4次。落实党员禁赌、禁酒公开承诺书；全面推进作风建设。以贯彻中央“八项规定”和自治区“约法十章”“九项要求”为切入点，引导全局党员干部做服务交通运输事业、服务群众的合格党员。

（黄立川）

邮政

【概况】 中国邮政集团公司西藏自治区昂仁县分公司位于昂仁县金塔路。2017年，公司在职职工共计8人，其中经理1人，A类员工3人，B类合同工3人，C类职工1人。根据业务类型分为代理金融，代理保险，包裹收寄，收订党报党刊及其他报刊等，是经中国邮政集团公司批准运营的金融网点。2017年，昂仁县邮政分公司认真贯彻落实集团公司和区（市）分公司的各项决策部署，应对复杂多变的市场环境，积极进取，克服各种困难和市场环境的不利因素，完成各项市分公司下达的目标任务，取得一定成效。

【完成各项考核计划】 年内，昂仁县邮政分公司响应市分公司的市场外拓营销精神，宣传金融业务，取得一定成绩。昂仁县邮政在2017年秉承“激情，实干，争先”的企业精神，深化企业改革，加速业务转型。抓住业务发展重点，努力提升服务质量服务地方经济，为昂仁县2017年经济做出一定的贡献。另外公司推进内部机制改革，增强内控制度，加强员工队伍建设。着力提高员工服务素质，各项工作得到有利发展。并取得飞跃式的发展。

【寄递发展】 年内，昂仁县邮政分公司不断提高寄递通信的覆盖率，确保寄递工作正常运行。在巩固寄递成果的同时，昂仁县邮政分公司2017年共投递党报

2017年10月8日，昂仁县邮政分公司工作人员在桑桑镇嘎日村派送农家书屋书和党报党刊

党刊57万多份、投递农村包裹20386件、为“农家书屋”及寺庙书屋配送书籍20200册。加大邮政通信安全工作管理力度，始终把搞好普遍服务工作作为己任，赢得当地政府、企事业单位和广大农牧民的赞誉，不断塑造全心全意为人民服务的邮政形象。昂仁县邮政分公司在文化大发展的背景下，把“创先争优强基惠民生”作为农牧区乡邮工作的重点之一，为此召开专题会议，切实强化投递服务质量，及时迅速满足客户用邮需求，树立良好的邮政企业形象。并做到监督检查必须到位、投递服务标准必须到位、宣传力度必须到位。通过大力宣传邮政服务内容和服务标准，了解和宣传集邮文化和用邮需求，得到客户的一致信赖。同时，配合乡政府网点建设，整合人力资源，做好乡邮人员工作分配，提高工作效率，优化人员结构，并且利用乡邮网点有利条件，把邮政业务辐射到广大农村地区，为广大的农牧民提供更优质的服务。

2017年5月12日，昂仁县邮政分公司工作人员在日吾其乡不定期检查邮政服务质量

【安全工作】 年内，加强监控力度，在局内外配备一定的消防设施。定期组织员工进行安全知识培训，并将安全问题纳入员工的绩效考核中。每月实行定期组织安全生产检查，使安全生产工作制度化、规范化，确保邮政通信生产安全。

【服务“三农”】 年内，昂仁县邮政分公司将提高服务质量，本着人民邮政为人民的宗旨，紧紧围绕市邮政分公司的经营指导思想开展工作，严格落实各项经营决策，以企业发展为中心，在市邮政分公司的坚强领导下，求真务实、真抓实干、开拓创新，真诚服务，勇于开拓，克服种种困难，加大基础管理工作力度，加大金融揽收和宣传力度，让更多的人，信赖邮政，依赖邮政，为昂仁县的经济繁荣做出应有的贡献。

【完善规章制度】 年内，昂仁县邮政分公司注重总结创先争优做法和经验，积极参与县委开展的“双学双提”、抓好制度建设等活动，进一步建立健全规章制度，通过规范的制度，来促进基层组织建设。建立务实管用的制度，促进公开承诺、上级点评、群众评议和书记接访、成员走访、定期反馈等做法规范化、长效化；完善基层党务公开制度，落实“三会一课”、民主评议党员、党员教育培训制度，健全流动党员管理制度、党员党性分析制度；在实施“三保证、三关爱、六落实”制度基础上，建立党内激励关怀帮扶机制，注重关心和帮助老党员、生活困难党员；重视在经营管理人员、专业领军人才、营销人才、技术人员和优秀大学生员工中发展党员，积极探索在优秀劳务工中发展党员。推行发展党员纪实制、公示制、票决制，保持党员队伍的先进性和纯洁性；加强对企业党群工作者、党员以及入党积极分子队伍、党员发展对象的培训，以开展“工人先锋模范岗”“优秀党员”“首席员工”等评选活动为载体，对评选出的首席员工、优秀党员给予表彰，充分调动他们的积极性、主动性和创造性；要求自身及各基层党支部建设要高起点定位、高标准建设、规范化运作，按照成熟一个、组建一个、巩固一个的原则，对党员活动阵地统一要求，制度版面统一制作,实现活动场所标准化,制度建设系统化,台账资料规范化,电教设备现代化。加强对党费的收缴管理,并使党组织活动经费从企业管理费中列支部分得到充分的保证。

（拉巴次仁）

电信

【概况】 昂仁县电信业务始于1998年,1998年正式开办电信业务,主要经营固定电话、移动通信、电视电话会议,互联网接入及应用等综合信息服务。2017年有员工22人。截至年底,3乡1镇实现实体店、全县共建设87个基站,其中3G基站45个,4G基站42个,17个乡(镇)及100多行政村手机信号已基本覆盖,全县无线网络覆盖达到95%以上。

【工作开展】 年内,净增移动用户数8430部、完成全年计划的98%;来电显示渗透率100%;七彩铃音渗透率90%。全县农牧民群众使用电话9200多部,17个乡(镇)及全县覆盖光纤宽带,2017年累计完成固网宽带新装1510部、完成年计划的100%。移动业务2500部,完成年计划的170%。

【移动通信】 年内,为更好提高和改善昂仁县农牧区通信条件,加快农牧区建设小康社会步伐,昂仁县电信局在上级部门的支持下实施"乡村通光纤"等工程,让广大农牧民享受优质的通信服务。2017年发展上针对鸡年开门红活动和天翼村活动,昂仁县电信局按照农牧区经济条件的特点,结合西藏电信公司的服务特色专门制订"天翼村"及"综治E通"优惠政策。使用电信用户者都已享受医疗和养老保险由电信缴纳,昂仁县电信局全体员工的足迹踏遍17个乡(镇),走村串户为当地农牧民群众办理存话费送手机870部。

昂仁县电信营业大厅

【网络覆盖】 全村级覆盖3G信号。全县共建设87个基站,其中3G基站45个,4 G基站42个,17个乡(镇)手机信号已覆盖,全县无线网络覆盖达到95%以上、17个乡(镇)覆盖光纤宽带。

【客户服务感知提升】 年内,昂仁县电信局以"用户至上、用心服务"为理念,以提升用户满意度为指引,以关键服务环节为切入,以感知测评为手段,强化差异化服务优势,参与政风行风建设,不断规范昂仁县市场,加强用户信息安全、网络安全和信息化建设。

（次仁旺堆）

移动

【概况】 2017年,昂仁县移动分公司不断创新,积极探索,紧密结合"三在"要求谋发展:在一线、在基层、在路上。其中心思想是把工作必须要下沉到一线和基层的工作理念实际建立健全各项规章制度,确定各项考核项目的发展目标,落实相关责任制度。2017年工作中昂仁县分公司深耕存量市场,深挖农村市场,充分利用优惠的营销策略,积极做好农村市场和家宽市场工作。注重市场细分,进行针对性营销,充分认识营销活动对挽留客户、维系客户、发展客户、拓展业务的有利因

2017年7月12日，昂仁县移动分公司工作人员安装宽带

素，全力完成各项指标。

【数据信息】 2017年，昂仁县移动分公司完成运营收入1890万元，完成年度指标。全年家宽完成客户数800户，完成年度指标的95%。全年新增活动客户数6929户，同比增长26.91%，市场份额达到61.59%，渠道覆盖7家，直销员参加2名。

【市场营销】 年内，构建以客户为中心的服务营销体系，转变服务观念、强化服务意识、抓好服务工作，避免服务工作的单一化。注重维系存量客户，发掘潜在客户，激发沉默用户。积极主动地做好集团客户、重要客户和中高端客户的走访工作和维系工作，雇佣新类型营销员增加宣传力度，加强对代维公司对日常维护管理，提高网络质量。

【服务规范】 年内，为更好地服务大众，昂仁县移动分公司在营业服务中，认真做到统一着装，挂牌上岗，规范用语，闲时站立，微笑服务，五声服务，多说一句话，多做一件好事，真正把用户当作朋友、亲人。提升员工培训工作，不定期安排合作营业厅员工来主厅进行学习，锻炼和加强员工处理问题能力和解决用户投诉的实际能力。加强业务培训和考核，结合实际技能和操作，对一些新文件及时上传下达，随时学习并掌握，加强营业员在实际工作中学习的力度。

【发展思路】 昂仁县移动分公司作为业务发展的前线，不断创新、积极探索，结合工作实际建立健全各项规章制度，确定各项考核项目的发展目标；工作的安排与部署，员工的呵护与培养都紧紧围绕公司的发展方向；持续追求价值，共创简单美好。

（拉巴平措）

联通

【概况】 昂仁县联通营业部成立于2010年8月，2017年共有自助营业厅2个，员工5人，其中经理1名、营业员3名、代维人员1名。2017年，昂仁县联通营业部被区公司评为先进集体单位，被市分公司评为业务突出单位等，昂仁县联通营业部始终以不忘初心、牢记使命、坚持以发展为中心、服务群众为宗旨。积极应对困难和挑战，采取有力措施、加快业务发展步伐，为全县的通信建设和保障上下大功夫，结合脱贫攻坚年的来临，奉献出应有的贡献。

【实现产品客户规模增长】 年内，新增用户达600多人、信号覆盖率原有的2个镇1个乡2017年增加秋窝乡、受益群众多达6000余人。先后下乡开展业务次数达20多次结合农牧民的实际收入情况主推适合消费的套餐，得到老百姓的一致好评。2017年高标准地完成任务，并年营业总额达179万。

【市场营销策略】 年内，落实科学发展观、效益观，正确认识存量与增量的关系。要由片面追求市场规模和用户数量向注重开发有效市场转变。把效益作为经营工作的出发点和落脚点，坚持有效益发展，实现收入与效益的同步增长。采取切实措施，通过分级分层的人性化和个性化的多种挽留、预警措施，确保发展有效用户。坚持稳

昂仁县联通营业厅

步发展3G网、快速发展3C网的策略。CDMA要坚持抓增量、坚持有效益的发展，取得规模突破；GSM要坚持抓存量，千方百计稳定在网用户，保持效益提升。结合3G的发展趋势和国际先进电信企业的运营经验，重视、研究、发展增值业务，使其成为公司长远发展的强劲动力。进一步扩大县乡市场营销队伍，组建多渠道的营销网络，提高渠道管理水平，不断完善农村服务体系，迅速占领农村的新增市场空间，如今联通用户在网率高达92%。

【加大扶贫支持力度】 为切实早日实现脱贫摘帽计划，实现两个一百年宏伟目标，昂仁县联通营业部积极参与到脱贫攻坚战中，以财力、人力支持扶贫工作，先后三次到结对帮扶地、为帮扶对象发放价值5000余元的生活用品、衣物、手机等。

（格桑曲珍）

城建 环保

住房和城乡规划

【概况】 1998年成立昂仁县城建局，2012年更名为昂仁县住房和城乡建设局。2017年，共有34人，编制8人(行政编制6人，机关事业编制1人，公益性1人)。其中公务员6人，高级工1人，驾驶员1人，城管环卫队26人(公益性4人，临时工22人)。

【项目建设】 年内，负责组织实施项目共18个，共计投资19880.12万元，开工建设9个，已完成建设9个。

【2016年国家投资续建项目】 2016年实施续建项目3个，2016年公租房建设项目：新建公租房200套，总建筑面积10000平方米，总投资3500万元。截至年底，该项目已完工，并进行分配县城干部职工入住；7个村整村推进项目：新建修复道路、广场、给排水、路灯、电力设施等套附属设施，项目总投资4900万元。截至年底，该项目正在进行路面浇灌混凝土；昂仁县非住宅维修加固项目：建筑面积4286平方米及附属设施，项目总投资300万元。截至年底，该项目已完工；经六路延伸段建设项目：项目建设总长度为509.88米，包括道路、照明、电力、通信等工程，计划项目总投资577.88万元。该项目正在实施。

【2017年计划实施国家投资项目】 2017年，计划实施国家投资项目15个，即昂仁县2017年县级周转房：县级周转房共48套，建筑面积周转房A栋1656平方米、周转房B栋1670.4平方米，工程总投资1112.82万元，该项目正在建设中；县城干部职工食堂总投资402.07万元，建筑面积食堂1134平方米，该项目正在建设中；2017年棚户区改造项目，总投资460.00万元，该项目正在组织实施；2016年公租房附属工程，总投资219.30万元，道路硬化

2017年7月20日，日喀则市住建局副局长边巴次仁（左二）一行在昂仁县检查在建项目

1822平方米，挡墙220米，路缘石865.8米，给排水、电气工程1项等已完成建设；总投资1259.54万元，改造金塔路1143.521米，含电力排管1489米，通信排管1306米，道路标线570平方米，清理原路基含破碎1283.4立方米，路边石690米等工程，该项目正在建设中；总投资1259.54万元，改造唐东路工492.348米，含电力排管528米，通信排管517米，道路标线257.5平方米，路灯18盏等工程，该项目已完成建设。

2017年3月25日，县委副书记、县长普布多吉与援藏干部对昂仁县援藏项目进行选址

总投资613.89万元，改造桑桑路284.5米，含花岗岩人行道工程1760.32平方米，路缘石598.32米，锁边路边石544.91米，通信工程294米，电力管道敷设280米，道路标线197.79平方米，太阳能路灯26盏，拆除人行道1937.8平方米等工程，改造多雄路559.63米，含花岗岩人行道工程1182.2平方米，路缘石1118.89米，锁边路边石434.5米，通信工程294米，电力管道敷设280米，道路标线178.9平方米，太阳能路灯24盏，拆除人行道1182.2平方米等工程，该项目已完成建设；总投资1117.38万元，改造伟色路1105.57米，含花岗岩人行道工程5912.5平方米，路缘石2082.6米，锁边路边石2043.57米，通信工程1275米，电力管道敷设1080米，道路标线746.38平方米，太阳能路灯90盏，拆除人行道5912.50平方米等工程，该项目已完成建设；总投资734.33万元，规划一路长122.497米，规划二路长150.139米，规划三路长279.951米，规划四路长355.413米，巷道长927.94米，新建大口井3眼等配套附属工程，该项目已完成建设。

总投资523.30万元，新建规划一路长288.224米，规划二路长99.798米，巷道长99.799米，新建大口井2眼等配套附属工程，该项目正在建设中；总投资742.37万元，新建规划一路长184.609米，规划二路长217.933米，巷道长2007.96米，新建大口井3眼等配套附属工程，该项目正在建设中；总投资260.74万元，建筑面积636.2平方米，该项目已开工；总投资66.16万元，硬化2021.91平方米，通透围墙95.46米，大门柱4个，该项目已完成建设；总投资1561.5万元，347户棚户区改造，该项目已完工；总投资460万元，新建混凝土道路5425.2平方米，新建30×30混凝土盖板边沟2430.3米，新建50×140混凝土盖板边沟143.75米，PVC排水入管1665米，沉砂池50×80米1座，排水工程610米，沉砂池50×120米18座等附属工程，该项目；总投资1500万元，民房建设，该项目已完成建设。

【行政审批和行政许可】 严格遵守《中华人民共和国城乡规划法》《西藏自治区城乡规划条例》《中华人民共和国建筑法》《建筑工程施工许可管理办法》以及自治区、市相关行政审批、许可规章制度，结合《昂仁县住房和城乡建设局限时办结制度》，依法依规核发“一书三证”和施工许可证，保障建设项目的正常实施。截至年底，建设项目选址意见书共计核发证书22件，建设用地规划许可证共计核发证书27件，建设工程规划许可证共计核发证书41件，乡村建设规划许可证共计核发证书69件，施工许可证共计核发证书68件。

根据《西藏自治区农牧民建筑施工队伍管理办法》文件精神及上级业务部门相关要求，按照自治区及市业务部门有关农牧民施工队资质管理规定开展昂仁县农牧民施工队资质申请审核工作。住建局实际筛选出相对符合农牧民施工队资质申请条件的共计48个。

【保障性住房管理】 年内,昂仁县保障性住房建成已入住的共有874套,其中公租房520套,周转房354套。公租房520套按照《日喀则地区公共租赁住房管理暂行办法》和《住房城乡建设部、财政部、国家发展改革委关于公共租赁住房和廉租住房并轨运行的通知》文件要求并轨周转住房使用。昂仁县保障性住房入住审批立足"合理使用、有效周转"的工作原则,严格按照自治区住房政策规定,依规管理,公开透明。

2017年,昂仁县符合发放住房租赁补贴条件的城镇低收入住房困难家庭共有136户,共计177人。根据每人每月255元的补贴标准,采取年底一次性全额发放的方式发放住房租赁补贴,共计发放住房租赁补贴资金541620元。

【建筑市场管理】 年内,住建局以日喀则市建筑工程领域专项整治活动为契机,按照集中治理与日常监管相结合的方式,针对建筑市场弄虚作假、安全生产、未批先建等现象,突出重点,综合治理,标本兼治,惩防并举,不断规范昂仁县建筑领域市场行为,维护建设市场秩序。严把市场准入、施工图审查、招标投标和施工许可等各个关口,严禁违法项目开工建设。昂仁县建设项目均以委托招标公司招标的形式公开招标,确保招标公开、公正、透明,保证投标单位公平竞争。

对未办理施工许可擅自开工建设的工程按照《中华人民共和国建筑法》《建筑工程施工许可管理办法》及自治区有关规章制度依法进行处理;查找薄弱环节,进行专项整治。有计划、有步骤地开展建设工程监理、施工质量和安全生产、拖欠民工工资等专项检查,对检查中存在问题的工程,责令停止施工,限期整改;转变管理模式,狠抓建筑施工安全生产监管工作。针对以往企业抓安全生产只为应付检查和评优的现象,住建局加强施工现场全过程的监管,落实建设工程监理责任,对脚手架、起重机械、施工用电等安全薄弱环节开展专项治理,对不符合《建设工程安全生产管理条例》规定的工程,限期进行整改;加强管控,保证民工工资按时发放。凡在县域内新建、扩建、改建的建设工程项目,均按照自治区、市有关规定缴纳民工工资保证金,保障民工的合法权益。

【安全生产】 年内,住房和城乡建设局始终坚持"安全第一、预防为主、综合治理"的方针,加强对建筑施工地点工程安全管理薄弱环节的监管工作,强化施工企业对施工现场危险源的控制能力,建立健全建筑施工重大事故应急救援预案,定期进行安全生产形势分析,及时发现安全隐患,找出薄弱环节,加大对事故多发地区和薄弱环节的监督检查力度,狠抓事故超前防范。扩大宣传,增强意识。加大辖区内建筑施工从业人员的法规技能、业务知识的指导力度,加大施工、监理安全技术交底及安全培训台账的检查力度,保证从业人员具备安全生产知识。通过现场办公会、设立宣传牌、发放宣传材料等多种方式加大宣传力度,极大程度地提升

2017年9月26日,住建局局长郑兴邦与援藏干部对昂仁县援藏项目进行主体验收

2017年9月3日，住建局联合县工商局对县城各商铺签订门前“三包”责任书

广大从业人员的安全意识。

深入施工场地、液化气站进行巡查监督，重点就用电、用气、施工建筑内宿舍、脚手架搭设、安全网、安全带设置使用、五大员配备到场等情况进行督查，强化参建各方责任主体的履职情况，对排查出的问题及时督促相关责任单位制定可行的处理方案，限时进行整改，对拒不整改或整改不达标的，采取果断措施予以处理，确保不留下任何安全隐患。2017年，住建局安全生产工作持续稳定良好运行，未发生任何安全生产事故。

【驻村工作】 年内，按照县强基办的有关要求，住房和城乡建设局组织单位工作人员派驻工作队，倾听群众意见，组织开展基层调研，解决群众最急需和最困难的几项问题，得到村领导和群众的一致好评，完成县强基办交办的其他工作任务。

（庞 飞）

环境保护

【概况】 昂仁县环境保护局于2010年10月正式成立，设有环境监察大队和监测站（为县环保局管理的副科级事业单位），环境保护局现有9人、其中行政编制2人、环保局办公室现实有4人；正科级干部2名（局长、副局长）；科员2名、环境监测站2人；监察大队3人；其中，副科级干部1名（监测站站长）、专技人员4名。昂仁县环境保护局位于昂仁县金塔路，设有局长办公室、副局长办公室、党员活动室、环境监测站、环境监察、仪器室。环保局牵头开展生态文明建设和全县生态环境保护工作，日常开展环境监察和监测等工作。

【环境监察】 8月，成立环境监察大队，主要职责：贯彻执行国家、自治区有关环境监察的法律、法规，并对环境违法违规行为提出处理意见；负责辖区内直管单位执行环境保护法律、法规的情况的现场监督、检查；在地区环境监察支队和县环保局的指导下，负责辖区内直管单位的排污费的征收、稽查，负责排污财务管理，承担排污费年度收支预算以及排污费财务、统计报表的编报会审工作；负责辖区内直管单位新建、改建、扩建项目的环境保护“三同时”执行情况的现场监督；负责县直管单位污染防治设施运转情况，污染物排放许可证执行情况的现场监督，参与污染治理项目年度计划的编制，监督检查计划执行情况；负责受理交办和督办环境污染电话的举报和投诉，负责调查直管单位环境污染事故，调处环境污染纠纷。

【环境监测】 年内，昂仁县城内主要河流水质达到Ⅲ类以上标准、空气质量达到Ⅱ级以上标准。监测结果表明，日喀则市昂仁县集中式饮用水水源地（地下水）水质各项监测指标均符合《地下水质量标准》（GB/T14848-1993）表1中Ⅲ类标准限值；昂仁县地表水（河流、湖）水质的各项监测指标中金木错岸边总磷检测值为0.42毫克/升高于《地表水环境质量标准》（GB 3838—2002）表1中Ⅲ类标准限值0.2毫克/升，总氮检测值为3.32毫克/升高于《地表水环境质量标准》（GB 3838—2002）表1中Ⅲ类标准值1.0毫克/升，其他各监测指标均符合《地表水环境质量标准》（GB

3838—2002）表1中Ⅲ类标准限制；昂仁县环境空气质量各项监测指标均符合《环境空气质量标准》（GB3095—2012）表1和表2中二级标准限值。

【总量减排任务】 年内，按照日喀则市人民政府与昂仁县人民政府签订的《昂仁县“十二五”主要污染物总量减排目标责任书》的要求，昂仁县在2017年的化学需氧量、氨氮、二氧化硫、氮氧化物等主要污染物的排放总量应控制在41.8吨、4.6吨、1.4吨和19.8吨以内，昂仁县按照总量减排任务，向县域内企业分配减排任务，将减排任务落实到具体企业、具体项目上，确保目标工作顺利开展，目标任务层层落实，2017年上级部门安排的目标任务顺利完成。

【生态环境保护建设】 年内，继续以绿色创建、“6·5”世界环境日为契机，开展形式多样的宣传教育，提高人们的环境保护意识，大力弘扬和发展环境文化，倡导生态文明。

2017年4月16日，县委书记李有平在桑桑镇嘎日选矿厂检查环保工作

【建设项目审批管理】 年内，昂仁县环境保护局共审批建设项目环境影响评价备案表79个，确保昂仁县建设项目“环评”执行率达100%。

【农村饮用水水源地环境保护】 年内，昂仁县完成农村饮用水水源地环境保护16座。

【生态村创建】 年内，昂仁县申报11个生态村，已通过自治区验收10个生态村。达若乡（夏拉）、卡嘎镇（帕嘎村、江嘎村、雪村）、切热乡（鲁玛村、切多村）、桑桑镇（洛布村、窝列村、亚宁村、余松村）。

2017年8月2日，副县长司昆强、县环保局副局长次成江措陪同日喀则市环保督察组在查孜乡中翔矿业检查工作

【环境执法】 年内，为切实加强环保专项行动的督察督办工作，按照各阶段工作要求，加强矿产资源开发企业环境监管力度，昂仁县作为矿产资源大县，严管审查工作，严格矿产资源开发环境管理工作，加强昂仁县领域进点勘查工作或新建选矿厂项目环境保护“三同时”制度执法检查，国土、安监、环保局、公安等相关部门对辖区内的矿产资源开发企业及采砂场开展矿产资源开发管理专项检查，矿山综合大检查等专项行

2017年5月16日，县委副书记、人大常委会党组书记、主任旦木真主持召开昂仁县迎接中央环保督察工作部署会

动，切实盯死盯牢，确保不出环境问题，做到万无一失。各项环保专项行动期间共出动执法人员230多人次，车辆50多辆，下达限期整改通知书18份，提出整改意见建议70多条。

【征收第三产排污费】 年内，昂仁县环境保护局建设项目排污费共征收19余万元，全部已交国库。

【环境污染投诉】 年内，昂仁县未接到因环境污染投诉事件。

【水环境质量】 年内，强化饮用水源保护，加大监管力度，昂仁县城有2处集中式饮用水源，保护区范围未划定，2处集中式饮用水源水质监测均达标且按监测方案进行4次监测，县城饮用水水源点保护区管理办法已建立，2处集中式饮用水源环境保护项目已实施，备用水源地未划定。年内，实施农村饮用水水源地保护项目16个，该项目已全部完工并通过昂仁县的初验，未发生饮用水安全事故。

【环保资金投入】 年内，加大本级财政及援藏资金投入力度，从生态转移资金中安排540余万元，对17个乡镇级县中学配备垃圾转运压缩车辆，投入64万余元用于各乡镇县城环境综合整治经费。

（次成江措）

财政　税务

财政

【概况】 2017 年，昂仁县财政局共有干部职工 12 人，领导班子 5 人，内设办公室、国资委办公室、核算中心。

【政务公开】 年内，在规范管理的同时，公开机关办事程序，公开领领导班子成员分工职责，公开开各项管理制度；公开政府预算、决算，并在财政预决算公开工作上进行积极探索，积极主动通过政府门户网站的方式，公开经本级人大审议批准的政府收支预算和安排明细，统一格式、细化内容（除公检法等涉密单位），真实反映县本级财政收支情况。

【财政管理】 年内，贯彻实施财政政策，整体推进国库集中支付改革工作，全面推行部门预算改革，强化绩效预算意识，严格预算编制程序，改革预算编制方法，细化预算编制，进一步公平预算分配；进一步扩大政府采购范围，健全政府采购机制，实行财政业务网上大平台办公；全面加强国有资产清理清查和会计核算工作，建立健全国有资产软件登录和台账制度，防止国有资产流失；在现有基础上不断完善后勤服务中心改革，按照统筹兼顾、突出重点、有保有压的原则，大力压缩“人、车、会、话、电费”等一般性开支，确保维护稳定、社会保障、教科文卫、改善民生等重点支出需要；加强财政各项基础性工作，不断提高财政管理水平，规范和加强乡村财务管理，大力推行乡村财务公开制度，确保财政资金安全、合规、高效运行，不断提高财政管理质量和水平。

【经济运行】 年内，地方一般公共预算收入 4470 万元，增长 44.99%；返还性收入 0 万元，一般性转移支付收入 5355.56 万元，专项转移支付收入 41829.26 万元。2017 年，全县地方一般公共预算

2017年5月27日，县委常委、副县长王卫华组织财政局干部职工观看纪录片作风在路上

收入完成4470万元，完成年初预算3380万元的144.98%，同比2016年1090万元增长44.99%。其中税收收入1575万元，下降0.61%（各项主体税种完成情况：增值税实际完成1028万元，增长14%；营业税实际完成0万元；企业所得税实际完成33万元，下降364%，主要是“营改增”后存在税源流失等问题的影响；个人所得税实际完成38万元，下降0%）；非税收入2895万元，增长105.17%。

截至年底，完成年初预算62989.02万元的157%，同比减少24%。按功能科目分：一般公共服务支出16748万元，外交支出0万元，国防支出38万元，公共安全支出5714万元，教育支出25452万元，科学技术支出426万元，文化体育与传媒支出2297万元，社会保障和就业支出6942万元，医疗卫生与计划生育支出7874万元，节能环保支出6852万元，城乡社区支出3348万元，农林水支出17060万元，交通运输支出787万元，资源勘探电力信息等支出102万元，商业服务业等支出0万元，国土资源气象等支出160万元，住房保障支出5373万元，粮油物资储备支出1万元，其他支出0万元。

【法治意识】 年内，为增强依法行政、依法理财意识，利用微信、LED显示屏等宣传载体，通过集中及轮岗培训、有奖知识竞赛等方式，广泛宣传《中华人民共和国预算法》；同时，以预算编制为抓手，试编全口径预算，公开预决算数据，甄别政府性债务，充分发挥《中华人民共和国预算法》在规范预算管理和促进经济社会发展中的作用。

2017年11月10日，财政局局长谭明组织干部学习党的十九大精神

【财政实力不断增强】 年内，以开源节流为抓手，细化收入征管措施，优化收入征管环境，强化收入动态分析。制定非税收入管理办法，深挖收入潜力，确保应收尽收。制定公务接待、会议、培训、休假差旅等管理办法，建立“三公”经费月报制度，规范公务支出预算管理，厉行勤俭节约政策，进一步加强党风廉政建设。

【重点支出】 年内，坚持教育优先发展，支出25452万元，同比下降9.71%；支持医疗卫生事业，支出7874万元，同比增加16.15%；确保社会保障和就业，支出6942万元，同比下降76.4%；推进农林水工作，支出17060万元，同比下降32.06%；确保生态环境良好，支出6852万元，同比增加194.84%；保障科技支出需求，支出426万元，同比增加37.86%；促进文化继承与发展，支出2297万元，同比减少0.61%；确保社会长治久安，公共安全支出5714万元，同比减少16.01%；加快保障性住房建设，支出5373万元，同比增长6.63%。

【预算管理】 年内，完善政府预算体系，完成县本级全口径预算编制。盘活财政存量资金，收回部门预算结转结余资金万元，建立结转结余资金定期清理和盘活机制；扩大预决算及“三公”经费公开范围，县本级公开范围在自治区要求的50%扩大到100%。

【债务管理】 年内，继续加强地方政府性债务管理工作，完成上级安排的对2015年12月底以前存量债务的清理甄别工作，合理划分债务类型，逐步化解存量债务，积极推进地方政府性债务全额纳入预算管理。根据市财政下发的《关于加强地方政府债务管理工作的通知》,强化考核问责,进一步提高防范债务风险的能力。

【预算约束】 年内,树立"全口径预算监督",认真开展"三公"经费、涉农资金、教育"三包"、会计信息质量等财政监督检查,积极配合各级审计、纪检机关及上级财政部门专项检查工作。

【完善维稳经费保障机制】 年内,为维护昂仁县社会秩序、保障公共安全,保护公民人身、财产安全,促进经济社会和谐发展,落实本级公共安全资金203万元,本级财政对社会稳定投入447.22万元。为保障社会局势稳定提供资金支持。

【灾害重建】 年内,财政大力支持灾害重建工作,依照县委的有关规定,及时足额拨付灾害重建资金,同时加强"4·25"灾后重建、脱贫攻坚资金全程跟踪检查,采取定期不定期对昂仁县灾后重建、脱贫攻坚资金进行4次以上专项检查,在资金使用上坚决做到专款专用,确保两项重点项目资金的安全运作。

【坚持改革创新】 年内,在全力支持经济社会加快发展的同时,不断加快自身改革,努力提高工作效率。严格执行《中华人民共和国会计法》《中华人民共和国预算法》等法律法规,深入推进部门预算、国库集中支付、预算绩效管理、预决算公开管理等改革,进一步规范会计电算化,全面启用"大平台"软件和财政系统办公自动化、工资统发系统、直接支付系统。强化基本支出和项目支出管理,建立国库集中支付体系。加大财务人员的在职培训力度,大力开展财经法律法规的普法教育,财政干部依法理财、科学理财的水平显著提高。同时加大存量资金盘活力度和往来账清理工作,全年盘活各类资金11891余万元;联合县纪委清理借款,重点对长期借用公款不冲账问题进行催缴,全县往来账规模明显减少。

【党风廉政建设】 年内,成立以局长谭明为组长的党风廉政建设和反腐败工作领导小组,制定《财政局岗位廉政风险点及防范措施》《财政局廉政风险点及防范措施》及权力运行流程图,并将目录、措施和流程图进行公示。财政局党支部认真履行党风廉政建设主体责任,支部书记在积极推进党风廉政建设工作中始终做到重要工作亲自部署,重大问题亲自过问,重点环节亲自协调。坚持把廉政建设与支部工作、财政中心工作紧密结合起来,做到同部署、同落实、同检查、同考核,形成"一把手负总责,分管领导各负其责,一级抓一级,层层抓落实"的工作格局。安排部署年度党风廉政建设和反腐工作任务,平时在研究部署其他主要工作的同时,也将党风廉政建设和反腐工作作为重点进行安排和研究。

年内,利用党支部会议、干部职工学习会议等多次对党风廉政建设和反腐工作进行重申和强调,使党风廉政建设和反腐工作全方位融入财政工作的各个环节,形成良好的工作机制坚持"严"字当头、"实"字托底,以严正己、以实导行,要求全体党员干部切实加强党性修养、坚定理

2017年9月2日，区、市两级财政工作组一行在昂仁县财政局检查涉农资金

想信念，提升道德修养、追求高尚情操，自觉远离低级趣味，抵制歪风邪气，树立正确的人生观、价值观、世界观，时刻牢记党的宗旨，正心、修身、为民、律己，树立良好的窗口形象。

（谢壮志）

国家税务

【概况】 昂仁县国家税务局成立于1994年9月，是主管全县国家税收工作的行政机构，实行垂直领导的管理体制，2017年，在职在岗干部共8人，其中领导班子成员3人，内设办公室、财务科、税源管理科、办税服务大厅等4个部门。

【税收工作】 年内，昂仁县国家税务局认真贯彻落实区、市两级税务工作会议精神，紧紧围绕实现税收现代化目标，全面推进落实"营改增"，落实好绩效管理工作，以提高税收收入质量为重点，以纳税服务和税收征管两项业务为核心，找准突破口，提高执行力，各类税收工作任务得到有效开展。

【税收收入】 年内，昂仁县国家税务局组织各项收入2996.7万元，完成年度目标任务2999万元的99.97%，比2016年同期增长6%，增收177万元。累计组织中央级税收收入1138万元，比2016年同期增长10.2％，组织地方级税收收入1756万元，比2016年同期增长4.3%。

【税收法治】 年内，昂仁县国税局紧紧围绕《法治政府建设实施纲要（2015—2020年）》《"十三五"时期税务系统全面推进依法治税工作规划》及区、市相关文件要求，着力规范税收执法行为，严格依法征税。依法发挥税收职能，深化行政审批制度改革。推行权力清单和责任清单。完善和深化税收征管改革，不断强化税收执法权力监督制约，进一步落实权益保障责任，优化税收法治环境，税收法治能力不断提升。

2017年9月28日，日喀则市国税局党组副书记、局长平措（左三）一行在昂仁县考察国税局职工周转房用地选址

【税种管理】 年内，昂仁县国税局积极适应"营改增"后组织收入和税收征管新形势，结合工作实际，对各税种内部管理流程进行重新梳理、规范。建立内部风险防控机制，成立税收风险管理工作领导小组和工作小组，定期对涉税业务及资料进行审核，将数据与第三方数据进行比对，落实各项管理指引与规程，强化征管，堵塞税收漏洞，防止税收流失，使实际征收税款趋近于法定应征税款，尽量做到应收尽收。

【税收征管】 年内，昂仁县国税局立足于提高税法遵从度和纳税人满意度，优化纳税服务措施，提升办税服务质效，坚持系统化推进，优化税收征管体系。以风险管理为导向、以分类分级管理为基础、以信息管税为支撑，不断推进税务登记、纳税申报、税款征收、纳税评估、违法稽查等业务流程再造。进一步推行税收执法权力清单和责任清单，制定规范税收执法行为运行流程图，着力解决现行征管体制中一些突出问题。

【税务检查】 年内，昂仁县国税局进一步整合评估稽查资源，加强整顿和规范行业税收秩序，以打击各类涉税违法行为着力点，组建工作团队，联合进户执法，统一

2017年10月26日，昂仁县国税局针对日喀则市国税局征管、收规巡查工作召开巡视整改专题组织生活会

分析、统一定案、统一执法尺度，确定 8 户稽查对象，并对 4 户纳税人实施进户检查，通过税务检查，共查补入库各项税收收入 10.2 万元。

【电子税务管理】 年内，昂仁县国税局立足实际，对外设立网报辅导区，通过网上办税，微信公众号等多种形式推广税收政策，对内加强税务电子平台运行管理，通过核心征管系统加强税务信息化工作，通过运维平台及时处理解决纳税人出现的税务问题，电子税务水平不断规范，水平进一步提高。

【人事管理】 年内，昂仁县国税局利用国税人事管理系统“互联网＋绩效管理”理念，把各种人事制度按干部的成长来梳理归集，建立对干部职业发展全面量化计分的指标体系，为每名税务干部建立个人成长账户，以数据的形式把干部“德、能、勤、绩、廉、评、基”等各方面信息全面连续地记录下来，并与干部的使用、管理和激励挂钩，激发干部活力，有效破解绩效指标难定责，过程管理难跟踪、工作业绩难评定、结果运用难精准等问题，成为强化干部队伍建设的有力抓手。

【教育培训】 年内，昂仁县国税局干部教育培训围绕全局中心工作，以职业素质与岗位业务能力建设为主线，以分级分类培训为重点，以提高干部素质能力，促进干部全面发展为目标推进干部教育培训。2017 年，重点完成区、市局举办的征管评估、稽查业务岗位知识培训等培训任务，着力提升一线干部税收核心业务水平，促进昂仁县国税局教育工作全面发展。

【纪检监察】 年内，昂仁县国税局充分发挥纪检监察的职能作用，大力加强制度建设，狠抓任务落实，着力提升纪检监察工作运行制度化、规范化、科学化水平，明确“监督执纪问责”的工作职责。建立责任落实、监督检查、执纪审查、配合巡察、自身建设五套台账，努力打造忠诚干净担当的国税纪检监察干部队伍，有效提高工作效率。

【政务管理】 年内，昂仁县国税局认真贯彻落实区、市局传达的重要工作部署，强化税收征管，认真

2017年4月24日，昂仁县国税局工作人员在县中学开展税法宣传活动

抓好国务院6项减税政策、富民增收政策、小微企业等各项政策的宣传解读与辅导落实，深入推进“放管服”改革，落实税收法定和简政放权，严格执行税收职责清单，强化后续管理。落实《纳税服务工作规范》，深入开展“便民办税春风行动”，完善首问责任、限时办结、预约办税、延时服务、“二维码”一次性告知、网上办税、合理简并纳税人申报缴税次数等便民服务机制，推进办税便利化改革，统筹推进税收各项任务，政务管理工作有序高效开展。

【财务管理】 年内，昂仁县国税局深入贯彻落实《国税系统财务管理规范》工作要求，不断加强财务风险意识，要求每位干部都要树立风险防范意识，做到令行禁止，不碰"高压线"，针对市局巡察组巡查过程中发现的问题，全面开展自查自纠工作，对存在的问题及时梳理，列出问题清单，并严格对照问题逐条进行整改，进一步规范财务管理工作要求、增强财经纪律观念、不断加强财务工作队伍建设。

【内部控制与督察审计】 年内，昂仁县国税局进一步推进内部督察工作的规范化、制度化、标准化建设，提高税务人员的法治理念和执法能力，牢牢把握“查错纠弊、促进管理、防范风险、服务大局”的职能定位，认真学习贯彻国家税务总局施行的《全国税务系统督察审计规范(1.0版)》力促《督审规范》落地见效，发挥其对税收执法、内部管理和党风廉政建设的促进作用，不断强化督审跟踪问效，统一操作流程和工作要求，真正做到努力提升督审工作质效。

【党风廉政建设】 年内，昂仁县国税局狠抓党风廉政建设工作，推动“两个责任”落实落地，制定谈心谈话工作指南，编印中层以上干部《履行党风廉政建设主体责任情况记录本》，修订完善《日常考勤考核办法》等三项制度，开展优化税收软环境、“不作为、慢作为、乱作为”专项整治和“问需求、优服务、促发展”纳税人走访活动。深入推进作风纪律建设、巡视整改和全面自查自纠，全局上下风清气正、廉洁安全。

（王 冠）

农业银行

【概况】 中国农业银行股份有限公司昂仁县支行，成立于1995年7月1日，是昂仁县资金实力雄厚、服务功能齐全，承担着支持地方经济建设和服务“三农”历史重任的一家国有大型股份制商业银行分支机构。全辖7个基层网点，分别为卡嘎二级支行、桑桑营业所、多白营业所、查孜营业所、措迈营业所、煤矿营业所、亚木营业所。昂仁支行本部内设机构有昂仁支行营业室、信贷股、工会、安全保卫股。支行共有员工41人，其中县支行本部17人，乡(镇)网点24人，党员18人，占全行人数的43.90%，单位平均年龄31岁，大专以上学历31人。2017年，布放助农取款服务点191个，基本上覆盖全县乡(镇)及行政村。全县辖设ATM机4台、自助终端1台，超级柜1台。主要业务涉及存贷款、跨行结算、银行卡、自助银行、网上银行、电话银行、现金管理、第三方存管、消费信贷、开放式基金买卖、代发工资、上门代收油料款、代理保险、国债、养老金、医疗

2017年5月26日，农行昂仁县支行行长扎西普拉一行在亚木乡普确村慰问结对帮扶户

保险等业务。拥有全县最大的金融服务网络，相比同期，各项业务经营均呈逐年增长态势。

【党风廉政建设】 年内，昂仁县支行党总支部高度重视党建及党风廉政建设工作，把此项工作作为政治性任务，一以贯之，常抓不懈。党总支部议事严格执行“三会一课”制度。全行上下始终以党风廉建设工作和经营任务齐抓共进为工作原则，配合县委、县政府有关工作，重点开展“不忘初心，牢记使命”学习教育，组织观看《黑洞·贪欲》《巡视利剑》等党风廉政教育片，组织心得体会交流，引导支行党员干部员工强化自律意识，时刻警钟长鸣，切实增强拒腐防变的自觉性。层层签订《党风廉政建设责任书》，落实党风廉政建设责任制，多次组织全行党员进行集中学习党政机关及两级分行党风廉政建设有关文件精神。按照总行“四个回应”和“四个明确”的要求，严格遵守党的纪律特别是政治纪律，严格执行中央“八项规定”和农业银行28条措施，严防“四风”现象。

【“两学一做”学习教育活动】 年内，昂仁县支行认真贯彻落实两级分行“两学一做”有关会议精神，坚定不移地按照《中国农业银行西藏自治区分行推进“两学一做”学习教育常态化制度化实施方案》的要求，在全行党员干部中深入开展“两学一做”学习教育，过程中，昂仁县支行党总支部坚持学用结合，知行合一，理论联系

2017年7月31日，卡嘎二级支行新营业楼正式搬迁

实际，从支行实际问题出发，结合“两学一做”学习教育，带着问题学，针对问题改。在“学”中增强“四个意识”，坚定“四个自信”，在“做”中发挥党员先锋模范作用，认真落实政治任务和经营任务。在规定动作的基础上，结合支行实际开展集中学习“两学一做”专题党课并撰写心得体会。年内，开展“两学一做”知识竞赛，对竞赛中取得优异成绩的党员，进行物质和精神奖励。并先后多次开展党员公益活动，通过简报形式上报上级党组织。

【业务开展】 截至年底，各项存款余额133489万元，比年初减少4732万元；其中对公存款余额115561万元，比年初减少7849万元；储蓄存款余额17928万元，比年初增加3117万元。各项贷款余额78268万元，比年初增加7794万元；比年初增加4859万元。涉农贷款占各项贷款总额的91%(在涉农贷款中农村公路贷款13705万元，比年初增加1290万元)。此外，累计评定信用镇2个，信用乡8个，信用村181个；发放惠农卡2693张，累计发放惠农卡6750张，惠农卡存款余额719万元。

【业务发展主要举措】 年内，通过支行“春天行动”“激情仲夏”“收获金秋”等一系列专项营销方案，充分调动广大员工干事创业的积极性和创造性。业务开展上以存款、贷款和中间业务收入为核心指标，加大重点业务发展指标考核体系建设力度，制定具体的营销方案。在持续抓好网点规范化服务的基础上，努力拓展新的个人高端客户，以实现储蓄存款的目标增量。组建一支由支行一把手兼任组长的精准营销团队，通过拜访客户，联欢座谈等方式，做好储蓄增存工作。通过晨会、周例会、季末经营分析会鼓励优秀、鞭策后进，形成你追我赶的工作氛围，做好营

销工作总结，分析当前存在的业务短板，商议解决方案。

【提升服务水平】 年内，昂仁县支行把网点规范化管理列为全年工作重要目标。通过走访客户，收集征求客户意见。针对客户集中反映的前台员工服务质量差、工作效率低等问题，及时召开员工大会，反馈客户意见，提出解决方案，建立奖惩考制度。合理安排人员岗位，配备大堂经理，及时解答客户疑问的同时，做好分流客户工作，以分担前台柜面压力。运营主管对业务进行全面监督并提出意见，确保前台经营稳健运行。利用晨会总结前一天整体服务情况，互提意见，共同进步，规范管理。这些举措树立客户至上的服务理念，提升支行前台服务质量，维护农行形象，为各项业务全面营销奠定良好基础。

【服务“三农”】 截至年底，昂仁县支行共发放农牧民贷款证 9738 张，贷款金额达 25961 万元，贷款证发放面达 98.8%，使用率达 99.8%。10 月 30 日，成功发放昂仁县首笔产业扶贫贷款，金额为 500 万元。同时，稳步实施金穗“惠农通”工程，实现县域金融服务从广覆盖到全覆盖的转变，让广大农牧民享受方便、快捷的现代金融服务。截至年底，全县共设立“三农”金融服务点 180 个，服务点覆盖全县 17 个乡镇。

【风险管控】 年内，昂仁县支行重点抓内部管理，提出“以管理促发展”的战略，力求从基础管理到制度建设，从技能培训到专业服务水平都有明显提高，无论信贷、还是临柜业务，严格按总、分行的有关业务章程来规范和完善操作程序。进一步加大信贷管理力度，防范和化解信用风险。严格信贷“三查”制度，加强贷款到期管理，提高正常贷款到期收回率。扎实开展贷后管理工作，加强用信管理、贷后监管、风险预警处理等工作，切实提高贷后管理精细化水平；加强临柜业务事后监督工作；做好维护稳定和安全保卫工作。县支行与营业所签订《安全保卫工作责任书》《农行日喀则分行金库安全管理责任状》以及《农行日喀则分行社会治安综合治理目标管理责任书》；开展金库安防达标检查和枪支管理全面检查，加大防弹玻璃、电视监控、消防等安防基础设施建设力度；做好代保管库的押运及营业所的护送工作；继续加大对辖属营业网点安全保卫工作的检查督导，先后对 7 个基层营业网点进行监督工作的常规检查，检查面达到 100%。以上举措有力保障和推动全行各项业务的安全稳健发展。

2017年10月1日，农行昂仁县支行开展为农牧民兑换小额人民币

【队伍素质建设】 年内，按照上级行的要求，明确学习要求，联系个人思想情况与生活工作实际问题，定期组织党员干部员工开展集中学习，要求全体员工面对新任务、新考验，要坚守信仰，正确处理公与私、义与利、个人与组织、个人与群众的关系，带头践行社会主义核心价值观，保持积极健康向上的生活方式，自觉做到党规党纪面前知敬畏、守规矩，真正提高认识，找到差距，明确努力方向。支行领导班子从员工思想教育入手，认真抓好行风行貌建设，开展定期谈心谈话，了解员工日常困难、需求，为员工排忧解难，解除后顾之忧，极大地鼓舞员工士气和斗志。

（扎西普拉）

教育 文化

教育管理

【概况】 2017年，昂仁县正常运行的学校42所，其中初中1所，小学22所，幼儿园8所（县直幼儿园1所、乡镇附设6所、村级1所），教学点11所（亚木乡9所，多白乡2所）。在校学生9644人，其中初中2341人，小学5467人，在园（班）幼儿1836人，初中入学率98.26%，小学入学率99.8%，学前毛入园率56.11%。义务教育阶段"三包"人数7740名，学前阶段"三包"人数1816名，义务教育阶段营养改善计划人数7743名。教育局配有正副局长4名（含援藏干部），非领导职务2名。在岗专任教师454名，其中小学279名，学前24名，初中143名，县级教研员8名，同时2017年底经公招考试新上岗教师37名。

【政府重视】 年内，县委、县政府先后召开5次教育工作专题会议，主要领导听取教育工作汇报15次以上，研究教育工作7次以上，谋划指导教育事业长远发展。将2016年度本级财政收入的21.5%即662.845万元投入教育，额外拨出2000万元用于均衡发展准备工作，投入比例达86.37%以上。争取援藏资金788.6万元，建设学校塑胶运动场、开展交流培训、资助贫困大学生等，全力支持教育事业发展。

【党建工作】 5月，经县委批准，设立中国共产党昂仁县教育局委员会。6月25日，成功召开党员大会，选举产生首届党委7名委员。党委下设28个党支部，完成各党组织的换届选举工作。明确单位"一把手"兼任党组织书记职责，落实学校党建"二十个有"，打造"三好、两优、一满意"党建品牌（简称：党建"三二一"创新思路）。2017年，发展28名预备党员。认真落实"三重一大"制度、民主集中原则，教育局党委、教育局召开专题研究会议、形成纪要分别达到

2017年12月10日，西藏自治区教育局厅督导室副主任王建康（左二）一行在昂仁县督导评估均衡发展工作

2017年11月8日，县委副书记、县长普布多吉为教育局、各小学开展“讲政治，有信念，做合格共产党员”专题党课

10次、12次。严格执行县内请示报批程序，提出申请（请示）、县委和县政府书面批复的达到10次。

【义务教育均衡发展】 3月底4月初，县委副书记、县长普布多吉带领教育、发改、住建、财政、国土等部门深入23所义务教育学校全面开展摸底排查，制定县域内义务教育均衡发展推进步骤和路线图。6—8月，集中打造县中学、秋窝乡第一小学、第二小学为均衡试点学校，顺利完成任务，9月初西部县教育同行现场观摩秋窝两所小学。9月8日，县委、县政府召开县域义务教育均衡动员部署会议，明确各级各部门职责任务，安排部署工作。12月，自治区对昂仁县开展摸底调研工作，区、市两级政府、教育部门正式确定昂仁县为2018年义务教育均衡发展督导评估验收县。

【教育保障】 年内，目标任务内教育项目44个（包括复工），总投资1.9972亿元；目标任务外项目14个，总投资8410万元。学校“教工之家”、网络接通基本覆盖，12所学校实现网络监控系统覆盖，投入70余万元集中打造两所教育信息标准化学校。建设教育局财务集中核算中心，落实场所，建立制度，配齐人员，强化规范管理，突出自查自纠，确保资金使用安全。全年落实中小学生和幼儿“三包”资金3046.01万元、中小学生营养改善计划资金630.8万元。县育才教育基金共筹资88万元，2016年结余46万元，落实兑现奖励、资助等资金122.82万元。积极宣传国家、区市相关学生资助政策，落实自治区下拨的建档立卡贫困户大学生免费教育补助资金40.13余万元。

【教育质量】 年内，以薄弱学科攻坚为抓手，认真落实教研工作“122221”发展目标，加强检查指导，努力打造高效课堂，推行“消除零分低分计划”，抓好培优补差工作。积极落实“五个100%”教育工作，强化人员培训，规范常规管理，提升国家通用语言普及率，中小学双语教育普及率、小学数学课程开课率、中学数理化生课程计划完成率基本达到100%，2016—2017年配备中小学实验器材15套，价值120余万元。县域内实施适度集中办学措施，2017年重点推进牧区小学六年级集中到桑桑镇就读办法，倾斜师资、设备等教育资源，弥补短板，提升质量。专职教研人员深入学校听评课达100余人次，学科覆盖率100%，组织110余名教师在网上晒课参赛，多名教师在市级评比中获奖。义务教育整体教学成绩稳步提升，2017年5名学生考入内地西藏初中班，41名学生成绩达到日喀则市上海实验学校高中部录取线，但初中、小学综合成绩排名依然处于全市末位。

【队伍建设】 4月，调整任免44名校级班子成员。9月，对37名教师进行县内调整（或校际交流），选派100多人参加市级以上培训，开展3次县级培训，积极落实校级培训，教师受训率90%以上。推荐认定中小学及幼儿园二级教师12名、一级教师35名、高级教师4名。山东淄博援藏选派1名管理干部，支持5名教师参加“组团式”人才援藏项目、10名中小学教师赴内地交流学习。出台县内教师请销假制度、调动调整办法，着力提升在岗率，有序控制离县调出。

【德育工作】 年内，牢牢把握中国特色社会主义办学方向，坚持立德树人根本导向，发挥学校教育阵地作用，认真实施社会主义核心价值观、爱国主义、民族团结、传统文化"三进"等教育。2017年，全县教育系统深入开展"四讲四爱"主题教育实践活动，制定"六有六坚持"、十二项具体措施，做到"五个起来"，全年校园主题报告300余场、9.6万余人次参与活动。同时以板报、墙体文化、电子横幅、发放传单、专题讲座、文艺活动等形式，全面宣传，强化成效。县教育局制作3本宣传手册、1本知识问答册供广大师生群众使用。逐步规范学校运动会、校园艺术节等大型活动，促进素质教育。

【学前教育】 年内，春季学期新开办2所乡村双语幼儿园。年内，完成22所乡村双语幼儿园基建项目建设任务。把县幼儿园打造成县域内学前教育的示范点，设立为县级幼儿教师培训基地。县幼儿园与7所乡村幼儿园建立帮扶机制，发挥县幼儿园的辐射引领作用，提高县域学前教育发展水平。利用农牧区学校适度集中后的富裕校舍及资源，动员各方力量，2017年起逐步探索试行学前1年或2年全脱制招生管理模式，努力提高学前教育普及率。2017年春季学期全县完成新招幼儿150名，2017—2018学年全县在园(班)幼儿1836名，比2016学年提升733名。

【高中教育】 年内，动员乡镇、学校、驻村工作队等力量，持续宣传"9+3"招生模式。2017年中考参考人数821名，初中毕业生中236名升入普通高中，409名升入区内外中职学校，整体升学率78.56%，实现升学的大突破。

2017年6月25日，昂仁县教育局党委召开党员大会，选举局党委首届委员

【平安校园】 年内，统一出台学校安全《一本通》、应急预案《一本通》及工作细则，多部门协作开展法制教育、安全教育、卫生教育、防灾减灾演练等，每所每学期各类安全专题活动至少达到1次以上，定期不定期组织学生体检，严格落实"安全无小事"各项要求，全年未发生重大安全卫生责任事故。

（群　培）

县中学

【概况】 昂仁县中学位于县城吉木措湖畔，海拔4380米。学校始建于1979年，占地面积84337平方米，建筑面积为27765平方米。昂仁县中学是日喀则市24所初级中学中属于办学规模最大的初中之一，昂仁县中学设有校长室、副校长室、党团办公室、妇联、工会、教务处、政教处、总务处以及各年级教研组。学校现有专任教师151人，学生2341人，共46个教学班。

昂仁县中学结合实际提出"让学生每天有所进步，让自己每天有所提高"的办学理念；"培养良好的习惯，全力走出低谷"的办学目标；同时根据学校发展的要求，结合当前的实际水平，提出的"三风一训"。学校为促进养成教育，提升教学质量，提出"学习唐东文化，传承唐东精神、做优秀的唐东后人"的特色育人理念。鼓励师生在昂仁中学这一历史久远的校园里，刻苦钻研，放飞梦想。

【硬件设施】 年内，学校的硬件设施不断更新，学校每间教室配备白板设备，有微机室2间，语音室1间，图书室和阅览室、理化生试验室各2间、科技馆1间、唐东书法苑、德育室、广播室、医务室、心理咨询室等师生文化活动场地充足，青少年活动中心建在昂仁县中学之内，办公设备基本齐全。严格按照教学大纲的要求开足开齐所有科目，并开办藏文书法兴趣班、音乐兴趣班、传统美术兴趣班、迥巴藏戏社团、足球篮球社团、舞蹈社团等丰富学生的课余文化生活。

【教育教学质量】 年内，立足学校实际，着眼于未来意识及办学总体规划，开拓进取，大胆实践，学校全面贯彻党的教育方针，积极投入新课程实施。在新课程的实施过程中不断更新教育理念，不断加强师德师风教育，狠抓教学管理，严格执行学籍管理制度，完善教学常规管理体系，做到奖勤罚懒、学校领导经常深入教学第一线，加大课堂教学研究力度，构建创新型教育模式，保证教学过程的优化。学校按照自治区义务教育阶段相关规定，开齐、开全所有课程，并根据学校实际，编撰校本教材。上下一心，齐抓共管，全力实施素质教育相关工作。通过一系列活动，学校风貌有较大变化，办学质量明显提高，各项工作取得一定成效。

【安全教育】 年内，高度重视安全教育和安全防范工作，成立由校长统领全局，分管校长具体抓，以政教处和总务处为中心，各班主任分管和科任老师、后勤工作人员协作的全员安全工作网络和安全工作责任制；建立完善的安全教育制度、安全工作责任制及岗位追究制；定期开展消防安全检查，消防演练，重新配备消防器材等设施设备，防止火灾事故发生；加强学校食品安全监督管理工作，消除学校食品安全隐患，有效控制学校食品安全事故发生；定期排查安全隐患，确保师生人身安全，做到“防患于未然”；经常对师生进行安全常识教育，结合国家法律法规讲安全，结合生活实际讲安全，结合安全隐患讲安全，大力宣传如何预防食品中毒、防溺水、防电、防交通事故、防意外伤害等安全知识，树立师生安全意识，制定各种应急预案，做到安全工作警钟长鸣，确保学校财产安全、师生人身安全。

【德育工作】 年内，始终把培养社会主义接班人作为教育工作的根本出发点，为适应新形势的要求，不断改善德育工作的方式方法。学校成立以校长为组长，以政教处、各教研组长、班主任、学生会等为成员的德育工作领导小组。

【学生参观德育室】 年内，充分利用德育室，以班级为单位让同学们参观校德育室，对各年级学生进行分段德育教育，初一年级为基础步，对学生进行爱班级、爱学校、爱集体的入学教育，抓好中小学教育的衔接；初二年级为成长步，重点进行理想、人生观、价值观教育；初三毕业班为发展步，着重进行正确的升学观、就业观及理想教育，使他们能够成为合格的中学生。

【党风廉政建设】 年内，为弘扬社会主义先进文化，构建主义核心价值体系，全面推进素质教育，全

2017年10月15日，县委副书记、县长普布多吉在县中学调研

面提升师生思想道德修养，建设清正和谐的校园，学校制定并落实“廉政文化进校园”活动工作计划，并成立工作领导小组。坚持统筹兼顾，相互配套，全员参与。由党支部牵头，党政齐抓共管，部门各负其责，全校师生共建，形成工作合力，将廉政文化建设纳入学校文化建设的整体之中，将廉政教育纳入学校德育建设的整体之中，积极推进廉政教育进教材、进课堂、进头脑。

（扎西顿珠）

2017年7月15日，昂仁县小学组织召开内地西藏初中班录取学生座谈会暨发放奖励仪式

县小学

【概况】 昂仁县小学距日喀则市216公里西南边陲，海拔4330以上的农区学校，学校占地面积28457平方米，建筑面积5387平方米，现有12个教学班，在校生人数450人，学校肩负着县城及如多等5个村六年义务教育任务，现有教职工32人（中级职称18人）本科学历21人，大专11人，组成一支作风踏实，教书育人，勇于进取，乐于奉献的师资队伍。

【校园建设】 年内，荣获县级“教育工作先进集体”、县级2017年统考总分“一等奖”。百年大计，教育为本，教育大计，德育为先。昂仁县小学从农民学生的行为习惯养成教育入手，努力将学校打造成为县级农区示范学校。“让学生成才，让家长放心，让社会满意”的办学宗旨注重学生全面发展，严格实施“三包”管理制度，确保学生进的来，留得住，学得好，活得愉快，现学生巩固率达到100%，达到教育均衡相关评估验收的目标要求。

【德育工作】 年内，学校坚持德育为首的工作思路，积极开展德育工作，针对新时期德育新问题，提出学校德育工作新思路，改进学校德育工作方法，努力提高德育工作效益，开展各项少先队活动；每周坚持升国旗仪式，以班级为单位轮流进行国旗下讲话、开展主题班班会、集体召开家长会；开展教师师德师风建设、组织开展安全教育工作、行为养成教育进入课堂等。

【班子建设】 年内，学校特成立以校长为中心的领导集体，统一管理学校各项工作，把学生的学习、安全作为首要任务，为他们的健康成长提供最好的服务和可靠的组织保障。为进一步提高管理水平和教育教学质量，学校在执行原有的期中期末考试制度上，试行月考制度，并对每一次考试进行分析，既分析试卷又分析学情、教情，严格执行各项考试奖惩制度。

【安全卫生】 年内，始终把安全卫生工作纳入各项工作达标的范畴中，高度重视，抓细抓实，专门成立由校长担任组长的安全卫生领导小组，制定《安全目标责任书》《昂仁县小学师生交通应急预案》《教学事故目标责任书》。实行一系列安全制度并在学校开学前与班主任签订目标责任书，班主任与家长签订目标责任书，学校与任课教师签订交通安全责任书的各项制度落到实处，同时学校实行校长为带班，以教职工为主的24小时值班制度，2017年学校始终保持安全事故零纪录。

【提高教育教学质量】 年内，学校举行师生书画比赛和教学技能大

2017年4月5日，昂仁县小学组织师生开展登山活动

赛，以促进教师专业化成长为宗旨，坚持面向全体，以以比促学、以练促教的原则全面提升教师业务素质，努力提高教育教学质量。

【丰富文化生活】 年内，学校十分重视学生的业余文化生活，培养学生德智体美学习兴趣，促进学生全面健康成长，长期利用周三和周六时间给住校生播放爱国主义教育片，周日给学生发放一些体育器材，每年认真组织校内运动会，书法比赛，歌咏比赛，诗歌朗诵，每天体育老师坚持开展“两操”，阳光一小时等丰富多彩的业余生活。学校不定期开展学生有意义的社会实践活动，如“清扫英雄坟墓”、到敬老院打扫卫生等。

【建立学生干部队伍】 年内，学校逐渐选出在学生当中责任心强，有组织能力的8名学生成立学校护校队，既有利于培养学生管理能力和沟通能力，又让学生走进学生，让学生了解学生，为学校管理增添新的活力。

（巴　桑）

文化管理

【概况】 2017年，昂仁县文化新闻出版广电局（简称“文广局”）共有干部职工37人，其中行政编制5人、专业技术人员11人、公益性19人、临时工2人。2017年，按照上级部门指示精神，共维护13个乡镇“村村通”站点，“户户通”新增用户23个行政村，为318国道沿线村庄，新增广播电视直播卫星设备1035套，并对全县直播卫星数据进行造册留底，同时更换与清流直播卫星设备800多套。全县共有224个“村村通”站点，对所有站点进行全面维护，有效地提高信号质量；对技术人员进行相互帮教学习活动，相互交流经验，相互总结成果，共同探讨难题，通过这种学习活动，有效地提高技术水平和服务意识，保障节目的安全播出。

2017年，全县广播电视覆盖率92%。共制作新闻268条，市电视台采用80条，自治区电视台采用6条，制作昂仁县村组织换届专题宣传片1部，制作昂仁县精准扶贫专题宣传片2部，制作“两学一做”学习教育宣传片1部，制作昂仁县新闻58期。放映电影181场，观众达7600多人次。

【非遗传承保护】 年内，制定昂仁县非遗工作计划方案，向市推荐申报第五批西藏自治区非物质文化遗产代表性项目（吕龙寺藏香制作技艺），确保昂仁县非遗传承保护工作再上新台阶。截至年底，昂仁县非物质文化遗产共计14处，其中国家级项目1处、自治区级项目1处，为传统戏剧、市级项目2处（传统医药、传统技艺）、县级项目10处（1处传统戏剧、2处民俗、2处传统美术、2处传统技艺、3处传统舞蹈）。

【文物调查和保护】 年内，为更好地保护各级文物，制定《昂仁县文物局关于做好文物安全隐患整治专项活动和切实做好防汛期间文物安全防范工作实施方案》，及时将《关于进一步加强全市各类各级文物遗址、墓葬保护的紧急通知》转发至全县185个驻村工作队，明确相关人员职责，传导压力。广泛宣传《中华人民共和国文物保护法》《中华人民共和国文物保护法实施条例》《西藏自治区文物保护条例》等法律、法规，做到家喻户晓、人人皆知。

截至年底，开展文物安全知识宣传12场次，受宣寺庙僧尼及广大群众达500余人次。组织各驻村工作队、驻寺管委会、野外文物看管人员、寺庙僧尼等相关人员，严格按照"属地管理"原则，集中调查、组织巡查，重点对本辖区内的文物保护单位、文物保护工程施工现场、寺庙殿堂、文物库房、应急救灾机制以及古寺遗址、古塔遗址、铁索桥遗址等，进行全面细致排查，实现全县文物保护单位安全隐患排查横向到边、纵向到底，全面覆盖的目标。截至年底，开展文物安全隐患排查213次，出动相关工作人员1452人次，整改安全隐患23处。针对查找出来的安全隐患及时制定整改措施，明确整改责任人、整改时限，对不能及时整改的制定《昂仁县2017年至2019年文物保护单位电器线路改造计划》，提升工作的针对性和实效性。

2017年9月15日，文广局局长旦增南加主持召开工作部署会议

【灾后重建】"4·25"以来，昂仁县吕龙寺、拉定寺已确定为灾后重建重点项目。拉定寺灾后重建项目于2017年按照计划全部竣工，吕龙寺灾后重建项目2017年按计划完成60%，后期预计在2018年6月之前全部完工。

【文化市场管理】年内，昂仁县秉着"高效联动，齐抓共管"有效净化县域文化市场的机制。广泛开展文化法律法规宣传，加强干部职工业务学习，努力提高执法人员理论素养和执法水平。向广大群众宣传文化市场国家有关法律、法规和政策。截至年底，共组织宣传活动4次，发送宣传单700余份，营造有法可依、有法必依、执法必严、违法必究的良好舆论氛围。成立昂仁县"扫黄打非"工作领导小组，及时与县城内上网服务场所、音像制品销售点、朗玛厅、KTV等个体经营户签订目标责任书，进一步明确经营范围。同时联合文化执法大队、公安局、消防、工商局等执法单位先后9次对县城文化娱乐场所进行突袭检查，共出动执法人员57人次，发现隐患10处，当场督促整改隐患4处，下发《责令整改通知书》3份，为7家单位发放未成年禁止入内警示牌，坚决打击盗版、违禁光碟，切实维护音像、书刊市场的正常经营秩序。

【管理使用文化活动中心】年内，完善县文化活动中心职能，明确活动中心管理人员职责，制定各活动室相关制度，设置多功能厅、排练厅、图书阅览室、信息共享室、健身室、乐器室等，为广大干部群众提供良好的业余文化生活服务。截至年底，共举办活动6次，宣传图片展览4期，接待群众2000多人次。加强文化队伍建设，重视人才的培养。8月12—14日，县广播影视服务站组织开展新补入农村公益数字电影放映人员培训班，涉及全县7个乡镇电影队共计7人。

【民间艺术团】年内，创作排练迥巴新韵（藏戏）；女生二重唱（神采昂仁欢迎您）；舞蹈（珠峰脚下的牧人）；舞蹈（金色谐钦）；舞蹈（阳光下的风采）；说唱（公务员）；相声（精准扶贫）等11个新节目，演出62场，观众达15000多人次。

【"农家书屋"】年内，加强对乡镇文化站、农家书屋的管理，更好的

2017年10月16日，文广局局长旦增南加在县级非遗达局乡藏戏队排练现场了解情况

服务农牧民群众。全县有185家农（牧）家书屋、44座寺庙书屋，进一步完善长效管理机制和加强指导管理，不断提高服务质量和管理水平。年内，为村级文化活动室配发书柜555个、桌子740张、折叠椅子1850个、电视机及EVD各185台，宣传展板185个，大大充实基层文化活动场所。

【党风廉政建设】 年内，昂仁县文化新闻出版广电局领导班子高度重视党风廉政建设，党员干部作风的好坏直接关系到文广局各项任务能否得到有效落实，关系到党和政府在人民群众中的形象。基于这一认识，坚持以创树“公道正派、清正廉洁”的干部形象为目标，进一步健全和完善各项规章制度，加强内部管理，建立长效机制，保证机关作风的根本转变。严格落实惩防体系和廉政防线防控机制建设，制定《中共昂仁县文广局2017年党风廉政建设工作要点》，严格落实“一岗双责”，签订党风廉政建设责任书，明确单位主要领导是党风廉政建设和反腐工作的第一责任人。

【基层组织建设】 年内，党支部共有中共党员16人。党总支以“抓基层、打基础”为重点，加强基层组织建设，强化目标责任管理，加强考核监督，进一步加强机关党组织的规范化建设。健全组织，打牢基础；落实责任，明确要求。按照年初签订的目标责任书，将工作任务细化，层层分解，并结合半年考核，兑现奖惩；建立党组织负责人联系制度。以支部为单位，收集党建、组工方面的信息并及时上报，做到上情下达、信息畅通，为加强党支部与各支部之间的协调管理做充分准备；加强对党员干部的管理和监督。总支通过到各支部督导检查，半年考核等形式，督促基层党组织认真落实“三会一课”制度，党员定性分析、民主评议党员、评议优秀党支部、督促党员认真履行职责，积极缴纳党费，参加组织生活和党组织举办的各项活动中来。

【文化建设】 年内，开展落实科学发展观、创建文明单位活动，以人为本，全面协调可持续发展，以“搞活动、促和谐”为根本，活跃机关文化生活，教育和引导机关党员干部职工树立健康向上的文化意识。文化活动形式多样，组织县唐东艺术团、4支藏戏队开展“3·28”昂仁县首届民族团结进步日、拉萨“雪顿节”、日喀则市“第十五届珠峰文化节”、昂仁县庆国庆“喜迎十九大、共筑中国梦”等文艺汇演和电影放映活动，受到广大农牧民群众好评。同时结合“四讲四爱”主题教育实践活动和“深化五项教育增强五个意识”教育活动多次开展下乡慰问演出活动。开展电影下乡、重温入党誓词、扶贫帮困结对帮扶活动，活跃政治文化生活，增强机关党组织的凝聚力和向心力。促成迥巴藏戏亮相第五届乌镇戏剧节展演，组织汤东杰布艺术团以“高原梦·淄博情”为主题赴山东省淄博市开展双向文化交流活动，让国家级非物质文化遗产迥巴藏戏第一次走出西藏，焕发出动人新魅力。

（次仁卓嘎）

卫生与计划生育

卫生

【概况】 昂仁县共有医疗卫生机构210个，其中县级医疗卫生机构2个（卫生计生、县医院、县藏医院、县疾控），乡镇卫生院17个，村卫生室185个，诊所6个。全县卫生系统共有530人（卫生服务中心50人，其中公益性和临时工16人，县藏医院15人，其中公益性和临时工5人，县疾控中心5人，乡镇89人，其中公益性和临时工35人，村医370人）。县、乡、村三级医疗卫生服务网络和公共卫生服务体系已基本完善，医疗服务职能得到有效发挥。

【医疗制度】 年内，农牧民群众合作医疗筹资人数达54191人次，筹资率达98.73%，合作医疗给群众报销2332.04万元，其中大病统筹基金报销1589.92万元，家庭账户基金报销742.12万元。

【公共卫生】 4月，昂仁县举办乡村医生免疫规划培训，从市级控中心免疫规划科邀请老师，全县17乡镇卫生院34名医务人员和村医104名，共计138名乡村医生参加此次培训，培训以预防接种工作基本技能、操作规范、接种信息采集和资料管理等内容，从而提升基层医务人员的计划免疫接种技术水平；2017年昂仁县住院分娩人数1311人，住院分娩率达到97%以上。孕产妇人数1328人，死亡率控制在76/10万以内。出生活产婴儿1320人，婴儿死亡率控制在5.3‰以内。孕产妇保健手册建册1275册，建册率达98%左右。儿童保健手册建册6936册，建册率达98%，两个保健系统管理率达80%；各级医疗机构严格落实上级部门有关分级诊疗工作的相关文件精神，不断加强医院服务能力建设，逐步建立和完善分级诊疗工作制度，强化领导小组，制定分级诊疗工作实施细则，明确各级各类医疗机构的诊治病种，实现“小病在基层，大病到医

2017年10月26日，卫生局局长边加主持召开昂仁县家庭医生签约式服务工作推进会

2017年3月20日，卫生局召开2017年全县卫生计生工作会议

院，康复到乡镇”目标。

【人口计生】 年内，卫生局及时落实计划育生“三项”补助，共落实补助资金119.58万元。其中“一孩双女”605人，落实补助资金58.08万元，“特扶”153人，落实补助资金61.5万元，给广大农牧民群众开展免费孕检和出生缺陷干预项目检查，分别为215对和240对夫妇。

【医疗卫生基础设施建设】 年内，秋窝乡等3个乡卫生院院改扩建项目、桑桑镇卫生院灾后重建项目、日吾其乡卫生院综合门诊项目（援藏投资）已完成95%。

【医疗服务落实】 年内，根据市卫计委指示精神，昂仁县组成两个医疗队分赴17个乡镇开展包虫病筛查工作，为农牧民免费健康体检51786人，体检率为98%，为在编僧尼免费健康体检456人，免费体检率达100%。共查出包虫病患者226例，并将包虫病患者送往定点医院来开展手术救治工作，共完成手术治疗31名；2017年，昂仁县全国健康扶贫动态管理系统里增加14户、17人。截至年底，健康扶贫人员门诊救治113人次，门诊医疗费用支出10348元，住院35人次，住院医疗费用支出110.41万元。

【党风廉政建设】 年内，全面贯彻落实党的十九大精神，以“两学一做”学习教育活动为主线，以支部主题党日为载体，以抓教育、抓制度、抓监督为重点，狠抓党风廉政建设责任制落实，进一步提升作风和效能建设，为全面完成全年各项工作提供思想、作风和纪律保证。坚持用制度管权、管事、管人，严格落实《关于新形势下党内政治生活的若干准则》和《中国共产党党内监督条例》，筑牢防腐拒变的思想防线。严格执行中央“八项规定”和自治区“约法十章”“九项要求”，坚持勤俭开会、勤俭办事，改进会风文风，营造廉洁从政，清廉务实的人大党组和常委会。

（吴　凡）

藏医

【概况】 昂仁县藏医院占地面积3779平方米、建筑面积达1800平方米，其中，业务用房占地804平方米，住院部占275平方米，制剂室占地440平方米，附属用房占地270平方米。住院部内设18张床位，分别摆放在七间病房内。昂仁县藏医院现有职工22人，其中医务人员15人，财务2人，后勤5人。2017年，藏医院副主任医师1名、主治医师5人、医师3人、护士3人、医士1人、主管药师1人、学历结构：本科12人、中专4人。2017年，昂仁县藏医院有内科、外科、骨伤科、理疗科、药房、检验科、B超声科、放射科、药浴室、住院部等医疗科室。行政科室院部办，财务科。

【业务开展】 年内，门诊量、住院病人量业务收入都明显上升，全年门诊量1.1多万人次，同期增长0.2万多人次，其中，住院人数515人次，同期增长8.4%，病床使用率78%，同期增长11%，入院与出院诊断符合率都在95%以上，业务收入呈稳步增长，2017年较2016年同比增长7.41%，医疗服务满意率达97%。藏医特色稳步推进，藏医形象明显提升。医院坚持以藏医优秀的医德医风来严格要求每一位医务人员，始终坚持藏医为主，西医为辅的原则，始终传承藏医北派特色，积极开展藏医外治特色疗法。给临床科室配备常用藏医治疗器具，建立专用登记本，开展的项目有放血疗法、扎美疗法、温针灸疗法、罨敷疗法、甘露五味药浴疗法、蒸浴疗法、涂擦疗法、牛角吸疗法、火罐疗法、驱虫疗法等藏医特色技术。2017 年开展金针治疗 11 人次、放血治疗 162 人次、藏医火灌治疗 103 人次、火灸治疗 111 人次、针灸治疗 156、药浴治疗 3 人次、藏药热敷法和冷敷法治疗 1400 人次左右。藏医特色疗法在长期的救治过程中疗效显著，当地农牧民也易于接受，受到当地农牧民群众的好评。

【医疗设备】 年内，昂仁县藏医院拥有全自动生化分析仪、全自动血液分析仪、全自动血凝分析仪、全自动尿液分析仪、500 毫安 X 光机、彩超、心电图、熏蒸治疗仪、红外线按摩床等高科技精密医疗设备，有完备的医院管理体系和人才培养计划，拥有一批年轻有为、团结协作、上下齐心的高素质队伍。

【人才培养】 年内，院领导班子十分重视专业人才队伍建设，根据医院的发展状况和需求，在现有人才的基础上，采取送出去、请进来方式加强人才培养，2017 年派出 1 名医师到西藏自治区藏医院进修影像专业，派出 2 名医师到山南藏医院和昌都藏医院进修学习藏医外治疗法，先后派出 12 人次参加各类短期学习班、研讨会，并借三级医院帮扶县级医院的政策，积极邀请西藏自治区藏医院的专业人员到医院坐诊、讲学及查房指导，进一步提高医院医疗技术水平；注重院内学习，常年在院内开展业务学习；重视继续教育，2017 年通过继续教育培养 2 名本科学历。

2017年5月12日，藏医院副院长普琼组织藏医专技人员召开病论研讨会

【特殊药品管理使用】 毒性药使用情况进行督导；开展药品不良反应的监测工作，全年共上报药品不良反应 1 例、医疗器械不良反应 0 例；积极开展处方点评工作，藏医院有内科、外治共抽取处方 350 余张，处方合格率达 100%；认开、背伤料、理疗科、取药室、住院部、财务落实基本药物制度工作。

【援藏工作】 年内，在山东援藏干部扶持下已经完成新建藏医院理疗康复中心楼的前期各项准备工作，为昂仁县级藏医院向前发展奠定坚实基础。

【党风廉政建设】 年内，昂仁县藏医院按照上级党委的工作要求，凡是医院重大问题决策、重要干部任免、重大项目投资决策、大额资金使用都由职代会通过决定。职代会的成立，加强藏医院党风廉政建设，实现藏医院又好又快发展，有效规避藏医院运行发展中的各类风险。

【创建平安医院】 年内，维护医院及周边治安秩序，改善医疗工作环境，保障广大患者和医务人员的人身、财产安全，为建设“平安医院”和创造长期和谐稳定的社会环境奠定基础。规范操作规程，减少责任事故的发生，内部矛盾及时化解并上报没有发生重大影响群体性事件，没有发生造成重

2017年5月26日，藏医院工作人员在县幼儿园开展全民健康体检暨包虫病筛查工作

大影响重特大恶性治安事件。没有发生重大火灾、爆炸事故以及医疗药品、麻醉药品及其他物品被盗、非法转让或发生化学品、细菌等污染事件。

（阿旺次仁）

卫生服务中心

【概况】 2017年，昂仁县卫生服务中心顺利通过国家二级乙等医院评选工作。总占地面积为9024平方米，建筑面积5053平方米，现编制床位51张，实际开放床位80张，担负着全县及过往人员的抢救、预防、保健、计划生育和乡村医疗人员培养为一体的综合性医疗卫生服务体系。

2017年，有职工64名，其中国家正式干部43名，公益性及临时工20名，企业合同工1名，编制59名，缺员16名。副主任医师1名、中级5名、执业医师6名、执业助理医师4名、员级15名，护师6名、护士13名，后勤11名、管理人员3名；本科17名、大专23名、中专13名、无学历和其他人员11名。

设内科、外科、妇产科、儿科、眼科、口腔科、病案科、检验科、急救创伤科、妇幼保健科、药剂科、影像科、心电图室、手麻科等临床科室，院办公室、财务科、医务科、护理部、院感科、物资筹备科、消毒供应室、洗衣房、病案统计科、后勤保卫科、收费室等。病区有总病区、产科病区和传染病区及急诊病区。主要设备有迈瑞DR拍片机、飞利浦彩超机、A8推车式B超机、IMS-972电解质仪器、瑞图全自动生化仪、彩虹半自动生化仪、优利特尿常规仪、迈瑞常规仪、迈瑞全自动生化分析仪、心电监护仪、牙科综合诊疗议、阴道镜、除颤器、眼科裂隙灯显微镜、A、B超等医疗设备及规范化消毒供应室、远程医疗中心和图书阅览室。

【业务开展】 年内，医疗服务总人数43598人次。门急诊看病人数42109人次，其中门诊看病人数41262人次、急诊看病人数847人次，上级转院316人次，下级转院6人次，救护车救护接转201车次、行程达24026公里、抢救成功率95%左右；住院病人总人数1489人次（治愈率66.8%、好转率35.5%、未愈率0.2%），其中总病区1007人次（外科手术207例、其中上腹部2例）；产科病区：393人次，其中住院分娩344人次，其中难产21人次，双胎1人次、早产9人次，药流11人次，妇科49人次；传染病区：89人次。

妇幼、计划生育总人数3681人次，计划生育知识宣传8次，受益人数达2003人次。

辅助科室服务人数65033人次（包括体检），其中检验科24639人次（22种项目）；B超检查21041人次；放射、拍片人数2953人次；心电图检查3253人次；门诊发药人数13147人次，居民健康体检暨重大疾病筛查25872人次。

【开展药品不良反应监测】 年内，认真贯彻落实《医院感染管理办法》，经过多次组织医院感染管理委员会督查指导供应室、手术室、总病区、妇科病区、急诊科病区以及传染病区等医院重点部门及科室发放相关防护物品以及进行消毒隔离工作，认真排查隐患，有效降低医院感染率的发生；对临床抗菌药物使用情况进行督导；积极开展药品不良反应的监测工作，全年共上报药品不良反应2例、医疗器械不良反应0例；积极开展处方点评工作，全年共抽取处方4000余张，处方合格率达90%以上；认真落实基本药物制度工作，截至年底，基本药物使用率达95%。

【优质护理】 年内，护理质量指标完成情况：基础护理全年合格率达96%，特、一级护理全年合格率达90%，急救物品完好率达99%，护理文件书写合格率达97%，护理人员"三基"考核合格率达98%，一人一针一管一灭菌一带合格率达100%，常规器械消毒灭菌合格率达100%，一次性医疗废物回收率达100%，患者对护理工作满意度达90%，年褥疮发生次数为0，手术切口感染率0。

【创建平安医院活动】 年内，深化"医德医风"专题教育活动，改善医疗服务；加强医德医风建设，树立良好的行业作风；妥善处理医患纠纷，高度重视病人投诉工作；积极参加医疗责任保险；加强卫生服务中心安全工作，切实保护职工和患者安全；按照消防部门要求，制定防火预案并组织演练，加强对院内的安全检查，消除隐患；加强卫生服务中心普法教育工作，切实提高干部职工法制观念。

【抓医疗安全提升医疗质量】 医疗质量是医院现代化管理的核心，医疗安全管理是医院管理的重要组成部分，也是卫生服务中心生存和发展的基础。加强领导，防微杜渐，狠抓整改落实，确保医疗安全管理工作的各项措施落到实处。卫生服务中心坚持实行领导负责制，领导亲自参与医疗质量督查，直接参与事故原因分析，同时制订和完善措施，以体现"一切以病人为中心"，充分体现"服务好、质量好、医德好，让病人满意"，坚持实行医疗安全督查和考核制度，积极防范医疗纠纷事件发生。

2017年9月18日，西藏自治区卫计委工作组一行参加昂仁县卫生服务中心二乙医院评审反馈会

【"先诊疗、后结算"服务模式】 年内，开展昂仁县卫生服务中心全县17个乡镇农牧民执行住院即时结算，以便民、惠民、利民为目的，优化就医流程，提供人性化服务，提升服务水平和病人满意度，最大程度上方便群众就医，确保病人得到及时、安全、规范、有效的治疗。

【人才培养】 立足医院发展，以创建"二级乙等"医院为工作主线，提高医务人员技术素质，强调临床与实践相结合，年内，委派年轻医师在上级医院进修学习，外科2名医生选派中山大学规培3年、内科1名医生选派日喀则市人民医院为期1年，1名眼科医生选派自治区人民医院为期1年。6名临床专升本和4名护士护理专升本，2名聘任中级职称。

【基本药物零差价】 年内，为进一步深化医药卫生体制改革，积极稳妥推进基本药物制度的实施和基本药品零差率销售工作，保障农牧民基本用药，减轻群众医药费用的负担。卫生服务中心2015年11月正式执行自治区《基本用药目录》，落实药品零差价，各科室印发《基本用药目录》，并单独定做零差价药物处方单，启动基本药品零差率销售工作，此工作开展以来得到广大农牧民患者的

2017年3月17日，卫生服务中心医务人员在卡嘎镇警务站开展为一线执勤人员免费义诊活动

一致好评。

【特殊药品管理和使用】 年内，严格执行药品价格政策和医疗服务收费标准，严格执行药品收支两条线，积极参加药品集中招标采购工作。进一步规范药品采购工作，通过医生的药品使用需求，实行药品采购品种统一制定计划并逐一申报审批制度。向社会公开收费项目和标准，完善并严格执行价格公示制度，住院病人费用清单制度，提高收费透明度。严格规范药品使用，定期或不定期召开院委会，广泛征求群众意见，集中解决存在的问题。积极完善医疗服务项目和费用核查制度，季度清库制度，药品入出库登记制度，报废药品登记核查制度，毒、麻限制药品管理制度，特殊药品双锁双管、每月报表以及安瓿瓶回收等管理制度。

【精准扶贫】 年内，昂仁县卫生服务中心组织全体正式干部先后利用扶贫日等开展走访贫困家庭活动2次，免费义诊活动5次，送去生产、生活、学习用品以及现金合计3万余元。

（曲　宗）

社 会

民族与宗教事务

【概况】 2017年，昂仁县民族宗教事务局人员编制5名，实有5名，其中局长1名、副局长主任科员1名、副局长1名、副主任科员1名、科员1名。全县依法登记宗教活动场所共有44座。

【民族团结】 年内，昂仁县根据《日喀则市创建全国民族团结进步示范市》工作要求，以创建活动为载体、以维护民族团结为基础、以共同进步和发展为目标，为在全县范围内营造创建全国民族团结进步示范市的浓厚氛围，组织县创建办工作人员共宣传25场次，悬挂横幅24条、发放宣传单21034余张、受宣传人数达31627余人次；充分利用“3·10”“3·28”综治宣传日和首届民族团结进步日以及9月民族团结宣传月，以“文化体育活动等为载体”开展丰富多彩的宣传教育，在上述活动中悬挂横幅15条、发放各类宣传资料、手册580余份、受宣传人数达1250余人次；为进一步认识民族团结一家亲的重大意义，组织广大干部职工和各界代表共同打造“昂仁县民族团结林”；为提高广大干部群众对民族团结的知晓率县创建办编制藏汉双语的民族团结宣传手册800本和民族团结挂历600个，分别发放给各乡镇、村居、学校、寺庙；以首届民族团结进步日为契机，组织各族各界人士召开民族团结工作座谈会，听取各界人士对昂仁县创建全国民族团结进步示范市工作的意见建议；7月，组织县创建办工作人员到17个乡镇、44座寺庙、26所学校以及县直、中直部门检查创建民族团结进步示范市各项工作开展情况；根据检查情况的结果，对1个乡镇、1座寺庙、确定为昂仁县民族团结进步示范点并进行挂牌；在县委、县政府的大力支持和各相关单位的积极配合下，打造昂仁县民族团结广场、昂仁县民族团结街。昂仁县主要以藏族、

2017年7月9日，昂仁县民宗局局长旺堆在多白乡荣奴村小学检查指导民族团结创建工作

汉族、回族3个民族并存，2017年，在原有的民族工作基础上对全县范围内的外来从事行业的汉族、回族等人口进行全面普查登记并归档，全面掌握他们的生活习惯及宗教信仰情况；同时对全县民族通婚家庭进行全面登记。9月，对10个民族团结模范集体和15名民族团结模范个人进行隆重表彰，共发放奖金11万元。

【寺庙僧尼管理】 年内，民族宗教事务局严格按照《僧尼请销假制度》相关规定，对广大僧尼治病、探亲等履行正常审批程序，未出现擅自离寺现象。

【开展僧尼免费健康体检】 在编僧尼免费健康体检工作是一项利寺惠僧政策，民族宗教事务局按照上级业务部门的要求，积极配合县卫生服务中心和县藏医院，组织开展全县在编僧尼免费健康体检工作。2017年，昂仁县在编僧尼免费健康体检率达到100%。

【保障僧尼“两保一低”】 截至年底，44座寺庙僧尼“两保一低”全覆盖，确保广大僧尼老有所养、病有所医。

【党风廉政建设】 年内，民族宗教事务局始终把党风廉政建设工作作为“一把手”工程，放在突出位置切实抓好抓实，把责任制全面贯穿到党风廉政建设和反腐败各项工作中，认真贯彻落实中央“八项规定”和自治区党委“约法十章、九项要求”，严格落实“三重一大”制度，坚持开发党性党风党纪教育，从警示教育和典型教育入手，深入开展反腐倡廉教育，不断提高党员领导干部拒腐防变能力，强化党员领导干部廉洁从政意识，提高党员素质。

（旺　堆）

曲德寺管理委员会

【概况】 据历史记载曲德寺建寺于公元1225年，距今已有近800年的历史，创建人为释迦僧格，该寺初建时为萨迦派，后在五世达赖（洛桑加措）时期改奉为格鲁派。曾在历史上该寺规模庞大，影响广泛，但在“文化大革命”时期遭受严重破坏，全寺主要建筑物毁坏殆尽，1985年十世班禅大师曾亲临昂仁县曲德寺做出重建指示，同时在党的宗教政策指导和帮助下，该寺于1986年获得重建。经驻寺管委会和民管会的多年努力及自治区对宗教文物保护工作的建设，发展成现有的规模。曲德寺登记在编教职人员共有56人。

【党建工作】 2017年，曲德寺管委会党支部共有党员13人，并设有专门的党员活动室，定期开展党员集中学习，增强“四个意识”，坚定“四个自信”，特别是深入开展“两学一做”学习教育活动常态化、制度化，深入开展“三会一课”制度及党支部组织生活会；积极开展党员干部“下百村、访千户”结对认亲精准扶贫工作，2017年先后下乡探望4次并慰问1万多元，同时找准贫困原因，提出具体脱贫路子，并制作“结对帮扶明白卡”。管委会党支部以“党员便民服务窗口、党员志愿服务队”为着手，积极参与各种党员志愿者服务活动，着力增强曲德寺管委会党组织的凝聚力和战斗力，充分发挥党组织在寺庙管理、教育、服务中的政治核心作用，努力提高

2017年3月21日，西藏自治区人大常委会副主任、区纪委副书记、监察厅厅长维色（中）在昂仁县曲德寺检查指导工作

管委会干部和民警政策理论水平和依法管理寺庙的能力,积极引导僧众遵纪守法,爱国爱教。

2017年3月31日,曲德寺深化“两学一做”喜迎党的十九大“四讲四爱”主题教育实践活动动员大会

【党风廉政建设】 年内,曲德寺管委会领导班子带头学习党员廉洁自律准则和百项行为严禁规定等内容。在日常工作和生活中紧紧围绕保持党的纯洁性,按照“三严三实”的总体要求,做到为民务实清廉,坚决抵制“四风”问题新的表现形式,进一步完善党风廉政建设的各项规章制度,严格规范领导班子成员和党员干部的廉洁从政;遵守财经纪律,不乱开支,严格执行厉行节约的八项要求,不铺张浪费;严格遵守民主集中制原则,遵守“六项纪律”和“三重一大”决策原则,不搞“一言堂”,充分发扬民主,倾听不同意见,与班子成员做到和谐相处,精诚团结;严格按照昂仁县廉洁自律规定,禁止公款吃喝、禁止公款请客送礼、禁止工作日饮酒、禁止参与赌博、禁止出入高档娱乐场所,狠抓管委会班子成员和党员干部的廉政自律,管委会无腐败现象发生。

【宣传文化思想建设】 年内,组织开展“四讲四爱”主题教育实践活动,曲德寺管委会党支部引领广大僧人在思想上拥戴核心、政治上紧跟核心、感情上贴近核心、行动上维护核心,坚定爱党、爱国、爱社会主义,牢记党的恩情,党的领袖的恩情,懂得没有中国共产党领导,就没有今天社会主义新西藏。组织僧人参与到“3·28”西藏百万农奴解放纪念日和国庆节升旗仪式活动,由寺内高僧为僧人讲“西藏新旧对比”故事会,举行“爱国爱教、护国利民、永做讲党恩爱核心好僧人”的签字仪式,开展“爱我中华,僧心向党”书法比赛,组织寺庙僧人观看《西藏新闻联播》,开展“新旧西藏对比”图片展等。以多种方式开展“四讲四爱”主题教育实践活动,确保党在意识形态领域的指导性地位,不断强化党在宗教领域的引导作用,促进宗教与社会主义社会相适应、相融合。

【开展民族团结学习创建活动】 年内,根据日喀则市委“六城共建”工作部署,按照《昂仁县关于“日喀则市创建全国民族团结进步示范市活动”方案》的通知有关要求,曲德寺管委会积极开展民族团结进步创建工作,坚持“治国必治边、治边先稳藏”的重要战略思想,把握各民族“共同团结奋斗、共同繁荣发展”“加强民族团结、建设美丽西藏”的民族团结工作主题。利用3月综治宣传月和9月民族团结宣传月两个活动契机,在曲德寺开展民族团结宣传活动。创新藏汉双语学习方式,开设僧人文化补习班,每周集中学习两课时,提高僧人的文化素养丰富文化知识。年内,共印发民族团结藏汉双语宣传单100余份,民族团结知识问答宣传手册70余册,在县城主要路口和街道两侧悬挂“三个离不开”民族团结宣传标语,营造良好的宣传氛围。

【推进“六建”“六个一”活动】 年内,“六建”方面,在原有基础上不断完善寺庙管理长效机制,以及各科室工作职责等各项管理机制,严肃政治纪律、组织纪律、工作纪律和保密纪律等相关管理制度。“六个一”方面,管委会组织驻寺人员分组入户走访僧人家庭,了解生活现状,先后送去共计18030元的慰问品;在春节、藏历新年、展佛节等重大节日期间，累计为寺庙和僧人送去慰问物资等共计2.5万余元；走访贫困户僧人家庭1次，送去价值1000元的慰问品；为方便僧人与家庭之间联系，确保僧人安全，力所能及地解决僧人实际困难，先后派出管委会车辆接送僧人外出学经和住院治疗等15余次；组织寺庙僧人参加健康免费体检，对体检结果进行分类统计，将2名病情严重的僧人及时送往上级医院治疗，并派专人帮助僧人办理住院手续，先后探望住院僧人4人次，送去慰问品折合人民币3500元。

（李杏磊）

强基础惠民生活动

【驻村工作】 昂仁县共有185个驻村工作队，其中自治区下派21个工作队，市里下派46个工作队，县、乡下派118个工作队；共选派驻村干部504名。

【开展“5+3”工作】 强化教育，着力加强基层组织建设。年内，各驻村工作队始终把抓基层组织建设作为驻村首要任务。进一步加强对广大党员的理想信念教育。各驻村工作队开展学习型党组织建设，强化学习时间和学习内容，培养党员干部爱学习的习惯和善学习的能力，始终坚持把党的十八大、十八届三中、四中、五中、六中全会，中央第六次西藏工作座谈会精神作为重要学习内容，侧重学习习近平总书记系列重要讲话精神，督促村“两委”班子成员主动掌握做好基层工作所必须的专业知识，通过学习进一步增强党员干部为群众服务的意识。全年各驻村工作队为村“两委”班子成员上文化课689学时，上党课674学时，上政策理论课425学时；举办312期党员培训班，培训党员9450人次；开展藏汉“双语”培训2008人次。同时在村内大力开展创建“五个好”村党支部活动，建设讲政治、顾大局、乐奉献、有本领的村“两委”班子，切实增强党的基层组织的创造力、凝聚力和战斗力。加强干部队伍建设。按照相关要求，在村两委班子推荐的基础上认真考察并确定和培养村后备干部，力争使驻点村形成老中青相结合的干部梯队。有2名村党支部书记选拔为乡镇公务员。做好党员发展工作。各工作队按照乡党委的要求，按照“控制总量、提高质量、优化结构、发挥作用”十六字方针，严格党员发展程序，协助村党支部做好党员发展工作。加强村级组织规范化、制度化建设。根据上级强基办的要求，结合实际，驻村工作队与村“两委”班子协商，投入102万元用于帮助解决村级组织工作经费，投入95万元用于村级组织办公设备经费。加强村级组织规范化、制度化建设，帮助村级组织健全村规民69条，党务村务财务公开制度62条，党风廉政建设等方面规章制度102条，将所有制度上墙，并组织认真学习落实。

强基固本，着力做好维护稳定工作。没有社会稳定就没有经济发展和人民安居乐业，各驻村工作队始终把维护社会稳定工作作为重大政治任务，摆上突出位置，切实抓紧抓好。加大宣讲力度。向农牧民群众大力宣讲“团结稳定是福，分裂动乱是祸”的道理，切实做好群众思想工作，让他们全心全意跟党走，坚决与达赖分裂集团作斗争。全年驻村工作队共召开维稳宣讲大会482场次，参会群众2.67万人次。组织召开抵制十四世达赖集团的分裂破坏活动、与十四世达赖集团划清界限专题会议458场次，参会群众达2.87万人次。强化措施，确保维稳工作取得实效。为加强对维稳的组织领导，各驻村工作队成立以村党支部书记为组长、驻村工作队副队长为副组长的维稳领导小组。在敏感节点及十九大维稳安保阶段，各驻村工作队还成立维稳小分队，实行24小时值班巡逻。确保“大事不出，中事不出，小事也不出”的“三不出”目标，为广大农牧民群众营造了一个和谐安定的生产生活环境。全年各驻村工作队帮助建立健全维稳工作机制84条。高度重视，积极化解矛盾。帮助村委会化解和妥善处理各类社会矛盾31件。

因地制宜，灵活开展宣教活动。宣传好党的惠民政策，是做好驻村工作的重要途径。为更好的让农牧民群众了解到党的利民惠民政策，进一步加深群众同党的血肉联系，工作队认真按照区市强基办的要求开展宣讲活动。各级驻村工作队组织群众宣讲党的路线方针政策、重要会议、习近平总书记系列重要讲话精神428场次，参与群众2.81万人次；开辟宣传专栏284期，制作宣传横幅521条，印发宣传资料10544份；开展“算富帐、感党恩、要稳定、求发展”主题教育活动624场次，参加活动人次达2.95万；开展普法教育，深入宣讲宪法和有关法律法规，培养广大群众的法制意识和公民意识，引导群众知法、懂法、守法，开展法律宣讲活动312场次，参加活动群众1.92万人次；深入开展科普教育，大力推广先进适用技术以及安全生产、交通安全、食品安全、医疗卫生等方面的知识，特别是山洪、雪灾防范的重点知识，让老百姓掌握科学方法，提升科学素质，提高防范风险的能力和自救的能力；在群众中开展现代文明生活方式宣讲教育，引导群众移风易俗，摒弃陈规陋习，追求文明进步。

结合实际，拓宽致富门路。按照致富门路要拓“宽”的要求，各驻村工作队通过调研，了解本村实际情况，了解本村存在的缺陷，因地制宜寻找发展致富的门路，帮助农牧民群众建强基础设施，打牢基础，寻找除牧业以外的第二、三产业发展路子，组织农牧民群众实用技能培训49期，培训0.29万人，实现劳务输出1.23万人次，积极帮助村委会理清发展思路78条，找准发展路子86个，制定、完善、实施经济发展规划92项。

心系群众，着力为民办实事解难事。各级驻村工作队心系群众，本着发挥优势、量力而行的原则，坚持短期与长期相结合、输血与造血相结合，用一系列“短平快”项目着力为群众解难事、办实事、促发展。驻村工作队累计投入资金152万元为群众办实事解难事，为群众办实事解决难事231个；帮助安排解决农牧民群众就业67人；累计投入资金86.5万元开展送科技、送技术、送卫生、送信息、送服务活动207次，同时慰问五保户、贫困户和困难群众1546人次，发放慰问金和慰问品价值35.68万元；慰问“三老”人员276人次，发放慰问金和慰问品价值29.5万元。

扶贫脱贫，关键在于精准。各驻村工作队先后573次下村对4343户15936人贫困家庭的致贫原因进行深入分析，对每个贫困村、贫困户建档立卡，建设全国扶贫信息网络系统，逐村逐户制定帮扶措施，集中力量予以扶持，确保在规定时间内达到稳定脱贫目标。

灾后恢复重建，实现住房改善。2015年4月25日发生尼泊尔地震，县域内民房引发不同程度的受损，县内11个行政村新农村建设取得了全面成果，广大农牧民群众各自需求的房屋结构、面积、户型达到如愿以偿，纷纷表示感谢党和政府的好政策。

落实惠民政策，群众得到实惠。严格按照上级纪委对党风廉政建设目标责任要求，围绕上级各项惠农政策的落实，以切实维护农牧民群众利益为出发点，加强对涉农问题的监督检查，全面落实各项民生工程，确保各项支农惠农政策、资金落实到位，扎实推进基层廉政建设。各乡镇人大主席、纪委书记带头组成工作组对185个行政村监督检查“三务”公开情况，对落实不到位等存在问题进行整治工作。

（宫晓亮）

乡（镇）概况

卡嘎镇

【概况】 卡嘎镇位于昂仁县西南部，位于东经北纬29° 28′，87° 53′之间，219国道横贯镇域，距县城5.7公里，全镇总面积2970平方公里，平均海拔4386米，是典型的农牧业结合乡镇。常见的自然灾害有寒冻、冰雹、干旱、暴雨、洪水、大风等，气候长年干燥多寒。镇下辖25个行政村71个自然村，5个村党总支（下设13个党支部），20个村党支部，1个机关党支部，有2所小学（卡嘎镇完小、布热村分校）、卫生院1所、寺庙4座（曲德寺、桑旦寺、彭布其寺、达苏寺）镇区域内拥有金、玉等矿产，拥有国家保护动物藏羚羊、鹤等。全镇耕地面积13721.1亩，草场面积213.05万亩。农业主要种植青稞、油菜、豌豆、土豆等农作物，畜牧业主要养殖绵羊、山羊、牦牛、犏牛。2017年底牲畜存栏67876头，粮油产量3771吨，农村经济总收入9582万元，人均收入8712元。

2017年8月9日，党委副书记、镇长洛桑尼玛在卡嘎村检查民房受灾情况

2017年，全镇共有2049户，8029人，正式党员人数共计900名，其中农牧民党员865名，入党积极分子26名。镇政府机关干部职工共计56名，其中行政编制30名（包括机关下派村党支部书记1人、村（居）公务员2人、大学生村官3人），事业编制22名，工人2名，聘用干部1名，公益性岗位1名。卫生院职工5名（正式职工3人，公益性2人）。全镇共有2所小学（镇完小和布热分校），其中教师30名，其中正式职工24名，公益性和临时工6名，在校学生525名（不包括学前儿童76名）。镇域辖4座寺庙，共有2个寺管会派驻机构分别为曲德寺管委会10人、桑丹寺管委会4人。

【干部队伍建设】 年内，进一步完善制度，严格管理干部职工；组织参观培训，提高业务能力；开展互评活动，确保取得实效；整顿党员队伍建设，强化组织凝聚力；提供载体，丰富干部娱乐活动；继续开展好“村干部素质能力提升工程”。加强对村“两委”班子成员、村后备的培训力度，参照《卡嘎镇村干部素质能力提升工程实施方案》对他们展开培训，提升他们的理论、村务素质，为镇今后实现跨越式发展提供强有力的人才保障；开展“党的十八届三中、四中、五中、六中全会和习近平总书记系列重要讲话精神、中央第六次西藏工作座谈会精神等各项惠农惠民政策进万家”宣讲活动；开展新旧西藏对比展。

2017年4月13日，卡嘎镇人大主席次旺久美、纪委书记达瓦曲珍监督检查雪村“三务公开”情况

【党员教育管理】 年内，严格按照“控制总量、优化结构、提高质量、发挥作用”十六字方针原则，积极鼓励返乡大中专学生、外出务工经商人员、退伍军人、致富能人纳入党组织队伍中，认真做好审核把关工作，在年初党建工作安排会议上，对村党支部书记开展一次培训，再次从入党程序上做到规范和严格，对上报的培养对象，镇党委组织专人进行政审和条件的审核把关，严禁杜绝出现政治思想有问题、文化程度偏低、年龄偏大、家庭条件差，不能起到带头作用现象，为全镇党员队伍提供很好的组织保障；每年开展1次民主评议党员活动，妥善处置不合格党员，强化党员在党意识；组织开展党员志愿者服务活动，村级组织依据村的实际组建党员志愿者服务队伍，发挥党员志愿者服务队伍在自然灾害、精准扶贫等疑难工作的先锋模范作用，着力发掘先进典型，结合镇党委“七一”活动评先表彰一批“优秀共产党员”，在全镇范围内营造“学典型、做典型”的氛围；完善和规范农牧民党员档案，村党支部书记协助镇党委抓好农牧民党员的档案补充完善工作，确保农牧民党员档案信息资料规范、齐全。

【党风廉政建设】 年内，为使党风廉政建设工作规范化、制度化，镇党委始终坚持“两手抓、两手都要硬”的方针，积极贯彻落实“两个责任”，进一步明确党风廉政建设的目标和责任，年初召开卡嘎镇党风廉政建设和反腐败工作专题会议，并和各村党支部、驻村工作队签订《卡嘎镇2017年党风廉政和反腐败工作目标责任书》，进一步明确责任，层层传导压力、狠抓落实。通过会议、以会代训等行之有效的方式，认真组织全镇干部职工学习两个《条例》等一系列关于党风廉政建设工作的文件和精神，坚持集体领导与个人分工负责相结合，谁主管谁负责；建立健全党委统一领导，各村党支部齐抓共管，镇纪检等相关科室协调配合，基本形成一级抓一级，层层抓落实的格局，保证各级党风廉政建设工作的决策部署都得到认真落实。镇党委和纪委始终坚持以“三个有利于”作为行动指南，严格按照“以人为本”的原则，制定和完善一系列的规章制度，让广大党员干部从思想上引起高度重视，在行动上始终与镇党委、镇纪委保持高度一致，不断巩固党风廉政建设工作的阵地，坚决落实“中央八项规定”、自治区“九项要求”“约法十章”。2017年，卡嘎镇纪委下村清查惠民资金落实情况30次，未发现惠民资金没有落实的情况，对镇机关干部职工廉政谈话60余人次。

【民族宗教工作】 年内，镇党委高度重视民族宗教工作，经常深入到镇辖区的寺庙，加强对僧尼的教育，引导他们爱国、爱教。帮助他们解决生活上的困难及完善寺庙基础设施，为他们营造良好的佛教学习环境，进一步引导宗教与社会主义相适应。健全流散僧尼档案；严把宗教活动审批程序，做好安全保障工作；做好文物保护，严格控制寺庙规模、僧尼总量；完成民族团结示范村、镇建设工作，并制定切实可行的工作方案。

【农牧业】 年内，劳务输出4700余人次，收入1410万元。牲畜存栏67876头（只、匹），其中牛11203头，羊55972只。截至年底，全镇草原面积达2130534亩，可利用草场面积达2032459亩（其中禁牧6000亩），全镇核定载畜量为92438.9个绵羊单位；享受草原生态保护补助奖共有1670户，7081人，其中包括纯牧户49户256人，年底共享受草奖资金3144362元，（草畜平衡奖励资金3108362元，禁牧资金36000元），村级天然草场监督员补助资金27000元，结合实际设立5名村级天然草原监督员。

【精准扶贫】 年内，做好精准扶贫开发调查摸底、确认扶贫对象等各项工作，卡嘎镇建档立卡贫困户616户2207人，其中包括五保户12户12人，低保户269户863人，一般贫困户335户1332人，兜底97户158人，易地搬迁153户577人。截至年底，脱贫192户737人。镇党委将积极用好用活"4321"结对帮扶（机关干部与贫困户结对认亲，助推打赢脱贫攻坚工作）和"九个一批"（发展生产脱贫一批、异地搬迁脱贫一批、生态补偿脱贫一批、发展教育脱贫一批、社会兜底脱贫一批、转移就业脱贫一批、医疗救助脱贫一批、金融扶持脱贫一批、灾后重建脱贫一批）脱贫措施，促进贫困户脱贫，确保到2020年同全国各族人民同步跨入小康社会。

【村换届工作】 年内，在村党组织"两推一选"过程中，全镇共有129名党员参加推荐，占到党员总数的14%；有129名党员参加选举，参选率达到100%。在村委会"公推直选"过程中，有1280户选民参加候选人提名推荐，占到总数的63%；有4092名选民参加投票选举，占到总数的85%。村组织班子结构得到进一步改善。新一届村"两委"会班子成员实际人数为42名，其中有11名村党支部委员交叉兼职进入村委会班子，占到总数的26%。新一届村"两委"会班子成员平均年龄41.3岁，比换届前下降1.2岁，其中党支部书记平均37.5岁，比换届前下降1岁，村委会主任平均年龄39.4岁，比换届前下降1.2岁；有5个村班子配备35岁以下年轻干部，占到总数的71.4%。村干部队伍整体素质得到进一步提高。新一届村委会成员中党员数30名，占到总数的71.4%；有6名村"两委"会班子成员具有高中以上学历，占到总数的14%；其中村"两委"会主职干部占7%。此外，还有13名村后备干部和农村优秀人才充实进村领导班子。

【环境保护】 年内，镇党委始终牢固树立"既要金山银山，也要绿水青山"的思想，召开环境保护工作座谈会4次，并制定《卡嘎镇环境保护细则》。组织干部职工义务清理镇周边环境卫生96次，村民义务清扫活动185次，发放环境

2017年11月5日，卡嘎村举行党员大会进行换届选举

保护宣传手册530份。

【“河长制”工作】 年内，根据《日喀则市全面推进“河长制”工作方案》《昂仁县全面推进“河长制”工作方案》文件要求，镇党委、政府就该项工作召开专题工作会议，成立卡嘎镇“河长制”工作领导小组，并制定《卡嘎镇全面推行“河长制”工作方案》等文件。为加强对卡嘎镇境内江河湖的管理与保护，维护生态环境，卡嘎镇每月组织生态岗位人员、村“两委”成员清扫湖边垃圾，排查安全隐患三次，全年召开“河长制”专题会议4次。

【“四讲四爱”主题教育实践活动】 年内，卡嘎镇辖区内共组织宣讲536余场，其中县级以上宣讲团宣讲10余场，镇宣讲团宣讲95余场，驻村工作队宣讲291余场，村（居）党支部书记宣讲140余场。参与学习的人数达32000余人次，其中农牧民群众25200余人次、青少年学生6000余人次、僧尼800余人次；活动共悬挂领袖像4700个，悬挂横幅90余条，喷绘宣传标语170余条，树立文化墙30块，发放宣传海报500余份，广播宣传120余次，开展新旧西藏对比27场次。截至年底，19个规定动作和5个自选动作已全部完成。

【学习党的十九大精神】 10月18日，卡嘎镇组织全体干部职工在镇法制道德教育室教育室观看党的十九大开幕式，自10月以后，卡嘎镇每月集中学习党的十九大精神一次，并做好相关学习记录，并组织干部职工到各村宣讲党的十九大精神。截至年底，卡嘎镇开展党的十九大宣讲活动共60余次，各驻村工作队开展党的十九大宣讲共50余次。

2017年12月5日，卡嘎镇举行异地搬迁启动仪式

【合作医疗、新农保工作】 截至年底，新农保农牧民群众参保率达到98.6%，城镇居民参保率达到85%，农牧民合作医疗受益群众覆盖率达到100%。今后将加大对城镇居民参保工作的力度，力争达到90%以上。

【精神文明建设】 年内，卡嘎镇党委利用“藏历年”、“3·28”西藏百万农奴解放纪念日、“七一”中国共产党建党日、中国工农红军长征胜利80周年等节日向农牧民群众宣传党的惠民政策。协调县文工团下村给农牧民演出8次，镇党委开展新旧西藏对比7次，组织农牧民群众自导自演10次。通过开展系列宣传、问题等活动，引导农牧民群众永远感党恩、听党话、跟党走。

（王科霖）

桑桑镇

【概况】 桑桑镇位于县城西南部，219国道横穿全镇，距县城65公里，东连卡嘎镇，西邻切热乡、阿木雄乡，北靠达若乡、雄巴乡，南与日吾其乡、多白乡毗邻。桑桑镇整体地势较高，属高寒地区，平均海拔4560米，总面积为2830平方公里，是昂仁县牧业大镇，也是日喀则市西部重镇。镇管辖有15个行政村（余松、番巴、居仓、嘎日、洛布、梅多、贡琼、西果、达仓、阿布列、孔列、亚宁、拉聂、仲多、那仁）、32个自然村。全镇共有1146户、4578人。基层党支部17个，党员455名，其中农牧民党员403名、村“两委”班子成员77

2017年8月13日，县委副书记、县长普布多吉，县委常委、组织部部长拉欧在桑桑镇检查小城镇建设情况

名。全镇共有113个“双联户”单元。2017年全镇干部职工42名，领导班子成员11名、党员28名；镇完全小学教育工作人员27名，其中教师21名，党员20名，在校学生485名；镇派出所警务人员10名，其中正式干警8名、辅警2名、党员7名；镇卫生院有医务人员6名，其中正式医务人员2名、公益性4名；镇共有寺庙3座（扎桑寺、伟色林寺、拉扎寺），2个正科级管委会7名干部职工、党员7名。桑桑镇共有草场面积240万亩，其中可利用草场面积227万亩，耕地面积1015亩。桑桑镇以畜牧业为主，畜牧产品资源丰富，桑桑酥油名扬全藏，过去曾为班禅大师贡品。镇政府驻地既是农牧产品交换基地，又是昂仁县对外开放窗口的建设基地。珍稀野生动物有藏羚羊、獐子、红狐、白狐、野驴等；药材有麝香、马勃、木香、梭砂贝母等；风能太阳能资源潜力大。

【队伍建设】 年内，根据县委要求，以整改巡察问题清单为契机，加强桑桑镇班子建设。以整改市委巡察组在2016年巡察桑桑镇党委中提出的19项问题为契机，完善制度，强化镇党委党的领导；通过年初安排、定期下村检查指导的方式，加强“四议两公开”指导执行力度，强化各项重大决策的程序化和民主化。同时扎实做好村干部文化培养工作；充分利用已经转录公务员的两名优秀村党支部书记分别结对到亚宁村及贡琼村，通过以强扶弱、结对帮扶，优化党建资源配置，逐步实现党组织的无缝对接，增强相对软弱村级党组织的创造力、凝聚力、战斗力；严格落实村干部坐班制度，提高村级组织的服务群众能力及突击应变能力。

【项目建设】 年内，桑桑镇基层法庭、桑桑镇政府大楼、32套职工周转房、镇驻地给排水马路为主要内容的小城镇建设、桑桑镇街面改造、桑桑镇同步搬迁、异地集中搬迁、桑桑镇游客接待服务中心、梅朵村等7个行政村的村活动标准化建设、西部救援中心及桑日公路等项目先后开工，上级党委政府加大对桑桑镇基础设施建设力度及产业发展的投资力度，为桑桑镇快速发展奠定基础。

【贫困户动态调整】 年内，通过村“两委”、党员大会、群众代表大会以及镇党委政府的实地考察了解后，对村干部、公益性等不符合政策要求的12户39人进行清退；未落实保户保人政策、新生及嫁入等原因自然增加38人；死亡、嫁出等原因自然减少19人、重新识别20户58人，确保应纳入的贫困家庭一个都不落下，不应纳入的群众全部都排除出扶贫对象。

【易地搬迁】 年内，为切实解决交通不便、发展困难家庭的脱贫难点，按照上级有关政策及桑桑镇的工作计划，2017年对未易地搬迁的161户511人中4户搬迁至白朗县、1户搬迁至桑珠孜区江当乡、16户分散安置、140户跟68个随迁户共计208户在桑桑镇驻地进行集中打造。按照县委、县政府的意图及安排，成立工作组对贫困户的项目建设意愿、房屋构造要求等方面进行调研摸底，并按照各自的意愿做好房屋大小的选择；为顺利做好项目建设，镇党委、政府协调各村做好施工所需砂石采挖点的指定工作。对项目建设用地进行多次协调，确保搬迁所需用地预留到位，保证项目按期落地。2017 年针对集中搬迁点，成立以一名副镇长为组长的项目监督工作组，每天前往施工点进行项目质量、施工安全、施工进度的监督，同时每天组织 4 名群众志愿者对项目质量进行监督，镇人大不定期检查项目质量，通过多层次的监督检查，为这一重要民生项目的保质保量提供保障。

【落实信贷扶持政策】 年内，镇政府联合桑桑农行营业所工作人员，对贫困家庭大力宣传金融扶持政策，确保贫困家庭都了解金融扶持政策；加强金融扶持贷款的管理，避免脱贫资金成为致贫因素。经桑桑镇党委、政府充分调研摸底后，大多贫困家庭存在农牧民贴息贷款后，因资金使用不当，无法按时还款，在还款期限接近时从他人手中以高利贷的方式借钱临时还款后想尽办法贷款更高金额，恶性循环后存在上级惠农政策变成致贫因素的现象。为改善这一现象，将加强贫困家庭贷款审批手续相关内容，按照程序列入桑桑镇《乡规民约》中，并按照《乡规民约》的规定，对贫困户资金使用方向及使用情况上从户长到村“两委”、驻村工作队、结对帮扶人员、桑桑镇党委、政府层层审批把关，确保脱贫资金切实成为摘帽的得力助手。截至年底，桑桑镇共有 123 个扶贫户（410 人）贷款 580 万元。

【教育扶持】 年内，对桑桑镇 25 名“两后生”人员做好思想工作和政策宣传工作，确保他们的继续受教育；对全体中小学生开展假期巩固培训活动。以各村党支部为组织者、以科技特派员为后勤保障员、以在假期雇佣各村大学生、高中生返乡人员为师资，对各村中小学生进行为期 40 天的假期集中办班，创造良好的教育氛围，提高中小学生的文化水平；桑桑镇干部捐款、社会捐款等方式筹集资金，对每年考上大学的学生进行集中表彰资助，既解决大学生家庭的临时困难，又在全镇中大张旗鼓地做好教育的宣传，营造人人重教育的良好氛围。2016 年 9 月，共为 11 名考上大学的学生共发放 1.1 万元助学资金。

2017年11月29日，县委常委、组织部部长拉欧在桑桑镇检查指导村活动标准化建设情况

【克服其他致富瓶颈】 年内，千方百计，努力克服亏买亏卖的生活恶习。桑桑镇作为牧区，跟其他牧区群众一样在需要生活日常用品、食品而无现金时，直接从商店在秋季支付畜产品的方式进行交易，而这种方式商品以高价、畜产品以低于市场价格的方式进行交易。这种早卖亏卖的现象，成为大多贫困家庭致贫的重要原因。为克服这种早卖亏卖的生活恶习，桑桑镇充分利用强基础惠民生活动的办实事资金，各村在年初登记本村群众的生活必需品，各村党支部到日喀则进行统一购买，在年底出售畜产品后，原价从群众中根据商品领取情况进行收钱，该措施不但得到群众的高度赞赏，在一定程度上克服群众这种早卖亏卖现象。2017 年桑桑镇 15 个行政村从日喀则统一购买 60 多万元的群众生活用品；为避免出现脱贫后立即返贫现象及出现经济脱贫思想却贫瘠的现象，以结对帮扶人员及驻村工作队为依托，做好群众的思想工作，确保思想与经济双脱贫；针对桑桑镇农牧民群众在农闲、牧闲期间逐渐出现赌博的恶习，充分调研征求意见后、完善《乡规民约》，对桑

桑镇群众在镇域内的赌博行为进行全面制止，遏制陋习的势头；按照上级相关政策要求，干部对结对户做好慰问及思想教育的基础上，镇党委政府制定解决结对户至少一名劳力外出就业岗位的制度，强化结对帮扶工作的成效。

【安全生产】 年内，对桑桑镇重点部位—油库，派出4人24小时不间断监督油库，确保重点部位的“三不出”；针对349国道2017年大维修，夜间车流量多，交通事故隐患大的实际困难，桑桑镇党委、综治办联合镇派出所、各村“两委”、驻村工作队等，开展道路交通安全法的宣传和隐患排查工作，全年共出警排查100多场次，查处酒后驾驶2起，超载4起，无证驾驶2起，有效地降低全镇交通事故的发生率；镇综治办、人大联合镇卫生院、镇派出所对镇驻地的商店、宾馆、油库进行定期不定期的安全生产大检查，对镇完小学前食品卫生方面进行大检查，全年共开展5次检查，检查中没收价值2000元的过期食品，有效维护广大人民群众的健康，没收不达标过期煤气12桶，杜绝安全事故发生，对各宾馆、商店提出消防安全整改意见4条，并对整改情况进行再次督导。

【教育工作】 年内，从全局出发，继续把教育放在优先发展的战略地位，教育工作不但提上镇党政工作的重要议事日程，而且还纳入《乡规民约》《村规民约》中，认真加以落实，切实提高适龄儿童入学率和在校生巩固率。进一步加大义务教育法、教育法等法规的宣传讲解力度，增强农牧民群众的法律法规意识，自觉督促子女入学；加强学校管理，规范教学制度，努力提高教学质量，严格落实“三包”经费，提高经费的使用效率。全镇适龄儿童入学率达100%，在校生巩固率达100%。

为做好均衡教育的迎检工作，镇党委、政府带队全体师生在日喀则市其他教育发展相对较快的东部县区进行学习取经。对全体中小学生开展假期巩固培训活动。以各村党支部为组织者、以科技特派员为后勤保障员、以在假期雇佣各村大学生、高中生返乡人员为师资，对各村中小学生进行为期40天的假期集中办班，创造良好的教育分为，提高中小学生的文化水平。

【创建桑桑镇扶贫基金】 年内，桑桑镇以干部捐款、社会捐款等方式筹集资金，对每年考上大学的学生进行集中表彰资助，既解决大学生家庭的临时困难，又在全镇做好教育宣传，营造人人重教育的良好氛围。2017年，为中职生40名每人发放500元的助学金，为2017年新考上大学18名大学生每人发放800元的助学金，共计发放3.44万元。

【卫生工作】 年内，继续巩固和完善以免费医疗为基础的新型合作医疗制度，加强医疗服务管理，镇中心卫生院和村卫生室实行24小时应诊制度，建立下乡巡回医疗服务制度，认真执行转诊转院制度，极大地方便群众就医。抓好计划生育工作，人口自然增长率控制在19‰以内，合作医疗覆盖面达100%。加强村医的培养和管理力度，进一步提高服务能力。以包虫病防治工作为契机，2017年组织全镇群众进行全面的体检。

2017年3月30日，桑桑镇召开第十四届人民代表大会第二次会议

【文化工作】 年内，镇党委将桑桑的传统节日赛马节当作桑桑镇精神文明建设的重头戏来抓。2017年做好桑桑赛马会的媒体推介宣传工作，进一步提高桑桑赛马的知名度。按照惯例于8月组织好赛马节，丰富农牧民业余文化生活的同时开展第二届桑桑酥油品鉴会，进一步提高桑桑酥油的知名度。在赛马会提供物资交流平台，促进桑桑镇群众的农畜产品交流。

2017年3月31日，桑桑镇召开经济工作会议

【特色产业发展】 年内，桑桑镇继续抓好桑桑酥油这一享誉全区的畜产品品牌效应的基础上，在上级党委政府的支持下，修建桑桑旅游接待中心，充分利用349国道贯串桑桑镇的地理优势，加强旅游业的发展。

【经济发展】 年内，全镇经济指标平稳发展。农村经济总收入6429万元，农民人均纯收入9268.94元。

【农业工作】 年内，桑桑镇4个半农半牧村加大科技推广普及、增肥节种、良种推广力度，把科技措施转化为生产力，加大购买农用机械，扩大农业机械化普及使用程度，同时在稳定粮食安全的前提下，合理优化调整粮经饲比例。继续抓好土地确权工作。2017年桑桑镇青稞产量为31.4万斤，油菜产量为10.3万斤，青饲料产量为45.7万斤，秸秆产量为62.6万斤。

【牧业工作】 年内，在草场承包经营到户的基础上逐渐改革草场生产经营方式，适应新的生态建设与牧业发展的需要，以草定畜，实现人、畜、自然和谐发展和有限草场资本得以永续利用，认真扎实地实施退牧还草工程，精心筛选禁牧区和休牧区，狠抓有关政策规定，使沙化、退化严重的草场得以休养和恢复，继续发挥其使用价值。进一步加大调整优化畜种、畜群结构力度，在畜种改良工作中，桑桑镇从仲巴引进种牦牛15头，根据桑桑镇的草场特点及桑桑镇的发展思路，引导群众进一步大畜化的转变，西国村及达仓村实现全面的大畜化，贡琼村等其他村着手准备大畜化工作，为桑桑镇的牧业特色化奠定基础。在拉聂村及亚宁村实施5000多亩的人工种草项目，进一步增加载畜量，提升抗灾救灾能力。截至年底，牲畜总头数54711头（匹、只），其中大畜19762头（只、匹）、小畜34949头（只、匹）。2017年肉产量为65.5万斤，奶产量为92.2万斤。

【村“两委”换届】 5月，陆续开展换届人选的征求民意、组织谈话、换届工作宣传、村级资产、资源、资金的审查、组织选举等工作中党的领导贯串始终，为选出群众满意、组织放心的村级班子提供组织保障。此次选举，桑桑镇村干部的年龄结构进一步的合理化，实现每村至少有1名35岁以下及1名以上50岁以上人员；文化结构得到进一步的优化，初中文化水平人员增长60%；村级组织得到进一步的完善，各村同步选举妇代会、团支部及村务监督委员会。

【民生保障】 年内，桑桑镇为232户578名低保户发放103.3万元的补贴，为五保户、残疾人等发放补贴共计51万余元。

【“四讲四爱”主题教育实践活动】 年内，根据桑桑镇驻地外来人口

2017年6月30日，桑桑镇举办民族团结茶话会

多、民族种类多的特点，召开桑桑镇常住人口的民族联谊茶话会，宣传民族大家庭政策要求，共谈桑桑镇的发展，并就加强民族团结活动进行联名签字承诺；在“七一”中国共产党建党日组织15个村及学校共计16个单位300余人开展“红歌大家唱，共庆建党日，喜迎十九大”合唱赛，通过该活动的举办提高桑桑镇群众的爱国激情，增强对伟大祖国的“四个认同”及“四个自信”；组织桑桑镇在校大学生通过在桑桑镇驻地举行“环境保护人人出力”的实际行动以及在桑桑镇政府大院为群众举行文明讲话、文明行事、文明生活为内容的舞蹈、唱歌、小品等文艺节目，加大讲文明爱生活的宣传力度。通过桑桑后代、桑桑未来、桑桑文化人的呼唤和指引，提高活动的震慑力和感染力，增加群众讲文明爱生活自觉性性和主动性。

（普　布）

切热乡

【概况】 切热乡位于昂仁县西部，距日喀则360公里，距昂仁县城150公里，平均海拔4850米，是纯牧业乡，乡域面积184.75万亩。乡域北部多雄藏布江流过，219国道横贯乡域，西临萨嘎县、仲巴县、阿里地区，北部连接如萨乡、阿木雄乡，交通便利。乡主要收入来源为畜牧业和劳务输出，自然灾害有泥石流、洪涝、雪灾、水灾、风、冰雹等。

2017年，全乡共有干部职工28名，其中行政编制14人，事业编制11人，公益性岗位3名。共有1所小学（乡完小），教职员工共10人，在校生131人，中学生17人。卫生院医护人员3人，派出所干警5人。寺庙（吾玛布寺）1座，驻寺干部2人。全乡下辖6个行政村（鲁玛、切多、次如、帕灯、帕瓦、曲尔木），8个党支部，党员147人。截至年底，共324户、1380人，其中农村劳动力785人。2017年，切热乡共有建档立卡贫困户109户、399人。五保户9户11人，低保10户、37人。贫困户90户、351人。2017年，全乡农村经济总收入1797.79万元，其中第一产业收入为963.74万元，第三产业收入为834.05万元。全乡草场面积1746091.95亩，禁牧面积237901.01亩，草畜平衡面积1508190.85亩，草畜平衡载畜量为46625.3只绵羊单位，2017年末牲畜存栏20245头（只、匹），其中牦牛8987头，马29匹，绵羊10114只，山羊1115只，牲畜出栏4529头（只、匹）。2017年，共完成劳务输出159人次，劳务收入721100元；农村经济总收入1797.79万元；人均收入9119.2元。

【队伍建设】 年内，结合村干部及后备干部素质提升工程，进一步加大对村干部文化素质提升中学习要求，以驻村工作队为主，开展村干部业务、双语、政策、藏语文、汉语文、数学等教学工作，提高其村干部整体素质。同时，于2017年1月、5月，在乡党委、政府的牵头下开展集中培训会，将村干部及村后备干部集中到乡驻地，以乡党委、政府及完小为主要教学单位，开展村干部素质提升工作，形成村干部及后备干部与机关干部“一对多”的结对帮学方式，进一步提升村干部的整体文化素质。在发展党员工作上严把党员入口关。根据《中国共产党发展党员工作细则》，以发展党员工作

“十六字”为总要求，严格把握发展党员入口关。2017年，切热乡党委将7名预备党员成功转为正式党员，同时，经培养考察于7、8、9月、10月先后成功发展10名党员，进一步壮大党员队伍，加强党的组织建设，把党组织打造成坚强的战斗堡垒。

【项目建设】 年内，切热乡鲁玛村、切多村、帕灯村异地搬迁及灾后重建项目已基本完成，切热乡帕灯村等3个行政村实施村组织标准化建设项目、整村搬迁项目基础设施建设及乡驻地实施异地搬迁项目32户，并在乡政府内实施农牧综合服务中心办公楼的新建项目。

【精准扶贫】 年内，对全乡贫困户进行建档立卡。7月，在6个行政村开展扶贫对象进行动态调整工作，通过动态调整13个贫困户清退，新识别13户，动态调整后全乡共有建档立卡贫困户109户、399人（包括“五保户”11人、9户，扶贫低保10户、37人，扶贫户90户，351人）。贫困人安排生态岗位人数达285人，贫困户32户、98人；实施易地搬迁项目。截至年底，各项建设已基本完成，为切实完成好切热乡2017年的脱贫任务，乡负责人深入联系点开展调查摸底，通过与结对户交心谈心，全面掌握联系点家庭信息，共结对贫困群众98人，政策宣传次数达8场次，受教育人次达2500人次左右，及时足额兑现生态岗位资金、定向补助资金、易地搬迁资金、育才基金等扶贫相关资金。通过政策扶持、劳务输出、畜产品销售等方式，2017年全乡共脱贫32户137人，占贫困总人数的34%，完成2017年的脱贫任务。

【安全生产】 年内，切热乡始终把“安全第一，预防为主，综合治理”作为安全生产工作的指导方针，认真开展各种安全生产专项行动，及时排查各类苗头隐患的同时，着力从加大宣传，突出重点，强化监管，隐患整改，狠抓打非治违等方面着手，确保切热乡2017年总体安全稳定。乡党委、政府做到逢会必讲安全生产工作，政府主要领导主持召开或参加全乡安全生产会议3次，分管领导5次。研究解决阶段性安全生产工作中存在的问题；年内，乡党政主要领导带队检查安全生产工作4次，分管领导7次，亲自参与安全隐患排查，使问题及时发现及时整改，并制定《切热乡2017年度安全生产工作方案》；在元旦、春节、藏历新年、“两会”等在全乡开展安全生产大检查，检查侧重于查找安全隐患，并加大其整治及处罚力度，从而把安全隐患消除在萌芽状态。

【教育工作】 年内，乡党委、政府高度重视教育工作，把控辍保学工作作为教育事业的重要部分，小学生和中学生入学率均达到100%。保证每一个适龄儿童都能得到良好的教育机会。结合2016年县、乡开展的“均衡教育”工作，切热乡的“均衡教育”发展正稳步实施，前期工作已全面完成，乡党委、政府高度重视此项工作，定期召开专题会议，研究解决“均衡教育”中存在的问题，为切热乡“均衡教育”工作验收奠定坚实的基础。

【卫生工作】 年内，加强切热乡农村基层卫生队伍建设，提高卫生人员专业知识和医疗水平，做

2017年11月7日，县委常委、副县长达次在切热乡指导曲尔木村第九届村民委员会暨村务监督委员会选举工作

到小病不出村、大病不出乡、控制传染病，大力开展爱国卫生运动，普及全民卫生知识，倡导和培养健康的生活方式，根治牧民群众脏、乱、差等不良卫生习惯，营造良好的卫生环境。为巩固提高农村新型合作医疗制度，切实解决牧民看病难、看病贵的问题，农牧民新型合作医疗每年参合率达到100%；各村设有标准化卫生室；对6个行政村每村配备2名村医，做到小病不出村，大病不出乡。切热乡卫生院结合乡政府全年进行3次卫生食品安全排查，对人员密集的商店或茶馆等场所进行食品安检，发现的过期食品进行统一销毁，确保牧民群众食品安全。

2017年10月14日，昂仁县人民法院院长米玛旦增出席切热乡班子成员巡视整改专题民主生活会

【交通工作】 年内，严格按照“边排查、边整治”的工作要求，对全乡范围内的国、省、县道和乡村道路及安全设施进行全面排查治理，主要检查急弯、村庄、塌方路段、冰雪路段、高路基路段，凡是存在安全隐患的，一律按规范设置警示标志、警示桩、防护栏；对乡村道路主要标志标线、信号灯、隔离护栏缺失路段以及设计、渠化不合理的道路平交路口进行排查，凡是遮挡、损坏缺失的，提交申请上级部门修复，对交通标志设置不合理、不清晰的，进行调整、补充和完善。养护管理范围主要是村道3条、27.16公里；结合党员志愿服务工作，在冬季降雪时，乡党委、政府组织党员领导干部对219国道索白拉山开展3次积雪清扫工作，确保过往车辆及群众的生命财产安全；基本完成219国道至切热乡曲尔木村近5公里的路基铺设工作。

【文化工作】 年内，乡党委、政府高度重视对牧民群众的文化推广，结合“3·28”西藏百万农奴解放纪念日、“赛马节”“五一”国际劳动节、“十一”中华人民共和国成立及“四讲四爱”主题教育实践等重大节日活动，专门组织牧民群众开展文艺表演、观看县民间艺术团节日公演，全年共举办大型文体活动4次。切热乡文化站工作人员下乡宣传教育、卫生、法律等相关知识，全年达8场次，进一步丰富切热乡广大牧民群众的文化生活，推动切热乡基层精神文明建设，开阔广大群众及学生的视野，得到群众的一致好评。进一步加大对群众“户户通”设备使用情况的监督管理，指派专人负责乡、村农家书屋的日常管理和书籍整理工作。

【经济发展】 年内，全乡总收入为1799.12万元，与2016年同比增长5.92%，农牧民人均纯收入由2016年的8776.37元增长为9119.2元，与2016同比增长3.8%；第一产业收入为965.08万元，第三产业总收入为834.05万元。

【牧业发展】 截至年底，牲畜存栏20245头(只、匹)，牲畜适龄母畜9997头(只、匹)，肉产量125.15吨，奶产量170.54吨，牲畜出栏率保持在上级下达的指标以内，劳务输出收入77.97万元。2017年新生仔畜2989头(只、匹)，仔畜成活率为93%，成畜死亡328头(只、匹)，死亡率为1.6%；同时，进一步加大各种疫病的防治力度，高度重视牲畜的防疫工作，确保畜牧业生产健康发展和农牧民群众生命财产安全。依法加强对五号病、包虫病等各种疫情的监控和防治力度，切实抓好疫情防治工作，2017年在县农牧局的指导下完成对牲畜疫苗注射工作，并逐一填写牲畜免疫注射登记卡；全乡草场总面积为1797397.78亩，可利用草场面积为1746091.9亩，载畜量为46625.3只绵羊单位。完成上级统计部门交办的各项统计任务，顺利完成全年国民经济、接羔育幼等各项数据统计工作。

【技能培训】 年内，切热乡参加技能培训人员共计16人，其中驾驶技能11人、电焊1人、厨师3人、挖掘机1人。

【民生保障】 年内，全乡社会养老保险参保人员共计768名、新增39人，全乡全年共缴养老金100800元，兑现落实养老保险金113850元；全乡基本医疗保险参保人数共计1380人，参保率达到100%，确保群众的基本医疗得到全面的保障；残疾人、孤寡老人等纳入五保户名单中，全乡五保户共计10人，落实资金共计49400元，确保老有所依；全年冬春受灾资金共兑现6万元；对41名残疾人兑现两项补贴资金40260元；对10名寿星老人落实3200元；对4名退伍军人落实慰问金1200元；对全乡10户37名农村低保人员及时兑现落实生活保障资金。

【换届工作】 年内，坚持以村“两委”换届为契机，选好配强村“两委”班子队伍。成立换届领导机制、召开动员、推进会议，并对换届相关人员进行培训，制定乡、村两级“四方案两预案”，做好换届推进衔接工作；广泛宣传村组织换届选举工作，强调换届纪律，营造风清气正的换届环境；做好换届各阶段调研摸底、统计等工作，确保换届工作顺利进行；以谈话群众、村干部、监委会成员、双联户长、村组组长等方式全面了解掌握上一届村组织运行发挥情况。同时，以“三个十”为抓手，发放候选人选票，乡党委审核把关等形式确定各行政村人事方案；根据换届工作安排，于11月10日顺利完成切热乡村组织换届选举工作，新一届村班子得票率均在80%以上；换届完成后，由乡党委、人大、纪委等工作人员组成的换届交接审计组，深入各行政村，完成新旧村班子财务、固定资产、文件资料及其他工作的交接，确保新旧班子的工作连续性；换届顺利完成后在乡党委的组织下，完成切热乡新一届班子的业务培训工作。

【学习党的十九大精神】 10月18日，以切热乡机关及下辖各单位及各村“两委”各自为单位，及时观看中国共产党第十九次全国代表大会，领悟会议的报告精神，并在领导干部中广泛开展研讨、学习等会议，不断加深对十九大精神的认识及领悟。同时，在全乡范围内不断加大十九大精神的学习宣讲学习力度，撰写心得体会，制作发放藏文版习近平总书记重要报告，悬挂横幅等，营造良好的学习氛围。

【“四讲四爱”主题教育实践活动】 年内，完成“四讲四爱”主题教育实践活动动员会议及各阶段总结部署会议，回头看宣讲工作；及时响应县“四讲四爱”主题教育实践活动部署，多次在群众中开展巡回宣讲、集中宣讲等工作，有效地提升群众的思想意识；主要以庆“3·28”西藏百万农奴解放纪念日活动、知识竞赛、纪念五四运动98周年活动、知识测试、“民族团

2017年5月21日，党委书记次仁旺堆、人大主席拉巴次仁组织召开“四讲四爱”主题教育实践活动宣讲会

2017年8月12日，党委副书记旦增赤来主持召开切热乡村组织换届选举工作培训会

结进步日”宣传活动、评选文明户等多种形式不断推动“四讲四爱”主题教育实践活动；开展“四讲四爱”宣讲员现场培训会，不断提升宣讲员的宣讲能力、素质。2017年全乡6个行政村共组织宣讲266余场，其中乡宣讲团宣讲82场，驻村工作队宣讲60余场，村（居）党支部书记宣讲124场。参与学习的人数达7890余人次，其中农牧民群众6310余人次、青少年学生1580余人次；活动共悬挂领袖像826个，喷绘宣传标语24余条，树立文化墙8块，发放宣传海报280余份，广播宣传120余次，开展新旧西藏对比12场次。

【环保工作】 年内，乡党委、政府高度重视，对本辖区及6个行政村环保工作进行广泛宣传。2017年，乡党委、政府将全乡环保工作作为常态机制，对辖区内的施工单位产生的建筑垃圾进行集中处理，并组织领导干部及群众，多次开展环境卫生整治工作。

【“河长制”工作】 年内，根据县委、县府工作要求，建立健全以乡党委、政府领导责任制为核心的江河管理保护责任体系，全面建立乡、村级河长体系，形成一级抓一级、层层抓落实的工作格局。在具体工作上牢固树立保护生态环境就是保护生产力、改善生活环境就是发展生产力、绿水青山就是银山、冰天雪地也是金山银山的理念，在全乡范围内开展生态环境保护工作，尤其对“达格架温泉”实施重点保护，在沐浴节期间，由县公安局、乡党委、政府及派出所一同住在达格架温泉，执行落实值班、巡逻、卫生、安保等管理工作。同时，对切热乡范围内的2个湖泊及热嘎藏布江沿岸开展5次污染防治工作，2017年全乡范围内的湖泊及江河未出现污染问题。

（旦增赤来）

秋窝乡

【概况】 秋窝乡位于西藏自治区西南部、日喀则市西部雅鲁藏布江上游，位于昂仁县东部，地处雅鲁藏布江西南部，位于北纬29° 22′，东经87° 27′之间，属于农业大乡。距县城30公里，平均海拔4260米左右，是著名的一世班禅诞生地，全乡现有耕地面积16962.42亩，草场面积936365.03亩，其中可利用草场面积888815亩。秋窝乡属于高原中低山地地貌，高原温带半干旱大陆季风气候，年日照时数为3000小时，年平均气温8.6℃，年均降水量300毫米、年均蒸发量2505毫米。秋窝乡主要种植的农作物为青稞、小麦、油菜、豌豆、土豆。全乡现有23个行政村（分别为培、帕孜、席、上白玛、康萨、当通、曲古伦布、亚曲、落空、杂岗、秋窝、森岗、拉日孜、查布、尼布、龙木其、拉萨布、下白玛、桑珠、阿木加、南木加、帮布、杰）共有1654户、7741人。全乡共有干部职工42名，“双联户”单位151个。秋窝乡有寺庙6座，分别为格甘曲龙寺、曲林贡桑、尼布拉康、恰噶珠地、桑珠甘丹、鲁古寺。

【基层组织建设】 年内，乡党委根据秋窝乡实际情况制定《秋窝乡2017年基层党建工作目标责任书》，并结合工作实际，对下辖的23个行政村党支部下发《2017年党建工作细则（藏译版）》要求全乡党员紧密联系个人思想、工作、

2017年6月18日，党委书记顿珠在杰村入户调查扶贫户

生活实际，针对思想困惑、认识模糊问题，真正提高认识、找到差距、明确努力方向。建立健全《秋窝乡2017年基层党建工作领导小组》《秋窝乡2017年基层党建工作督导方案》；为进一步加强本乡干部队伍的管理，制定《秋窝乡从严管理干部制度》《科技特派员管理办法》《党员三条禁令》《户长管理办法》《村干部请销假制度》《乡干部每月学习制》《乡干部包村包片制》《秋窝乡党员干部禁酒禁赌承诺书》《村后备干部交叉跟班学习任职》，不断增强干部服务群众意识，切实转变干部工作作风。并设立办公室由乡党委副书记担任办公室主任，要求领导小组严格落实县委、乡党委关于基层党建工作的相关要求，督促指导各党支部抓好推进落实。

【干部队伍建设】 年内，为更进一步拉近党群、干群关系，乡党委组建“党员突击队”“党员志愿队”等党员工作小分队，为群众解实事、办难事，2017年7月乡党委组织“党员突击队”先后对存在较大危险道路开展抢通工作，出动“党员突击队”人数220名，共抢险、抢通31件。2017年3月至10月步入农收时期乡党委组织“党员志愿队”结合主题党日、丰富党员业余生活为题，开展为秋窝乡无劳力、年老人员较多的家庭慰问、宣传政策知识、日常疾控知识，助农收割等活动，出动“党员志愿队”50名，慰问6户，宣传疾控知识（对个人，集体）10场，助农收割20亩，充分体现党员、干部的先锋模范作用，切实增进本乡党群、干群关系。

【党风廉政建设】 年内，认真落实党风廉政建设责任制，层层落实责任制。按照集体领导与个人分工负责相结合，谁主管谁负责，一级抓一级，层层抓落实的原则，明确在抓党风廉政建设中的各项责任目标、责任范围；分别与各村党支部签订《党风廉政建设目标责任书》，将党风廉政建设目标责任细化到人；狠抓学习，组织党员干部认真学习理解《党员领导干部廉洁从政》手册及相关文件等。强化落实村级党支部党风廉政责任制；全乡把党务公开作为发扬党内民主、强化党内监督、密切党群干群关系、提高基层党组织执

2017年5月19日，党委副书记祝涛在当通村看望结对帮扶对象

政能力、促进各项工作的重要举措和有效手段，多措并举，精心实施。配合有关部门加强监督检查，重点解决强农惠农资金，精准扶贫资金落实、医疗卫生、学校收费等方面关乎群众切身利益的问题。协调有关部门加强对各项农民补贴款到位情况的专项检查，加强审计和财政监督。

2017年4月8日，秋窝乡政府与各村签订目标责任书

【换届工作】 年内，秋窝乡按照区、市、县委的安排，及时成立以乡党委书记任组长的乡党委、人大换届选举工作领导小组，并制定换届选举工作实施方案，做到早安排、早制定，任务明确。5月21日，深入全乡23个行政村开展村“两委”换届摸排调查，形成换届前综合评议报告、现任干部和后备干部现状分析报告，并进行换届财务清查审计工作。严格按照秋窝乡村组织换届选举工作方案，圆满完成2017年村“两委”换届工作。

【农业工作】 年内，全乡耕地面积为16962.42亩，其中品种推广面积为12399.93亩。主要种植良种青稞、蔬菜、良种油菜籽、饲草饲料，2017年平均亩产量达到671斤。采购优质“藏青2000”35400斤、“喜马拉雅22号”60000斤，共计95400斤，解决农田种植的良种需求。共播种16687.8亩农作物，其中高产创建(二级种子田)600亩、优良品种“藏青2000”4181.75亩、“喜马拉雅22号”3987亩、蔬菜1176亩、饲草料1026.78亩、当地种子4394.53亩，其中机耕面积10630亩、机播面积达到9030亩、精选种子面积11400亩、种子包衣面积5000亩，现已全面完成。

【牧业工作】 截至年底，牲畜总头数47052头(匹、只)；新生仔畜10960头(只、匹)，成活10758(头、只、匹)，成活率为98.3%。成畜死亡数691(头、只、匹)，死亡率控制在1.46%。做好草畜平衡工作。秋窝乡草场总面积为936365.03亩，可利用草场面积为888815亩，载畜量为58569.2只绵羊。2017年，落实草奖资金166.8万元。

【林业工作】 年内，下大力气加大植树造林力度，在拉日孜村等4个村种植1365亩杨树，并组织乡干部到以上4个村种植树木。

【脱贫攻坚】 年内，根据县扶贫办要求和实际工作需要，秋窝乡工作重心向脱贫攻坚工作倾斜。以“六个精准”为抓手，“九个一批”为举措，多次组织召开脱贫攻坚工作推进会，结合秋窝乡实际，研究决定全乡精准扶贫、精准脱贫相关政策与措施，切实做到精准扶贫扎实长效：加强组织领导层面建设，成立乡扶贫开发领导小组、乡脱贫攻坚指挥部领导小组，全面负责脱贫攻坚工作；加强脱贫攻坚力量配备，成立乡扶贫专班，配备包括两名副科级干部在内的扶贫专干8人，确保扶贫工作有效开展；制定精准扶贫干部包村制度，委派26名乡干部实行包村，并签订目标责任书，全面负责各村的精准扶贫相关工作；加强脱贫攻坚统筹安排，制定2018年脱贫计划、脱贫攻坚实施方案、“九个一批”实施方案等文件十余个，合理安排脱贫攻坚相关工作。秋窝乡严格按照“六个精准”工作要求，组织实施，确保“精准扶贫到户、责任落实到人”，秋窝乡2017年完成204户784人的脱贫任务。

【教育工作】 年内，秋窝乡党委、

政府高度重视教育工作，尤其是把义务教育均衡发展作为教育发展的重中之重，大力支持，健全机制，强化措施，义务教育水平不断提升。为进一步统一思想，凝聚力量，举全乡之力打赢义务教育均衡发展攻坚仗，强力推进义务教育均衡发展工作，乡党委、政府研究制定《秋窝乡政府推进义务教育均衡发展工作实施方案》和各学校签订目标责任书，制定党政主要领导联系学校制度、“控辍保学”制度、定期会议制度、乡教育奖惩制度等，同时成立推进义务教育均衡发展工作领导小组，由乡党委副书记、乡长费牛徕担任组长，主管教育工作的边巴卓玛副乡长担任副组长，分管教育的工作人员担任小组成员。创建统一领导、分工负责、分级管理、责任到人的工作机制，确保秋窝乡义务教育均衡发展工作稳步推进。

继续加强教师队伍建设，切实提高教师教学的水平和能力；抓“控辍保学”，健全保学机制，使惠学利学政策深入开展，确保小学入学率达到100%，巩固率达到100%，不让任何一名学生因任何原因失学；狠抓教学常规管理，严格按照自治区统一校历要求开齐课程、开足课时，同时认真落实教研工作“122221”发展目标，切实补齐短板，加强检查指导，努力打造高效课堂；抓好教育教学评价，坚持以提高教育教学水平为抓手，以奖惩落实为鞭策，健全教学质量考核监测机制；监督好“三包”经费的使用情况，确保将各项教育资金落到实处；加强群众思想教育，提高群众在教育事业中的参与度；加强对学生管理和安全的监督，对学生假日接送情况、校内食品安全等进行定期检查；就学方面加强宣传力度，提高群众意识，让孩子得到更好的教育。2017年，全乡小学生入学722人，入学率达到100%。

（陈　航）

2017年10月18日，秋窝乡政府组织干部职工看望孤寡老人

达局乡

【概况】 达局乡位于昂仁县东南部，距离昂仁县政府驻地55公里，东连彭措林乡，西临秋窝乡，北靠亚木乡，南与曲下乡毗邻，达局乡辖区15个行政村（达局、多洛、克吾、江嘎、桑嘎、帮玉、赤纳、伦定、纳古、谢如、其素、通、珠吾、柱、粗），26个自然村，7座寺庙，18个基层党支部，乡域面积1300平方公里，平均海拔4200米。乡政府干部职工共33名，其中行政编制人员16名，事业编制人员12名，公益性岗位2名，工人1名，临时工2名；乡派出所干警4名，辅警1名；乡卫生院工作人员共6人，其中：公益性岗位3名；两所完小教职工24名。乡直属单位有乡文化站、农牧综合服务中心、兽防站、乡派出所、乡邮政所，乡卫生院、2所完小和2个寺庙管委会。

【经济发展】 达局乡总人口911户4843人，农村劳力2328人。农作物播种面积7828.05亩，草场面积60.6万亩，粮油总产量8556斤，奶产量182.5吨，牲畜存栏21933（头只匹），青稞产量407.41万斤，牲畜出栏6138（头只匹），出栏率为29%，新生仔畜6445只，成活率96%，成畜死亡327只，死亡率为1.56%。生产总值3761.6万元，农牧民人均收入达到7767.1元。

【项目建设】 “秋亚”段省级公路建设、秋窝至彭措林段县级公路建设项目已开工；赤纳村二小教学

2017年10月18日，达局乡村组织换届选举初步人选考察会

楼建设项目、赤纳村幼儿园建设项目、江嘎村幼儿园建设工程、谢如村幼儿园建设工程、达局村幼儿园建设工程五个项目已完工。

【安全生产】 年内，坚持“安全第一、预防为主”，完善安全生产责任体系，结合实际严格按照上级部门要求，对乡域内9个项目建设点开展全面性的安全隐患排查5次，下发安全隐患整改单8张，开展安全生产宣传9次、参与人次480余人，组织召开安全生产意见反馈会议3次。

【精准扶贫】 根据县委、县政府建档立卡贫困户动态调整相关要求，乡党委政府对建档立卡贫困户进行调整，动态调整之前建档立卡380户，1608人数。动态调整新识别6户，10人，清退建档立卡贫困户43户，217人，清退低保贫困户37户，214人。全乡扶贫建档立卡户数有334户，1539人（“五保户”15户，17人；低保扶贫户94户，425人；一般贫困户225户，1097人），户贫困发生率为32.4%，人口贫困发生率为31.7%。通过“产业到户、就业到户、教育到户、政策性帮扶到户、异地搬迁扶贫到户、生态岗位资金发放到户、金融扶贫到户、医疗救助到户”八个到户为实现整体脱贫提供强力支撑。实施育才基金落实4万元，农村低保高校救助资金2.22万元。发放定向补助资金57.0447万元。易地搬迁12个村，50户、215人，其中100平方米的2户，110平方米的18户，120平方米28户，140平方米的2户，上级先后拨款405.9万元。截至年底，易地搬迁资金已落实675.9万元。发放生态补偿扶贫资金601.2万元；小额贷款户数为177户，占总建档立卡贫困户的52.8%；民政医疗救助15户、15人，救助资金33028.82元。2017年脱贫129户605人。

【换届工作】 按照自治区、市委、县委2017年村组织换届选举工作安排部署，乡党委精心部署、周密安排，开展好乡村组织换届选举工作，坚持把党的领导贯穿始终，按要求从前期调查摸底、政策宣传、征求意见、确定人事方案、人事考察，通过动员会、党委会、培训会、换届试点村总结会，认真分析形势、查找问题、研究对策、总结经验，严格按照“三个十条”逐一审查候选人资格，11月6—12日依法依规按程序顺利完成15个村组织换届选举，新一届村组织干部150人，其中村“两委”班子成员74人，监督委员会成员42人，妇代会成员30人，团支部成员4人。村“两委”班子成员实际人数为74名，其中有61名村党支部委员交叉兼职进入村委会班子，占到总数的82.4%。新一届“两委”班子成员中党员74人（正式党员74人）。

【“两学一做”学习教育活动】 年内，按照县委、县委组织部关于“两学一做”的安排部署，乡党委加强领导、精心组织，认真抓好学习活动，边学边查边改，要求干部职工从中吸取教训，坚定纪律底线、培养高尚情操，努力学习《中国共产党新修订的党的章程》《中国共产党廉洁自律准则》和《中国共产党纪律处分条例》等党内法规，把握法纪分离、纪在法前、纪严于法的基本要求，突出遵守政治纪律、政治规矩，突出正面引导、重在立德，突出对照“负面清单”、重在立规，引导党员干部坚持“高线”、守住“底线”、不碰“红线”。干部职工平均撰写个人自学笔记18篇，撰写学习心得体会12篇。利用下村评定上半年星级党组织及优秀党员的时机，认真听取和征求党员群众代表的意见，共查摆问题3个，提出具体整改措施4条，已整改突出问题2个。

【民政工作】 全乡农村低保对象共153户485人（其中A类139人、B类125人、C类221人），孤儿10人，“五保户”17人，退伍军人15人，80岁以上寿星老人41人，90岁以上寿星老人5人，残疾人89名。做好“五保户”和孤儿“双供养”工作，逐年提高“双供养”率。截至年底，共集中供养五保对象7人，分散“五保户”10人，集中供养率达到41.18%。加强低保、“五保户”、孤儿、优抚对象、残疾人等社会弱势群体的核查管理工作。累计兑现低保资金111.3555万元；残疾人“两项”补贴资金10.098万元；燃油补贴资金1.216元。做好防洪抗灾工作，及时落实冬春受灾群众生活救助款，解决群众生产生活困难，共落实冬春救助资金14.5万元。

【人社工作】 年内，做好城乡居民养老保险政策宣传和工作，共收缴参保资金28.5万元，城乡居民养老保险覆盖率为99.8%；抓好劳动力的培训和转移就业工作，不断提高劳动者的素质，努力拓宽农民增收渠道，引导农村剩余劳动力劳务输出，增加农民收入。截至年底，达局乡劳务输出2692人次，创造劳务总收入564.16万元，纯收入459.12万元。

【宣传文化工作】 年内，以“四讲四爱”“十九大精神宣讲”专题活动为契机，持续抓好党员干部的作风建设和群众的思想教育。健全综合绩效考核体系，制定《机关干部考核办法》《村级考核方案》《乡规民约》等考核办法。乡干部宣讲员深入15个行政村开展“十九大会议精神宣传”宣讲5场，受众群众8956人次，村“两委”班子、“双联户长”、党员宣讲团开展宣讲48场，受众群众2121人，学校教师宣讲团开展宣讲14场，受众学生2342人次，按照自治区、市委、县委关于迎接党的十九大开展“四讲四爱”主题教育实践活动的工作安排部署，乡党委紧密结合市委“深化五项教育、增五个意识”主题教育活动，严格按照“讲党恩爱核心、讲团结爱祖国、讲贡献爱家园、讲文明爱生活”及时开展动员部署会，成立宣讲团深入各村、学校、寺庙宣讲“四讲四爱”主题教育实践活动，先后开展30余场次的宣讲，张贴500条宣传横幅和张贴400多张宣传标语、发放3000多份宣传材料、安装15套广播设备、发放国旗3000多面，为迎接党的十九大创造了良好氛围。

2017年11月20日，达局乡文化站宣传干事在桑嘎村宣讲党的十九大精神

【教育工作】 年内，乡党委、政府注重小学适龄儿童入学率，有效控制辍学率，引导农牧民群众运用合理的奖惩制度激发农牧民关爱子女入学，坚持“控辍保学”。适龄儿童入学人数为467人，适龄儿童及中学入学率达到99.57%，辍学学生数为2，辍学率控制在0.43%。

【卫生工作】 年内，乡卫生院住院分娩人数79人，分娩率为95%，幼儿接种应种1896人，实种1870

2017年9月15日，达局乡机关党支部在乡第一完小开展“大手拉小手、均衡教育齐步走”主题党日活动

人，接种率为98.6%，合作医疗集资92460元，集资率达到100%。

【草原生态平衡】 年内，乡草原生态保护补助奖励机制承包草场面积60.6万亩，禁牧面积5000亩，草畜平衡面积60.1万亩，落实草奖资金106万元。

【技能培训】 年内，达局乡参加技能培训的驾驶类14人，钢筋混泥工7人，挖掘机8人，厨师9人，共培训39人。实地就业3名，参加护路队2人。

【交通工作】 年内，加强公路养护和管理，确保安全畅通，成立各村护路队15支，制定各项规章制度，交通事故多发时节明确各线专人管理，并组织村民进行维修，全年道路养护作业次数26次，劳力投入1263人次，货运车辆投入46次；乡政府抢险保通小组成员已达30余人 。

【水利工作】 年内，以经济工作会议为契机，向15个行政村征求意见，解决热点、难点问题，通过水利、扶贫、财政、强基、民宗等渠道，推进农田水利建设，不断改善农田灌溉条件，防洪抗灾期间共组织456人次、4辆防汛装载机、5辆挖掘机、36辆防汛货运车辆进行抗洪救。

【国土工作】 年内，与15个行政村签订国土资源管理目标责任书，采取有效措施制止违法用占地行为，有效调处违法用地行为。年内，乡地质灾害点新增1个，共计12个灾害点，24名检测人员，按照每人0.3万元补助标准，共计发放7.2万元，完善应急方案和工作领导小组，形成灾害点防范体系，开展地质灾害演练1次、参与人数150余人次。

【商务工作】 年内，共计发放碘盐26吨，严格按照1人5袋的标准发放，确保农牧民群众安全用盐和健康用盐；开展家电下乡活动，积极宣传国家惠民政策，对各类家电用具性能情况进行逐一讲解，确保农牧民群众放心购买和资金补贴落实到位。

（央　琼）

贡久布乡

【概况】 贡久布乡位于昂仁县西北部，距昂仁县城277公里。地理位置：北纬30° 38′，东经87° 3′，北部与那曲地区尼玛县甲谷乡接壤，东部与尼玛县吉瓦乡接壤，南部与措迈乡相邻，东北部与尼玛县达果乡相邻。平均海拔4800米，全乡土地面积1700平方千米，草场总面积为1635154.7亩，其中可利用草场面积为1557215亩，草场禁牧面积为249145.67亩。贡久布乡属于高原中低山地地貌，高原温带半干旱大陆季风气候，贡久布乡现有6个行政村（分别为孜热、色聂、孜果、次如、松多）是纯牧业乡，18个自然村。共有352户、1346人，人均收入9304.11元。乡干部职工27名，10名教师，学生99名4名医护人员、4名公安干警，“双联户”单位42个。

【基层组织建设】 年内，以创“五好”基层党组织为核心，狠抓乡村两级党组织规范化建设；建立健全以村级党组织争先进位考核和目标绩效考核办法为内容的村组干部日常坐班工作模式。全乡共有党员148名，农牧民党员127名，2017年发展党员10名，预备党员2名，入党积极分子3名。根据县委、组织部要求，贡久布乡党委紧紧围绕“两学一做”学习教育和“村干部素质能力提升工程”两项核心任务，稳步推进基层党建工作，在县督导组的指导下，党建工作逐步走向规范化、常态化。

【干部队伍建设】 年内，各党支部深入开展“两学一做”学习教育、不断健全完善各项规章制度，在班子内部大兴“民主、团结”之风，对重大事项坚持民主集中制，努力协调好和班子成员之间的工作关系，打造一个团结、有战斗力的、能够切实为广大牧民服务的领导班子；严格制定并执行各项理论学习计划，不断提高班子成员的政治理论水平、业务水平和思想觉悟，增强党性修养；认真学习贯彻中央、区、市、县各项会议精神，全面提高党的执政能力水平；定期组织开展民主生活会和民主评议活动，倡导班子成员通过批评和自我批评，客观审视不足，切实改进工作方式方法，真正达到弄清思想，团结奋进的目的。坚持正面教育，进一步拧紧思想“总开关”；坚持学用结合，牢牢抓住以“做”为关键，引导党员在创先争优中更好地保证合格；坚持问题导向，推动党员领导干部带头坚定理想信念，带头全面从严治党，推进党的作风不断好转；坚持领导带头，凡是要求党员做到的，党员领导干部首先要做到，凡是党要求党员不做的，党员领导干部带头不做。

【“四讲四爱”主题教育实践活动】 年内，贡久布乡为扎实开展“四讲四爱”主题教育实践活动，遵循群众思想教育规律，做到思想上重视、需求上对接、落实上有力，努力在全乡唱响主旋律、奏响最强音。对根据贡久布乡牧民群众居住分散这一特点，乡党委、乡“四讲四爱”主题教育实践活动办积极创新宣传方式方法，成立乡村两级宣讲员，宣讲员培训8次。巡回宣讲30余次，受训人数达9000多人次，组织“双联户”户长、野保员等对各自居住的放牧点进行宣讲活动。这一宣传方式，一能解决牧民群众居住分散、每次集中宣讲绝大多数只有户长参会的现象。二能不影响牧民群众放牧生产的情况下，确保让每位牧民群众都能充分认识习近平总书记是全国各族人民衷心爱戴的核心，没有共产党就没有社会主义新西藏、就没有西藏各族人民今天的幸福生活和更加美好的未来。中华人民共和国是一个统一的多民族国家，西藏自古以来就是伟大祖国不可分割的一部分；党的民族政策光辉照耀西藏人民走向繁荣富强，做到自觉维护祖国统一、维护民族团结、维护社会稳定。

【村组织换届】 年内，按照《中国共产党章程》《中国共产党基层组织选举工作暂行条例》《村民委员会组织法》《村民委员会选举办法》及县、乡、村级党支部和村民委员会换届选举的有关规定，经过认真的摸底调查研究，周密部署，广泛宣传，精心组织，自3月19日开始至11月12日，换届工作胜利完成。党支部和村委会换届选举结果：村组织换届选举采取“两推一选”，村组织交叉任职，支书、主任“一肩挑”方式进行。选举产生村党支部书记6人，委员24人，

2017年9月4日，党委书记格桑组织乡政协委员对乡完小项目、易地搬迁项目进行监督检查

2017年9月4日，党委副书记扎西多吉组织工作人员在松多村开展“先进双联户”评选工作

党员30人，妇女党员干部6人，30岁以下9人，31岁至40岁8人，41岁至50岁5人，51岁至59岁8人；初中6人，小学24人，连任支部书记、主任5人，连任副书记、副主任4人连任委员11人，平均年龄40.2岁。

村务监督委员会选举结果：全乡共有村民委员会6个，选举产生村民委员会主任6人，党员6人，30岁以下6人。31岁至40岁6人，41岁至50岁以上6人。小学学历14人，初中学历4人、连选连任4人。平均年龄36.4岁。村组织换届工作基础扎实，措施得力，进展顺利，效果较好。

【脱贫攻坚】 年内，乡党委、政府多次召开专题会议，在原有的“精准扶贫”工作领导小组的基础上，成立包片包村包户制度，党委政府人大三位正科级干部包片，6名副科级干部包村。落实责任，将“精准扶贫”政策，摸底调研等各项工作有专人抓、专人管，确保各项工作精准到位。制定贫困户“五条禁令”。由于是纯牧业乡贡久布乡牧民群众的生活方式方法落后，经常出现牲畜便卖、在商赊账，购买不必要的交通工具如汽车等，为此乡党委、政府、人大，组织村“两委”、人大代表召开专题会议，在原有乡规民约和村规民约中新加入贡久布乡贫困户“五条禁令”：不准喝酒、不准赌博、不准购买汽车、不准赊账、不准将分配的牲畜便卖。

全乡围绕“九个一批”，抓脱贫政策的落实。结合“四讲四爱”主题教育实践活动，到放牧点、自然村等偏远区域进行宣传。宣传人次达500余次。转移就业方面依靠县人社局开展技能培训和联系就业岗位，截至年底，以完成培训10户、10人；生态补偿方面303人、人均标准3000元，90.9万元资金完成发放；并其多次组织生态岗位人员，进行乡村公路养护。发展教育方面，确定享受政策贫困户47户79人，医疗救助方面，列入享受政策5户5人；社会兜底方面，列入享受政策7户8人；信贷扶持方面，2017年已经享受政策扶持22户，涉及资金达到156万元。

2017年，确定结对帮扶97对。乡党委、政府多次入户调查和探讨后，通过党员和村“两委”、乡党委、政府联合担保先后在贡久布乡3个行政村内进行贫困户小额贷款，将贷款金额整合，不影响草原生态保护奖励机制的前提下以借畜还畜的方式分配给贫困户；成立便民合作社实行畜产品“统收统卖”方式防止畜产品便卖现象，进行畜产品统一出售市场，来增加贫困户的收入。通过以上对策增加贫困户收入来助推贡久布乡与全县一道步入小康社会。在牧区长期以来形成的习惯经营思维，给一些牧民形成灾难性的打击和损失。因此乡党委、政府组织村两委党员进行统一收集畜产品，乡干部和村干部带头到县城或市里进行统卖，将畜产品统一出售到市场，能很大程度上提高贫困户收入。

【社会综合治理】 贡久布乡地处那曲地区尼玛县边界，人流量较大，因此加强群防群治和流动人口管理。设立乡村两级综治管理岗，安排综治管理人员12人；各村成立护卫队；护边队，进行人口摸底，加强信息平台建设，做好网格化管理；重点加强流动人口的登记管理，各村对流动人员、不明身份人员做到及时登记上报；根据县委、县政府要求，扎实推进“双联户”工作，划分“双联户”单元42个，选出“双联户长”42名。

【安全生产】 年内，乡人大、安全生产领导小组及工作人员对茶馆、酒馆、学校附近商店等进行8次的易燃、易爆排查工作及大、小型施工单位的安全防范工作；安全生产目标分解到“双联户”单元，层层落实；对该乡酒馆等场所做出时间限定，并实行周一到周五的禁酒措施。酒馆超过11点营业，对从业人员进行处罚，减少酒后闹事行为的发生。

【经济发展】 2017年，农村经济总收入1715.5260万元。人均纯收入9304.12元，同比增长16%。

【牧业发展】 截至年底，牲畜总头数32146头（匹、只），仔成活率93%。畜牧业副产品产量有所增长，牛肉产量124.51吨、羊肉产量125.05吨、奶产量378.16吨、奶渣14.96吨。

【林业工资】 年内，乡党委、政府加强野保员的培训工作，加大对野生动物的保护工作和野生动物肇事补偿工作宣传和统计上报工作，在各村委设立野保员。

【教育工作】 年内，贡久布乡完小有教师10名，学生125名，班级5个。年内，小学入学率达100%，巩固率100%，初中入学率达100%，巩固率100%。

【卫生工作】 年内，乡卫生院1所，医护人员4名，村医12名。2017年医疗卫生工作取得新成效，乡政府、乡卫生院积极开展健康教育宣传工作，广大群众健康知识水平明显提高，住院分娩达到98%、新型医疗参保人数1346人、参保率100%。

（扎西多吉）

2017年4月9日，贡久布乡召开扶贫攻坚推进会议

亚木乡

【概况】 亚木乡位于昂仁县东部90公里，共有20个行政村36个自然村，乡域面积为1300平方公里，耕地面积为10439亩，草场总面积为938381亩，全乡总户数为1471户，其中牧业户13户、农业户1458户，全乡总人数为6999人。全乡共有22个基层党支部，375名党员，其中正式党员366名，预备党员9名，亚木乡政府共有36名干部职工，亚木乡完小共有26名教师，亚木乡卫生院有6名医务人员，亚木乡营业所有3名工作人员。全乡“双联户”联保单元共有148个，有4座寺庙分别是吕龙寺、萨木寺、恰布寺、龙琼寺。2017年，动态调整后建档立卡贫困家庭共661户2697人，清退73户348人，新识别43户165人；2016年易地搬迁集中安置共67户285人，2017年易地搬迁集中安置27户、插花安置247户；享受生态保护政策人数2008人、享受定向补助人数942人。2017年，亚木乡乡完成青稞良种推广6100亩。

【精准扶贫】 年内，亚木乡动态调整后建档立卡贫困家庭共661户2697人，清退73户348人，新识别43户165人；2017年易地搬迁集中安置27户、插花安置247户；享受生态保护政策人数2008

2017年2月9日，县委副书记、县长普布多吉在亚木乡考察扶贫工作

人、享受定向补助人数942人。易地搬迁是亚木乡精准扶贫中的重点任务，易地搬迁工程款项，落实2017年第一批资金1370万元；2017年第二批资金274万元；2017年第三批资金2118.756万元，以上共计4573.836万元。

【易地搬迁】 截至年底，全乡易地搬迁总共343户1401人，其中2016年易地搬迁共67户285人；2017年集中安置住房共27户，已全部完成；2017年插花安置住房共247户，其中符合入住条件的238户，因交通条件等施工点特殊原因还有9户只完成地基，2018年完工，分布情况是江仁村1户、曲康普村1户、亚木荣自然村3户、龙玛村1户、杰村3户。

【干部队伍建设】 年内，及时调整2个村支部班子，开展相对后进村级党组织集中整建工作。注重党员发展、培训工作，共发展党员2名，培养入党积极分子7名。进一步加强对大学生村官管理、培训、考核制度。进一步规范和提升为民服务体制，出台为民服务和坐班工作机制，完善相关制度。

【“四讲四爱”主题教育实践活动】 年内，亚木乡按照自治区党委办公厅印发《关于开展“讲党恩爱核心、讲团结爱祖国、讲贡献爱家园、讲文明爱生活”喜迎党的十九大主题教育实践活动总体方案》以及县委有关要求，结合自身实际，深入开展以“四讲四爱”主题教育实践活动为载体的干部作风教育整顿活动。及时研究制定实施方案，明确学习动员、在全乡面向农牧民群众、青少年学生、寺庙僧尼开展“讲党恩爱核心、讲团结爱祖国、讲贡献爱家园、讲文明爱生活”喜迎党的十九大主题教育实践活动（以下简称“四讲四爱”主题教育实践活动），进一步强化“四个意识”、向核心看齐，在思想上政治上行动上与以习近平总书记为核心的党中央保持高度一致的必然要求；深入贯彻落实习近平总书记系列重要讲话精神和治国理政新理念新思想新战略，深入贯彻落实习近平总书记“治国必治边、治边先稳藏”的重要战略思想和“加强民族团结、建设美丽西藏”的重要指示的必然要求；深入开展反分裂斗争，确保社会稳定，实现西藏长治久安的必然要求查找问题、集中整改、建章立制四个阶段的目标任务。绕作风转变、效能提高、形象提升的总体要求，进一步完善机关学习、值班、包村、考核、接访、为民服务等各项工作制度，加强机关干部和村干部的政治素养和纪律约束，增强服务民众的宗旨意识。

【安全生产】 年内，亚木乡每季度进行一次安全生产大检查，及时将检查结果上报，使安全生产工作再上台阶；加强值班纪律，特别是汛期和重要节日期间，严格值班纪律，同时与各村签订安全生产责任书；加强道路交通管理，严抓超载超速、农用车载人；抓工程建设安全施工，通过检查安全用电、安全施工，确保工程施工不出事故；健全和完善应急救援体系，与各村、各工程建设点及学校等单位签订责任书，同时定期开展安全生产隐患大排查，并对重点行业、重点部位进行监控，确保亚木乡未发生重大安全生产事故。

【经济发展】 年内，亚木乡实现农村经济总收入达7675.19万元；

其中第一产业收入2180.57万元；第二产业收入99.54万元；第三产业收入5395.08万元。2017年向外输出劳务4084人，创收1438.85万元，人口自然增长率控制在5%以内。总体上看，全乡经济社会呈现出良好的发展势头。

【基础设施建设】 年内，协调秋亚公路开工建设，共下村10余次协调环保与征地问题，该项目建设完成后彻底改变亚木乡3600人口出行难得问题；萨那达至许如、乡政府至曲康普路段的水泥路工程。这些项目的陆续实施，极大地改善境内的交通条件，为亚木乡经济发展奠定坚实基础；加冲、准唐灌渠项目已完工；加冲自然村土地平整600亩已完工。二级种子田建设通过集中连片管理，建设400亩二级种子田，推动亚木农村农业基础建设步伐。

【农业工作】 年内，亚木乡加大产业结构调整力度，引进优良品种和争取低改项目，加强春耕春播工作。顺利完成农牧生产指标，全乡从春耕春备工作开始抓起，准备农药50余箱（桶）、化肥443吨，农家肥900余吨。2017年，亚木乡完成青稞良种推广6100亩。

【牧业工作】 年内，全乡牲畜存栏总头数为48747.5个绵羊单位，新生仔畜头15395头（只、匹），成活数14625头（只、匹），仔畜成活率为95%；成畜死亡数433头（只、匹），死亡率2%。加强畜种改良工作，加大宣传逐步普及机耕机播，加强短期育肥工作，共育肥1200头（只、匹）。2017年，牲畜存栏为48万个绵羊单位，实现全乡草畜平衡，已全部落实2017年草奖资金共150.27万元。青稞增产与二级种子田建设工作，按照上级部门工作要求，通过2017年“青稞增产行动”，在2017年的青稞成熟时期测产中对比2016年实现青稞每亩增产50斤的任务，确保农牧增收。

2017年12月21日，党委书记米玛伦珠，党委副书记、人大主席顿珠在各村宣讲当的十九大精神

【民生保障】 年内，养老保险参险人数达3542人，参保率达到100%，收缴养老保险金38.47万元，按照发放规定全额落实农村养老保障资金60.105万元；根据县人社局统一安排，组织村民78人参加汽车驾驶、工程机械等技能培训，同时利用乡政府温室大棚，组织村民20人参加温室大棚种植技能培训；多渠道输出富余劳动力4084人次，实现劳务总收入600余万元。

年内，全乡共发放各项惠农资金5352.26万元，其中农牧资金3774765.5元，科技资金240000元，林业资金113965元，卫生资金584620元，组织资金1679240元，民政资金1912318.5元，人社资金747490元，政法资金583395元，财政资金1286948.2元，扶贫资金15200000元。以上资金严格按照村民评议，张榜公布后，组织乡人大、纪检、财务联合工作组直接发放到农户手中。同时办理家电下乡9户，补贴金额17100元，使党的惠农政策真正落到实处。

【教育工作】 年内，坚持把教育纳入党政重要议事日程，制定议教工作制度；坚持做到教育工作重心合理转移。全乡教育工作的重心已由以“普九”为重点的教育基础设施建设转移到提高教育教学质量上来，争取教育投入多元化、多渠道。乡领导多次协调学校及各单位解决各项资金困难的难

2017年6月25日，亚木乡副乡长扎西多吉在给龙普村指导防洪工作

题。切实做好控辍工作，制定《控辍保学方案》，成立"控辍保学"领导小组认真组织各项措施落实。乡政府与村委会层层签订"控辍保学"责任书，做到"控辍保学"工作层层落实，责任到人，确保亚木乡中小学入学率达到98%以上。注重加强未成年人思想道德建设，为未成年人营造良好的成长环境。乡政府坚决取缔小商小贩，为学校营造一个清净的周边环境。加强各校安全秩序的管理，成立亚木乡学校周边治安综合治理工作领导小组，杜绝危害学校和师生的行为发生。

【环境整治】 年内，加快推进亚木乡生态文明建设和环境保护工作，扎实整改生态文明建设中出现的突出问题，全面落实乡党委、政府环境保护"党政同责"和"一岗双责"，通过开展环境保护综合督察工作，推动全乡生态环境质量持续改善，亚木乡共有生态岗位1590个，安排生态岗位人员1950人，生态岗位资金477万元以全部落实。2017年，环保工作重点针对整治矿山、县道沿线、梅曲藏布流域、垃圾填埋场、医废垃圾、集中饮用水水源保护、环保基础设施运行等方面，严格按照环保方案、整改措施，明确责任和完成时限，制定下发整改任务、分工方案建立环保长效机制，确保2017年环保工作有效完成。全面推进"河长制"工作，强化乡域河流管理，确保乡域内河流湖泊环境良好。

【医疗保障】 年内，组织20个村村医培训，在乡卫生院进行挂职锻炼，医疗救治与公共卫生服务能力明显提高。合作医疗覆盖率达100%，个人参合率达100%。通过全民健康体检暨重大疾病筛查工作，体检5453人，排查出44名包虫病患者（按患者意愿以全部上报），结核病患者7名，先天性心脏病患者5名，骨关节疾病患者55人。

【"河长制"工作】 年内，乡党委、政府成立"亚木乡推行河长工作领导小组"，负责协调解决筹备工作中的重大问题；并召开全乡推行河长制工作动员会，对工作进行动员部署。由乡党政牵头组织宣传小组，赴20个行政村，以制作横幅、发放宣传栏、集中宣讲等方式解读河长制相关政策；此外，利用精准扶贫生态就业岗位之便，让就业人员了解各村河湖基本情况，对村辖区河湖进行卫生治理，并制定相关整改措施，促进全乡生态健康发展；将"河长制"工作列入政府工作议事日程中，按照年初制定的实施方案要求，由乡"河长制"办公室带头，以奖惩机制相结合，对各村河湖进行卫生清理检查工作，并对较好的村居给予相应奖励，为改革道路奠定新的基石。截至年底，共巡查清理5次。

（洛松平措）

达若乡

【概况】 达若乡位于昂仁县西北部，东面与谢通门县接壤，南面与雄巴乡、桑桑镇、查孜乡接壤，距离县城约163公里，平均海拔为5156米，总面积约1792平方公里。乡政府下辖4个行政村（其日、夏拉、查庆、强玛）17个自然行政村，全乡共有牧业户159户658人，乡政府驻地在其日村所在地。境内地区属山地草原气候，年平均气温-4℃。经济收入以畜牧业为主，草原面积达203.56万亩，其中可利用草原面积有199.06万亩。

2017年，全乡经济总收入达10033555元，不包括草奖资金总收入6733051.56元，草奖收入3300503.44元，第一产业收入5243618元，人均纯收入10978.97元／人，不含政策补贴66997.11元。

【队伍建设】 年内，达若乡行政、事业编制共21名，其中副科级以上领导8人，工作人员5人，专业技术人员8。下设乡党委、乡人大、乡人民政府、乡人武部、乡社会治安综合治理办公室、乡纪律检查委员会办公室等相关职能部门。乡属事业单位有农牧技术服务站、卫生院、学校等单位。同时，下辖4个村委会，21名村干部，其中女性4名。

【项目建设】 年内，乡党委、政府积极争取相关资金，维修、扩建强玛村崇巴温泉，通过每年向村集体经济上缴5000元承包费用的方式，承包给该村群众。同时，进一步推进乡政府驻地其日村农机维修站发展，通过每年向村集体经济上缴10000元承包费用的方式，承包给该村群众。其次，新建全乡20户易地搬迁项目，统一集中到乡政府所在地。通过不定期前往施工地点以监督检查的方式排查施工期间存在的各类安全隐患，进一步确保易地搬迁工程建设质量、进度。

2017年5月16日，县委常委、副县长达次在达若乡调研易地搬迁工作

【精准扶贫】 年内，为确保贫困户数据准确，乡党委、政府组织工作人员对照以往统计的贫困户信息对各村贫困户进行重新核查，通过核查进一步查找以往统计工作中存在的问题，同时依据最新统计结果，确定21户边远户共计42人。严格落实已出台的“五不准一必做”贫困户管理制度，即不准擅自买卖车辆，不准私自向各单位或店铺借款、欠款，不准随便饮酒、赌博，国家惠民政策项目和落实的各项物资不准擅自用来买卖交易，店铺不准私自向贫困户借款。必须靠自己的头脑，双手打开致富道路。重新填写贫困户一人一卡明白卡，进一步确保群众手中明白卡上数据的准确性，同时确定异地搬迁项目建设地点，并在建设中不定期对项目建设质量、进度、安全进行检查。

【安全生产】 年内，为进一步方便群众出行、保障群众生命财产安全，乡党委、政府及时组织人员对道路是否存在坑洼、沿山路段是否出现山体滑坡、牧民群众家中是否因降雨导致存在塌陷隐患、各游牧点牛粪堆放是否存在火灾隐患等进行排查整治；对各类建设项目进行检查，通过检查排除项目建设中存在的安全隐患，同时为增加群众收入，在与牧民群众商讨后，同相关项目负责人确定砂石料开采地点；及时组织人大代表对食品药品开展不定期检查，对过期的食品药品进行统一销毁，确保群众饮食、用药安全。

【教育工作】 年内，达若乡下属学校一所（达若乡完全小学），教职工8名，学生69名，师资力量相对较为薄弱，但教学质量仍逐年提升。积极向县相关部门争取资金，共争取17100元为乡完小采购各类设施设备，并联系县电信局为乡完小学生购买衣物、书包、书籍等物资，共计18000元。并在减辍保学方面做到100%，确保学生无一辍学。

【卫生工作】 年内，达若乡农牧民参加新型合作医疗率已达100%；年内，医务人员走村入户，宣传传染病防治、计生、降消项目等合作医疗政策，使相关惠民政策家喻户晓、人人皆知，同时发放相关宣传单200余份。

【交通工作】 年内，达若乡党委及时组织下辖4个行政村"双联户"户长、各自然村村主任、党员、人大代表对全乡17个自然村牧道进行全面维护，确保各自然村牧道畅通。同时，针对辖区内原先由加加养护段进行维护，但因加加养护段未维护的约50公里长的205省道，及时组织各村对坑洼路面进行填补维护。

【文化工作】 年内，进一步推进精神文明建设，以农牧村党员远程教育站点为助手，达若乡党委、政府进一步加大对农牧村文化活动室建设力度，充实村文化室报刊、书箱，提升村级文化阵地的为民服务能力。并以"3·28"西藏百万农奴解放纪念日、元旦、春节等节庆日为契机，组织农牧民开展乒乓球、台球比赛及集体锅庄、个人演唱、舞蹈等文艺活动，丰富农牧民群众文化生活。

【牧业发展】 年内，达若乡建立较为完备的防疫队伍，定期入户进行防疫。截至年底，全乡牲畜存栏数13370头(只、匹)，其中大畜3863头(只、匹)、小畜9507头(只、匹)、出栏4479头(只、匹)，出栏率达33.5%；新生仔畜4062头(只、匹)，成活率达98%；成畜死亡数331只，死亡率控制在0.02%内。

【技能培训】 年内，大力推广和普及畜牧业实用技术，累计举办各类知识讲座培训班6场，向农牧民讲解相关养殖知识，并免费发放科普书刊资料2000余份。

【民生保障】 2017上半年低保资金3940元、下半年低保资金6421.5元，第一批生态补偿资金253650元、第二批生态岗位资金13350元，草原生态补助3300503.44元(包括监督员补助)，残疾"两项"补助11880元，上半年村干部误工补贴97974元，昂仁县严重精神障碍患者补助2400元，定向补助资金42606元，"一孩双女"补助金3840元，冬春受灾资金101900元，"五保户"供养资金4740元，税改资金188454.96元，"双联户长"补贴40000元，新农保协力人员补贴8000元，"先进双联户"，先进村(居)奖22600元，离任村干部生活补助22000元，争先进位资金300000元，科技特派员补贴48000元。各类补助资金的及时落实，进一步确保群众的生产生活。

【党风廉政建设】 年内，坚持"标本兼治"的原则，认真抓好党员干部的党性、党风、党纪教育，建立健全党员干部学习教育制度，强化民主监督机制，进一步促进党风廉政建设。首先，及时组织党员干部学习贯彻中央、自治区、市、县有关文件精神，播放党风廉政建设教育警示片，用典型案例对党员干部进行廉政教育。通过多渠道的宣传教育，增强党员干部遵纪守法的自觉性。进一步建立健全党风廉政建设制度和工作制度，进一步规范和完

2017年1月19日，党委书记云旦在强玛村讲解生态补助及冬春受灾补助相关政策知识

善《党务政务公开制度》《村务公开制度》《财务会审制度》等，从源头上扼制违法违纪案件的发生。

（陈　超）

措迈乡

【概况】 措迈乡位于昂仁县西北部，距县政府驻地223公里，地处北纬86.910269°、东经30.416241°，平均海拔为4822米。东接贡久布乡，西临查孜乡，北靠那区，南接达若乡，总面积2038平方公里，人口0.17万。全乡总草场面积297.2427万亩，可利用草场面积271.5127万亩。辖地热、甬那、林久、热欧、贡琼、丁仁、欧荣、亚朗、地沙布9个村委会。为纯牧业乡，牧养牦牛、绵羊、山羊等。措迈乡45个自然村共456户、1678人。全乡共产党员204人。共青团员64人，贫困户共有166户517人，异地搬迁149户420人，社保兜底41人；全乡共有村干部45名；乡政府干部职工32人；其中2名公益性岗位（1名厨师，1名驾驶员）；派出所干警3名；卫生院有5名医务人员（1名公益性）；驻寺干部3名；完全小学1所、教职员工9人；寺庙一座，在编人员6名，同时在各村培养一名村医共18名；共有11个党支部，9个行政村及乡机关、完小支部，共有群众党员180人，9个行政村全部都配齐治保、调解、妇联、团委等各村级组织；并已通路、通信、通广播电视。

2017年11月17日，西藏自治区副主席、日喀则市委书记张延清（前排右一）在措迈乡检查指导工作

【干部队伍建设】 年内，措迈乡高度重视干部队伍建设，认真落实县委发展党员工作规划，按照发展党员“十六字”方针控制总量、优化结构、提高质量、发挥作用严把党员入口关，把党员发展工作重点放在那些支持、拥护党的方针政策等先进份子身上。2017年，预备党员转正式党员3名、积极分子转预备党员3名，培养3名积极分子。截至年底，全乡正式党员204名。

【党风廉政建设】 年内，措迈乡及时调整充实党风廉政建设工作领导小组，切实加强党风廉政建设责任制落实工作的领导，落实领导干部一岗双责，层层签订党风廉政建设责任书，分解落实责任，与各村、各直属单位签订责任书，督促全乡党员干部认真贯彻执行《关于新形势下党内政治生活若干准责》《中国共产党党内监督条例》，加大对党务、政务、村务公开工作及村级“惠农资金”清查工作的检查力度，确保公开规范化、程序化、“惠农资金”管理台账化、制度化。充分利用各村公开栏对惠农资金发放、党费收缴、党支部公开承诺等需要公开的事项一一进行公示，自觉接受群众监督。

【脱贫攻坚】 年内，措迈乡根据上级指示精神，认真研究，周密部署，党对群众高度负责的精神，认真细致地开展各项工作，尤其是在“精准扶贫”方面，措迈乡工作人员结合自身实际，创新“自选动作”，成效显著、亮点纷呈；乡党委、政府把精准扶贫工作作为全乡工作的重中之重，统一思想认识，强化组织领导，按照精准扶贫、精准脱贫的要求，全面动员，迅速行动，深入贫困家庭入户走访调研，详细制定帮扶措施，狠抓工作落实，根据市委“4321”结对帮扶工作的统一部署和县委关于结对帮扶工作的相关要求，及时

2017年5月16日，县委常委、副县长达次在措迈乡进行易地搬迁选址

成立帮扶领导小组，制订帮扶工作计划，组织干部职工深入实地帮扶，进行慰问摸底，全面了解掌握各帮扶对象的家庭现状、经济收入、实际困难等基本情况，为各帮扶对象家庭寻找致富门路，尽早脱贫致富。

【换届工作】 年内，措迈乡村组织换届工作中，切实加强领导，精心组织，严格把关，周密安排，规范操作，稳步推进村组织换届工作。9个行政村共180名党员，其中159人参加此次会议并进行无记名形式投票，现已完成换届工作，共选举产生村党支部成员45名、村务监督委员成员27名，最低得票率达71%，最高得票率达到100%。选举中，参会率高达94%，新一届村民委员的赞成票率高达100%，新当选的45名“两委”班子成员平均年龄为40.8岁，村务监督委员平均年龄为42岁。其中“两委”班子中男35人、女10人，村务监督委员中男24人、女3人全部达到小学以上文化程度。

【教育工作】 年内，措迈乡完全小学坚持以社会主义核心价值观以及党的十九大精神精为指导，以“德育为首，以人为本，质量强校”的办学思想，以教学常规管理为切入点，依法治校，认真抓好学校各项管理工作，努力构建和谐校园、平安校园。学校师生安全是学校工作的中心，学校严格把安全关，对学生生活、饮食实行专人负责，专人管理的制度。每日饮食都会有专门的教师值班监管学生饮食，定期对学生食物进行检查，按照上级要求存放、摆放食品，对过期及存在安全隐患的食品及时处理销毁，每日实行24小时值班制度，严格按照每日三查：早上查、中午查、夜间查。同时，每月进行一次安全教育、安全大检查、安全疏散演习，排查安全隐患，确保师生生命及财产安全（2017学年学校共进行安全教育15次、安全疏散演练2次、排查安全隐患5次、上报关于学生安全方面的简报三次）。

【民生工作】 4月，全面调查村情民惠，低保对象进行全面入户调查，召开党员大会、村民代表大会进一步核实本村享受低保，是不是因保进保，有没有人情保、错保，全面开展农村低保动态管理专项整治工作以来，群众很满意。

【卫生工作】 年内，措迈乡卫生院工作人员大力宣传和指导下，群众自愿参加合作医疗1719名，参加合作医疗率达100%，门诊看病人数2840人，住院人数75人，下乡巡回4次，急诊人数11人，在卫生院住院分娩的产妇55人，截至年底，共降临新生婴儿53人。

【交通工作】 年内，措迈乡为加强牧民的交通安全意识，在各村开展广泛、有效的交通安全宣传活动。将交通安全宣传教育与“关爱生命、安全出行”的人文理念相结合，鼓励农民、外来务工者选乘安全的交通工具，各村落实交通安全责任制，为建立健全道路交通安全会议制度，把各村交通安全状况列入乡政府的年度主要考核指标。

【牧业发展】 年内，为促进牧业的发展，村集体商店、牧场合作社、砂石厂、农牧名施工队、招待所作为措迈乡的五大发展产业，发展前景和潜力很大，如何形成规模

2017年4月6日，党委书记尼玛次仁主持召开经济工作会议

产业，拓宽群众增收渠道，地热村和甭那村逐步探索“专业合作组织+基地+贫困户”的发展模式和经营模式。

合作社起步阶段虽然步履维艰，但也取得一定的成效。起初地热村首先建立牧场合作社，由21名党员的带领下38户牧民进行统一管理、统一生产和销售，牧场管理人员12名、放牧由4名贫困户承担；其次先后建立村集体商店、牧民施工队、砂石厂等经过短短几年的发展地热村总资产已经达到266万元，其中购买合作社机械花费817173.7元，投资村集体商店65000元，合作社购买牲畜花费190760元（其中羊373只×320元=119360元，牦牛21头×3400元=71400元），向农牧民分红金额共达44万元（2010年—2016年），从中拿出108600元为该村8户贫困家庭购买家具、糌粑、酥油、面粉、大米等，其余资金按照家庭人数超过5人的分得10000元，家庭人数在3—5人之间的分得8000元，家庭人数在3人以下的分得7000元。同时地热村8户贫困户有4户管理放牧，其余4户都在地热村施工队中共工作在集体的带动下地热村贫困户基本实现基本脱贫。在如此高额利益的回报下，措迈乡其余村集体也纷纷效仿，甭那村成立招待所，如今每年净赚利润2万余元，用于给贫困户购买牲畜，为精准扶贫工作添砖加瓦。2017年在乡党委的大力支持下热欧村村集体争取到30万元的贷款，计划将于明年成立村集体经济，在各村的努力和乡党委的支持下经济将会又好又快的发展。

（魏忠强）

宁果乡

【概况】 宁果乡位于昂仁县西北部，西接阿里地区措勤县，北接那曲地区尼玛县，东靠昂仁县查孜乡，南临昂仁县孔隆乡，平均海拔在4800米，距离县城290公里。是日喀则市昂仁县偏僻寒冷的高寒牧区乡。全乡草场面积206.96万亩，其中可利用草场面积175.35万亩，禁牧31.61万亩；人工种草面积584.4亩。宁果乡北面毗邻达果山脉，属于高山地带，空气干燥、稀薄、太阳辐射较强，气温比较低，多风寒冷，呈半干旱气候，年平均气温4℃以下，年降雨量约300毫米。宁果乡辖区内湖泊较多，主要形成方式为冰川水汇聚而成，西藏著名的第三大湖——扎日南木措就坐落于宁果乡辖区内，辖区内野生动物资源丰富，有黄鸭、雪豹、藏羚羊、黄羊、狐狸、狼、棕熊等。全乡现有6个行政村（分别为坚定、萨那、夏卡、宁果、门庆、夏尔嘎）全乡共393户1691人。全乡共有干部职工32名，“双联户”单位50个。宁果乡有寺庙一座，乃阿木日追寺。乃阿木日追寺位于宁果乡坚定村，该寺驻寺干部2人。

【基层组织建设】 年内，宁果乡召开党建专题工作会议10次，严格按照书记督专人抓的工作方针，落实分工；逐级签订基础党建目标责任书，明晰责任；全面推行党建工作任务清单制度，按期督查。落实乡党委中心组学习制度，双重组织生活制度。以“一名党员，一面旗帜”主题活动为载体，扎实推进“两学一做”学习教育常态化制度化。以创“五好”基层党组织为核心，狠抓乡村两级党组织规范化建设；建立并推广以目标绩效考核办法为内容的村组干部日常坐班工作模式。全乡共有党员171名，农牧民党员142名，2017年发展党员10名，预备党员5名，入党积极分子9名。根据县委要求，宁果乡党委紧紧围绕“两学一做”学习教育常态化制度建设和“村干部素质能力提升工程”两项核心任务，稳步推进基层党建工作，在县督导组的指导下，党建工作逐步走向规范化、常态化。

【“四讲四爱”主题教育实践活动】 年内，宁果乡按照区、市、县委的安排，及时成立以乡党委书记任组长的乡党委“四讲四爱”主题教育实践活动领导小组，并制定“四讲四爱”主题教育实践活动实施方案。2017年，宁果乡组织群众、学生、僧尼集中宣传15次，发放宣传手册500余册，悬挂横幅200多条，开展“四讲四爱”主题教育实践活动演讲比赛1场。

【干部队伍建设】 年内，根据县委要求，推进宁果乡“两学一做”学习教育常态化制度化建设，组织党员开展“两学一做”学习教育，坚持正面教育，进一步拧紧思想“总开关”；坚持学用结合，牢牢抓住以“做”为关键，引导党员在创先争优中更好地保证合格；坚持问题导向，推动党员领导干部带头坚定理想信念，带头全面从严治党，推进党的作风不断好转；坚持领导带头，凡是要求党员做到的，党员领导干部首先要做到，凡是党要求党员不做的，党员领导干部带头不做。

【团建工作】 年内，宁果乡着重从团员队伍建设方面，团委认真做好团员发展工作，给团组织补充新鲜血液，共组织4次入团宣誓仪式，吸收近8名入团积极分子加入中国共青团，加强团组织的生命力和战斗力，增强团组织和影响力和凝聚力。2017年团费收缴正常，如期足额上交，而且建立团内经费账册，收支合理。

【村组织换届】 年内，宁果乡按照区、市、县委的安排，及时成立以乡党委书记任组长的村组织换届选举工作领导小组，并制定换届选举工作实施方案，做到早安排、早制定，任务明确。11月10日，完成宁果乡第九届村级组织换届选举工作，其间，各项工作平稳推进，各村换届风气井然有序，各村群众积极参与，监督检查全程参与，促进经济和各项事业的发展奠定扎实的组织基础。此次共登记选民940人，通过第九届村委会换届选举产生主任6名，副主任6名，委员18名，新任2名，连任28名，其中“一肩挑”6名，班子中致富带头人4名，均为正式党员，平均年龄44岁。村监督委员选举产生主任6名，委员12名，其中新任12名，连任6名，均为正式党员，平均年龄为40岁，4名技术能手。

【基础设施建设】 年内，全乡项目建设目标任务共计3项。宁果乡流动法庭建设项目由东和庆建筑有限公司承建，已完成全部工程施工建设，工程施工人数17人，等待下一步验收。宁果乡小学综合楼建设项目四川中天建筑有限公司承建已完成全部建设，工程施工人数30人，现已交付使用。宁果乡幼儿园建设项目，2017年年底已完成工程量的90%，工程施工人数20人，预计2018年中

2017年3月26日，县委党委、组织部部长拉欧在宁果乡考察村组织活动场所建设情况

旬完成施工阶段建设，2018年年底验收使用。2017年，宁果乡各项工程快速、高效地完成施工进度，进一步完善宁果乡基础设施建设，为宁果乡的社会稳定和基础服务带来极大的变化，整乡环境得到较大改变。在续建项目中，宁果乡幼儿园项目建设是关系到未来整乡适龄儿童就学的重要施工工程，宁果乡党委、政府在加大力度监管工程质量的同时加强对施工队伍制度管理，确保宁果乡幼儿园项目建设完成。经政府引导，劳务输出人数累计达127人（次），其中组织输出70人（次），自谋输出57人（次），劳务收入累计达35万元。

2017年7月4日，党委副书记、乡长胡洪在“七一红歌比赛”中，向获奖人员颁奖

【脱贫攻坚】 年内，宁果乡紧紧围绕解决贫困群众“三有、三不愁、三保障”，坚持“实事求是、因地制宜、分类指导、精准扶贫”十六字方针，统筹抓“九个一批”帮扶措施的落实，精准扶贫工作取得阶段性成效。严格按照精准识别、精准退出工作要求，宁果乡采取干部包片和驻村及村干部开会评议，村民大会，走村入户，个别谈话，村公示栏公示等形式最终筛选出准确扶贫贫困户，认真对各村扶贫对象进行精准识别；2017年新识别建档立卡贫困户12户46人。动态调整后，全乡现有贫困人口98户414人，贫困发生率为24%。精准落实到户措施。持续推进草原生态保护补助奖励机制，通过生态环境保护建设与生态补偿，实现建档立卡贫困人口49户213人脱贫致富；对无法通过产业扶持和就业帮助脱贫的家庭实行政策性保障兜底，通过社会保障兜底，让建档立卡贫困人口中完全或部分丧失劳动能力、无法通过开发性扶持政策脱贫的11户、47人（其中4户4人五保户）享有更可靠的社会保障；加强医疗救助与基本医疗保险、医疗救助有效衔接，落实好贫困群众的基本医疗保险，让建档立卡贫困人口11户11人享有更好的医疗服务。

2017年8月26日，党委书记边巴扎西，乡人大主席琼扎对寺庙安全隐患进行实地检查

2017年，全乡发放扶贫小额贷款36户共132.4万元；易地扶贫搬迁58户260人；生态搬迁29户125人，其中建档立卡内23户102人；生态岗位323人落实资金96.9万元；落实教育等八

大帮扶计划，全乡无一学生因贫失学；根据重点贫困村和贫困户状况、致贫原因、脱贫路径把脉问诊，分类实施“一户一策”；全乡2017年共脱贫44户174人，宁果村、夏尔嘎村实现整村脱贫。结合现有牧业等产业基础和符合草畜平衡条件情况下申报扶贫养殖项目，实施集体牧业管理，鼓励发展牧区专业合作社，按照养殖（如：牦牛、绵羊、白山羊等）、加工结合方式（牛肉、奶渣、白山羊羊绒等），引导扶贫户发展牧业产业，充分利用牧户特色产品。进一步加强贫困户思想教育，讲明讲透异地搬迁政策，使贫困户没有后顾之忧。截至年底，帮扶工作主要围绕认亲慰问开展，贫困户户均收到物资折合人民币500元。发挥乡党委政府协调作用，引导群众就业。一方面借助驻村优势，积极申报项目，增加贫困户就业渠道，另一方面联系当地施工队伍，签订用工协议，保障贫困户优先用工，提升贫困户现金收入，规范贫困户脱贫程序。

【生态环境治理】 年内，宁果乡以迎接中央环境保护督察工作为契机，全力打造美丽绿色宁果，全面实施环境保护督察工作方案，坚持生态优先，牢固树立保护生态环境就是保护生产力、改善生态环境就是发展生产力，绿水青山就是金山银山，冰天雪地也是金山银山的理念，坚守生态保护底线，保护好宁果乡的一草一木、山山水水。

2017年，乡政府以决不允许以牺牲环境为代价谋求一时发展为原则，严把项目建设环境准入、产业准入和资源准入关，严禁“三高”项目进入宁果乡。畅通环保举报渠道，依法及时解决环境举报问题。引导居民减少使用一次性物品的消耗，提倡垃圾分类入箱，在各个方面逐步形成绿色低碳生活方式。2017年乡政府汇同上级单位出资完善宁果乡垃圾回收处理设备，分别在辖区内6个行政村建立垃圾回收处理站，发放垃圾桶12个，回收工具若干。乡政府添置垃圾处理车一台，为乡驻地周边环境清理提供方便快捷的处理方式。

【“河长制”工作】 年内，根据县政府安排部署，宁果乡认真落实“河长制”工作，成立以乡党委副书记、乡长为组长、各村村主任为成员的“河长制”工作领导小组，制定完善《宁果乡“河长制”工作制度》，明确乡域内各河流、湖泊、湿地等责任范围，并在显著位置标注“河长制”责任分工牌。全年组织宣传“河长制”工作10余次，加大对周边群众的宣传教育，提高牧民群众维护水资源循环发展的思想认识。

【安全生产】 年内，做好易燃、易爆排查工作及大、小型施工单位的安全防范工作；安全生产目标分解到双联户单元，层层落实；对宁果乡酒馆等场所做出时间限定，超过10点营业，对从业人员进行处罚，减少酒后闹事行为的发生。

【经济发展】 年内，全乡生产总值达1621.14万元；农村居民人均可支配收入9586.9元。

【牧业发展】 截至年底，成畜存栏数量35202头（只、匹），仔畜成活26240头（只、匹），成活率90.42%，成畜死亡659头（只、匹），死亡率控制在1.8%。截至年底，宁果乡三毛产品共卖出1.43万公

2017年7月1日，宁果乡党委领导班子举行“共庆建党96周年、喜迎党的十九大”活动

斤，收入达50.8万元。

【教育工作】 年内，宁果乡完小有教师9名，学生170名，班级6个。小学入学率达100%，巩固率100%。2017年，宁果乡继续将十二年制义务教育工作纳入工作的重点，学生入学率达到100%。均衡教育发展在宁果乡得到进一步发展，召开均衡教育发展前期研讨会，针对宁果乡实际情况制定出发展规划，均衡教育在宁果乡落地生根。教师队伍建设进一步规范。2017年乡完小组织开展教师讲课评比活动2次，通过评课活动，提高宁果乡全体教师自身综合素质，也极大地激励着宁果乡教职工团结奋进，努力进取，使教职工继续在本职岗位上发光发热。

【卫生工作】 年内，乡卫生院1所，医护人员3名，村医12名。2017年医疗卫生工作取得新成效，乡政府、乡卫生院开展健康教育宣传工作，广大群众健康知识水平明显提高。2017年新农保参保人数达100%，全民参保工作在宁果乡落地生根。

（杨　波）

孔隆乡

【概况】 孔隆乡位于昂仁县西北部，距县城290公里，地理位置：北纬30° 27′ 33″，东经85° 58′ 33″，东面为查孜乡，南邻如萨乡，西靠阿里地区措勤县，北邻宁果乡，平均海拔5030米，乡域总面积为2280平方公里，草场总面积为182.4万亩，可利用草场总面积176.2万亩，禁牧面积为32.92万亩。孔隆乡属于多风寒冷、半干旱气候，年平均气温4° C以下。乡下辖4个行政村共25个自然村，共215户，总人数810人。全乡干部职工共41人，其中乡机关27人（行政13人，事业11人，工人岗位1人，公益性2人），卫生院3人，派出所干警2名、辅警1名，驻寺干警1人，乡完全小学教师7名。2017年，孔隆乡农村经济总收入达923.95万元。人均可支配收入为9706.95元（现金收入为5047.03元），较2016年增长16.04%。

2017年4月5日，县委副书记、县长普布多吉在孔隆乡慰问驻村工作队

【队伍建设】 年内，结合“两学一做”“四讲四爱”学习教育活动，孔隆乡党委每周组织一次全体干部职工的集体学习及一次自主学习，提高干部职工的政治意识、岗位专业知识；另一方面在各类重要节日以及时间节点通过组织各种各样的趣味文体活动，增强干部职工之间的团结协作和集体荣誉感。经过这一年的努力和发展，现在孔隆乡干部职工队伍的政治觉悟、能力素质、团结协作等方面都有全面的进步。

【项目建设】 年内，孔隆乡在建项目：易地扶贫搬迁项目、幼儿园建设、农牧综合服务中心建设。乡党委、政府高度重视各类项目建设的质量，不定期组织工作人员对其建设进度以及工程质量进行监督检查。截至年底，各类项目建设均完成工作目标。

【精准扶贫】 年内，孔隆乡党委、政府坚持贯彻县精准扶贫战略部署，建机制、立责任，在完成“规定动作”的同时，结合自身实际，创新“自选动作”，成效显著、亮点纷呈；乡党委、政府把精准扶贫工作作为全乡工作的重中之重，统一

2017年6月30日，孔隆乡党委书记王斌、人大主席边巴旺堆实地检查易地搬迁工程进度及质量

思想认识，强化组织领导，按照精准扶贫、精准脱贫的要求，全面动员，迅速行动，深入贫困家庭入户走访调研，详细制定帮扶措施，狠抓工作落实。截至年底，孔隆乡已脱贫16户58人，未脱贫15户36人。

【教育工作】 年内，全面落实“学生三包”政策，完善各项教育激励机制。截至年底，全乡就读小学有69人，就读初中有13人，就读高中有4人，就读职校7名，适龄儿童小学入学率100%，初中入学率100%。

【卫生工作】 年内，孔隆乡有卫生院1个，干部职工3人，2017年全乡新农村合作医疗参保810人，参保率达%100。

【经济发展】 年内，孔隆乡党委、政府高度重视市场需求，发展生产力和草畜平衡奖励机制，按照主要领导负主要责任，片区领导详细开展工作，村级负责人组织协调，将牧业增收和支农惠农政策落到实处。2017年全乡自食产品收入为151.38万元，出售产品收入为273.93万元，牧业收入为428.02万元，交通运输收入为10.5万元，商品饮食收入为20.3万元，其他收入(村干部补贴、赤脚医生补贴、草奖补贴、生态岗位补贴、低保五保补贴、其他政策性补贴)共计482.03万元，农村经济总收入达923.95万元。人均可支配收入为9706.95元(现金收入为5047.03元)，较2016年增长16.04%。

【牧业发展】 截至年底，存栏牲畜18575头(只、匹)，存栏折羊数18708.9。其中牦牛1741头、绵羊12610只、山羊4221只，马3匹。2017年幼畜共出生8773头(只、匹)，其中成活8422头(只、匹)，仔畜成活率达96%。成畜死亡共计564头(只、匹)，死亡率为2.1%。牲畜出栏8002头(只、匹)，出栏率达43.43%。存栏适龄母畜共8968头(只、匹)。全乡2017年牛肉产量为49.68吨，绵羊肉产量为78.7吨，山羊肉产量为39.7吨，肉类总产量为168.08吨；牛奶产量为56.8吨，羊奶产量为90吨，奶类总产量为146.8吨，奶渣总产量为6.12吨。绵羊毛产量为8.29吨，山羊绒产量为0.92吨，牛绒产量为0.44吨。截至年底，牲畜短期育肥共755只，另外，加大疫病防治工作力度，认真做好计划免疫和强制免疫，做到村不漏户，户不漏畜，春季和秋冬季提前防疫工作得到顺利开展。乡兽防站工作人员和村兽医安排4个行政村牧户先后4次分别利用25天的时间，对牧民的暖圈全面消毒和就诊牲畜疾病，牲畜防疫五号病共18550头(只、匹)。

【技能培训】 年内，根据昂仁县人社局安排的农牧民农村人员技能培训要求，孔隆乡积极配合，组织人社专干走村入户，挨家挨户进行动员宣传，全面超额完成农牧民技能培训工作。

【“双供养”】 年内，孔隆乡把“双供养”工作作为首要任务，集中供养的五保户有3人，分散供养3人，供养率达到100%。

【社会救助】 年内，按时完成两次低保调整工作，规范农村低保申请、受理、审核、审批、公示等环节，杜绝“关系保”“人情保”“抱人不保护”等现象的发生，切实做到“应保尽保”“应退尽退”。按时完成低保系统录入工作，着力强化动态管理，统计低保高龄老人及失能老人，并及时向上级申请各项资金补贴，组织参加县民政局安排的免费体检。

【防灾减灾】 年内，防抗灾物资筹备饲草饲料分别筹备饲草69.2万斤，饲料32.2万斤，按目标责任书如实完成筹备任务，并成立防灾减灾工作领导小组，加强灾情信息统计工作，加大受灾群众救助力度，及时全面掌握受灾群众的实际困难，及时上报。做好受灾群众转移安置、过渡性生活救助。做到灾情统计清楚、上报及时、信息全面。

【民政惠民资金落实】 年内，及时到老百姓手中足额落实低保资金、两项补贴、残疾人机动燃油补贴、冬春受灾等资金，落实单原件报送县民政局，复印件一份存档乡财务室一份存档乡民政办公室。做到资金及时落实、足额发放，未出现挪用、套用、占用等现象。

【党风廉政建设】 年内，孔隆乡认真落实党风廉政建设责任制，按照主要领导亲自抓，具体领导抓落实，谁主管谁负责，一级抓一级，层层抓落实的原则，明确在抓党风廉政建设中的各项责任目标、责任范围，分别与各党支部签订《党风廉政建设目标责任书》，将党风廉政建设目标责任细化到人；组织党员干部认真学习《党员领导干部廉洁从政》手册及自治区、市、县下发的各类通报文件；完善相关制度，推行党务、政务、村务公开；认真履行党规党纪，领导班子以身作则、廉洁奉公，坚决纠正损害群众利益的不正之风，积极配合有关部门检查督导；加强审计和财政监督，重点对强农惠农资金，医疗卫生、草奖资金等方面关乎群众切身利益的问题进行全程的监督检查。

（史国岗）

如萨乡

【概况】 如萨乡位于昂仁县西北部，距县城360公里，平均海拔5200米，全乡共有224户823人，纯牧民224户823人，有139名正式党员，2名预备党员，2名老党员，2名老干，村委会后备干部30名，中学生28名，小学生103名，学前生20名，入学率达100%。“双联户”户长26人，村医10人，村兽医5名，下辖5个行政村，23个自然村。其中路丰村有5个自然村，67户226人，草场面积475600（亩），拿那村5个自然村，32户146人口，草场面积321116（亩），路唐村4个自然村，34户140人口，草场面积347624（亩），松多村5个自然村52户185人，草场面积415400（亩），查琼村4个自然村，39户126人口，草场面积362702（亩）。乡政府有24名干部职工，其中正科级5名，副科级5名，科员4名，办事员1名，工人1名，技术人员8名。卫生院有5名工作人员（含1名公益性），派出所有5名干警，完校有教职工10名。

【“四讲四爱”主题教育实践活动】 年内，深入开展“四讲四爱”（讲党恩爱核心、讲团结爱祖国、讲贡献爱家园、讲文明爱生活）主题教育活动。成立“四讲四爱”主题教育活动领导小组、细化工作方案，召开动员部署会议，成立

2017年10月21日，县委常委、副县长达次在如萨乡驻村工作队检查指导工作

专门的办公室，明确工作职责，为开展主题教育活动做好保障；通过张贴宣传标语40条、悬挂宣传横幅10条、喷绘宣传口号20条、发放宣传手册230余本等方式；组织群众把领袖像挂起来、红旗飘起来、广播响起来、文化墙立起来；开展“3·28”升国旗、“3·28”文体活动、红色电影展播、“五一”劳动把菜种、“五四”三乡青年运动会、“七一”庆建党、重温入党誓词等相关活动，营造良好氛围；对5个行政村分阶段分步骤进行巡回宣讲。重点开展青少年学生爱国卫生教育、爱国主义教育，培养青少年学生爱祖国、讲文明、树新风，带动家庭成员除旧立新。

2017年8月16日，党委书记唐桥对易地搬迁工程进度进行监督检查

【学习贯彻党的十九大精神】 年内，以村组为单元，把握好宣讲重点难点。组建宣讲工作队，走村入户、深入牧场帐篷，进行无盲区、全覆盖宣讲，营造学习氛围地让党的十九大精神在基层落地生根；强化宣传力度，分层次、有重点，在各村、公共区域张贴宣传标语、宣传横幅，结合实际，邀请老党员老干部宣传党的十九大报告精神，做到家喻户晓，人尽皆知；持续用功、绵绵发力，开展机关“真学、真懂、弄通、真用”大学习活动，增强机关干部使命感、责任感，以更加饱满的精神状态开展工作；坚持学以致用，将贯彻党的十九大精神与打赢脱贫攻坚战相结合，用党的十九大精神指导工作，教育和引导农牧民群众紧密团结在以习近平总书记为核心的党中央周围，凝聚共识、坚定信心，坚决打赢脱贫攻坚战。

【制度落实】 年内，严格遵守《昂仁县请销假制度》，严格按照请销假程序进行报批报备，认真落实《上下班签到制度》和《驻村考勤制度》。重要工作、重大决策、重要事项，严格执行《昂仁县请示汇报制度》和《“三重一大”制度》，坚持民主集中制和团结共事原则。结合乡情制定出台《如萨乡干部管理“七严六禁”工作制度》《如萨乡干部职工周例会制度》《如萨乡党政联席会议制度》《如萨乡干部联系点制度》以及《如萨乡维护稳定工作责任追究暂行办法》。不断加强制度化建设，坚持有章可循、有规可依，为如萨乡干部群众上下齐心、协力奋进提供有力的保障。

【责任落实】 年内，建立健全各项工作责任制，形成党委、政府统一领导，一把手负总责，分管领导具体负责，各级组织抓落实的工作格局；加强整体谋划，明确责任分工，签订目标责任书，稳步推进各项工作，形成一级抓一级，层层抓落实的工作体制；建立健全领导班子议事规则，制定干部职工“AB”设岗定责，形成人人有事干，事事有人管的工作机制；建立健全工作联系点，结合班子成员工作分管范围，联系指导分管部门和行政村各项工作。

【干群关系】 年内，如萨乡根据党员干部结对帮扶工作要求，结对帮扶群众48户186人，帮扶资金28000元。广泛宣传党的一系列强农惠农政策和精准脱贫政策，帮助群众算政策账、感恩账、收支账，让他们始终感受到党和政府的关怀；如萨乡查琼村党支部书记嘎玛、路唐村党支部书记索扎、松多村党支部书记其美，充分发挥党员模范带头作用，向建档立卡贫困户无偿捐赠山羊、绵羊共计280余只，折合人民币达14万元，进一步密切党群干群关系，体现干部与群众之间的鱼水深情。

【经济社会发展】 年内，精准脱贫转移就业108人次，增收23万元；全乡生产总值达1095.14万元。农村居民人均可支配收入10749.08元。各类基础设施逐步得到改善，乡政府多功能阳光棚、50千瓦光伏电站、完小综合办公楼、学生宿舍暖廊、学生多功能餐厅顺利完工并投入使用；农牧综合服务中心、44套易地搬迁集中安置房开工建设。组织党员群众140余人次投入大型机械4台次对现行73公里乡村道路进行全面修整，为如萨乡群众出行提供有力保障。

【牧业生产】 年内，如萨乡明确规定各村需要短期育肥的具体指标800头（只），并安排部署育肥要求及出栏时限；继续推进畜牧业结构调整，把改善畜群结构作为畜牧业结构调整的重中之重，从其他地方引进种牛、种羊进行种畜改良；储备防抗灾饲草饲料40吨，同时积极与县农牧局争取，为牧民群众发放30吨防抗灾饲料，切实提高防抗灾能力；认真抓好接羔育幼工作，在接羔育幼前期，进行一次春季畜牧业生产大检查，组织人力对母畜产圈、羔羊暖棚进行修缮，合理安排利用接羔草场和接羔的饲料草料，切实提高幼畜成活，减少成畜死亡，2017年仔畜成活6989头（只、匹）成活率93%，成畜死亡控制498头（只、匹）控制在2.88%；加大疫病防治工作力度，组织村级动物防疫员开展春季动物疫病防控工作。截至年底，全乡免疫牲畜只19874头（只、匹），免疫率达到100%；截至年底，牧业生产产出147.15吨，收入达262.93万元，增加牧民群众的经济收入；大力实施草场生态奖励机制，加强草原建设和草畜平衡工作。2017年，兑现草畜平衡奖励资金及禁牧补助资金共计331.89万元。

【脱贫攻坚】 年内，认真抓好建档立卡动态调整工作，对2016年49户145人贫困户信息进行重新标记确认，更新数据为2017年48户186人，新识别5户16人，有效提高数据信息的及时性和准确度；在完成2016年脱贫任务（38户156人）的基础上增加3户9人顺利实现脱贫，为实现全乡建档立卡户全部脱贫缩短时间进程；深入开展干部结对帮扶活动，结对帮扶48户186人，帮扶资金达16.8万元，广泛宣传党的强农惠农政策和精准脱贫政策，教育群众克服“等、靠、要”思想，引导群众学习掌握专业技能，创业增收、勤劳致富。四是落实生态岗位资金56.4万元，落实无劳力人员定向补助10.54万元，44套易地搬迁集中安置房主体建设全部完工，附属设施因气候原因无法施工，预计2018年6月完工投入使用。

【教育工作】 年内，基础设施建设进一步完善，完小综合办公楼、学生宿舍暖廊、学生多功能餐厅相继完工并投入使用。投入资金7万余元添置学校实验设备、图书馆设备、德育室设备等各项基础设施。统筹社会各个阶层力量，认真落实控辍保学，配合学校做好辍学学生的返校工作，全面推进素质教育。截至年底，如萨乡初中生28人，小学生103人，学前班20人，

2017年4月15日，党委副书记、乡长多吉了解均衡教育授课情况

2017年10月12日，如萨乡松多村第九届村民委员会选举大会

全乡入学率达到100%。

【卫生事业】 年内，落实农牧区合作医疗政策，建立健全各项制度，发挥合作医疗大病统筹作用。截至年底，参加合作医疗人数811人，参保率达到100%，接种人数（6岁以下）583人次，接种率达100%，孕妇住院分娩42人次，住院分娩率100%。创新使用新生儿藏药沐浴法、涂擦法等新技术，受到群众的一致好评。2017年健康扶贫建档立卡5户6人，通过健康扶贫“三个一批”（大病集中救治脱贫一批、慢性签约服务脱贫一批、重病兜底保障脱贫一批）措施，均已实现脱贫。

【社会保障事业】 年内，为提高如萨乡新型养老保险覆盖面，提高新型农村养老保险的覆盖面和参保率，确保完成县人力资源和社会保障局每年下达的指标任务，如萨乡通过以会代训形式，加强宣传农村养老保险政策，动员全乡农牧民踊跃参加新型农村养老保险，2017年参保406人，参保率达100%，60岁以上老人58人，每月领取150元养老金。

【安全生产】 年内，坚持“党政同责、一岗双责、齐抓共管”原则和“以人为本，预防为主，安全第一”工作方针，乡政府与各村、各单位签订安全生产责任书，明确安全生产责任及任务，压实工作责任；张贴标语30张，悬挂横幅5条，发放宣传资料60份组织村级安全联络员3次培训学习《中华人民共和国安全生产法》《中华人民共和国道路交通安全法》及各种安全知识，为整治全乡安全生产营造舆论氛围；召开专题会议4次，检查学校、茶馆、超市、农村危桥、道路交通、矿山等重要场所20余次，及时消除事故隐患，遏制安全事故的发生，为如萨乡的经济建社会发展创造良好的安全环境。

【环保事业】 年内，宣传《中华人民共和国环境保护法》，宣传野生动物保护、湿地保护、草场保护的重大意义。每周一组织干部职工打扫环境卫生，落实商户“门前三包”责任制，开展垃圾填埋整治活动，组织生态岗位人员开展白色垃圾治理工作，实施乡政府驻地绿化亮化工程，大力营造干净、整洁的人居环境。

【“河长制”工作】 年内，成立以党委副书记、乡长为组长的乡“河长制”工作领导小组，及时制定如萨乡全面推行河长制工作《实施方案》；全年召开“河长制”工作专题会议2次，制作“河长制”公示牌3块，宣传标语8条，发放保护河道倡议书210余份，在全乡5村个行政村广泛宣传发动，形成家喻户晓、人人参与浓厚氛围；坚持主要领导亲自挂帅出征、班子成员分段区域负责，全面落实工作责任制，层层签订《“河长制”工作目标责任书》，将护河治水工作纳入常态化管理，乡级河长每月巡查河道2次，村级河长每月巡查4次，努力让河道巡查成为群众自觉行动；结合环保督查，取缔垃圾堆放点3处，禁止群众在水源地或河道倾倒垃圾和污物的行为，确保河道不受污染。

【驻村工作】 年内，加强对驻村工作的组织领导和工作推进，班子成员落实基层党建联系点工作责任，带着党建和驻村课题深入驻村点18余次，形成基层党建和驻村工作调研报告5篇，为乡党委、政府掌握第一手资料和指导驻村工作提供重要依据。乡党委、政府把驻村工作作为促进改革发展稳定工作的有力抓手，统筹推进“5+3”工作任务的全面落实。截至年底，落实驻村10万元经费，为民办实事23件。

报送驻村简报、日志共计93份，工作动态表65份。

【党风廉政建设】 年内，推行乡党政负责人统一领导，党政齐抓共管，纪委组织协调，领导体制和工作机制，形成齐抓共管的工作格局；重点学习中央“八项规定”，学习反腐败典型案例。提高党员干部思想觉悟，增强防腐拒变的免疫力。全年共组织全乡干部学习10余次，传达学习上级违反纪律文件近30余次；及时制定出台《如萨乡党政联席会议制度》《如萨乡资金管理制度》《惠民资金管理落实办法和监督制度》《村务监督制度》《晨讲工作制度》等一系列制度；严肃换届监督执纪，严格按照村组织换届相关工作责任要求，完成村“两委”换届监督执纪工作；如萨乡纪检委共组织村监督委员培训5次，努力打造一支敢于担当、廉洁、高效、务实、忠诚的纪检干部；截至年底，如萨乡共报送纪委简报25份，县纪委采纳5份。

【信息报送】 年内，为及时反映如萨乡工作动态和好的经验做法，乡党委、政府继续加大力度抓好信息报送工作，指派专人撰写简报，主管领导亲自审稿，确保简报的质量。截至年底，如萨乡共上报信息简报109期（团中央采纳1期、西藏日报采纳1期，日喀则报采纳1期）。

【取得经验】 年内，如萨乡各项工作较往年有很大进步，干部职工作风明显转变，基础设施日趋完善，如萨乡党委荣获“2017年度先进基层党组织”，争先进位综合考核排名逐年进步。成绩来之不易，经验弥足珍贵。如萨乡有一个很好的群众基础，如萨群众心地善良，民风淳朴，热情好客，干群关系鱼水深情，为做好各项工作奠定群众根基；如萨乡有一个年富力强的干部职工队伍，有朝气、有活力、有想法、有能力，上下齐心、团结协作，不负青春、砥砺前行；坚持为民宗旨，把握正确工作方向，把党的群众路线贯彻工作始终，心中装着人民、工作依靠人民、一切为了人民，实事求是、力所能及、全力以赴地为人民办实事做好事。

（赵江华）

阿木雄乡

【概况】 阿木雄乡位于昂仁县西南部，距县政府驻地150公里，地处北纬29°，东经86°，南与切热乡、北与如萨乡、查孜乡相邻，东与桑桑镇相邻，全乡平均海拔4900米。全乡以牧业生产为主，总面积157600.14公顷，其中草场面积1501851.88亩、人工种草面积300亩，主要饲养牦牛、绵羊、山羊等牲畜。主要自然灾害有冰雹、冻雨、干旱、强降雨、泥石流、雷击等。每年汛期均有强降雨发生，最严重一次发生在2012年2月中旬。

2017年，全乡共211户，841人，扶贫户54户174人。有基层党支部8个，其中农村党支部6个，共有党员156人。在岗在职乡干部28人，其中乡班子成员9人，平均年龄为29.96岁，其他公务员2人，事业干部13人，公益

2017年8月13日，县委副书记、县长普布多吉，县委常委、组织部部长拉欧在阿木雄乡检查易地搬迁工程质量进度

性岗位4人。村“两委”干部32人。全乡辖6个行政村（甭那村、欧木村、山仓村、热果村、江木巴村、果纳村）。有1所完小，共有教职工7人，学生88人，其中学前24人。

【干部队伍建设】 年内，阿木雄乡高度重视干部队伍建设，认真落实县委发展党员工作规划，制定《阿木雄乡2017年度发展党员工作计划》，按照发展党员“十六字”方针严把党员入口关，把党员发展工作重点放在那些支持、拥护党的方针政策等先进份子身上。2017年，预备党员转正式党员10名，积极分子发展为预备党员4名，培养7名积极分子。截至年底，全乡正式党员152名。

【脱贫攻坚】 年内，阿木雄乡通过深入调研、走村入户，公开公示，坚持精准识别，最终确定扶贫户计54户，共174人。通过每周工作例会和每月推进会，组织乡干部、村“两委”班子、村名监督委员会、“双联户长”集中学习上级下发有关精准扶贫工作文件汇编，讲解和宣传精准扶贫政策、措施、步骤、流程等，逐级分解任务，力求达到家喻户晓，鼓励群众充分参与和监督。7月，乡政府针对干部职工、人民群众在脱贫攻坚中的职责与任务，制作7个宣传栏、张贴宣传标语20条。林业护林员已经分配3个岗位，共兑现岗位资金20078.89元。已有36户134人同意集中搬迁。经过阿木雄乡上下一心共同努力下，年内全部脱贫。

2017年3月11日，阿木雄乡干部职工开展道路抢通保通工作

【“两学一做”学习教育活动】 年内，阿木雄乡以“两学一做”学习教育常态化制度化为契机，全面提升干部职工理论素养，同时助推和检查各项日常工作。截至年底，全乡党员均完成《中国共产党章程》学习，撰写心得体会，尤其是机关支部每个党员的读书笔记均在20000字以上，心得体会5篇以上，交流讨论4次、组织生活会2次，乡党委书记为党员干部上党课4次。

【团建工作】 年内，阿木雄乡团委按照党团联建、夯实基础、务求实效的工作思路，严格执行“党建带团建、团建促党建”的工作模式，狠抓团组织建设，探索团工作的新方法、新举措，在渗透中求实效，在发展中求创新，团结带领广大团员青年奋发进取，努力拼搏，各项工作取得实效。2017年通过培养和引导，吸收团员0名，全乡现有团员40名。

【党风廉政建设】 年内，召开阿木雄乡党风廉政建设和反腐败工作会议，安排部署2017年党风廉政建设工作，制定《2017年党风廉政建设工作计划》，层层签订《2017党风廉政建设责任书》，在全乡范围内开展廉政谈话活动，强化对中央八项规定、《关于新形势下党内政治生活若干准责》《中国共产党党内监督条例》和典型案例的学习，共组织学习8次。

【换届工作】 年内，按照县委组织部换届办的安排部署，阿木雄乡党委、人大、政府高度重视换届工作，成立工作领导机构、制定工作实施方案，建立健全乡领导干部联系指导选区工作制度，经过多方努力，按照选举法有关规定及程序，于11月底顺利完成村组织班子换届工作。

【安全生产】 年内，严格落实安全生产目标，强化安全生产责任，与各村签订安全生产目标责任书，严格落实安全生产目标管理责任制和各项防范措施，在重大节假日组织乡干部职工开展安全生产的宣传教育活动，并发放交通法规宣传册，多次对阿木雄乡完小、同泰矿山、个体户商店食品安全隐患排查，给人民群众创造一个安全、放心、健康的生活环境；同时，全面排查各施工单位安全存在的隐患，与乡驻地所有施工队之间签订安全生产合同协议，共检查施工工地 10 处，检查施工单位 4 家。

【经济发展】 截至年底，畜牧业总产值 12912114.95 元。畜牧以牦牛、羊、山羊为主。2017 年畜牧出栏 5659 头（只、匹），年末畜牧存栏 13618 头，新生仔畜 5031 头，成活率 89%。目标任务完成 100%。全年劳务输出 395 人次，劳务收入达 1048969.9 元，人均收入达到 27492.369 元。

【林业工作】 年内，通过采取在流动沙丘上扎设网格后播撒披肩草种子，用网围栏实施和保护沙地等方式做好防沙治沙工作。截至年底，共实施防沙治沙 5236 亩。

【民生保障】 年内，按时兑现各类惠民资金，兑现最低生活保障补助资金 106605 元，退伍军人慰问金 600 元，兑现 60 岁及以上人员养老生活补助 100500 元，累计落实民政扶贫资金 1411415 元（其中含 2016 年第二批生态岗位资金 543000 元、2016 年定向性补助资金 91451 元、2017 年生态岗位资金 717000 元、2017 年定向补助资金 59964 元），2017 年政策性保险理赔资金 1113360 元，2017 年草奖资金 3071543.58 元。

【教育工作】 年内，小升初中升学率、九年义务教育覆盖率均达 100%。昂仁县中学在校生 47 人、高中在校生 11 人、中专生 17 人、大学在校生 6 人。享受昂仁县教育基金的大学生 3 名，每人发放 4000 元教育基金（其中建档立卡学生一名 2000 元）。认真落实“控辍保学”和教育均衡发展工作，适龄儿童入学率达到 100%，初中入学率达 100%。阿木雄乡对每学期期中及期末考试成绩达标的，以超出达标部分 10 元 / 分为标准进行奖励，不断提高教学水平和教师的工作积极性。

【新农合、新农保收缴工作】 年内，不断加大新型农村合作医疗的宣传和收缴力度，截至年底，阿木雄乡新型农合已全面完成收缴任务，472 人参加新型农保，参合率达到 96%，57 人享受新农保养老金，有效解决农民就医难、看病贵的问题。

【环境整治】 年内，阿木雄乡动员全乡党员干部在全乡范围内开展环境卫生整治，引导党员干部和广大农牧民群众破除陈规陋习，树立“讲卫生、美环境、树新风、促发展”的良好意识，人人都参与到建设“和谐、文明”阿木雄中。年内，组织卫生大扫除 80 次。

【精神文明建设】 年内，阿木雄乡坚持“以民为本、为民解困、为民服务”的工作理念，紧紧围绕建设社会主义核心价值体系为根本，以提升干部职工文明素质为重点，以文明示范带动工程为载体，固强补弱，攻坚克难，深入开展精神文明创建活动，提高广大干部职工的思想整治素质和道德水平，收到良

2017年4月25日，昂仁县环保局、国土局、安监局组成工作组一行在同泰矿山督导检查工作

好的效果。2017年，共开展群众性活动10次，参与群众达800人次。

【学习贯彻党的十九大精神】 年内，阿木雄乡深入开展“四讲四爱”主题活动喜迎党的十九大并组织干部群众大力学习宣传十九大精神40余场次，覆盖全乡6个行政村和所有放牧点，营造浓厚的学习宣传氛围。

（达瓦曲珍）

查孜乡

【概况】 查孜乡位于昂仁县西面，距县城185公里，四面接壤，东面：措迈乡，西面：如萨乡，南面：阿木雄乡，北面：宁果乡。平均海拔4878米，辖5个行政村、26个自然村，总户数为364户、1379人，全乡总面积为210平方公里，约315万亩，草场总面积为212.4万亩，其中可利用草场面积为198.2万亩，其中查孜村可利用草场面积为268139.65亩，加布庆村为300754.48亩，纳德村为585375.4亩，唐琼村为350935.35亩，夏龙村为476577.47亩，全乡以牧业经济为主要收入来源。

2017年，全乡共有7个党支部，现有党员共127人，其中牧民党员107人，村“两委”班子成员25名。全乡“双联户”单元75户。全乡干部职工为31名，乡领导班子成员8名，党员23名；乡完小教师9名，在校生139人；乡派出所干警6名，其中辅警1名，党员4名；乡卫生院医务人员5名，其中正式3名，公益性2名；2017年共发展党员21人，培养预备党员11人，接纳入党积极分子10人。乡寺庙1座通灵寺。查孜乡景点3处，通灵寺位于查孜乡东南面，通灵寺面积约1180平方米。许如措湖又名仙女湖，为碱水湖，面积为431682亩。查孜乡温泉位于通灵寺脚下，水温达86℃，富含硫硒、钙等多种微量元素，可以治疗多种皮肤疾病。查孜乡以畜牧业为主，畜牧产品资源丰富。珍稀野生动物有藏羚羊、獐子、狐狸、棕熊、豹子、黑颈鹤、野驴等；药材有麝香、马勃、木香、梭砂贝母等；风能、太阳能资源潜力大。

【基层组织建设】 年内，以创“五好”基层党组织为核心，狠抓乡村两级党组织规范化建设；建立并推广以目标绩效考核办法为内容的村组干部日常坐班工作模式。全乡共有党员127名，农牧民党员107名，2017年转正21名党员，发展党员11名，入党积极分子10名。根据县委要求，查孜乡党委紧紧围绕“两学一做”学习教育和“村干部素质能力提升工程”两项核心任务，稳步推进基层党建工作，在县委督导组的指导下，党建工作逐步走向规范化、常态化。

【干部队伍建设】 年内，根据县委“两学一做”学习教育活动实施方案，组织党员开展“两学一做”学习教育和“讲学习、讲忠诚、正风纪、转作风、提效能”主题活动，坚持正面教育，进一步拧紧思想“总开关”；坚持学用结合，牢牢抓住以“做”为关键，引导党员在创先争优中更好地保证合格；坚持问题导向，推动党员领导干部带头坚定理想信念，带头全面从严治党，推进党的作风不断好转；坚持领导带头，凡是要求党员做到的，党员领导干部首先要做到，凡是党要求党员不做的，党员领导干部带头不做。

2017年3月6日，县委常委、宣传部部长孙晓峰参加查孜乡主题党日活动

【党风廉政建设】 年内，根据县委要求，层层落实责任制。按照集体领导与个人分工负责相结合，谁主管谁负责，一级抓一级，层层抓落实的原则，明确在抓党风廉政建设中的各项责任目标、责任范围；分别与各村党支部签订《党风廉政建设目标责任书》，将党风廉政建设目标责任细化到人；狠抓学习，组织党员干部认真学习《中国共产党廉洁自律准则》《关于新形势下党内政治生活的若干准则》《中国共产党党内监督条例》等手册及相关文件等；完善相关制度。其次，强化落实村级党支部党风廉政责任制。大力推行党务、政务、村务公开。查孜乡党委把党务公开作为发扬党内民主、强化党内监督、密切党群干群关系、提高基层党组织执政能力、促进各项工作的重要举措和有效手段，多措并举，精心实施；转变工作作风，提高办事效率；加强干部管理，整合人力资源，明确机构设置，设岗定责。认真履行党规党纪，领导班子以身作则、廉洁奉公，坚决纠正损害群众利益的不正之风。坚决整治群众反映强烈、矛盾突出的热点、难点问题。配合有关部门加强监督检查，重点解决强农惠农资金，医疗卫生、学校收费等方面关乎群众切身利益的问题。协调有关部门加强对各项农牧民补贴款到位情况的专项检查，加强审计和财政监督。

【团建工作】 年内，查孜乡着重从团员队伍建设方面加强团委管理工作，对全乡37名团员进行学习系列讲话活动，同时通过鼓励团员开展志愿服务活动，进一步增强团员的宗旨意识，增强团组织的影响力和凝聚力。2017年度团费收缴正常，如期足额上交，而且建立团内经费账册，收支合理。

2017年9月12日，党委书记巴丹罗布、党委副书记达瓦在纳德村落实扶贫资金

【基础设施建设】 年内，开工建设项目：农牧综合服务中心、防抗灾饲草料储蓄库、异地搬迁续建项目、公路建设工程。2017年外出务工人员167人，劳务输出收入86万元。

【村“两委”换届】 8月，查孜乡按照区、市、县的安排，及时成立以乡党委书记任组长的村两委换届选举工作领导小组，并制定换届选举工作实施方案，做到早安排、早制定，任务明确。9月15日，召开查孜乡村两委换届党员代表大会，参加党员大会的党员共125人。选举产生村“两委”班子成员25人，村务监督委员15人。按照县换届选举办公室的统一安排，做好党员登记工作及各项准备工作，成功举办全乡村两委班子换届。

【脱贫攻坚】 年内，根据县扶贫办要求，查孜乡工作重心向精准扶贫工作倾斜。成立乡领导扶贫工作领导小组。配备专干3人，并制定脱贫计划。2017年完成28户127人的脱贫任务，2018年预计完成64户214人的脱贫任务，实现扶贫摘帽目标。实现2017年结对帮扶107户，401人，2017年生态岗位人员439人，人均标准3000，已兑现资金1317000元，确定2017年易地搬迁82户，跨县易地搬迁7户。发挥乡党委、政府协调作用，引导群众就业。一方面借助市、县驻村优势，积极申报项目，增加贫困户就业渠道，另一方面联系当地施工队伍，签订用工协议，保障贫困户优先用工，提升贫困户现金收入。规范贫困户脱贫程序。

针对2017年脱贫目标，由扶贫专干入户调研，完成脱贫户收入的人均核算。达到3840元标准的，初步确定为脱贫户，经本人申请，乡党委讨论后，进行集中申报。

【社会综合治理】 年内，设立乡村两级综治管理岗，安排综治管理人员3人；各村成立巡逻队；进行人口摸底，建立基础信息库；重点做好流动人口的登记管理，各村对流动人员、不明身份人员做到及时登记上报；根据县委、县政府要求，推进“双联户”工作，划分“双联户”单元75个，选出“双联户长”75名。

【安全生产】 年内，做好一年10次的易燃、易爆排查工作及各施工单位、中翔企业矿点安全防范工作；安全生产目标分解到双联户单元，层层落实；对该乡茶馆、娱乐场所等场所做出时间限定，超过1点营业，对从业人员进行处罚，减少酒后闹事行为的发生。

【经济发展】 年内，农村经济总收入1979.95万元，农民人均纯收入10337.85元。

【牧业工作】 年内，出栏统计为15124头(只、匹)，折羊为18563.2只绵羊单位，成畜死亡为1025头(只、匹)，成畜存栏为16434头(只、匹)，折羊为322513.4只绵羊单位，新生仔畜存栏14010头(只、匹)，折羊为8256.7只绵羊单位，合计折羊为30770.1只绵羊单位，全乡实现草畜平衡。

【教育工作】 年内，查孜乡完小有教师9名，学生115名，班级6个。年内，小学入学率达100%，巩固率100%，初中入学率达97%，巩固率100%。

【卫生工作】 年内，乡卫生院1所，医护人员5名，村医10名。2017年医疗卫生工作取得新成效，乡政府、乡卫生院积极开展健康教育宣传工作，广大群众健康知识水平明显提高。

【“四讲四爱”主题教育实践活动】 年内，查孜乡开展“四讲四爱”暨“讲党恩爱核心、讲团结爱祖国、讲贡献爱家园、讲文明爱生活”主题教育实践活动，进一步增加全乡干部群众的凝聚力，增强群众的爱国主义精神。

【学习贯彻党的十九大精神】 年内，查孜乡组织全乡干部职工深入学习党的十九大精神，通过宣传栏，发放宣传手册，入户宣讲等方式，在全乡范围内宣传学习党的十九大精神，进一步加强群众的爱国主义精神，提高干部群众对十九大精神的了解，提高干部职工工作效率。

（次仁拉姆）

日吾其乡

【概况】 日吾其乡位于昂仁县西南部，雅鲁藏布江上游，是著名的西藏桥梁大师、藏戏鼻祖唐东杰布的成名地，迥巴藏戏的发源地。地理位置：北纬29° 11′，东经86° 37′，东邻昂仁县多白乡，南临聂拉木县琐作乡，西与萨嘎县接壤，北靠昂仁县桑桑镇，距县城100公里，总面积1210平方公里，平均海拔4100米，雅鲁藏布江贯穿全乡，属于半农半牧乡，日吾其乡属于高原中低山地地貌，高原温带半干旱大陆季风气候，年平均气温5.2℃。全乡下辖14个行政村32个自然村，“双联户”单位98个16个党支部，党员410名，其中农牧民党员380人，妇女党员79人。共1057户5500人。全乡共有干部职工34名，其中包括大学生村官3名、村(居)公务员1名。一所小学，教职员工共24人，在校生557人。乡派出所干警5名，卫生院5名医务人员。

全乡耕地面积1.22万亩，可利用草场面积105.73万亩。2017年，全乡粮油总产量765.41万斤，牲畜存栏45666头(只、匹)，其中大畜6584头(只、匹)，小畜39082头(只、匹)。劳务输出达到3402人次，同比减少1.2%；农村经济总收入5298.12万元，同比增长0.91%；人均收入7224.71元，同比增长0.84%。乡域所辖5座寺庙，分别为日吾其寺、色龙寺、那布扎仓寺、康龙寺、郎日寺，为一个管委会，成员共4名。

【基层组织建设】 年内，以党的十八大、十八届三中、四中、五中、六中、七中全会精神、十九大精神和区党委九届党代会精神和市委一届五次全委会为指导，以年初全县基层党的建设工作会议精神

2017年10月10日，副县长旺拉在日吾其乡为全乡党员干部上党课

为基本遵循，日吾其乡党委始终坚持“抓发展必须抓党建、抓党建就是抓发展”的指导思想，把加强党的建设作为党委的主要职责，认真落实“书记抓、抓书记”的总体要求，毫不放松地抓好基层党建工作。采取“上挂”和“下挂”，暨“双向挂职”方式，乡干部到村挂职，村干部到乡挂职，进行挂职锻炼培训。全乡共有党员410名，农牧民党员380名，妇女党员72名、2017年发展党员4名，预备党员14名，入党积极分子52名。根据县委要求，日吾其乡党委紧紧围绕“两学一做”学习教育常态化、制度化和每月开“主题党日”两项基本任务，继续抓基层、打基础，在完成常规工作的同时，摸索促进党建工作的新载体和新方法，基层党建工作取得实质性的进展。

【干部队伍建设】 年内，根据县委要求，坚持“知识强村、科技强村、人才强村”的思路，举办村干部教育培训班，积极搭建村干部成长锻炼平台，坚持分层实施，重点推进，着力提高日吾其乡村干部能力素质。建立健全集中学习制度，定期组织班子成员和党员干部认真学习各个时期党的任务和理论成果，切实提高班子成员和党员干部的政治修养和知识水平；能力素质培训，采取“机关党员干部走下去，农村党员干部走上来，创造条件一起走出”的方式开展党员培训，在培训过程中，重点培训党员干部要树好“致富带富的领头雁、做上传下达的联心桥、正民风树新风的风向标”意识。

【党风廉政建设】 年内，召开上半年与下半年党风廉政建设工作部署会议，及时研究部署半年内党风廉政建设工作重点，明确党风廉政建设和反腐败工作的组织领导和责任分工，制定《日吾其乡2017年党风廉政建设工作方案》，对党风廉政建设和反腐败主要工作任务进行分解，落实责任领导和责任单位，履行“一岗双责”职责。

每季度按照规定要求召开专题例会，听取相关汇报，总结、分析阶段内党风廉政和反腐败工作情况，对存在的问题研究相应对策。讲究民主决策，实行依法行政，做到公开公平公正。与乡直各单位、各村党支部签订《党风廉政建设目标管理责任书》，形成“一把手”负总责、一级抓一级、层层抓落实的工作格局。与全乡党员干部签订《党员干部廉洁自律承诺书》《党员干部不信教承诺书》《党员干部禁酒承诺书》《党员干部禁赌承诺书》《不举办“升学宴”承诺书》共252份，有效增强全乡党员干部遵规守纪的自觉性。拓宽案件线索收集渠道，通过在辖区村设置信访举报箱广泛收集案件线索，注意挖掘隐藏的深层次问题，尤其是村务、财务管理问题。接待信访1件，并及时核查上报。协助上级处理违规违纪问题1件、2人。学习传达《日喀则市关于区党委巡视一组反馈意见的整改落实方案》文件精神，对照问题逐一进行自查整改。根据市委巡察三组巡察反馈意见整改工作要求，深入落实整改关于党的领导弱化、党的建设缺失、全面从严治党不力方面的18条突出问题。

【团建工作】 年内，日吾其乡紧紧围绕县团委办的统一安排部署，认真贯彻落实县团委办的有关文件精神，为不断壮大基层团组织队伍建设，大力提高青年工作的

2017年3月4日，县委常委、统战部部长尼玛平措带队入村宣讲扶贫政策、督导扶贫工作

重视程度，最大限度地激发广大青年的积极性，促进团队伍的凝聚力战斗力的建设，夯实西藏和谐稳定的力量基础。进一步组织广大团员青年投入到建设发展、稳定的日吾其乡实践当中，积极发挥团的组织优势和力量优势。以村“两委”换届选举工作为契机，选举产生新一届村团支部书记，建立健全村团支部各项制度；积极完成县团委各项工作任务。

【基础设施建设】 年内，花费2亿1346万元的桑镇至日吾其乡道路改建工程已全面动工，于2018年底竣工。花费1227万元的达夏村至达夏村搬迁点道路改建工程已全面动工，于2018年底竣工。花费1525万元修建日吾其乡完小教学楼、学生宿舍、食堂。争取到援藏资金300万元，修建日吾其乡卫生院门诊部，现已竣工。从县统战部争取到日吾其乡寺管会办公室、职工宿舍修建项目。

【换届工作】 年内，日吾其乡严格按照县委、县政府《关于做好村组织换届选举工作的实施意见》和换届选举的有关法律、法规，坚持把换届选举工作作为全乡阶段性工作的中心任务，突出重点，把握关键，主动稳妥推进，达到预期目的。在村党组织换届过程中，全乡共有325名农牧民党员参加推荐，占到村党员总数的89%；有351名党员参加选举，参选率达到96%。有3250个选民参加候选人提名推荐，占到总数的95.6%；有2877名选民参加投票选举，占到总数的84.6%。换届后，新一届村组织成员中党员数115名，占到总数的100%；有3名村“两委”班子成员具有高中以上学历，其中村党支部书记2名，妇代主任1人，有8名村两委班子成员具有初中学历，占到总数的11 %，还有8名村后备干部和农村优秀人才充实进村领导班子。

【“四讲四爱”主题教育实践活动】 年内，日吾其乡以开展“四讲四爱”主题教育实践活动的指导思想，高举中国特色社会主义伟大旗帜，深入贯彻落实党的十八大、十八届三中、四中、五中、六中全会和中央第六次西藏工作座谈会精神，以邓小平理论、“三个代表”重要思想、科学发展观为指导，深入贯彻落实习近平总书记系列重要讲话精神和治国理政新理念新思想新战略、特别是治边稳藏重要战略思想，扎实有效地完成各阶段工作任务，在全乡上下形成强大声势，产生热烈反响，掀起积极参与“四讲四爱”、自觉践行“四讲四爱”的热潮。2017年，日吾其乡14个行政村、5座寺庙、1所小学共组织宣讲60余场、受众达2100余人次；村级宣讲团共宣讲42余场，受众群众达3500余人次、受众学生达100余人次。驻寺队伍宣讲15次，受众僧尼75余人次实现“四讲四爱”专题宣讲的全覆盖。宣讲同时定制宣传条幅300余条、横挂在交通要道，人员密集区等。

【脱贫攻坚】 年内，日吾其乡紧紧围绕“九个一批”的帮扶措施，着眼基础设施、富民产业开发、民计民生保障、金融支持、社会事业发展等各个领域，认真部署、逐层落实，努力跟紧区步伐，实现提前脱贫。其中，产业扶持带动贫困户46户，66人。易地扶贫搬迁，“十三五”时期共有235户、1007人的易地扶贫搬迁规模，其中2017年计划集中安置15户，60

人。2017 年计划跨县易地搬迁户 12 户 35 人，2017 年计划分散安置 177 户 782 人。

转移就业在“十三五”时期共有 104 名人员有意参加培训，通过县人社局的培训平台已经参加培训人员有 22 人。医疗救助共有 18 人，在结合践行“两学一做”关爱弱势群体的活动，先后组织干部职工开展爱心捐款活动，成立爱心基金，为因病致使生活困难的贫困户帮助解决医疗费用。发展教育，扶贫建档立卡贫困家庭在校生 232 户 370 人，其中大学 3 人，高中 13 人、初中 105 人、小学 235 人、幼儿园 14 人。各项教育扶持政策落实当中，确保贫困子女安心上学。2017 年毕业的“两后生”经乡政府各方面的努力，“两后生”在读率达到 50% 相比 2016 年增长 50%。社保兜底建档立贫困人口中社保兜底共有 36 人 51 人，其中五保户集中供养 4 人，现有 4 人享受民政口子的分散五保户生活补贴，其余 43 人在 2017 年享受 2016 年农村最低生活保障金。生态补偿积极争取到生态岗位 2380 个，其获得长期稳定收益，促进贫困人员脱贫致富。金融扶持建档立卡贫困户 356 户前往营业所办理贴息贷款每户 1 万元—25 万元。完善干部结对帮扶机制引导全乡干部进村入户、结对认亲交朋友，科级干部结对帮扶 3 户，一般干部结对帮扶 2 户。

【安全生产】 年内，日吾其乡政府与各村签订《道路交通安全目标责任书》。重点查非法运营超载车辆、酒后驾驶行为、车辆乱停乱放现象，对重点路段的路况、安全隐患、车辆进行检查，共检查车辆 960 辆、纠正、处理违章操作车辆 378 辆。

【经济发展】 年内，全乡总体农村经济收入总量达到 5298 万元，同比增长 0.1%；农牧民人均可支配收入达到 7224 万元，同比增长 0.18%；劳务输出 2921 人次，同比增长 0.8%，劳务总收入达 874 万元。

【农业工作】 年内，根据上级的要求日吾其乡一直对农牧业结构的大规模调整非常重视，特别是加大种植业结构调整力度，引进优良品种，引导农牧民进一步转变思想观念，走农业产业化道路，2017 年全乡耕地面积为 12249.96 亩，实播面积为 12249.96 亩，其中粮食作物面积为 10227 亩，经济作物面积为 1420 亩，青饲料播种面积 602 亩。2017 年粮油产量达到 765 万斤，经济作物 115 万斤，青饲料 43.5 万公斤。

【牧业工作】 截至年底，牲畜总头数 4.5 万头（只、匹），其中仔畜成活数 1.2 万头（只、匹），成活率达到 88%，成畜死亡数 734 头（只、匹），死亡率控制在 0.02%，牲畜出栏数 1.18 万，出栏率 27%，短期育肥数 919，完成率 90%。全乡可利用草地面积 1057329 亩，其中禁牧面积 5000 亩，实施草畜平衡奖励面积 1052329 亩，草畜平衡率达到 100%，2017 总牲畜折羊数 56365 只，兑现奖励资金为 1608493.5 元。

【教育工作】 年内，坚持把均衡教育摆在优先发展的战略地位，全面推行素质教育。坚决执行“两免一补”政策；切实抓好保学控辍工作，保证每一个适龄儿童都能得到良好的教育机会。截至年底，小学及中学入学率达到 98.5% 和

2017年7月5日，日吾其乡党员、干部在日苏村看望慰问孤寡老人、老党员

99.6%,幼儿园入学率达到98%。

【卫生工作】 年内,加强对新型农村医疗保险账户资金的管理和使用,提高农牧民医疗保障水平,全乡参加合作医疗共5500人,上交筹资款20元/人,共110000元,合作医疗参保率达100%。截至年底,全乡共住院分娩111人,达98%以上,并落实2016年“两项扶助”资金66240元。强化监督管理,努力做好食品药品安全工作。包虫病筛查人数3566人,覆盖率达到65%,治疗人数32,治疗率达到100%。乡党委、政府与14个行政村、小学以及乡政府周边食品生产经营企业签订食品安全责任书,大力开展食品安全专项整治行动,确保食品安全日常监管工作到位。配合上级查处食品安全工作,加强对伪、劣、假的食品的打击力度,并做好乡卫生院的药品使用监督管理。2017年,未曾发现食品、药品安全事件,有效保护人民群众的食品安全。

【救灾工作】 7—8月汛期期间,日吾其乡因暴雨导致多个村居的农田被冲毁,道路、桥梁、水利设施等遭到严重损坏,房屋也面临随时被冲毁的危险,灾情就是命令,乡政府立即组织乡干部、派出所干警、驻村干部第一时间携带救灾物资赶赴现场,在村党员干部和群众的协助下,积极采取措施,全力开展抢险救灾。此次救灾,共出动乡干部和群众4000余人次,协调挖掘机、装载机进行全力抢修,发放防汛袋8000余袋、铁丝网50余卷、铁丝40余卷、铅丝笼20余卷、围网栏5卷,全力确保人民群众生命财产安全。成立灾情领导小组,第一时间安排工作人员统计数据,损失数据已上报至保险公司,并资料整理归档。

【交通工作】 年内,日吾其乡至桑桑镇的道路改建项目已全面动工,施工期间日吾其乡多次组织干部到施工点解决占地、征地、修改便道等情况。并对其余13个村组织群众开展养护工作,投入装载机、人力修路,共发车次数62次,376小时,425人次。发放防汛袋9000张、铁丝网61卷、铅丝笼23卷、编织袋3000条、网围栏5卷。在路口设立警示牌,重点区域排查交通隐患16次。确保道路畅通,避免出现交通安全隐患。

2017年7月1日，日吾其乡组织全乡党员干部开展主题党日活动

【民政工作】 年内,及时落实上级单位所发放的有关农牧民的各项生活补贴,2017年上半年低保落实资金1102548元。2017年日吾其乡低保134户442人,同比减少115户488人。农村低保以公开、公平、公正、“保户保人”的原则,对低保进行调整。3月借全乡干部在岗期间,以党委、政府两个主要领导为第一负责人,充分调动驻村工作队和各包村干部通过走村入户,召开村“两委”会议,“双联户”户长群众代表会议,以日吾其村、日苏村、央确村为试点形式,对全乡全村进行摸底调查及争取群众的意见,共实地调查249户,选出农村低保户134户442人。截至年底,各村无存在低保资金平坦现象;做好五保户集中供养工作,全乡现有五保户7户7人。截至年底,集中供养5人,2人因体弱多病,只能在家休养。2017年,按照县民政五保户集中供养的相关文件精神,做好前期思想教育工作,争取能够达到有关要求;更新寿星老人档案。

2017年5月4日，日吾其乡开展“四讲四爱”暨迥巴藏戏队在日吾其村慰问演出

【人社工作】 年内，日吾其乡14个行政村适龄参保人数为2951人，参保登记人数2951人，实际缴费人数3154，缴费金额为326500元，参保率达到99%。为把政策落实到实处，惠到百姓，日吾其乡工作人员根据县人社局提供的名单，细化各村名单和资金兑现表交由各包村干部将年度或半年度应发资金落实到符合条件的参保人手中。2017年，已兑现1—6月新型农村社会养老保险金共377100元。在乡党委、政府的高度重视农牧民技能培训工作，先后派出30名农牧民到市进行劳动技能培训。同时各类劳资纠纷及时解决在基层，确保全年无任何劳资纠纷上访现象发生。

【文化工作】 年内，认真落实县委、县政府的相关要求，充分利用“乡村之音”平台，大力支持迥巴藏戏的传承和发扬，做好文物保护与挖掘工作，合理使用设施设备加强管理，一切以为满足群众文化需求，促进日吾其乡文化事业的发展为目标。2017年迥巴藏戏受邀到浙江乌镇演出，得到国内外的关注。

【特色产业发展】 年内，日吾其乡藏鸡蛋销量达到新高，在昂仁县境内赢得较好口碑，形成一定的品牌效应；加大特色产业，文化旅游产业项目投入，充分利用日吾其金塔、汤东杰布王宫等旅游景点的人文特色旅游资源，将藏戏“鼻祖”汤东杰布故居地品牌做大做强。

（易春林）

多白乡

【概况】 多白乡位于昂仁县西南部，距县城65公里，地处北纬29° 11′、东经86° 48′，东连卡嘎镇，西临日吾其乡，北靠桑桑镇，南接定日县盆吉乡，总面积1300平方公里，全乡平均海拔4080米，乡政府驻地海拔4139米。全乡以农业生产为主，耕地面积14542.5亩，林地面积12387.3公顷，草场面积90.36万亩，主产青稞、小麦、油菜等作物，主要饲养绵羊、山羊、奶牛等牲畜。自然灾害主要有干旱、洪涝、风、霜、冰雹等。

2017年，全乡共1216户、6251人，扶贫户553户、2461人。基层党支部21个，其中农村党支部18个，共有党员374人。在岗在职乡干部40人，其中乡班子成员10人，其他公务员8人，事业干部14人，大学生村干部6人，工人1人，公益性岗位1人。村“两委”干部92人。全乡辖18个行政村（赤嘎村、措布龙村、叶村、多白村、德夏村、楚龙村、亚多村、玛多村、荣奴村、荣夏村、拉定村、宁嘎村、谢村、仁青林村、仁青顶村、玛措村、日果村、查村），有2所完小、2所幼儿园，共有教职工28人，学生596人。

【干部队伍建设】 年内，多白乡高度重视干部队伍建设，认真落实县委发展党员工作规划，制定《多白乡2017年度发展党员工作计划》，按照发展党员“十六字”方针严把党员入口关，把党员发展工作重点放在那些支持、拥护党的方针政策先进份子身上。2017年多白乡党员共有374名，其中预备党员22名，2017年全乡入党积极分子14名，入党申请人员11名，乡党委及时完善党员档案信息，及时组织开展各种培训和学习，确保全体党员保持先进性。

2017年8月31日，昂仁县政协党组书记、主席吕世瑞在多白乡督查环境卫生整治工作

【精准扶贫】 年内，多白乡按照上级部门要求，年初与各个行政村签订脱贫工作目标责任书，向各村下达脱贫任务目标。年内，先后共脱贫172户795人。抓好项目监督检查推进易地搬迁工作进程，2017年，涉及易地搬迁18个行政村161户598人（其中集中搬迁28户113人，分散搬迁124户461人，跨县搬迁9户24人）。截至年底，房建工程已基本完成，入住率20%其中已完成异地搬迁；同时抓好生态补偿和定向补助资金兑现工作增加贫困家庭经济收入来源。2017年，共兑现生态补偿资金629.4万元，受益贫困人员为2098人，共兑现定向补助资金180.0183万元（其中2016年定向补助资金93.465万元，2017年定向补助资金86.5533万元），受益贫困人员为1097人，兑现育才基金6.3万元，受益大学生30名；抓好结对帮扶工作，让干部职工参与到脱贫攻坚工作当中，组织干部开展捐款活动筹资2.49万元，帮扶贫困家庭83户；大力开展贫困户人员技能培训工作，切实增加贫困群众收入。紧密结合昂仁县人社局农牧民技能培训工作契机，动员全乡范围内的“两后生”和贫困群众，以通过培训促就业、通过就业增加收入，鼓励农牧民参加技能培训，全年先后共有农牧民参加技能培训80人。

【“两学一做”学习教育】 年内，多白乡以“两学一做”学习教育活动为契机，全面提升干部职工理论素养，同时助推和检查各项日常工作。在完成“两学一做”学习教育基本要求的同时，多白乡党委还制定下发《关于开展“两学一做”学习教育督导工作方案的通知》《学习教育突出问题督查情况登记表》《“两学一做”党员个人突出问题整改清单》，成立“两学一做”学习教育督导工作领导小组，强化基层组织建设和党员队伍建设。

【“四讲四爱”主题教育实践活动】 年内，多白乡以开展“四讲四爱”主题实践活动为契机，增强党员干部和农牧民群众的“四个意识”，提升党员干部业务能力。制定成立《多白乡“四讲四爱”实施方案》并成立专项活动领导小组，多次召开工作推进总结转段会，及时组织开展宣传，做到家喻户晓，通过此次活动强化农牧民群众爱国思想，团结意识。

【“深化五项教育，增进五个意识”专题活动】 年内，多白乡制定“深化五项教育，增进五个意识”实施方案，同时为各个村委会制定方案，制定“深化五项教育，增进五个意识”工作同时以“深化五项教育，增进五个意识”专题活动为契机，农牧民群众进行五项教育，增进农牧民群众五个意识，共开展宣讲活动37次，组织学习活动40次，通过开展“深化五项教育，增进五个意识”专题活动，强化农牧民群众团结奋斗的共同思想。

【党风廉政建设】 年内，召开多白乡党风廉政建设和反腐败工作会议，安排部署2017年党风廉政建设工作，制定《2017年党风廉政建设工作计划》，层层签订《2017党风廉政建设责任书》，在全乡范围内开展廉政谈话活动，强化对中央“八项规定”、《关于新形势下党内政治生活若干准责》《中国共产党党内监督条例》和典型案例的学习。

【安全生产】 年内，严格落实安全生产目标，强化安全生产责任，与各村签订2017年安全生产目标责任书，落实安全生产目标管理责任制和各项防范措施，在重大节假日组织乡干部职工开展安全生产的宣传教育活动，并发放交通法规宣传册，多次对多白乡完小、茶馆、饭馆、个体户商店食品安全排查，给人民群众创造一个安全、放心、健康的生活环境；同时，全面排查多白乡各施工单位安全存在的隐患，与乡驻地所有施工队之间签订安全生产合同协议，多白乡干部职工定期不定期到每个村，对每条公路、每项工程项目、每座桥梁进行排查，尤其对容易引发事故的隐患点，因地制宜制定整改措施，向村民讲解宣传危险路段、桥梁的安全注意事项，较好地做到排查、整治隐患、杜绝新隐患的目的。

【经济发展】 年内，全乡农村经济总收入7172.74万元，比2016年同比增长15%；粮油总产量达978.3，比2016年同比增长2%；人均纯收入8376，比2016年同增长14%。

【农业项目建设】 年内，为改良土壤条件，增加农作物单产，安排深松整地面积200亩。

【农业发展】 年内，从春季开始抓手，结合各村实际制定农业目标责任书，召开经济会议分别与各行政村签订目标责任书，把各项经济发展指标明细落实到村一级。按照上级部门的要求，合理规划标准田建设和种子基地项目建设，年初按照上级农牧部门的要求积极开展青稞增产行动，共安排粮食绿色高产创建示范面积9100亩、测土配方施肥示范面积6830亩、农作物良种推广面积10050亩。安排二级种子田建设面积1000亩，其中“喜拉22号”建设面积1000亩、“藏青2000”建设面积800亩；安排“千亩千斤”田连片面积1150亩、“百亩千亩”田连片面积共计1000亩，完成青稞增产每亩25公斤目标；积极组织乡农牧综合服务中心技术人员春耕备耕之际赶赴各行政村开展农资筹备情况检查，检查种子、化肥、农药、农机具等农用物资筹备齐全情况进行打分，评分结果作为第一季度打分主要依据；通过召开科技特派人员培训会议，统一安排和部署农资筹备、田间灌溉、除草、洒药等日常工作，鼓励群众机耕机收，不断推进农业现代化进程，实现机耕机收面积共5500亩。

【农业人才培养】 年内，为农业科学知识的推广和普及，乡党委、政府与县科技局联系，争取36名科技特派人员名额，邀请县农牧局专业人员，对全乡科技特派人员进行全面的农业科技知识培训，提高他们服务群众能力。同时为充分发挥科技特派人员作用，制定《多白乡科技特派人员管理制度》，整顿个别科技特派人员外出务工，工作积极性不高、不能发挥作用等问题。另外，组织乡干部和科技特派人员，围绕春耕备耕、田间管理、农家肥筹措情况等进行开展内部评比活动，评选出农业先进村，发放奖状奖金提高群众种田积极性。

【农机具购置】 年内，多白乡借助国家实施农机购置补贴项目良好契机，抓好农机具购置各项工作，合理安排各种农机具分配工作。

2017年5月8日，昂仁县安居办主任达娃罗布，党委书记索朗次仁，党委副书记、乡长令彩霞在赤嘎村易地搬迁点督导检查

2017年1月11日，党委书记索朗次仁带队在多白村召开2016年度总结大会暨2017年工作计划大会

协调当地银行帮助群众借贷购买农机资金。积极与上级部门协调，帮助群众办理购买农机具相关手续，确保农机购置补贴资金落到实处。截至年底，国民经济统计显示，全乡现有农用拖拉机873辆，其中手扶拖拉机78辆，配套农机具434件，农用运输车149辆。

【林业工作】 年内，全乡现有林地面积达12387.3公顷，其中人工植树面积达69.97公顷。充分利用各村森林管护人员，加强森林管护工作，借助乡派出所的力量，严厉打击偷采野生植被和打猎野生动物的行为；抓好野生动物肇事赔偿补贴相关工作，积极与保险公司联系，争取野生动物肇事补贴资金，降低野生动物给群众带来的经济损失，确保野生动物得到有效的保护。先后共计兑现林业资金184.9089万元。其中2016年度中央森林生态效益补偿基金管护补助资金（集体管护资金）4843.7元；2017年度中央森林生态效益补偿基金管护补助资金（集体管护资金）484039.3元；多白乡2017年退耕还林现金补助资金118116元；2016年昂仁县多白乡陆生野生动物肇事损失经费80290元；多白乡2016年养殖业保险资金450600元；2014年拉萨周边造林及封育资金71.1200万元。多白乡地处雅江江畔，平均海拔相对较高，植被覆盖率较低，生态环境较差。

2017年，乡政府向各行政村下达植树种树任务，签订目标责任，把植树造林作为年底打分评优主要依据。另外，积极与县林业局沟通联系，争取林业项目和沙棘树苗，开辟植树种树空地，补种往年未能成活的枯树，加大人工植树种树工作力度。年内，先后共计新种树苗近3万株，植树面积达150亩；严格按照上级要求，年初统一安排和部署，年底统一检查和验收。把各村退耕还林、植树造林等林业项目指标完成情况作为依据发放各种林业补贴资金；跟踪和检查亚多村防沙治沙等重点环保项目落实情况，把存在的问题及时提出整改意见。

【民生保障】 年内，全乡共有精准扶贫系统内登记贫困553户、2461人，低保户223户678人、五保户16户16人，其中集中供养7人、分散供养9人；“三老人员”19人、寿星老人86人、享受补助退伍军人15人、孤儿4人、残疾人员105人（其中重度37人）及享受新型农村养老保险政策资金595人。2017年，兑现残疾人员补助资金11.814万元、冬春受灾资金8万元、低保资金71.4529万元、高校特困生补助资金1.2万元及慰问退伍军人资金0.4万元。

【教育工作】 年内，多白乡辖区内现有2所小学和4处教学点，共计小学生574名，其中一校学生448名入学率达99.54%，二校学生126名（含教学点）入学率达98.75%，中学生共计254名入学率达98.82%，高中生133名，大学生91名。为进一步提高多白乡两所学校教师教学工作积极性，提高教育教学质量，制定推出《多白乡教育教学质量奖惩办法》和《多白乡教职工管理制度》，并督促教学工作严格落实。2017年，按照《多白乡教育教学质量奖惩办法》兑现奖励资金3万余元。

2017年，共帮助贫困大学生93名，兑现教育资金18.6元；为有效提高学生入学率，召开各种会议和开展下村活动契机，大力宣传义务教育相关法律法规知识和强调教育工作重要性；组织干部做好每年学生入学工作，向各村主要领导下达任务，把学生接送工作列入村“两委”每年重要工作事项中，确保学生及时安全地派送到学校；与各种惠民政策资金兑现相结合，对存在辍学生的家庭严厉批评，扣除该户惠民政策资金，并统筹罚款资金充实到教育基金经费当中；为给学生提供安全、干净的学习生活环境，经常定期不定期地组织乡、派出所和卫生院干部民警职工，对学校周围店铺开展全面的食品安全检查，严厉打击假冒伪劣产品经营销售，没收各种假冒伪劣产品和过期产品进行统一焚烧处理；动用派出所民警力量，定期不定期地检查学校周边存在的安全隐患，特别是对交通车辆的管理，严肃查处各种学校周围酒驾、无证驾驶、交通违法违规现象。全年，先后共安全检查和排查隐患共15次。

【环境整治】 年内，多白乡每季度开展一次“环境卫生大整治，创建美好新家园”专题活动。动员全乡党员干部在全乡范围内开展村级环境卫生整治，引导广大农牧民破除陈规陋习，树立“讲卫生、美环境、树新风、促发展”的良好意识，人人都参与到建设“和谐、文明”多白中，同时对中央环保督查组检查出的两起环保问题：即多白乡多白村“两委”班子缺乏环境保护意识，未取得任何手续的情况下在雅江流域增设沙场、生活垃圾随意倾倒，污染雅江；多白乡亚多村“两委”班子严重缺乏生态环境保护意识，在未取得任何环评手续情况下村“两委”班子与施工队签订采石合同，进行乱采石行为，生态破坏严重进行及时的整改，确保今后不再触碰环保红线。

2017年10月10日，多白乡举行精准扶贫捐款

【思想政治工作】 年内，乡党委、政府按照上级部门的要求，制定学习计划，坚持理论与实践相结合，以集中学习与个人自学相结合，讨论交流与调查研究相结合的方式，认真学习党的十八大、党的十八届六中全会、自治区第九次党代会、党的十九大报告及上级下发的各种文件精神。建立每周四党员集中学习和每周五干部集中学习制度，采取集中学习、个人自学、做笔记等形式，深入开展“两学一做”学习教育；坚持全乡干部每两个月召开一次工作汇报会议制度，按照干部自身分工职责情况每两个月在会上汇报一次工作开展情况，即提高干部工作主动性和自觉性，又增进工作学习经验交流。

（豆浩江）

雄巴乡

【概况】 雄巴乡位于昂仁县西北部，距昂仁县城63公里，乡域面积82.25平方公里，平均海拔4860米。东和谢通门县列巴乡接界，南邻卡嘎镇，西与桑桑镇隔江相望，北靠达若乡。东南部海拔较低区域有林地6.86万亩，草场122.37万亩，其中可利用草场119万亩，总仔畜为29.66万个绵羊单位，普扎村因海拔略低，并处于雅江边，气候较好，该村有耕地177亩，主要种植本地青稞和土豆，青稞亩产150—200公斤之间，农业欠发达，雄巴乡是一个农牧结合，以牧业为主的乡镇。

雄巴乡地貌以高山和盆谷平原为主，地势北高南低，起伏较大，南北高差达1200余米。属典型的高原半干旱大陆季风气候，乡域内阳光充沛，年均日照为3419.1小时，年均日照百分率为85.5%。降雨主要集中在7—9月份，占年降水量的95%以上。北部高海拔牧区年降水量在250毫米左右，南部河谷地带年降水量在470毫米左右，年均蒸发量2527.9毫米，年均气温为4.7℃。

乡政府驻地为杂日村，全乡下辖4个行政村、21个自然村，共有200户、826人，劳力445人。全乡共有干部职工23名，"双联户"单位22个，雄巴乡有寺庙一座。

【队伍建设】 年内，雄巴乡党委下设5个党支部，全乡共有党员141人，其中农牧民党员124名；2017年发展党员10名，预备党员5名，入党积极分子2名。根据县委要求，按时召开民主生活会和组织生活会。通过班子成员推心置腹谈心，交流意见，沟通思想，开展批评和自我批评等措施，从而有序开展乡村的各项工作。机关党支部坚持例会制度，根据设岗定责，每月底将自己的工作开展情况在例会上进行汇报，这既能掌握雄巴乡各项工作的推动情况，同时能够发现工作中存在的问题，也好让领导为干部出谋划策，进而激发干部职工的潜能。

【项目建设】 2017年完成开工项目3个，重点项目包括易地搬迁、卫生院改扩建和农牧服务中心等。

【"两学一做"学习教育】 年内，以推进"两学一做"学习教育常态化制度化为重点，制订雄巴乡党员干部计划；坚持每周五支部集中学习时安排一名干部轮流宣讲、解读惠民政策和上级精神，促使干部职工主动学习党的政策方针，培养干部职工的口才和胆识等综合能力；按照县委关于做好"两学一做"学习教育常态化制度化的相关要求，组织乡村党员干部有序开展"党章""党规"、《中国共产党党内监督条例》和《关于新形势下党内政治生活若干准责》的学习、撰写心得、专题研讨、领导干部上党课等一系列教育。将"两学一做"学习教育贯穿于日常的讲政治和守规矩，把"讲学习、讲忠诚、正风纪、转作风、提效能"主题活动体现在修身律己，干事创业上；开展"四风整治"和"庸懒散专项治理"，有效地整治党员干部中存在的"软、懒、散、满、奢、浮"等不良现象，党员宗旨观念明显增强，班子凝聚力和战斗力明显提高。

2017年4月3日，县委副书记、县长普布多吉在雄巴乡检查指导工作

【"四讲四爱"主题教育实践活动】 年内，在推进"四讲四爱"主题教育实践活动中，雄巴乡党委始终贯穿喜迎党的十九大这一主线，紧紧围绕19个规定动作，通过集中宣讲、开展实践活动、强化督促指导等措施，将"四讲四爱"不同节点内容渗透、延伸、拓展到党建、精准扶贫、村组织换届、环境保护等乡党委、政府工作的方方面面，真正在内化于心、外化与行上下功夫，在知行合一上见成效，坚决做党中央和区党委决策部署的坚定执行者、模范实践者和忠诚捍卫者。宣讲场次共计364次，受众人数达29120人次，转载"四讲四爱"信息150余条；"四讲四爱"专题简报28期；"雄巴之声"广播专稿10篇；制作的主题展板5块。

【学习贯彻党的十九大精神】 党的十九大胜利召开后，雄巴乡迅速掀起学习宣传贯彻热潮，制定《雄巴乡党的十九大精神宣讲工作方案》，成立宣讲团，以习近平新时代中国特色社会主义思想为主线，全面系统深入宣讲党的十九大精神，开办党的十九大精神理论宣讲骨干培训班。宣讲团成员讲创新理论，讲大政方针，讲身边故事，接地气、求实效，严谨生动的宣讲、贴近实际的解读、生动热烈的互动，推动雄巴乡干部群众学习贯彻十九大精神不断走向深入。

2017年11月6日，昂仁县政协副主席次仁群培在雄巴乡居仓村指导村组织换届选举工作

【环境保护】 年内，根据县委、县政府对环境工作的安排部署，雄巴乡抓住闲暇的有利时机，在全乡范围内开展环境卫生整治会战，取得良好的成效。在全乡范围内建立环境卫生管理长效机制；加大村容、村貌建设和管理力度；加大乡村公路沿线净化力度；农民树立科学、礼貌的生活习惯。

【党风廉政建设】 年内，雄巴乡党委严格执行中央“八项规定”、自治区“约法十章”“九项要求”，落实党风廉政建设责任制，继续深入开展反腐倡廉工作，以零容忍的态度惩治腐败。把党风廉政建设工作纳入全年整体工作突出位置，与经济建设和中心工作同安排、同部署、同落实、同检查、同考核，并明确党政“一把手”为责任，按照“谁主管谁负责、分片包点、部门落实、一级抓一级、层层抓落实”的工作原则，将反腐倡廉工作任务分解到各村；坚持制度与自律相结合，明确办事程序，规范干部行为。在工作中，乡党委书记负总责，总揽全局，班子成员抓好分管工作，分工协作，团结和睦。坚持民主集中制，涉及重大事项决策、奖励、大笔财政收支、工程项目建设等重大问题提交党政班子集体讨论。

【乡村两级干部职工管理】 年内，严格乡村两级干部职工请销假报批报备和考勤制度，确保人员在岗率，较好的实施村委干部周一至周五轮流坐班，周三集中办公制度；因人事调动，及时调整设岗定责，确保人人有事干，事事有人干。

【村干部文化素质提升工程】 年内，安排大学生村官、驻村干部和第一书记担任村干部文化提升辅导老师，采取结对帮教、一帮多的办法与32名村干部、16名村后备干部结对；要求每月在村委进行集中授课、辅导不少于3天，每季度在乡政府集中学习不少于2天；并举办模拟考试，以考促学，对32名村干和16名后备干部进行3次集中测试，成绩不够理想，主要原因是半数以上的村干部为脱盲状态，文化底子很薄，年龄偏大记性差，长年驻扎在高山牧场忙于放牧，自学时间很少。

【“4321”结对帮扶活动】 年内，根据县委组织部的相关要求，乡党委制定下发《雄巴乡“4321”结对帮扶实施方案》，全年组织乡干部赴结对户家庭开展慰问活动3次，交心谈心3次，并紧密结合“四讲四爱”主题教育活动，进行扶“智”，鼓励贫困户树立脱贫致富的信心。乡干部积极与乡驻地各大小工地为贫困户有劳力的人员联系就业岗位，4户贫困户家庭年收入增加2到3万元。

【文体活动】 年内，在开展“三八”国际劳动妇女节活动、“3·28”西藏百万农牧解放纪念日和“八一”赛马节中，本着勤俭节约的目的，组织乡村两级干部先打扫村驻地卫生，开展跳锅庄、拔河和座谈等文体活动，展示乡村干部热爱党，热爱祖国、朝气蓬勃、奋发向上的精神面貌。

【村“两委”争先进位】 年内，为有效发挥村干部的工作积极性、主动性，按照“群众+干部”分别占60%和40%的占分比例，对4个村“两委”干部进行民主测评、选优推优活动。进一步激发村干部服务意识、民主管理、队伍建设、责任意识的提升；深入开展村党支部书记联述联评联考工作。

【高标准、严要求发展新党员】 根据“控制总量、优化结构、提高质量、发挥作用”的方针，和村“四议两公开”上报的入党积极分子名单，以及今后村后备干部培养的需要，对入党积极分子、预备党员人选进行考察和研究，确定人选，做到严把入口关、质量关。

【人工种草】 年内，为扎实推进精准脱贫工作，鼓励贫困户摒弃“等、靠、要、懒”的思想，采取“党支部领头种一片，村委组织种一片、联保单元自行种一片”的办法，有计划的组织群众对荒地进行围栏和围墙人工成片种草，新增人工种草基地18片，面积332亩。全乡年产干草达0.78万公斤，为预防冬春季的雪灾和降温奠定坚实的物质基础。

【乡村党员义务投劳】 5月18日，乡党委组织机关党员志愿者服务队及各村党员志愿者服务队共计76人，前往杂日村绿朋自然村修筑一条长50米、高1.2米、宽30厘米的防洪大坝。此次防洪大坝的成功修筑，有效防止雨季河流泛滥破坏草场，同时也对232乡道的路基起到一定保护作用。

2017年5月18日，雄巴乡党委书记杨春潮讲党课

【实施“月汇报、季述职”制度】 年内，为全面掌握乡机关和各村的实时情况，为乡党委的决策提供准确资料。2017年，雄巴乡继续实施村支书、乡机关和驻村向乡党委作月汇报、季述职。让乡领导及时了解、掌控各项工作的开展情况，同时督促广大乡村干部转变作风、提升效能，逐步克服办事拖拉、慵懒的坏习惯。

【村组织换届】 按照县委的统一部署，经县换届办批准，雄巴乡于11月6—8日依法有序、和谐稳定，完成4个行政村村组织换届选举工作。乡党委在换届选举中重点把握五个环节：把好时间关，把好选民登记关，把好候选人审核关，把好候选人考察关，把好正式选举关。达到两个“效果”，干事型的干部获得连选连任。一批为群众办好事、办实事的干部受到群众拥护，赢得群众信任，真正实现上级组织满意、基层群众满意；村“两委”班子结构进一步优化，战斗力进一步增强。通过换届，2名大中专学历，有知识、有能力的年轻党员首次进入村“两委”班子中，为村“两委”增添新鲜的“血液”。

【“河长制”工作】 年内，根据县委、县政府关于“河长制”工作的安排部署，乡政府成立以乡党委副书记、乡长普布为措卧莫总河长的领导小组，组织生态岗位人员深入措卧莫打扫环境卫生18余次，清理垃圾共计0.9吨，为保护措卧莫（西藏桑桑自然保护区）做出应有的贡献。积极教育引导当地群众牢固树立“绿水青山就是金山银山，冰天雪地也是金山银山的”理念。

【团建工作】 年内，雄巴乡着重从团员队伍建设方面，团乡委认真做好团员发展工作，给团组织补充新鲜血液，利用“五四”青年节组织入团宣誓仪式，吸收3名入团积极分子加入中国共青团，加强团组织的生命力和战斗力，增强团组织和影响力和凝聚力。2017年团费收缴正常，如期足额上交，而且建立团内经费账册，收支合理。

【脱贫攻坚】 年内，为保质保量完成全乡22户的脱贫任务，乡成立领导小组，配备专干4人，并制定脱贫计划。同时采取乡主要领导与帮扶对象结对，不脱贫、不脱钩的倒逼办法；乡政府帮助有劳力的扶贫户在乡政府周转房等工地联系打工20人，创收15.3万余元；将自然生态林和草原巡护员提供给22户扶贫户，就业45人，政策性增收12.3万元；乡干部职工与扶贫户结对，帮助他们理顺脱贫思路和寻找脱贫门路。同时根据结对户的实际情况，为他们购买牛羊，基本的家具或粮食、衣物等物资，折价达2万余元；易地搬迁项目已完成80%，预计年中，可以达到入住的标准。

【安全生产】 年内，对长源矿山进行5次安全排查和外来人员的清查、登记；汛期按照属地管理、治理原则及时组织群众疏通乡村公路，确保县乡公路安全和畅通；每月组织乡人大代表、乡医务人员，不定期地对乡完小食堂、库房和乡政府驻地商店、茶馆食品进行巡查，对过期、“三无”食品进行收缴和集中销毁，全年无食品中毒案例；对成品油和液化气实施严格管控，雄巴乡无私人倒卖成品油现象；及时分阶段清查施工方与本乡租用机械、雇佣民工工资兑现情况，消除上访因素；采取“村包片、联保单元包段”的办法，组织4个村牧民对75公里县乡公路和217公里乡村公路进行6次全面养护，有效消除交通安全隐患。对普扎村矿点进行3次安全隐患大检查，交通车辆安全隐患检查8次，交通道路安全检查9次，消防安全检查，学校、寺庙各商店安全检查共13次。从检查情况看，群众的安全意识普遍有所增强。

【经济发展】 年内，农村经济总收入1358.65万元，其中第一产业856.31万元、第二产业28.32万元、第三产业474.02万元，除去31%的自食及费用421.18万元，人均纯收入为11349.52元，比2016年增长12.4%，位居全县第二。

【农业工作】 年内，对全乡仅有的177亩耕地进行科学调配，其中种植青稞170亩、油菜5亩、饲草2亩；进行精耕细作，2017年粮油总产达40.8吨，同比增长9.3%。粮食的产出基本能满足该乡普扎村52户、246名牧民的生活需求。

【牧业工作】 年内，对母畜、弱畜进行补饲，严控死亡率。2017年牧户都有暖圈，同时提前采购饲草料对母畜、弱畜进行补饲，年内，新生仔畜4864头（只、匹），仔畜成活率为74.8%，成畜死亡数为93头（只、匹），比2016年提升1.6个百分点；及时出栏，增加牧民现金收入。按照年初的谋划，7月中旬至8月底利用距离县城近，在县城有短期育肥基地的优势，有计划地组

2017年7月21日，雄巴乡党委举办“村干部文化素质提升”培训班

2017年5月4日，雄巴乡开展迎"五四"青年节"四讲四爱"知识竞赛

织 4 个村委干部轮流向县城和桑桑镇输送短期育肥羊 1200 只，当时的价格是每只 1000—1300 元，现金收入达 120.8 万元，增收 45.6 余元；鼓励人工种草，储备饲草，增强防抗灾能力。按照年初的谋划，雄巴乡采取"党支部领头种一片，村委组织种一片、联保单元自行种一片"的办法，有计划的组织群众对荒地进行人工成片种草，新增人工种草基地 18 片。截至年底，雄巴乡围栏式人工种草基地面积达 332 亩，亩产干草 127 公斤，产草量达 3.105 万公斤；围墙式人工种草基地 81 亩，亩产干草 129 公斤，产草量达 1.05 万公斤。乡政府库房预备精饲料 18 吨、青稞 2 吨、铁锹等救灾物资 100 件。为雄巴乡预防冬春季的雪灾和降温奠定坚实的基础。同时也为第二年春天对母畜、弱畜的补饲，准备充足的饲草。采取增多少仔畜，就出栏多少成畜的办法，督促牧民及时宰杀出售。2017 年，雄巴乡出栏牦牛 635 头，羊 4569 只。

【林业工作】 年内，在各村委设立林业管理岗，无职党员具体到个人负责林业的监督管理。为精准脱贫户提供就业岗位 60 个；落实 60 个精准脱贫生态就业岗位补助资金 15 万元。

【教育工作】 年内，乡完小有教职工 9 名，按照县政府的部署有序开展均衡教育工作，现有在校小学生 97 人，入学率达 100%。初中生 39 人，入学率和巩固率达 100%；学生"三包"经费使用采取月结季报，经费足额使用，进行季度财务公示，学生食堂库房物资采取先进先出，月末清点，确保无腐败变质；均衡教育工作正逐步有序开展，为 2018 年国家验收奠定良好的基础。

【卫生工作】 年内，乡卫生院 4 名医护人员和 8 名村医围绕包虫病预防工作，积极宣传，组织农牧民群众体检，包虫病预防工作取得新成效，乡政府、乡卫生院积极开展健康教育宣传工作，广大群众健康知识水平明显提高。全年就诊 4536 人次，住院治疗 184 人次，住院分娩 24 例。

【人社工作】 年内，为增加牧民，特别是结对帮扶牧民的收入，乡领导积极与乡域内施工方协调，同等条件下优先吸纳雄巴乡运输车辆和民工。2017 年，向外租用挖机、装载机、翻斗车等机械 5 台，创收 12.19 万元，输出劳力 62 人，创收 24.78 万元。完成全民参保登记工作，辖区内 436 人均已参保，参保率达 100%。

【特色产业发展】 7 月中旬至 8 月下旬，雄巴乡有计划地组织 4 个村委干部轮流向县城和桑桑镇输送短期育肥羊 1200 只，抢占市场卖好价，现金收入达 120.8 万元，增收 45.6 万余元；鼓励人工种草，储备饲草，增强防抗灾能力。年内，雄巴乡采取"党支部领头种一片，村委组织种一片、联保单元自行种一片"的办法，有计划的组织群众对荒地进行人工成片种草，新增人工种草基地 18 片 332 亩。

（徐志强）

荣誉榜

受县(区)级以上表彰的先进集体名录

表 1

获奖单位	获奖名称	表彰时间	授予单位
多隆驻村队	自治区级优秀驻村工作队	2017 年	自治区党委
昂仁县民政局	自治区级驻村先进派驻单位	2017 年	自治区党委、自治区政府
昂仁县曲德寺管理委员会	2017 年自治区级先进寺庙管理委员会	2017 年	自治区党委、自治区政府
昂仁县宁果乡宁果村	自治区先进驻村工作队	2017 年	自治区党委、自治区政府
中国建设银行日喀则分行驻切热乡曲尔木村工作队	自治区创先争优强基础惠民生活动先进驻村工作队	2017 年	自治区党委、自治区政府
昂仁县委组织部	西藏自治区最美志愿服务组织	2017 年	自治区党委组织部
昂仁县纪律检查委员会	2017 年度全区纪检监察系统信息报送工作先进集体	2017 年	自治区纪委办公厅、自治区纪检监察网络中心
昂仁县委宣传部	2011—2015 年全区法制宣传教育先进集体	2017 年	自治区党委宣传部、自治区司法厅、自治区普法办
昂仁县卫生服务中心	创建二级乙等医院	2018 年	自治区卫生和计划生育委员会
昂仁县互联网信息办公室	全区各市(地)县(区)政府新闻网站先进集体	2017 年	自治区互联网信息办公室
昂仁县委统战部	2016 年“时轮金刚灌顶法会”接待服务工作先进集体	2017 年	自治区接待“12·8”进藏工作领导小组、日喀则市委、市政府
杂日驻村队	市级优秀驻村工作队	2017 年	日喀则市委
昂仁县秋窝乡	全市“社会治安综合治理”二等奖	2017 年	日喀则市委
昂仁县委政法委	2017 年全市社会治安综合治理工作先进集体(第三名)	2017 年	日喀则市委、市政府
昂仁县委政法委	2017 年日喀则市民族团结进步模范集体	2017 年	日喀则市委、市政府
昂仁县农牧局	日喀则市创先争优强基础惠民生活动	2017 年	日喀则市委、市政府

续表1

获奖单位	获奖名称	表彰时间	授予单位
昂仁县民政局	市级先进驻村工作队	2017年	日喀则市委、市政府
昂仁县宁果乡夏尔嘎村	日喀则市先进驻村工作队	2017年	日喀则市委、市政府
昂仁县多白乡	2016年度日喀则市级“先进双联户”创建评选工作先进集体	2017年	日喀则市委、市政府
中国建设银行日喀则分行驻切热乡帕瓦村工作队	日喀则市创先争优强基础惠民生活动先进驻村工作队	2017年	日喀则市委、市政府
昂仁县多白乡	日喀则市“平安乡镇”	2017年	日喀则市政府
昂仁县委组织部	2017年度全市组织工作综合三等奖	2017年	日喀则市委组织部
昂仁县人大常委会办公室	市级文明单位	2017年	日喀则市精神文明建设指导委员会
昂仁县达局乡政府	2011—2015年全市法制宣传教育先进集体	2017年	日喀则市委宣传部、日喀则市司法局、日喀则市普法办
昂仁县贡久布乡政府	市级文明村镇	2017年	日喀则市精神文明建设指导委员会
昂仁县中学	市级文明校园	2017年	日喀则市精神文明建设指导委员会
昂仁县卫生服务中心	“市级文明”单位	2017年	日喀则市精神文明建设指导委员会
昂仁县藏医院	市级优秀驻村工作队	2017年	日喀则市强基础惠民生活动办公室
昂仁县人民法院	2017年度“目标责任管理考评”荣获先进集体	2017年	日喀则市中级人民法院
昂仁县卫生局	2017年度日喀则市包虫病综合防治工作先进集体	2018年	日喀则市卫生和计划生育委员会
昂仁县卫生服务中心	2017年县级医院管理先进集体	2018年	日喀则市卫生和计划生育委员会
昂仁县工商行政管理局	2017年度目标绩效考核第二名	2017年	日喀则市工商行政管理局
昂仁县工商行政管理局	先进基层党组织	2018年	日喀则市工商行政管理局
昂仁县国土资源局	2017年度全市国土资源系统先进集体	2017年	日喀则市国土资源局
昂仁县国家税务局	2017年全市税务系统先进单位	2018年	日喀则市国家税务局
昂仁县交通运输局	先进县(区)交通运输局	2018年	日喀则市交通运输局
昂仁县电信局	天翼高清业务发展先进单位第一名	2017年	中国电信集团公司日喀则分公司
昂仁县电信局	翼融合业务发展先进单位第一名	2017年	中国电信集团公司日喀则分公司
昂仁县电信局	2017年度综合考评三等奖	2018年	中国电信集团公司日喀则分公司
昂仁县电信局	2017年度宽带用户规模突破奖	2018年	中国电信集团公司日喀则分公司

续表1

获奖单位	获奖名称	表彰时间	授予单位
昂仁县电信局	2017年度移动用户规模突破奖	2018年	中国电信集团公司日喀则分公司
昂仁县电信局	2017年度移动业务发展先进单位第三名	2018年	中国电信集团公司日喀则分公司
昂仁县委政法委	2017年度县直机关党建工作先进党支部	2018年	昂仁县委
昂仁县纪律检查委员会	2017年县直机关基层工作先进党支部	2017年	昂仁县委
昂仁县政协办党支部	先进党支部	2017年	昂仁县委
昂仁县人民法院	2017年度“全县社会治安综合治理工作”荣获先进集体	2017年	昂仁县委
昂仁县秋窝乡	“社会治安综合治理”二等奖	2017年	昂仁县委
昂仁县秋窝乡	“2018度乡镇人大工作”二等奖	2017年	昂仁县委
昂仁县秋窝乡	综合工作三等奖	2017年	昂仁县委
昂仁县查孜乡夏隆村	优秀村称号	2017年	昂仁县委
昂仁县查孜乡夏隆村	“先进双联户”集体	2017年	昂仁县委
昂仁县日吾其乡	2017年度脱贫攻坚综合考核一等奖	2018年	昂仁县委
昂仁县日吾其乡	2017年度综合工作二等奖	2018年	昂仁县委
昂仁县日吾其乡	2017年社会治安综合治理工作三等奖	2018年	昂仁县委
如萨乡党委	2017年度先进基层党组织	2018年	昂仁县委
居仓驻村队	县级优秀驻村队	2017年	昂仁县委
昂仁县政协办公室	争先进位先进单位	2017年	昂仁县委、县政府
昂仁县委宣传部	2017年全县社会治安综合治理工作先进集体	2018年	昂仁县委、县政府
昂仁县委宣传部	2017年度民族团结进步先进集体	2017年	昂仁县委、县政府
昂仁县委组织部	2017年度综合工作一等奖	2017年	昂仁县委、县政府
昂仁县委政法委	2017年度综合工作先进单位	2018年	昂仁县委、县政府
昂仁县人大常委会办公室	2017年度综合工作先进单位	2018年	昂仁县委、县政府
昂仁县公安局	2017年度宣传思想工作先进单位	2017年	昂仁县委、县政府
昂仁县公安局	2017年度综合工作先进单位	2017年	昂仁县委、县政府
昂仁县公安局	2017年县级优秀驻村组织奖	2017年	昂仁县委、县政府
昂仁县公安消防大队	2017年度工作先进单位	2018年	昂仁县委、县政府

续表1

获奖单位	获奖名称	表彰时间	授予单位
昂仁县安全生产监督管理局	2017 年度综合工作先进单位	2018 年	昂仁县委、县政府
昂仁县安全生产监督管理局	2017 全县社会治安综合治理工作先进集体	2018 年	昂仁县委、县政府
昂仁县工商行政管理局	2017 年全县社会治安综合治理先进集体	2018 年	昂仁县委、县政府
昂仁县工商行政管理局	2017 年度综合工作先进单位	2018 年	昂仁县委、县政府
昂仁县人力资源和社会保障局	脱贫攻坚工作先进专项组	2018 年	昂仁县委、县政府
昂仁县民族宗教事务局	综治维稳工作先进集体	2017 年	昂仁县委、县政府
昂仁县曲德寺管理委员会	2017 年县级先进寺庙管理委员会	2017 年	昂仁县委、县政府
昂仁县卫生服务中心	2017 年度综合工作先进单位	2018 年	昂仁县委、县政府
昂仁县卫生服务中心	2017 年度综治维稳工作先进集体	2018 年	昂仁县委、县政府
昂仁县藏医院	“优秀双联户”称号	2017 年	昂仁县委、县政府
昂仁县小学	2016—2017 学年教育工作先进集体	2017 年	昂仁县委、县政府
昂仁县中学	2016—2017 学年教育工作先进集体	2017 年	昂仁县委、县政府
昂仁县多白乡小学	2016—2017 学年教育工作先进集体	2017 年	昂仁县委、县政府
昂仁县多白乡荣奴村小学	2016—2017 学年教育工作先进集体	2017 年	昂仁县委、县政府
昂仁县达局乡第二小学	2016—2017 学年教育工作先进集体	2017 年	昂仁县委、县政府
昂仁县切热乡小学	2016—2017 学年教育工作先进集体	2017 年	昂仁县委、县政府
昂仁县措迈乡小学	2016—2017 学年教育工作先进集体	2017 年	昂仁县委、县政府
昂仁县交通运输局	2017 年度综合工作先进单位	2018 年	昂仁县委、县政府
昂仁县交通运输局	创先争优强基础惠民生活动优秀组织单位	2017 年	昂仁县委、县政府
昂仁县卡嘎镇政府	2017 年全县社会治安综治治理工作一等奖	2018 年	昂仁县委、县政府
昂仁县桑桑镇党委、政府	扶贫工作三等奖	2018 年	昂仁县委、县政府
昂仁县桑桑镇党委、政府	综合二等奖	2018 年	昂仁县委、县政府
昂仁县桑桑镇党委、政府	宣传思想先进乡镇	2018 年	昂仁县委、县政府
昂仁县纪检委驻切热乡次如村工作队	昂仁县创先争优强基础惠民生活动先进驻村工作队	2017 年	昂仁县委、县政府
昂仁县达局乡政府	昂仁县 2017 年度“先进双联户”创评工作先进集体	2017 年	昂仁县委、县政府
昂仁县达局乡政府	2017 年全县社会治安综合治理工作二等奖	2018 年	昂仁县委、县政府

续表1

获奖单位	获奖名称	表彰时间	授予单位
昂仁县达局乡政府	2017年度综合工作一等奖	2018年	昂仁县委、县政府
昂仁县贡久布乡政府	2017年度综合工作三等奖	2018年	昂仁县委、县政府
昂仁县贡久布乡政府	2017年全县社会治安综合治理工作三等奖	2018年	昂仁县委、县政府
昂仁县贡久布乡政府	2017年度昂仁县脱贫攻坚综合考核一等奖	2018年	昂仁县委、县政府
昂仁县达若乡政府	综合工作先进单位	2018年	昂仁县委、县政府
昂仁县达若乡政府	2017年度党组织建设先进单位	2018年	昂仁县委、县政府
昂仁县措迈乡政府	2017年精准扶贫二等奖	2017年	昂仁县委、县政府
昂仁县措迈乡地沙布村	2017年县级"先进集体"	2017年	昂仁县委、县政府
昂仁县阿木雄乡政府	"四讲四爱"主题教育活动	2018年	昂仁县委、县政府
昂仁县多白乡	2016年农业生产先进乡(镇)	2017年	昂仁县委、县政府
昂仁县多白乡	昂仁县2016年度综治维稳工作一等奖	2017年	昂仁县委、县政府
昂仁县多白乡	2016年度先进基层党组织	2017年	昂仁县委、县政府
昂仁县多白乡	2016年信息工作先进单位	2017年	昂仁县委、县政府
昂仁县多白乡	2016年综合工作一等奖	2017年	昂仁县委、县政府
昂仁县达若乡	2017年党建工作一等奖	2017年	昂仁县委、县政府
昂仁县达若乡	2017年人大工作三等奖	2017年	昂仁县委、县政府
昂仁县达若乡	2017年综合工作三等奖	2017年	昂仁县委、县政府
昂仁县达若乡	2017年综治工作三等奖	2017年	昂仁县委、县政府
昂仁县雄巴乡政府	"先进双联户"乡镇	2018年	昂仁县委、县政府
昂仁县委办公室	2017年度综治维稳工作先进集体	2017年	昂仁县委、县政府
昂仁县委办公室	2017年度综合工作先进单位	2017年	昂仁县委、县政府
昂仁县水利局	2017年办理政协提案工作	2017年	昂仁县政府
昂仁县亚木乡政府	脱贫攻坚综合考核二等奖	2018年	昂仁县政府

说明：由于各单位资料提供不全，可能有遗漏

受县(区)级以上表彰的先进个人名录

表2

姓名	性别	民族	工作单位	获奖名称	表彰时间	授予单位
徐志强	男	汉	昂仁县雄巴乡政府	自治区级优秀驻村个人	2017年	自治区党委
旦增顿珠	男	藏	昂仁县雄巴乡政府	自治区级优秀驻村个人	2017年	自治区党委
卓玛次仁	女	藏	昂仁县委统战部	下半年区级优秀宗教工作者	2017年	自治区党委、自治区政府
索朗曲宗	女	藏	昂仁县民政局	自治区先进驻村队员	2017年	自治区党委、自治区政府
扎西	男	藏	昂仁县曲德寺管理委员会	2017年自治区级优秀驻寺干部	2017年	自治区党委、自治区政府
央玛	女	藏	昂仁县曲德寺管理委员会	2018年自治区级优秀驻寺干部	2018年	自治区党委、自治区政府
索曲	女	藏	昂仁县民政局	区级先进驻村队员	2018年	自治区党委、自治区政府
西热	男	藏	日喀则市三高	区级先进驻村队员	2018年	自治区党委、自治区政府
萨珍	女	藏	昂仁县卡嘎镇政府	区级先进驻村队员	2018年	自治区党委、自治区政府
白玛德吉	女	藏	昂仁县卡嘎镇政府	区级先进驻村队员	2018年	自治区党委、自治区政府
拉巴平措	男	藏	昂仁县卡嘎镇政府	区级先进驻村队员	2018年	自治区党委、自治区政府
尼玛次仁	男	藏	昂仁县卡嘎镇派出所	区级先进驻村队员	2018年	自治区党委、自治区政府
尼玛卓嘎	女	藏	昂仁县卡嘎镇政府	区级先进驻村队员	2018年	自治区党委、自治区政府
边巴	男	藏	昂仁县宁果乡卫生院	自治区优秀驻村队员	2017年	自治区党委、自治区政府
平措	女	藏	昂仁县宁果乡卫生院	自治区优秀驻村队员	2017年	自治区党委、自治区政府
罗呀	女	藏	昂仁县切热乡政府	自治区创先争优强基础惠民生活动先进驻村(居)工作队员	2017年	自治区党委、自治区政府
格桑卓拉	女	藏	昂仁县切热乡政府	自治区创先争优强基础惠民生活动先进驻村(居)工作队员	2017年	自治区党委、自治区政府
巴桑桑珠	男	藏	昂仁县秋窝乡政府	自治区第六批创先争优强基础惠民生活动先进驻村(居)工作队员	2017年	自治区党委、自治区政府
格桑曲珍	女	藏	昂仁县秋窝乡政府	自治区第六批创先争优强基础惠民生活动先进驻村(居)工作队员	2017年	自治区党委、自治区政府
拉巴次仁	男	藏	昂仁县秋窝乡政府	自治区第六批创先争优强基础惠民生活动先进驻村(居)工作队员	2017年	自治区党委、自治区政府
旦增土多	男	藏	昂仁县如萨乡政府	西藏自治区第六批创先争优强基础惠民生活动先进驻村(居)工作队员	2017年	自治区党委组织部
多吉占堆	男	藏	达局乡帮玉寺管会驻寺	自治区级优秀驻寺干部	2017年	自治区党委统战部

续表2

姓名	性别	民族	工作单位	获奖名称	表彰时间	授予单位
尼玛次仁	男	藏	昂仁县公安局驻卡嘎镇措松工作队驻村	优秀个人	2017年	自治区强基础惠民生活动领导小组办公室
阿　旺	男	藏	切热乡窝玛布寺管委会驻寺	全区优秀辅警	2017年	自治区公安厅
朗　杰	男	藏	昂仁县委组织部	自治区创先争优强基础惠民生活动先进工作者	2018年	自治区创先争优强基础惠民生活动办公室
尼　多	男	藏	昂仁县委组织部	自治区创先争优强基础惠民生活动先进工作者	2018年	自治区创先争优强基础惠民生活动办公室
张万瑛	男	汉	昂仁县工商行政管理局	全区工商系统2017年度民族团结进步模范个人	2018年	自治区工商行政管理局
米培元	男	回	昂仁县互联网信息办公室	全区各市(地)县(区)政府新闻网站先进个人	2017年	自治区互联网信息办公室
尼玛坚参	男	藏	昂仁县中学	百花奖首届中国书画、摄影大赛优秀奖	2017年	百花奖中国书画摄影大赛组委会、文艺大赛网
格桑曲珍	女	藏	昂仁县秋窝乡政府	日喀则市优秀共青团员	2017年	日喀则市委
扎西卓玛	女	藏	昂仁县雄巴乡政府	市级优秀驻村个人	2017年	日喀则市委
卓玛次仁	女	藏	昂仁县委统战部	上半年市级优秀宗教工作者	2017年	日喀则市委、市政府
洛　桑	男	藏	卫嘎寺驻寺	优秀驻寺干部	2017年	日喀则市委、市政府
旦增曲珍	女	藏	昂仁县卡嘎镇政府	区级先进驻村队员	2018年	日喀则市委、市政府
尚文强	男	藏	昂仁县卡嘎镇政府	区级先进驻村队员	2018年	日喀则市委、市政府
德吉卓嘎	女	藏	西藏自治区藏医院	区级先进驻村队员	2018年	日喀则市委、市政府
才旦卓嘎	女	藏	昂仁县农牧局	市级先进驻村队员	2018年	日喀则市委、市政府
桑珠群培	男	藏	昂仁县切热乡政府	日喀则市创先争优强基础惠民生活动先进驻村(居)工作队员	2017年	日喀则市委、市政府
拉巴卓玛	女	藏	昂仁县切热乡政府	日喀则市创先争优强基础惠民生活动先进驻村(居)工作队员	2017年	日喀则市委、市政府
普　片	女	藏	昂仁县切热乡政府	日喀则市创先争优强基础惠民生活动先进驻村(居)工作队员	2017年	日喀则市委、市政府
陈　航	男	藏	昂仁县秋窝乡政府	日喀则第六批创先争优强基础惠民生活动先进驻村(居)工作队员	2017年	日喀则市委、市政府
杰　珠	女	藏	昂仁县亚木乡政府	日喀则市优秀驻村工作队员	2018年	日喀则市委、市政府
杨　波	男	汉	昂仁县宁果乡政府	日喀则优秀驻村队员	2017年	日喀则市委、市政府
琼　吉	女	藏	昂仁县宁果乡政府	日喀则优秀驻村队员	2017年	日喀则市委、市政府
旺　堆	男	藏	昂仁县民族宗教事务局	日喀则市2017年下半年宗教工作优秀干部	2017年	日喀则市委、市政府
扎西次旦	男	藏	昂仁县公安局驻卡嘎镇德吉林驻村工作队	优秀驻村队员	2017年	日喀则市政府

续表2

姓名	性别	民族	工作单位	获奖名称	表彰时间	授予单位
尼　欧	男	藏	昂仁县桑桑镇小学	优秀教师	2017年	日喀则市政府
边　仓	女	藏	昂仁县多白乡小学	优秀教师	2017年	日喀则市政府
德　央	女	藏	昂仁县卡嘎镇小学	优秀教师	2017年	日喀则市政府
白玛措姆	女	藏	昂仁县完全小学	优秀教师	2017年	日喀则市政府
边　多	男	藏	昂仁县卡嘎镇小学	优秀教育工作者	2017年	日喀则市政府
尊　追	男	藏	昂仁县秋窝乡第二小学	优秀教育工作者	2017年	日喀则市政府
罗　布	男	藏	昂仁县如萨乡政府	日喀则市第六批创先争优强基础惠民生活动先进驻村(居)工作队员	2017年	日喀则市委组织部
白玛卓嘎	男	藏	昂仁县如萨乡政府	日喀则市第六批创先争优强基础惠民生活动先进驻村(居)工作队员	2017年	日喀则市委组织部
拉姆央拉	女	藏	昂仁县委组织部	2017年度县级先进个人	2018年	日喀则市委组织部
熊安琴	女	汉	昂仁县国家税务局	市级文明家庭	2017年	日喀则市委宣传部
多吉顿珠	男	藏	昂仁县公安局驻卡嘎镇措松工作队驻村	优秀个人	2017年	日喀则市强基础惠民生活动领导小组办公室
李　斌	男	汉	昂仁县人民法院	先进个人	2017年	日喀则市中级人民法院
才旦卓拉	女	藏	昂仁县农牧局	优秀驻村工作队员	2017年	日喀则市强基础惠民生活动领导小组办公室
德吉卓嘎	女	藏	昂仁县脱贫攻坚指挥部	2017年日喀则市脱贫攻坚政策知识竞赛第一名	2017年	日喀则市脱贫攻坚指挥部
普　珠	男	藏	昂仁县国土资源局	日喀则市2017年度国土资源工作先进个人	2018年	日喀则市国土资源局
李忠周	男	汉	昂仁县国家税务局	2017年度日喀则市国税系统优秀公务员	2018年	日喀则市国家税务局
巴　罗	男	藏	昂仁县工商行政管理局	优秀党务工作者	2018年	日喀则市工商行政管理局
米玛顿珠	男	藏	昂仁县工商行政管理局	优秀公务员	2017年	日喀则市工商行政管理局
旺　珍	女	藏	昂仁县工商行政管理局	优秀公务员	2017年	日喀则市工商行政管理局
达　增	男	藏	昂仁县疾控中心	开展包虫病筛查工作成绩突出优秀个人	2018年	日喀则市卫生和计划生育委员会
扎　西	男	藏	昂仁县卡嘎镇小学	优秀校长	2017年	日喀则市教育局党委、市教育局
桑巴伦珠	男	藏	昂仁县日吾其乡小学	优秀校长	2017年	日喀则市教育局党委、市教育局
班　久	男	藏	昂仁县幼儿园	优秀园长	2017年	日喀则市教育局党委、市教育局
阿旺晋美	男	藏	昂仁县秋窝乡第二小学	优秀德育先进个人	2017年	日喀则市教育局党委、市教育局

续表2

姓名	性别	民族	工作单位	获奖名称	表彰时间	授予单位
普　布	男	藏	昂仁县秋窝乡第二小学	优秀德育先进个人	2017年	日喀则市教育局党委、市教育局
格桑央吉	女	藏	昂仁县完全小学	模范班主任	2017年	日喀则市教育局党委、市教育局
白玛次仁	女	藏	昂仁县桑桑镇小学	模范班主任	2017年	日喀则市教育局党委、市教育局
次　勒	男	藏	昂仁县多白乡小学	先进财务工作者	2017年	日喀则市教育局党委、市教育局
边巴次仁	男	藏	昂仁县教育局统计室	先进财务工作者	2017年	日喀则市教育局党委、市教育局
旦　平	男	藏	昂仁县教育局教研室	优秀教研员	2017年	日喀则市教育局党委、市教育局
德　央	女	藏	昂仁县卡嘎镇小学	优秀电教员	2017年	日喀则市教育局党委、市教育局
贡嘎旦增	男	藏	昂仁县教育局教研室	特色教研先进个人	2017年	日喀则市教育局党委、市教育局
达瓦次仁	男	藏	昂仁县桑桑镇小学	珠峰好老师	2017年	日喀则市教育局
吾坚曲珍	女	藏	昂仁县日吾其乡小学	珠峰好老师	2017年	日喀则市教育局
次　旦	男	藏	昂仁县多白乡小学	珠峰好老师	2017年	日喀则市教育局
多布杰	男	藏	昂仁县查孜乡小学	珠峰好老师	2017年	日喀则市教育局
平措加措	男	藏	昂仁县切热乡小学	珠峰好老师	2017年	日喀则市教育局
米玛次仁	男	藏	昂仁县达若乡小学	珠峰好老师	2017年	日喀则市教育局
尼玛坚参	男	藏	昂仁县中学	全市教育系统“四讲四爱”喜迎党的十九大主题教育实践活动师生作品荣获二等奖	2017年	日喀则市教育局
白玛塔杰	男	藏	昂仁县邮政分公司	2017年度“先进个人”	2018年	中国邮政集团日喀则市分公司
潘　多	女	藏	中国农业银行昂仁县支行	先进个人	2017年	中国农业银行日喀则市分行
普　琼	男	藏	中国农业银行昂仁县支行	先进个人	2017年	中国农业银行日喀则市分行
次　仁	男	藏	中国农业银行昂仁县支行	先进个人	2017年	中国农业银行日喀则市分行
格桑曲珍	女	藏	中国农业银行昂仁县支行	先进个人	2017年	中国农业银行日喀则市分行
尼玛扎西	男	藏	昂仁县电信局	2017年度移动业务发展标兵	2018年	中国电信集团公司日喀则分公司
次仁旺堆	男	藏	昂仁县电信局	2017年度工会积极分子	2018年	中国电信集团公司日喀则分公司

续表2

姓名	性别	民族	工作单位	获奖名称	表彰时间	授予单位
索朗卓嘎	女	藏	昂仁县电信局	2017年度翼高清业务发展标兵	2017年	中国电信集团公司日喀则分公司
次仁旺堆	男	藏	昂仁县电信局	2016年度优秀乡镇装维标兵	2017年	中国电信集团公司日喀则分公司
次罗布	男	藏	昂仁县公安局治安大队民	昂仁县青年岗位能手称号	2017年	昂仁县委
参决卓拉	女	藏	昂仁县商务局	2016—2017年度"优秀共产党员"	2017年	昂仁县委
石达扎西	男	藏	昂仁县国家税务局	优秀共产党员	2017年	昂仁县委
边贵	男	藏	昂仁县秋窝乡政府	优秀专业技术人员	2017年	昂仁县委
达瓦次仁	男	藏	昂仁县秋窝乡政府	脱贫攻坚先进个人	2017年	昂仁县委
杰珠	女	藏	昂仁县亚木乡政府	优秀共产党员	2017年	昂仁县委
次仁	女	藏	昂仁县雄巴乡政府	县级优秀驻村个人	2017年	昂仁县委
格桑曲珍	女	藏	昂仁县雄巴乡政府	县级优秀驻村个人	2017年	昂仁县委
朗加	男	藏	昂仁县雄巴乡政府	2017年度事业单位优秀个人	2017年	昂仁县委
王崇礼	男	汉	昂仁县委办公室	优秀公务员	2017年	昂仁县委、县政府
熊丽	女	汉	昂仁县委办公室	优秀公务员	2017年	昂仁县委、县政府
张龙	男	汉	昂仁县委办公室	优秀公务员	2017年	昂仁县委、县政府
次仁顿珠	男	藏	昂仁县委办公室	优秀公务员	2017年	昂仁县委、县政府
陈文俊	男	汉	昂仁县委办公室	优秀公务员	2017年	昂仁县委、县政府
普布多吉	男	藏	昂仁县政府	优秀公务员	2018年	昂仁县委、县政府
张公博	男	汉	昂仁县政府(山东援藏)	优秀公务员	2018年	昂仁县委、县政府
扎西旺堆	男	藏	昂仁县政府办公室	优秀公务员	2018年	昂仁县委、县政府
李家棉	男	汉	昂仁县政府办公室	优秀公务员	2018年	昂仁县委、县政府
彭天亮	男	汉	昂仁县政府办公室	优秀公务员	2018年	昂仁县委、县政府
旦木真	男	藏	昂仁县人大常委会	2017年度县级先进个人	2018年	昂仁县委、县政府
达吉	女	藏	昂仁县政协办公室	优秀公务员	2017年	昂仁县委、县政府
李金磊	男	汉	昂仁县政协办公室	优秀公务员	2017年	昂仁县委、县政府
张超	男	汉	昂仁县政协办公室	先进工作者	2017年	昂仁县委、县政府
唐海迪	男	汉	昂仁县纪律检查委员会	优秀公务员	2018年	昂仁县委、县政府

续表2

姓名	性别	民族	工作单位	获奖名称	表彰时间	授予单位
扎西格桑	男	藏	昂仁县纪律检查委员会	优秀公务员	2017 年	昂仁县委、县政府
黄增顺	男	苗	昂仁县纪律检查委员会	优秀公务员	2017 年	昂仁县委、县政府
吴　欣	男	汉	昂仁县纪律检查委员会	三等功	2017 年	昂仁县委、县政府
吴　欣	男	汉	昂仁县纪律检查委员会	优秀公务员	2017 年	昂仁县委、县政府
高　峰	男	汉	昂仁县纪律检查委员会	优秀公务员	2017 年	昂仁县委、县政府
李余深	男	汉	昂仁县纪律检查委员会	优秀公务员	2017 年	昂仁县委、县政府
次　旺	男	藏	昂仁县委组织部	优秀公务员	2018 年	昂仁县委、县政府
热布旦	男	藏	昂仁县委组织部	优秀公务员	2018 年	昂仁县委、县政府
王一跃	男	汉	昂仁县委组织部	优秀公务员	2018 年	昂仁县委、县政府
扎　罗	男	藏	昂仁县委组织部	优秀公务员	2018 年	昂仁县委、县政府
米玛顿珠	男	藏	昂仁县委统战部	优秀公务员	2017 年	昂仁县委、县政府
米玛顿珠	男	藏	昂仁县委统战部	三等功	2017 年	昂仁县委、县政府
尼玛吉拉	女	藏	昂仁县委政法委	2017 年度优秀公务员	2018 年	昂仁县委、县政府
王玉峰	男	汉	昂仁县委政法委	2017 年度优秀公务员	2018 年	昂仁县委、县政府
普布仓拉	女	藏	昂仁县委政法委	2017 年度优秀公务员	2018 年	昂仁县委、县政府
旦巴次仁	男	藏	昂仁县人大办公室	2017 年度县级先进个人	2018 年	昂仁县委、县政府
陈　豪	男	汉	昂仁县委办机要局	优秀公务员	2017 年	昂仁县委、县政府
段二东	男	汉	昂仁县信访局	优秀公务员	2018 年	昂仁县委、县政府
洛　桑	男	藏	卫嘎寺驻寺	优秀公务员	2017 年	昂仁县委、县政府
扎　西	男	藏	桑桑镇扎桑寺管委会驻寺	优秀驻寺民警	2017 年	昂仁县委、县政府
旦木真次仁	男	藏	昂仁县公安局卡嘎二级检查站	三等功	2017 年	昂仁县委、县政府
旦达次仁	男	藏	昂仁县公安局金塔便民警务站	优秀公务员	2017 年	昂仁县委、县政府
阿列次仁	男	藏	综合保障大队	三等功	2017 年	昂仁县委、县政府
边俊沛	男	藏	特警大队	三等功	2017 年	昂仁县委、县政府
边　索	男	藏	昂仁县人民检察院	优秀公务员	2017 年	昂仁县委、县政府
拉　平	男	藏	昂仁县发展和改革委员会	政府总支先进个人奖	2018 年	昂仁县委、县政府

续表2

姓名	性别	民族	工作单位	获奖名称	表彰时间	授予单位
冯小辉	男	汉	昂仁县发展和改革委员会	先进个人奖	2018年	昂仁县委、县政府
米玛顿珠	男	藏	昂仁县安全生产监督管理局	2017年度各行业领域“先进干部”	2018年	昂仁县委、县政府
罗布石确	男	藏	昂仁县安全生产监督管理局	2017年度各行业领域“先进干部”	2018年	昂仁县委、县政府
吴琼	男	藏	昂仁县民政局	优秀公务员	2017年	昂仁县委、县政府
晋巴	男	藏	昂仁县民政局	先进个人	2017年	昂仁县委、县政府
白央	女	藏	昂仁县民政局	优秀公务员	2017年	昂仁县委、县政府
曲宗	女	藏	昂仁县民政局	优秀驻村先进个人	2017年	昂仁县委、县政府
边巴	女	藏	昂仁县人力资源和社会保障局	优秀公务员	2017年	昂仁县委、县政府
达娃卓嘎	女	藏	昂仁县人力资源和社会保障局	优秀公务员	2017年	昂仁县委、县政府
郭德能	男	汉	昂仁县人力资源和社会保障局	优秀公务员	2017年	昂仁县委、县政府
扎西曲珍	女	藏	昂仁县人力资源和社会保障局	优秀公务员	2017年	昂仁县委、县政府
琼吉	女	藏	昂仁县民族宗教事务局	优秀公务员	2017年	昂仁县委、县政府
边巴	男	藏	昂仁县卫生服务中心	2017年度考核优秀奖	2017年	昂仁县委、县政府
曲宗	女	藏	昂仁县卫生服务中心	2017年度考核优秀奖	2017年	昂仁县委、县政府
次仁德吉	女	藏	昂仁县卫生服务中心	2017年度考核优秀奖	2017年	昂仁县委、县政府
仁青拉姆	女	藏	昂仁县卫生服务中心	2017年度考核优秀奖	2017年	昂仁县委、县政府
巴桑普赤	女	藏	昂仁县卫生服务中心	2017年度优秀干部	2018年	昂仁县委、县政府
旦增平措	男	藏	昂仁县卫生服务中心	2017年公益性优秀干部	2018年	昂仁县委、县政府
强巴	男	藏	昂仁县卫生服务中心	2017年公益性年度考核优秀	2017年	昂仁县委、县政府
次仁顿珠	男	夏尔巴	昂仁县脱贫攻坚指挥部	2017年度昂仁县脱贫攻坚工作先进个人	2017年	昂仁县委、县政府
旦增卓玛	女	藏	昂仁县脱贫攻坚指挥部	优秀公务员	2017年	昂仁县委、县政府
旦增卓玛	女	藏	昂仁县脱贫攻坚指挥部	2017年度昂仁县脱贫攻坚工作先进个人	2017年	昂仁县委、县政府
桑旦扎西	男	藏	昂仁县脱贫攻坚指挥部	优秀公务员	2017年	昂仁县委、县政府
德吉卓嘎	女	藏	昂仁县脱贫攻坚指挥部	2017年度昂仁县脱贫攻坚工作先进个人	2017年	昂仁县委、县政府

续表2

姓名	性别	民族	工作单位	获奖名称	表彰时间	授予单位
付　勇	男	汉	昂仁县林业局	优秀公务员	2017年	昂仁县委、县政府
扎西顿珠	男	藏	昂仁县藏医院	优秀公务员	2018年	昂仁县委、县政府
旦　巴	男	藏	昂仁县藏医院	优秀公务员	2018年	昂仁县委、县政府
普布珍拉	女	藏	昂仁县藏医院	优秀公益性岗位	2018年	昂仁县委、县政府
普布央宗	女	藏	昂仁县多白乡荣努小学	模范班主任	2017年	昂仁县委、县政府
次仁潘多	女	藏	昂仁县桑桑镇小学	模范班主任	2017年	昂仁县委、县政府
旺　堆	男	藏	昂仁县措迈乡小学	模范班主任	2017年	昂仁县委、县政府
尼　玛	男	藏	昂仁县达若乡小学	模范班主任	2017年	昂仁县委、县政府
尼玛次仁	男	藏	昂仁县多白乡小学	模范班主任	2017年	昂仁县委、县政府
边　仓	男	藏	昂仁县卡嘎镇小学	模范班主任	2017年	昂仁县委、县政府
吉　宗	女	藏	昂仁县亚木乡小学	模范班主任	2017年	昂仁县委、县政府
普　拉	男	藏	昂仁县阿木雄乡小学	模范班主任	2017年	昂仁县委、县政府
次吉卓嘎	女	藏	昂仁县查孜乡小学	模范班主任	2017年	昂仁县委、县政府
次　珠	男	藏	昂仁县贡久布乡小学	模范班主任	2017年	昂仁县委、县政府
白玛卓玛	女	藏	昂仁县幼儿园	模范班主任	2017年	昂仁县委、县政府
仓　决	女	藏	昂仁县达局乡第一小学	模范班主任	2017年	昂仁县委、县政府
尼玛潘多	女	藏	昂仁县达局乡第二小学	模范班主任	2017年	昂仁县委、县政府
拉　珍	女	藏	昂仁县如萨乡小学	模范班主任	2017年	昂仁县委、县政府
次仁普琼	男	藏	昂仁县孔隆乡小学	模范班主任	2017年	昂仁县委、县政府
普布多吉	男	藏	昂仁县宁果乡小学	模范班主任	2017年	昂仁县委、县政府
德吉巴宗	女	藏	昂仁县雄巴乡小学	模范班主任	2017年	昂仁县委、县政府
次　央		藏	昂仁县秋窝乡第一小学	模范班主任	2017年	昂仁县委、县政府
白玛曲宗	女	藏	昂仁县秋窝乡第二小学	模范班主任	2017年	昂仁县委、县政府
西　洛	男	藏	昂仁县日吾其乡小学	模范班主任	2017年	昂仁县委、县政府
卓　嘎	女	藏	昂仁县完全小学	模范班主任	2017年	昂仁县委、县政府
扎西平措	男	藏	昂仁县切热乡小学	模范班主任	2017年	昂仁县委、县政府
达　贵	男	藏	昂仁县中学	模范班主任	2017年	昂仁县委、县政府
德庆次仁	男	藏	昂仁县中学	模范班主任	2017年	昂仁县委、县政府

续表2

姓名	性别	民族	工作单位	获奖名称	表彰时间	授予单位
拉巴次仁	男	藏	昂仁县中学	模范班主任	2017年	昂仁县委、县政府
拉旺占堆	男	藏	昂仁县桑桑镇小学	优秀教师	2017年	昂仁县委、县政府
确　列	男	藏	昂仁县措迈乡小学	优秀教师	2017年	昂仁县委、县政府
普布赤列	男	藏	昂仁县达若乡小学	优秀教师	2017年	昂仁县委、县政府
次仁曲珍	女	藏	昂仁县多白乡小学	优秀教师	2017年	昂仁县委、县政府
普布潘多	女	藏	昂仁县日吾其乡小学	优秀教师	2017年	昂仁县委、县政府
边　巴	女	藏	昂仁县卡嘎镇小学	优秀教师	2017年	昂仁县委、县政府
边　索	男	藏	昂仁县亚木乡小学	优秀教师	2017年	昂仁县委、县政府
次仁拥真	男	藏	昂仁县切热乡小学	优秀教师	2017年	昂仁县委、县政府
尼　顿	男	藏	昂仁县中学	优秀教师	2017年	昂仁县委、县政府
白玛央宗	女	藏	昂仁县中学	优秀教师	2017年	昂仁县委、县政府
旦增平措	男	藏	昂仁县中学	优秀教师	2017年	昂仁县委、县政府
索朗旺拉	男	藏	昂仁县阿木雄乡小学	优秀教师	2017年	昂仁县委、县政府
次仁旺堆	男	藏	昂仁县查孜乡小学	优秀教师	2017年	昂仁县委、县政府
尼普尺	女	藏	昂仁县如萨乡小学	优秀教师	2017年	昂仁县委、县政府
仓　决	女	藏	昂仁县孔隆乡小学	优秀教师	2017年	昂仁县委、县政府
顿　珠	男	藏	昂仁县雄巴乡小学	优秀教师	2017年	昂仁县委、县政府
贡　嘎	男	藏	昂仁县完全小学	优秀教育工作者	2017年	昂仁县委、县政府
扎　平	男	藏	昂仁县多白乡荣奴村小学	优秀教育工作者	2017年	昂仁县委、县政府
强巴次仁	男	藏	昂仁县桑桑镇小学	优秀教育工作者	2017年	昂仁县委、县政府
琼　达	男	藏	昂仁县切热乡小学	优秀教育工作者	2017年	昂仁县委、县政府
次仁玉珍	女	藏	昂仁县中学	优秀教育工作者	2017年	昂仁县委、县政府
扎西旺杰	男	藏	昂仁县中学	优秀教育工作者	2017年	昂仁县委、县政府
达娃次仁	男	藏	昂仁县达局乡第一小学	优秀教育工作者	2017年	昂仁县委、县政府
多　吉	男	藏	昂仁县达局乡第二小学	优秀教育工作者	2017年	昂仁县委、县政府
尼玛扎西	男	藏	昂仁县宁果乡小学	优秀教育工作者	2017年	昂仁县委、县政府

续表2

姓名	性别	民族	工作单位	获奖名称	表彰时间	授予单位
洛追旺久	男	藏	昂仁县秋窝乡第二小学	优秀教育工作者	2017年	昂仁县委、县政府
仓卓嘎	女	藏	昂仁县中学	优秀学籍管理员	2017年	昂仁县委、县政府
土登石达	男	藏	昂仁县贡久布乡小学	优秀学籍管理员	2017年	昂仁县委、县政府
平措达瓦	男	藏	昂仁县秋窝乡第一小学	优秀学籍管理员	2017年	昂仁县委、县政府
达瓦顿珠	男	藏	昂仁县亚木乡小学	先进财务工作者	2017年	昂仁县委、县政府
次旺多吉	男	藏	仁布县中学(在桑桑镇小学支教)	优秀支教教师	2017年	昂仁县委、县政府
耿文艺	男	汉	亚东县中学(在昂仁县中学支教)	优秀支教教师	2017年	昂仁县委、县政府
达贵	男	藏	昂仁县中学	模范班主任	2017年	昂仁县委、县政府
旦增平措	男	藏	昂仁县中学	优秀教师	2017年	昂仁县委、县政府
德庆次仁	男	藏	昂仁县中学	"四讲四爱"主题教育实践活动优秀宣讲员	2017年	昂仁县委、县政府
德庆次仁	男	藏	昂仁县中学	模范班主任	2017年	昂仁县委、县政府
尼顿	男	藏	昂仁县中学	优秀教师	2017年	昂仁县委、县政府
次仁玉珍	女	藏	昂仁县中学	优秀教育工作者	2017年	昂仁县委、县政府
扎西次仁	男	藏	昂仁县住房和城乡建设局	优秀公务员	2017年	昂仁县委、县政府
李涛	男	汉	昂仁县住房和城乡建设局	优秀公务员	2017年	昂仁县委、县政府
次成江措	男	藏	昂仁县环境保护局	优秀公务员	2018年	昂仁县委、县政府
益西曲宗	女	藏	昂仁县环境保护局	优秀公务员	2018年	昂仁县委、县政府
陈华	男	藏	昂仁县环境保护局	优秀个人	2018年	昂仁县委、县政府
洛桑尼玛	男	藏	昂仁县卡嘎镇政府	昂仁县扶贫工作先进个人	2018年	昂仁县委、县政府
多吉	男	藏	昂仁县卡嘎镇政府	昂仁县扶贫工作先进个人	2018年	昂仁县委、县政府
迟鹏先	男	藏	昂仁县卡嘎镇政府	优秀公务员	2018年	昂仁县委、县政府
洛桑尼玛	男	藏	昂仁县卡嘎镇政府	优秀公务员	2018年	昂仁县委、县政府
仁青	男	藏	昂仁县卡嘎镇政府	优秀公务员	2018年	昂仁县委、县政府
崇勇	男	藏	昂仁县卡嘎镇政府	优秀公务员	2018年	昂仁县委、县政府
王维寿	男	汉	昂仁县卡嘎镇政府	优秀公务员	2018年	昂仁县委、县政府
边巴旺堆	男	藏	昂仁县卡嘎镇政府	优秀事业人员	2018年	昂仁县委、县政府

续表2

姓名	性别	民族	工作单位	获奖名称	表彰时间	授予单位
扎　西	男	藏	昂仁县卡嘎镇政府	优秀事业人员	2018年	昂仁县委、县政府
孙彬彬	男	汉	昂仁县卡嘎镇政府	优秀事业人员	2018年	昂仁县委、县政府
仓木啦	女	藏	昂仁县卡嘎镇政府	优秀事业人员	2018年	昂仁县委、县政府
珍　宗	女	藏	昂仁县卡嘎镇政府	先进干部	2018年	昂仁县委、县政府
德玛桑珠	男	藏	昂仁县卡嘎镇政府	先进干部	2018年	昂仁县委、县政府
潘　多	男	藏	昂仁县卡嘎镇政府	先进农牧民	2018年	昂仁县委、县政府
格桑加措	男	藏	昂仁县公安局	县级驻村工作队员	2018年	昂仁县委、县政府
宋凯东	男	汉	昂仁县工商局	县级驻村工作队员	2018年	昂仁县委、县政府
达　琼	男	藏	昂仁县科技局	县级驻村工作队员	2018年	昂仁县委、县政府
赤列嘎珍	女	藏	日喀则市教育局	市级先进驻村队员	2018年	昂仁县委、县政府
扎西次旦	男	藏	昂仁县公安局	市级先进驻村队员	2018年	昂仁县委、县政府
陈彦飞	男	汉	日喀则市教育局	市级先进驻村队员	2018年	昂仁县委、县政府
米　玛	男	藏	西藏自治区高争公司	市级先进驻村队员	2018年	昂仁县委、县政府
多　吉	男	藏	昂仁县交通运输局	市级先进驻村队员	2018年	昂仁县委、县政府
珍　宗	女	藏	昂仁县卡嘎镇政府	市级先进驻村队员	2018年	昂仁县委、县政府
平　加	男	藏	昂仁县政府	市级先进驻村队员	2018年	昂仁县委、县政府
多吉顿珠	男	藏	昂仁县公安局	市级先进驻村队员	2018年	昂仁县委、县政府
德　央	女	藏	昂仁县卡嘎镇完小	县级驻村工作队员	2018年	昂仁县委、县政府
多　吉	男	藏	昂仁县卡嘎镇政府	县级驻村工作队员	2018年	昂仁县委、县政府
曲　宗	女	藏	昂仁县民政局	县级驻村工作队员	2018年	昂仁县委、县政府
赵心杰	女	汉	日喀则市教育局	县级驻村工作队员	2018年	昂仁县委、县政府
次　尼	男	藏	西藏自治区藏医院	县级驻村工作队员	2018年	昂仁县委、县政府
王文武	男	汉	昂仁县政府	县级驻村工作队员	2018年	昂仁县委、县政府
尼玛次仁	男	藏	昂仁县卡嘎镇政府	市级先进驻村队员	2018年	昂仁县委、县政府
达瓦次仁	男	藏	昂仁县卡嘎镇政府	县级驻村工作队员	2018年	昂仁县委、县政府
普琼次仁	男	藏	昂仁县卡嘎镇政府	县级驻村工作队员	2018年	昂仁县委、县政府

续表2

姓名	性别	民族	工作单位	获奖名称	表彰时间	授予单位
李高强	男	彝	昂仁县切热乡政府	昂仁县创先争优强基础惠民生活动先进驻村(居)工作队员	2017年	昂仁县委、县政府
巴桑仓木决	女	藏	昂仁县切热乡政府	优秀公务员	2017年	昂仁县委、县政府
旦增赤来	男	藏	昂仁县切热乡政府	优秀公务员	2017年	昂仁县委、县政府
桑珠群培	男	藏	昂仁县切热乡政府	优秀公务员	2017年	昂仁县委、县政府
次旦央吉	女	藏	昂仁县切热乡卫生院	优秀公务员	2017年	昂仁县委、县政府
拉巴珍拉	女	藏	昂仁县切热乡政府	优秀党员	2017年	昂仁县委、县政府
拉巴卓玛	女	藏	昂仁县切热乡政府	优秀党员	2017年	昂仁县委、县政府
拉巴次仁	男	藏	昂仁县切热乡政府	优秀党员	2017年	昂仁县委、县政府
韩辉	男	汉	昂仁县切热乡政府	优秀党员	2017年	昂仁县委、县政府
曲加	男	藏	昂仁县切热乡帕灯村	各行业领域先进个人	2017年	昂仁县委、县政府
边巴卓玛	女	藏	昂仁县秋窝乡政府	第六批创先争优强基础惠民生活动先进驻村(居)工作队员	2017年	昂仁县委、县政府
边贵	男	藏	昂仁县秋窝乡政府	第六批创先争优强基础惠民生活动先进驻村(居)工作队员	2017年	昂仁县委、县政府
边巴卓玛	女	藏	昂仁县秋窝乡政府	优秀党员	2017年	昂仁县委、县政府
费牛来	男	汉	昂仁县秋窝乡政府	优秀公务员	2017年	昂仁县委、县政府
巴桑卓玛	女	藏	昂仁县秋窝乡政府	优秀公务员	2017年	昂仁县委、县政府
陈航	男	汉	昂仁县秋窝乡政府	优秀公务员	2017年	昂仁县委、县政府
德吉旺姆	女	藏	昂仁县秋窝乡政府	优秀公务员	2017年	昂仁县委、县政府
巴桑桑珠	男	藏	昂仁县秋窝乡政府	优秀公务员	2017年	昂仁县委、县政府
旦增桑珠	男	藏	昂仁县贡久布乡政府	优秀公务员	2018年	昂仁县委、县政府
尼玛卓嘎	男	藏	昂仁县贡久布乡政府	优秀公务员	2018年	昂仁县委、县政府
刘善荃	男	汉	昂仁县贡久布乡政府	优秀公务员	2018年	昂仁县委、县政府
尼玛次仁	男	藏	昂仁县贡久布乡政府	优秀公务员	2018年	昂仁县委、县政府
加错	男	藏	昂仁县亚木乡政府	优秀公务员	2018年	昂仁县委、县政府
寺朗宝	男	藏	昂仁县亚木乡政府	优秀公务员	2018年	昂仁县委、县政府
扎西多吉	男	藏	昂仁县亚木乡政府	优秀公务员	2018年	昂仁县委、县政府
米玛伦珠	男	藏	昂仁县亚木乡政府	优秀公务员	2018年	昂仁县委、县政府

续表2

姓名	性别	民族	工作单位	获奖名称	表彰时间	授予单位
米玛伦珠	男	藏	昂仁县亚木乡政府	2017年度昂仁县脱贫攻坚工作先进个人	2018年	昂仁县委、县政府
白玛曲宗	女	藏	昂仁县亚木乡政府	2017年度昂仁县脱贫攻坚工作先进个人	2018年	昂仁县委、县政府
旺　姆	女	藏	昂仁县亚木乡政府	优秀公务员	2018年	昂仁县委、县政府
杰　珠	女	藏	昂仁县亚木乡政府	优秀公务员	2018年	昂仁县委、县政府
孔祥全	男	汉	昂仁县亚木乡党委	优秀公务员	2018年	昂仁县委、县政府
次仁卓嘎	女	藏	昂仁县亚木乡政府	优秀公务员	2018年	昂仁县委、县政府
索朗旺堆	男	藏	昂仁县达若乡政府	2017年度昂仁县脱贫攻坚工作先进个人	2018年	昂仁县委、县政府
云　旦	男	藏	昂仁县达若乡政府	优秀公务员	2018	昂仁县委、县政府
陈　超	男	汉	昂仁县达若乡政府	优秀公务员	2018	昂仁县委、县政府
尼玛扎西	男	藏	昂仁县达若乡政府	优秀公务员	2018	昂仁县委、县政府
尼玛次仁	男	藏	昂仁县措迈乡政府	“先进双联户”	2017年	昂仁县委、县政府
边巴普尺	女	藏	昂仁县措迈乡政府	“先进双联户”	2017年	昂仁县委、县政府
达瓦次仁	男	藏	昂仁县措迈乡政府	“先进双联户”	2017年	昂仁县委、县政府
德吉卓嘎	女	藏	昂仁县措迈乡政府	“先进双联户”	2017年	昂仁县委、县政府
鲁茸妥顶	男	藏	昂仁县措迈乡政府	“先进双联户”	2017年	昂仁县委、县政府
旦　珍	女	藏	昂仁县措迈乡政府	“先进双联户”	2017年	昂仁县委、县政府
次　仁	男	藏	昂仁县措迈乡政府	“先进双联户”	2017年	昂仁县委、县政府
白玛桑姆	女	藏	昂仁县措迈乡政府	“先进双联户”	2017年	昂仁县委、县政府
赤来多吉	男	藏	昂仁县措迈乡政府	“先进双联户”	2017年	昂仁县委、县政府
次仁卡珠	女	藏	昂仁县措迈乡政府	“先进双联户”	2017年	昂仁县委、县政府
次旺加布	男	藏	昂仁县措迈乡政府	“先进双联户”	2017年	昂仁县委、县政府
尼玛加参	男	藏	昂仁县措迈乡政府	“先进双联户”	2017年	昂仁县委、县政府
德　吉	女	藏	昂仁县措迈乡政府	“先进双联户”	2017年	昂仁县委、县政府
边巴次仁	男	藏	昂仁县措迈乡政府	“先进双联户”	2017年	昂仁县委、县政府
旦增尼玛	男	藏	昂仁县措迈乡政府	“先进双联户”	2017年	昂仁县委、县政府
阿旺强巴	男	藏	昂仁县措迈乡政府	“先进双联户”	2017年	昂仁县委、县政府

续表2

姓名	性别	民族	工作单位	获奖名称	表彰时间	授予单位
米玛普赤	女	藏	昂仁县措迈乡政府	“先进双联户”	2017年	昂仁县委、县政府
次旦旺加	男	藏	昂仁县措迈乡政府	“先进双联户”	2017年	昂仁县委、县政府
边巴普赤	女	藏	昂仁县措迈乡政府	优秀公务员	2017年	昂仁县委、县政府
魏忠强	男	汉	昂仁县措迈乡政府	优秀公务员	2017年	昂仁县委、县政府
蒋开发	男	汉	昂仁县措迈乡政府	优秀公务员	2017年	昂仁县委、县政府
次旦旺加	男	藏	昂仁县措迈乡政府	优秀公务员	2017年	昂仁县委、县政府
孔瑞广	男	藏	昂仁县宁果乡政府	优秀驻村队员	2017年	昂仁县委、县政府
吉宗	女	藏	昂仁县宁果乡政府	优秀驻村队员	2017年	昂仁县委、县政府
曲珍	女	藏	昂仁县宁果乡政府	事业单位先进个人	2017年	昂仁县委、县政府
杨波	男	汉	昂仁县宁果乡政府	优秀公务员	2017年	昂仁县委、县政府
边巴扎西	男	藏	昂仁县宁果乡政府	优秀公务员	2017年	昂仁县委、县政府
嘎玛赤列	男	藏	昂仁县宁果乡政府	优秀公务员	2017年	昂仁县委、县政府
边巴扎西	男	藏	昂仁县宁果乡政府	优秀共产党员	2017年	昂仁县委、县政府
边巴	女	藏	昂仁县宁果乡政府	优秀共产党员	2017年	昂仁县委、县政府
文佳星	男	藏	昂仁县宁果乡政府	优秀党务工作者	2017年	昂仁县委、县政府
边巴旺堆	男	藏	昂仁县孔隆乡政府	优秀公务员	2017年	昂仁县委、县政府
史国岗	男	汉	昂仁县孔隆乡政府	优秀公务员	2017年	昂仁县委、县政府
贵桑	女	藏	昂仁县孔隆乡政府	优秀公务员	2017年	昂仁县委、县政府
多吉次旦	男	藏	昂仁县孔隆乡政府	优秀公务员	2017年	昂仁县委、县政府
多吉	男	藏	昂仁县如萨乡政府	优秀公务员	2017年	昂仁县委、县政府
索朗片多	女	藏	昂仁县如萨乡政府	行业先进个人	2017年	昂仁县委、县政府
西热加措	男	藏	昂仁县如萨乡政府	优秀公务员	2017年	昂仁县委、县政府
赵江华	男	汉	昂仁县如萨乡政府	优秀公务员	2017年	昂仁县委、县政府
德庆卓嘎	女	藏	昂仁县如萨乡政府	昂仁县第六批创先争优强基础惠民生活动先进驻村(居)工作队员	2017年	昂仁县委、县政府
仁旺	女	藏	昂仁县如萨乡政府	昂仁县第六批创先争优强基础惠民生活动先进驻村(居)工作队员	2017年	昂仁县委、县政府
仁青欧珠	男	藏	昂仁县如萨乡政府	昂仁县第六批创先争优强基础惠民生活动先进驻村(居)工作队员	2017年	昂仁县委、县政府

续表2

姓名	性别	民族	工作单位	获奖名称	表彰时间	授予单位
巴桑次仁	男	藏	昂仁县如萨乡政府	昂仁县第六批创先争优强基础惠民生活动先进驻村(居)工作队员	2017年	昂仁县委、县政府
扎西次仁	男	藏	昂仁县阿木雄乡政府	优秀公务员	2018年	昂仁县委、县政府
巴桑次仁	男	藏	昂仁县阿木雄乡政府	优秀公务员	2018年	昂仁县委、县政府
尼玛卓嘎	女	藏	昂仁县阿木雄乡政府	优秀个人	2018年	昂仁县委、县政府
格　桑	男	藏	昂仁县查孜乡夏龙村牧民	“先进双联户”	2017年	昂仁县委、县政府
益　旺	男	藏	昂仁县查孜乡夏龙村牧民	“先进双联户”	2017年	昂仁县委、县政府
拉　加	男	藏	昂仁县查孜乡夏龙村牧民	“先进双联户”	2017年	昂仁县委、县政府
石　塔	男	藏	昂仁县查孜乡夏龙村牧民	“先进双联户”	2017年	昂仁县委、县政府
扎　布	男	藏	昂仁县查孜乡夏龙村牧民	“先进双联户”	2017年	昂仁县委、县政府
巴桑顿珠	男	藏	昂仁县日吾其乡政府	优秀公务员	2017年	昂仁县委、县政府
普布卓玛	女	藏	昂仁县日吾其乡政府	优秀公务员	2017年	昂仁县委、县政府
旦增曲扎	男	藏	昂仁县日吾其乡政府	先进个人	2017年	昂仁县委、县政府
达瓦朗杰	男	藏	昂仁县多白乡政府	优秀公务员	2017年	昂仁县委、县政府
尼玛吉巴	女	藏	昂仁县多白乡政府	优秀公务员	2017年	昂仁县委、县政府
德吉卓嘎	女	藏	昂仁县多白乡政府	优秀公务员	2017年	昂仁县委、县政府
贺思铭	男	汉	昂仁县多白乡政府	优秀公务员	2017年	昂仁县委、县政府
巴　桑	女	藏	昂仁县多白乡政府	优秀公务员	2017年	昂仁县委、县政府
次仁琼达	女	藏	昂仁县多白乡政府	优秀公务员	2017年	昂仁县委、县政府
张耿斌	男	汉	昂仁县多白乡政府	优秀公务员	2016年	昂仁县委、县政府
米玛罗布	男	藏	昂仁县多白乡政府	先进个人	2017年	昂仁县委、县政府
米玛卓玛	女	藏	昂仁县多白乡政府	先进个人	2017年	昂仁县委、县政府
普　布	男	藏	昂仁县雄巴乡党委	2017年度优秀公务员	2018年	昂仁县委、县政府
伦　珠	男	藏	昂仁县雄巴乡政府	2017年度优秀公务员	2018年	昂仁县委、县政府
旺　堆	男	藏	昂仁县人力资源和社会保障局	各行各业领域“先进个人”	2017年	昂仁县政府
次仁旺堆	男	藏	昂仁县电信局	2017年度民族团结先进模范个人	2017年	昂仁县政府
仁增旺姆	女	藏	昂仁县达局乡政府	2017年度精准扶贫“先进个人”	2018年	昂仁县政府

说明：由于各单位资料提供不全，可能有遗漏

附 录

党政机构名称及负责人

中共昂仁县委员会

书 记 李有平

常务副书记

何恒斌(山东援藏)

副书记 普布多吉(藏族)

旦木真(藏族)

索 旦(藏族,10月免)

邢化良(山东援藏)

常 委 求 琼(藏族)

达 次(藏族)

拉 欧(藏族)

屈小刚

孙晓锋

尼玛平措(藏族)

张公博(山东援藏)

王卫华

杨 洋

县委办公室

主 任 王崇礼(9月任)

副主任 熊 丽(女,9月任)

次仁顿珠(藏族,9月任)

县档案局

局 长 尼 玛(女,藏族)

县机要局

局 长 平措桑布(藏族,副科级)

县人大常委会党组

书 记 旦木真(藏族)

县人大常委会

主 任 旦木真(藏族)

副主任 索朗旺堆(藏族)

边 顿(藏族)

舒元波

顿 珠(藏族)

县人大常委会办公室

主 任 卓玛普尺(女,藏族)

副主任 旦巴次仁(藏族,12月任)

县人民政府党组

书 记 普布多吉(藏族)

副书记 达 次(藏族)

张公博(山东援藏)

王卫华

成 员 杨 洋(3月任)

司昆强

雷广军

次 琼(女,藏族)

旺 拉(藏族)

索朗次仁(藏族)

县人民政府

县 长 普布多吉(藏族)
常务副县长
邢 化 良(山东援藏)
副县长 达 次(藏族)
张 公 博(山东援藏)
王 卫 华
司 昆 强
雷 广 军
次 琼(女,藏族)
旺 拉(藏族)
索朗次仁(藏族)

县人民政府办公室

主 任 次仁卓玛(女,藏族,9月免)
扎西旺堆(藏族,9月任)
副主任 何 继 光(主任科员)
副主任 格桑达娃(藏族)

政协第二届昂仁县委员会党组

书 记 吕 世 瑞
成 员 次仁群培(藏族)
阿 珍(女,藏族,12月免)

政协第二届昂仁县委员会

主 席 吕 世 瑞
副主席 次仁群培(藏族)
阿 珍(女,藏族,12月免)
洛桑索巴(藏族)

政协第二届昂仁县委员会办公室

主 任 达 吉(女,藏族)
副主任 德庆拉姆(女,藏族,9月任)

县纪律检查委员会

书 记 屈 小 刚
副书记 旦增南加(藏族,9月免)
扎西格桑(藏族)
次仁卓玛(女,藏族,12月任)
常 委 黄 增 顺
嘎松永西(女,藏族)

县监察委员会

主 任 屈 小 刚(12月任)
副主任 扎西格桑(藏族,12月任)
次仁卓玛(女,藏族,12月任)
委 员 黄 增 顺(12月任)
嘎松永西(女,藏族,12月任)

县监察局

局 长 旦增南加(藏族,9月免)
次仁卓玛(女,藏族,9月任)

县委巡察组

组 长 普 琼(藏族,12月任)

县委组织部

部 长 拉 欧(藏族)
副部长 次 旺(藏族)
罗 廷 华
编办副主任
热 布 旦(藏族)
老干部局局长
朗 杰(藏族)

县委宣传部

部 长 孙 晓 锋
副部长 米玛旺堆(藏族,9月免)
边 巴(藏族,9月任)
普 觉(藏族)

昂仁县互联网信息办公室

副主任 米 培 元(回族,主任科员)

昂仁县文化执法大队

队 长 何 军

县委统战部

部 长 尼玛平措(藏族)
副部长 巴 桑(藏族)
洛 桑(藏族)
米玛顿珠(藏族)

工商联主席

洛　　桑(藏族)

宗教办主任

白　　珍(女,藏族,9月任,主任科员)

宗教办副主任

卓玛次仁(女,藏族)

县委党校

副校长　德　　吉(女,藏族,正科级)

县民政局

局　长　吴　　琼(藏族)

副局长　晋　　巴(藏族)

索朗曲宗(藏族)

特困供养中心主任

边　　珍(女,藏族)

县人力资源和社会保障局(公务员局)

局　长　边　　巴(女,藏族)

副局长　索朗卓拉(女,藏族,9月任)

公务员局局长

米玛卓玛(女,藏族)

县扶贫办

主　任　次　　琼(女,藏族)

昂仁县藏语委办(编译局)

局　长　白玛仁增(藏族)

副局长　旦　　增(藏族)

县总工会

主　席　彭兆红(女,7月免)

米玛旺堆(藏族,9月任)

副主席　央　　吉(女,藏族,9月任)

共青团昂仁县委员会

书　记　格桑曲珍(女,藏族,9月免)

副书记　虎梦玲(女,回族,9月任)

县妇联

主　席　拉巴卓玛(女,藏族)

县人民武装部

部　长　陈言和

政　委　勾成洪

副部长　冯小强

县公安消防大队

大队长　章　　嘉

参　谋　陈瑞翔

潘　　鑫

武警昂仁中队

中队长　旦增索朗(藏族)

指导员　周泽龙

县委政法委

书　记　求　　琼(藏族)

副书记　尼玛吉拉(女,藏族,正科)

王玉峰(9月任,主任科员)

综治办主任

巴桑旺堆(藏族)

综治办副主任

德吉央宗(女,藏族)

县公安局党委

书　记　求　　琼(藏族)

副书记　达瓦扎西(藏族)

委　员　达　　桑(藏族)

普　　琼(藏族)

旦　　增(藏族)

索　　朗(藏族)

索朗多吉(藏族)

县公安局

局　长　求　　琼(藏族)

政　委　达瓦扎西(藏族)

副局长　达　　桑(藏族)

普　　琼(藏族)

金塔路便民警务站站长
达　　桑（藏族）
特警大队队长
旦　　增（藏族）
伟色路便民警务站教导员
索　　朗（藏族）

县人民检察院党组

书　　记　巴桑次仁（藏族）
成　　员　洛桑坚增（藏族）
黄 增 顺（苗族，12月免，主任科员）
拉巴次仁（藏族，6月任）

县人民检察院

检 察 长　巴桑次仁（藏族）
副检察长　洛桑坚增（藏族）
黄 增 顺（苗族，12月免，主任科员）
拉巴次仁（藏族，6月任）
反贪局局长
黄 增 顺（苗族，12月免，主任科员）

县人民法院党组

书　记　米玛旦增（藏族）
副书记　次旦平措（藏族）
成　员　李　　斌
梅　　拉（女，藏族，7月任）
格桑曲珍（女，藏族，7月任）

县人民法院

院　长　米玛旦增（藏族）
副院长　次旦平措（藏族）
李　　斌
梅　　拉（女，藏族，7月任）
办公室主任
梅　　拉（女，藏族，7月免）
格桑曲珍（女，藏族，7月任）

县司法局

局　长　普　　布（藏族）
副局长　尼玛卓嘎（女，藏族）
次　　仁（藏族）

县发展和改革委员会

主　任　戚　　星（侗族）
副主任　拉　　平（藏族，主任科员）
冯 小 辉
旺　　姆（女，藏族）

县统计局

局　长　格　　旦（藏族）
副局长　塔　　杰（藏族，9月任，主任科员）

县国土资源局

局　长　索　　多（夏尔巴族）
副局长　益西次仁（藏族，9月免）
普　　珠（藏族，9月任）

县安全生产监督管理局

局　长　米玛顿珠（藏族）
副局长　次仁顿珠（藏族，主任科员）

县食品药品监督管理局

局　长　桑珠次仁（藏族，9月免）
次仁顿珠（藏族，9月任）
副局长　多　　吉（藏族，9月任）
卓玛曲增（女，藏族，12月任）

县工商行政管理局

局　长　巴　　罗（藏族）
副局长　张 万 瑛

县商务局

局　长　果　　杰（藏族）
副局长　参决卓拉（女，藏族，主任科员）

县旅游发展委员会

局　长　米玛多吉（藏族，9月免）
副局长　琼　　吉（女，藏族，9月免）
主　任　格桑曲珍（女，藏族，9月任）

县粮食公司

总经理　次旺罗布（藏族）

县农牧局

局　长　米玛次仁（藏族）
副局长　普布次仁（藏族）
　　　　旦　增（藏族）

县林业局

局　长　次仁卓拉（女，藏族，9月免）
　　　　普　琼（藏族，9月任）
副局长　次　吉（女，藏族）

县水利局

局　长　李瑞建
副局长　次旦卓嘎（女，藏族，主任科员）

县供电有限公司

经　理　加　布（藏族）
副经理　普　琼（藏族）
　　　　达瓦扎西（藏族）

县交通运输局

局　长　达　娃（藏族）
副局长　多　吉（藏族，主任科员）
　　　　拉　平（藏族，9月免，主任科员）
　　　　次旦扎西（藏族，9月任，主任科员）

中国邮政集团公司西藏自治区昂仁县分公司

经　理　拉巴次仁（藏族）

中国电信集团公司日喀则分公司昂仁县电信局

局　长　尼玛扎西（藏族）

中国移动通信集团西藏有限公司昂仁县分公司

经　理　拉巴平措（藏族）

中国联合网络通信有限公司日喀则市分公司昂仁县营业部

经　理　格桑曲珍（女，藏族）

县住房和城乡建设局

局　长　郑兴邦
副局长　扎西多吉（藏族，10月免）
　　　　李　涛（10月任）

县环境保护局

局　长　王维杰
副局长　次成江措（藏族，主任科员）
监测站站长
　　　　益西群宗（女，藏族）

县财政局

局　长　谭　明
副局长　达瓦罗布（藏族）
　　　　次仁旺久（藏族）

县国家税务局

局　　长　石达扎西（藏族）
副 局 长　熊安琴（女）
纪检组长　曹茹丽（女，7月免）
　　　　　格桑德吉（女，藏族，12月任）

中国农业银行股份有限公司昂仁县支行

行　　长　扎西普拉（藏族）
副 行 长　边巴次仁（藏族）
纪检委员　边巴次仁（藏族）

县教育局党委

副 书 记　次仁顿珠（藏族）
委　　员　孙守运（山东淄博援藏，正科）
　　　　　巴　桑（藏族，7月任主任科员）
　　　　　次旦卓玛（女，藏族，7月任主任科员）
　　　　　罗布次仁（藏族，12月免主任科员）

县教育局

局　长　次仁顿珠（藏族）
副局长　孙守运（山东淄博援藏，正科）
　　　　巴　桑（藏族，7月任主任科员）
　　　　次旦卓玛（女，藏族，7月任主任科员）
教研室主任
　　　　平　措（藏族）

县中学

校　长　巴桑扎西(藏族)
副校长　达瓦扎西(藏族)
　　　　普布顿珠(藏族)
　　　　杨 晓 琴(女)

县小学

校　长　巴　桑(藏族)
副校长　尼玛次仁(藏族)

县文化新闻出版广电局

局　长　旦增南加(藏族,9月任)
副局长　米玛多吉(藏族,9月任,正科级)
　　　　边　珍(女,藏族,9月任,主任科员)
　　　　拉　珍(女,藏族,9月免)

县卫生局

局　长　边　加(藏族)
副局长　米玛旦增(藏族)
　　　　次仁吉拉(女,藏族)

县藏医院

院　长　扎西顿珠(藏族)
副院长　普　琼(藏族)

县卫生服务中心

主　任　边　巴(藏族)
副主任　曲　宗(女,藏族)
　　　　达　增(藏族)
　　　　王 丽 萍(女)

县民族宗教事务局

局　长　旺　堆(藏族)
副局长　次　仁(藏族,9月任)
　　　　琼　吉(女,藏族,9月任)
　　　　边　珍(女,藏族,9月免)
　　　　边　巴(藏族,9月免主任科员)
　　　　旦增曲珍(女,藏族,11月任主任科员)

县曲德寺管理委员会

第一主任　洛桑索巴(藏族)
主　　任　旺　加(藏族)
副 主 任　扎　西(藏族)
警务室警长
　　　　　确　列(藏族,7月免,副科级)
　　　　　达　仓(女,藏族,7月任,副科级)
办公室主任
　　　　　央　玛(女,藏族,9月任,主任科员)
宗教事务科科长
　　　　　努　布(藏族,主任科员)
宣传教育科科长
　　　　　塔　杰(藏族,9月免,主任科员)
　　　　　边　巴(藏族,9月任,主任科员)
治安管理科科长
　　　　　琼　珠(藏族,副科级)
警务室副警长
　　　　　袁　媛(女,7月免)

县强基础惠民生活动办公室

主　任　拉　欧(藏族)
副主任　朗　杰(藏族)

卡嘎镇

书　　记　迟 鹏 先
副 书 记　洛桑尼玛(藏族)
　　　　　仁　青(藏族)
镇　　长　洛桑尼玛(藏族)
副 镇 长　普布普尺(女,藏族,主任科员)
　　　　　琼　达(女,藏族)
　　　　　王 志 伟(12月任)
人大主席　次旺久美(藏族)
政法委员、派出所所长
　　　　　尼玛扎西(藏族)
武装部部长(主任科员)
　　　　　普布普尺(女,藏族)
雪村党支部书记(主任科员)
　　　　　扎西多吉(藏族)
纪委书记　达瓦曲珍(女,藏族)

组织委员、统战委员
多　　吉(藏族)
宣传委员　旦增宗吉(女,藏族)

桑桑镇

书　　记　阿　　珍(女,藏族,10月免)
副 书 记　樊 明 聚
普　　布(藏族)
镇　　长　樊 明 聚
副 镇 长　扎西拉姆(女,藏族)
李　　慧(女,7月免)
喻 德 平
索朗次仁(藏族)
李　　波(7月任)
人大主席　加　　措(藏族,11月免)
南 飞 宇(11月任)
组织委员　普　　布(藏族)
人武部部长
扎西拉姆(女,藏族)
政法委员　多吉康卓(女,藏族,7月免)
宣传委员、统战委员
洛桑多杰(藏族)
纪委书记　次仁德吉(女,藏族)

切热乡

书　　记　次仁旺堆(藏族)
副 书 记　韩　　辉
旦增赤来(藏族)
乡　　长　韩　　辉
副 乡 长　桑珠群培(藏族)
格桑卓拉(女,藏族)
巴桑仓木决(女,藏族,12月任)
申 胜 涛(11月免)
崔　　兴
人大主席　拉巴次仁(藏族)
纪委书记　拉巴卓玛(女,藏族)
组织委员　旦增赤来(藏族,12月免)
组织委员、政法委员
李 永 兵(12月任)
宣传委员、统战委员
拉巴珍拉(女,藏族)
政法委员　扎西多吉(藏族,8月免)
人武部部长
桑珠群培(藏族)
派出所副所长
崔　　兴

秋窝乡

书　　记　顿　　珠(藏族)
副 书 记　费 牛 徕
祝　　涛(9月免)
巴桑卓玛(女,藏族,12月任)
乡　　长　费 牛 徕
副 乡 长　加央尼玛(藏族)
韦 安 辉(6月免,主任科员)
边巴卓玛(女,藏族)
人大主席　巴　　桑(藏族)
纪委书记　旦　　增(藏族)
组织委员、宣传委员
贵　　确(藏族,8月免)
政法委员、统战委员
巴桑卓玛(女,藏族,12月免)
人武部部长
加央尼玛(藏族)

达局乡

书　　记　唐　　丽(女)
副 书 记　格　　桑(藏族)
旦增尺列(藏族)
乡　　长　格　　桑(藏族)
副 乡 长　杨 宗 志
马 晓 伟
人大主席　多 布 杰(藏族)
纪委书记　索朗吉巴(女,藏族)
组织委员　旦增尺列(藏族)
政法委员、宣传委员
格桑达瓦(藏族,主任科员)
统战委员　仁增旺姆(女,藏族)

综合治理办公室主任
边巴片多(女,藏族,11月任)
政务综合办公室主任
仁　增(藏族,11月任)
派出所所长
马晓伟

贡久布乡

书　记　格　桑(藏族)
副书记　谭茂勇
旦巴次仁(藏族)
扎西多吉(藏族)
乡　长　谭茂勇
副乡长　尼玛卓嘎(女,藏族)
达瓦平措(藏族,主任科员)
人大主席　旦巴次仁(藏族)
组织委员　扎西多吉(藏族)
宣传委员　达瓦平措(藏族)
政法委员、统战委员
罗桑卓玛(女,藏族)
人武部部长
尼玛卓嘎(女,藏族)

亚木乡

书　记　米玛伦珠(藏族)
副书记　张永超
次旦扎西(藏族,10月免)
杰　珠(藏族,11月任)
乡　长　张永超
副乡长　扎西多吉(藏族)
加　措(藏族,5月任)
人大主席　巴桑多布拉(藏族,10月免)
顿　珠(藏族,10月任)
纪委书记　其米卓嘎(女,藏族)
组织委员、宣传委员
次旦扎西(藏族,10月免)
加央巴姆(女,藏族,10月任)
政法委员　罗布扎西(藏族)
人武部部长
扎西多吉(藏族)

党群办主任
旦增塔杰(藏族,10月任)
派出所所长
边巴索朗(藏族)

达若乡

书　记　云　旦(藏族)
副书记　罗　迪
央　宗(女,藏族)
乡　长　罗　迪
副乡长　拉姆次仁(女,藏族)
周世旭(10月任)
人大主席　旦　增(藏族)
纪委书记　洛桑顿珠(藏族)
人武部部长
旦　扎(藏族)

措迈乡

书　记　尼玛次仁(藏族)
副书记　蒋开发
次　仁(藏族,9月免)
边巴普赤(女,藏族,9月任)
乡　长　蒋开发
副乡长　何继光(9月免)
达瓦次仁(藏族)
巴桑顿珠(藏族)
人大主席　巴桑次仁(藏族,10月免)
加　措(藏族,10月任)
人大副主席
邱兴华(11月免)
纪委书记　边巴普赤(女,藏族,9月免)
李忠林(9月任)
宣传委员　巴桑顿珠(藏族)
统战委员　达瓦次仁(藏族)
政法委员、人武部部长
鲁茸妥顶(藏族)
文化站站长
赤来多杰(藏族,9月任)

派出所所长

扎西次旦(藏族)

宁果乡

书　　记　边巴扎西(藏族)

副 书 记　胡　　洪

热 布 旦(藏族,8 月免)

刘　　警(8 月任)

乡　　长　胡　　洪

副 乡 长　嘎玛赤列(藏族)

拉巴普尺(女,藏族)

人大主席　索朗多布杰(藏族,8 月免)

琼　　扎(藏族,8 月任)

纪委书记　次仁央宗(女,藏族,12 月免)

文 佳 星(12 月任)

组织委员、宣传委员

次旦央金(女,藏族)

统战委员　嘎玛赤列(藏族)

人武部部长

拉巴普尺(女,藏族)

农牧综合服务中心主任

次仁多布拉(藏族)

孔隆乡

书　　记　王　　斌

副 书 记　格桑旺堆(藏族)

多吉次仁(藏族)

乡　　长　格桑旺堆(藏族)

副 乡 长　普　　布(女,藏族)

人大主席　边巴旺堆(藏族)

纪委书记　扎西尼玛(藏族)

组织委员、宣传委员

多吉次仁(藏族)

政法委员、统战委员

普　　布(女,藏族)

人武部部长

米　　琼(藏族)

如萨乡

书　　记　唐　　桥

副 书 记　多　　吉(藏族)

西热加措(藏族)

谭　　勇(11 月免)

乡　　长　多　　吉(藏族)

副 乡 长　德庆卓嘎(女,藏族)

扎　　西(藏族,7 月免)

李　　涛(藏族,7 月免)

人大主席　索朗片多(女,藏族)

纪委书记　格　　桑(藏族,9 月免)

李 进 举(9 月任)

组织委员、宣传委员

西热加措(藏族)

政法委员、统战委员

德庆卓嘎(女,藏族)

阿木雄乡

书　　记　扎西次仁(藏族)

副 书 记　唐　　雄

达娃曲珍(女,藏族)

乡　　长　唐　　雄

副 乡 长　巴桑次仁(藏族)

索朗卓拉(女,藏族,9 月免)

次仁顿珠(藏族)

王 玉 峰(9 月免)

徐 杰 伟(12 月任)

人大主席　米玛顿珠(藏族)

人大副主席

周　　军(10 月免)

纪委书记　尼玛片多(女,藏族)

组织委员　达娃曲珍(女,藏族)

宣传委员　次仁顿珠(藏族)

统战委员　白玛央宗(女,藏族,12 月任)

政法委员　索朗卓拉(女,藏族,9 月免)

人武部部长

巴桑次仁(藏族)

查孜乡

书　　记　巴丹罗布(藏族)

副 书 记　张 革 命

达　　瓦(藏族)

乡　　长　张革命
副乡长　熊　丽(女)
　　　　格桑多吉(藏族)
　　　　张光海(9月任)
人大主席　边　巴(藏族,9月免)
　　　　边巴次仁(藏族,9月任)
纪委书记　索　扎(藏族)
组织委员　达　瓦(藏族)
统战委员　张光海(9月任)
政法委员、派出所所长
　　　　普布扎西(藏族)

日吾其乡

书　　记　杨继光(白族)
副书记　巴桑顿珠(藏族)
　　　　琼　拉(女,藏族,11月免)
乡　　长　巴桑顿珠(藏族)
副乡长　旦增伦珠(藏族,10月免)
　　　　陈　福(11月免)
　　　　德吉卓嘎(女,藏族)
人大主席　洛桑亚培(藏族)
纪委书记　何　凯
组织委员、统战委员
　　　　普布卓玛(女,藏族)
政法委员、宣传委员
　　　　旦增曲扎(藏族)
人武部部长
　　　　旦增伦珠(藏族,10月免)
政务办公室主任
　　　　白玛卓玛(女,藏族,10月任)

多白乡

书　　记　索朗次仁(藏族)
副书记　令彩霞(女)
　　　　罗廷华(9月免)
　　　　米玛卓玛(女,藏族,12月任)
乡　　长　令彩霞(女)
副乡长　德吉卓嘎(女,藏族)
　　　　次仁麦拉(藏族,12月任)
人大主席　米玛罗布(藏族)
纪委书记　米玛卓玛(女,藏族,12月免)
　　　　高小强(12月任)
组织委员　旺　姆(女,藏族)
宣传委员　罗廷华(9月免)
政法委员、统战委员
　　　　措　拉(女,藏族)
人武部部长
　　　　达　罗(藏族)
派出所所长
　　　　郭红光

雄巴乡

书　　记　杨春潮(侗族)
副书记　普　布(藏族)
　　　　索朗曲珍(女,藏族)
乡　　长　普　布(藏族)
副乡长　普　赤(女,藏族)
　　　　索　朗(藏族)
　　　　冯晓辉(12月免)
　　　　唐自民(12月任)
人大主席　伦　珠(藏族)
纪委书记　琼　达(女,藏族,12月免)
　　　　拉　珍(女,藏族,12月任)
派出所所长
　　　　索朗次仁(藏族)

昂仁县人民代表大会常务委员会工作报告

——昂仁县第十三届人民代表大会第三次会议

县委副书记、人大常委会主任 旦木真

（2017 年 12 月 19 日）

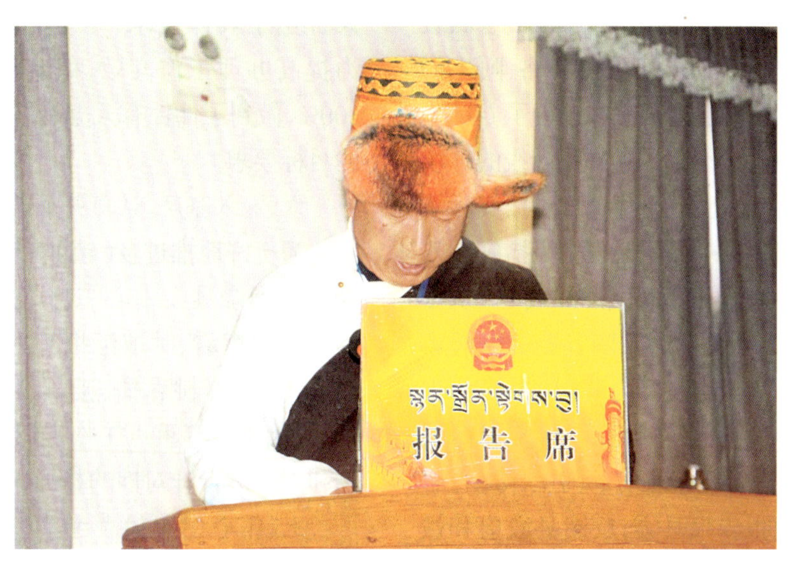

过去一年，在县委的领导下，县人大常委会始终高举中国特色社会主义伟大旗帜，以邓小平理论、“三个代表”重要思想、科学发展观、习近平新时代中国特色社会主义思想为指导，深入贯彻党的十八大、十八届历次全会和中央第六次西藏工作座谈会精神，以“五位一体”总体布局和“四个全面”战略布局为统领，坚持党的领导、人民当家做主、依法治国有机统一，紧紧围绕“十三五”规划的全面实施、市委“6677”发展战略的有效落实和县委中心工作，按照“1234”的工作总思路，即围绕一个中心（围绕人大监督为中心）、突出两个重点（突出制度建设和代表工作）、推进三个转变（转变思想观念和工作作风、工作方法）、提升四个效率（提升常委会工作效率和乡镇人大工作效率、代表履职效率、监督工作效率），服务大局，解放思想，扎实工作，为促进全县经济社会发展，推动地方民主法制建设做了大量的工作，取得了新的成效。

一、突出抓好制度建设工作，为做好各项工作提供了制度保障

今年来，常委会根据 2016 年对巡视整改的相关要求和人大自身建设的实际先后制定出台了，《人大党组议事规则和学习制度》、《常委会议事规则和学习制度》、《党风廉政建设学习制度》《主任办公会制度》、《常委会联系基层人大代表制度》、昂仁县人大常委会 2017 年 26 项重点工作推进安排表，协助县住建局制定了昂仁县实施《日喀则市市容和环境卫生管理条例》的办法等多项制度。

二、加大监督力度，促使依法行政

一是组织召开监督工作部署会。年初，常委会组织交通、发改、财政、住建、环保等单位负责人，召开了监督工作部署会，对监督事项、监督形式、监督的必要性等方面进行说明、提出了具体要求，明确

了监督任务和目标，为全县经济社会发展提供了有力的监督保障；二是组织开展“三公”经费专项监督检查、政府采购的监督、食品药品的监督；三是开展对易地搬迁项目的监督。根据年初计划，围绕县委中心工作，今年乡镇人大的监督重点放在易地搬迁项目的监督，各乡（镇）人大对每个易地搬迁项目点上安排1–2名人大代表，负责每日对项目的质量、进度、规模等进行监督，形成监督日志，发现的问题及时提出整改意见建议，在精准扶贫工作上发挥了基层人大代表有力的监督作用；四是加强了重点项目的监督检查工作。组织部分区、市、县、乡四级人大代表和选民、退休干部等对秋亚公路、阿木雄公路建设、县城改造等重点建设项目进行了专题视察，对县城及卡嘎镇至桑桑镇219公路沿线的环境卫生为主的环保工作进行了专题视察，根据实际情况提出数几十条的建议，并将环保的相关措施纳入到17个乡镇的乡规民约中，为“生态红线”提供了制度保障；五是监督、旁听了县法院开庭的一起审判案件，进一步加强了执法监督力度；六是进一步加强和创新对“一府两院”工作的监督，按照常委会年初安排，对县扶贫办等4家政府部门工作进行了评议，并将形成专题报告报县委，反馈县政府和被评议单位，同时向社会公示。

三、加强组织领导，做好对乡镇人大的指导工作

一是为了交流经验，查找差距，表彰先进，进一步鼓励和激发乡（镇）人大主席，3月22日下午，县人大常委会组织召开乡（镇）人大主席座谈会。会议表彰2016年人大工作先进乡镇、围绕自治区人大常委会副主任维色及市委原常委、市人大常委会主任扎西泽仁在昂仁县调研基层人大工作时的讲话精神，结合各乡（镇）的实际情况，针对2017年重点工作进行了交流发言、对2017年县乡人大工作再次进行安排部署；二是人大常委会领导及办公室人员多次深入17个乡镇，检查指导乡（镇）人大工作，发现的问题和困难及时提出指导性的意见建议，为我县人大整体工作推上新的台阶，提供有力的保障；三是完成了年度考核工作，创新考核方式，采取了乡镇交叉考核，既是考核更是交流学习，达到了相互学习、共同提高的目的。

四、按照法定程序，认真做好代表补选工作

由于人事变动和工作需要，根据《补选办法》和《地方组织法》的规定，依法补选了5名县十三届人民代表大会代表。

五、认真交办代表意见建议交办会

一是认真整理归纳在十三届人民代表大会第二次次会议上，代表提出建议81件；二是组织县政府办公室等18个政府相关部门召开建议交办会，明确承办单位的职责，县委书记李有平同志亲临交办会，并作了重要讲话，就如何做好代表建议提出了具体要求；三是加强与代表的联系，努力提高办理工作实效，截至目前建议答复率达到100%，做到了件件有人办、件件有答复、多件有落实的目标要求。

六、深入基层，认真开展调研工作

为更好地推进乡（镇）各项重点工作，常委会领导紧密围绕县委中心工作，多次深入17个乡（镇）通过实地查看、听取汇报等方式对精准扶贫、生态环境保护、春耕春播、接羔育幼、各项会议贯彻学习、人大工作等重点工作进行了调研。对发现的问题和困难进行针对性的指导，并提出了意见建议。

七、精心组织代表考察取经，学先进经验补自己短板

组织人大代表考察学习是提升代表履职能力的有效途径之一，今年在县委的高度重视和淄博援藏的大力支持下，先后组织部分人大代表，分别到山东省和那曲地区进行了考察学习。通过学习，代表们开阔了眼界、认识了差距、明晰了思路、也找到了方向，特别是那曲三县的畜牧业改革、产业扶贫、村组经济组织、合作社、经融扶贫等措施都牢牢把握精准扶贫这一重点，大家纷纷表示在那曲的产业扶贫项目、畜牧业改革等方面亮点突出，值得我们学习和借鉴，为今后的畜牧业改革和精准脱贫工作具有一定的参考依据。

八、加强自身建设，不断提高履职能力

常委会始终坚持党的领导，增强四个意识，强化责任担当，不断提升人大自身建设。

一是加强“两学一做”、“四讲四爱”、“讲学习、讲忠诚、正风纪、转作风、提效能”学习教育；二是

深入学习贯彻党的十九大精神；三是组织开展乡镇人大主席、专干培训会，邀请市人大领导授课；四是组织召开了基层人大代表培训会，常委会领导和相关委员授课；五是组织乡（镇）人大主席，区、市、县三级人大代表开展专题培训。

（九）认真做好县委安排的其他工作

一是全力维护社会稳定。按照中央、区党委、市委、县委关于维护稳定的一系列重要指示精神，严格执行县委统一部署，在敏感时期和重要时段，常委会领导深入联系蹲点乡镇、寺庙、各村检查督导维稳工作，狠抓各项维稳措施的落实；二是做好“四讲四爱”的宣传教育工作。为了更好地发挥人大代表及委员在“四讲四爱”宣传教育中的优势，人大党组制定宣讲方案，成立宣讲小组，常委会领导带头，对乡镇、学校、村居积极开展“四讲四爱”宣传教育，牢固树立“团结稳定是福、分裂动乱是祸”的思想认识，教育广大群众及学生做一名“四讲四爱”的公民，为“凝聚人心、夯实基础”起到了人大代表及其常委会应有的作用；三是高度重视，积极做好帮扶工作。为了进一步密切党群关系，正确树立党员先锋岗位，常委会领导深入帮扶点，根据精准扶贫工作的要求认真了解结对群众的基本情况、困难和脱贫愿望，共同研讨脱贫门路；四是加大宣传力度，提高干部群众的环卫意识。3 月 14 日，常委会通过张贴宣传标语、发放宣传手册等渠道，大力宣传《日喀则市市容和环境卫生管理条例》。为《条例》的贯彻实施营造了良好的舆论氛围；五是认真做好迎接和学习宣传“十九大”精神。人大党组在全县最先行动，制定“学习宣传方案”并于 10 月 31 日，召集乡镇人大主席和县乡两级代表召开党的十九大精神学习宣传会议，常委会成员分别深入乡镇以面对面形式、以通俗易懂的方式将十九大精神传达到基层代表和选民，成效明显。

各位代表，一年来工作取得的成绩和进展，是市人大的正确指导和县委的坚强领导的结果；是全县人大代表、常委会组成人员以及机关工作人员辛勤工作的结果；是县人民政府、县人民法院、县人民检察院及有关方面密切配合，广大人民群众和社会各界大力支持的结果。借此机会，我谨代表人大常委会，向县委、“一府两院”、县十三届人大代表、广大人民群众和社会各界，表示崇高的敬意和衷心的感谢！

在总结工作成绩的同时，我们也充分认识到，常委会的工作还不能完全适应新形势的要求和人民群众的新期待，常委会自身素质有待于进一步提高，代表履职能力有待于进一步提高，等等。我们将高度重视，不断加强和改进工作。

2018 年主要工作

各位代表，2018 年是全面贯彻落实党的十九大战略部署的开启之年，是深入落实“6677”工作思路，决胜全面建成小康社会的关键一年。在新的一年里，在县委的坚强领导下，以习近平新时代中国特色社会主义思想引领昂仁人大工作，为法制昂仁建设，夺取决胜脱贫攻坚的最后胜利做出更大的贡献。

一、加强理论学习、提高执政本领

一是进一步深入学习党的十九大精神和新修订的《党章》，重点在区党委吴英杰书记就贯彻学习十九大精神会上指出的十个深刻领会和学懂、弄通、做实上下功夫。二是积极主动地参加县委组织的“不忘初心、牢记使命”的学习教育活动和县委理论中心组的各项学习活动。三是进一步不断地推进“两学一做”教育常态化。

二、依法履行监督职责，着力增强监督实效

一是突出监督重点。对全县交通、农牧、扶贫、教育、政府采购等重点领域项目的监督。环境保护执法检查、食品安全大检查等作为重点任务进行有效监督；二是加大监督力度。要综合运用听取和审议专项工作报告，开展“一府两院”部门工作评议、执法检查、调研视察、跟踪督查等形式，加强对“一府两院”的监督，要始终坚持干着监督，而不是看着监督，保持“一线”状态、追求“一线”作为，形成狠抓监督工作落实的合力；三是增强监督实效。要将调查研究作为改进作风、密切联系代表和选民的有效途径，认真对待，努力实践，在调研中做到摸真情、说真话，推动各项工作的深入开展。

三、加强自身建设，着力提升党组及常委会的整体素质

一是加大培训力度。为了更好地发挥了人大代表及委员的作用，将组织人大代表及人大常委会委员，学习有关法律法规及业务知识，进一步提高履职能力；二是不断加强视察调研工作。为了开阔人大代表的视野，学习兄弟县市（区）的成功经验和做法，将组织部分人大代表及委员赴阿里等地考察高原城镇建设及管理、农牧民专合组织和畜牧业产业化等方面的先进经验；三是按照年初计划开展各类学习培训，不断提高履职能力；四是突出开展廉洁党组和常委会建设。坚守廉洁底线，坚持用制度管权、管事、管人，严格把权利关到制度的笼子里，扎牢不能腐的笼子、增强不想腐自觉。严格执行中央八项规定和自治区“约法十章”、“九项要求”，坚持勤俭开会、勤俭办事，改进会风文风，营造廉洁从政，清廉务实的人大党组和常委会。

各位代表，时代重任艰巨光荣，人民期盼殷切厚重。让我们更加紧密地团结在以习近平同志为核心的党中央周围，在中共昂仁县委的坚强领导下，不忘初心、牢记使命，团结奋进、锐意进取，为加快建设和谐文明幸福美丽昂仁，为和全国全区一道夺取新时代中国国特色社会主义伟大胜利不懈奋斗。

中国人民政治协商会议
昂仁县委员会常务委员会工作报告

——政协第二届昂仁县委员会第三次会议

政协党组书记、主席　吕世瑞

（2017 年 12 月 18 日）

2017 年工作回顾

2017 年，在中共昂仁县委的正确领导和市政协的精心指导下，县政协紧紧围绕市委、县委的中心工作和发展大局，牢牢把握团结和民主两大主题，以饱满的政治热情和强烈的社会责任感，认真履行职能，切实发挥协调关系、汇聚力量、建言献策、服务大局作用，为全县各项事业的发展积极献计出力，政协工作呈现出团结和谐、务实进取、蓬勃发展的良好局面，在新起点上，人民政协事业持续推进、不断发展。

一、加强学习，明确目标任务

常委会坚持把政治理论学习作为提高委员履职能力的前提和基础。深入学习贯彻党的十九大精神、习近平新时代中国特色社会主义思想，特别是治国必治边、治边先稳藏的重要战略思想和“加强民族团结，建设美丽西藏”的重要指示，学习贯彻依法治藏、富民兴藏、长期建藏、凝聚人心、夯实基础的重要原则，学习贯彻全国两会和自治区政协、市政协会议精神，学习贯彻《中共西藏自治区委员会办公厅关于加强西藏人民政协协商民主建设的实施意见》、《中共日喀则市委员会办公室关于贯彻落实“中共西藏自治区委员会办公厅关于加强西藏人民政协协商民主建设的实施意见”的意见》和《县委关于加强昂仁县人民政协协商民主建设的实施意见》，学习贯彻自治区第九次党代会和市委、县委一系列重要会议精神，教育引导广大政协委员增强对中国特色社会主义道路、理论、制度、文化“四个自信”，牢固树立“四个意识”，高举爱国主义和中国特色社会主义旗帜，统一思想，凝聚共识，认清达赖集团分裂本质，坚决维护祖国统一、民族团结和社会稳定，始终在思想上、政治上、行动上与以习近平同志为核心的党中央保持高度一致，自觉维护中央的权威，始终与党同心同向同步同力，进一步增强了做好新形势下政协工作的信心和决心，不断巩固了团结合作的思想政治基础。一年来，共举办委员培训会2次、乡镇政协委员联络办工作人员业务培训1期，十九大专题辅导报告会2次，常委会集中学习讨论会3次、党组理论学习会及专题研讨会15次，发放学习辅导材料180余份，12人次政协机关干部受上级政协和组织指派参加全国政协、市委党校和市政协等举办的学习培训。

二、围绕中心，服务大局

常委会始终把服务发展作为第一要务，把改革创新精神贯穿于各项履职实践中，紧紧围绕中心、服务大局，同心同德、群策群力，切实扩大委员参与面，改进完善提案办理、视察调研、民主协商、反映社情民意、文史资料等工作，积极参政议政、履职尽责，稳步推进人民政协工作不断向前。一是高度重视提案办理工作，努力促进改善民生。2017年，共征集到委员提案101件，经整理并经提案审查小组审定立案74件，提案内容涉及我县经济社会发展的诸多方面，很多提案质量较高，具有很强的针对性和可操作性。县委书记李有平亲自参加政协提案移交会，并提出了严格的要求，所有这些提案已全部移交县政府有关部门办理。在提案督办工作中，注重突出工作重点，重点提案由县政协主席负责跟踪督办，通过突出对重点提案的督办，有效地推动提案办理的整体工作。从已办复提案回收的政协提案办理意见征询函中统计，提案者均表示满意或基本满意，提案办理工作收到了初步的成效。二是积极开展视察调研活动。常委会根据县政协2017年度视察调研计划，认真组织三级政协委员200余人次，围绕易地扶贫搬迁、产业发展情况、城镇贫困居民生活、食品药品监管职能、民族传统藏医药、家电家具补贴、草原奖励政策落实等课题开展专题调研视察活动。在开展专题调研和专题视察活动过程中，通过采取分散与集中、走访、召开座谈会等多种形式，深入了解有关方面的详细情况，广泛听取各单位部门领导和广大群众的意见建议，进行详细分析，融入委员智慧，撰写专题调研、视察报告，积极为县委、县政府及有关部门推动相关工作提出科学可行的意见建议。三是认真做好文史资料工作。常委会秉承文史资料“存史、资政、团结、育人”的社会功能，按照自治区及市政协工作安排，充分协调发动政协参与单位、广大政协委员和干部群众积极撰稿，广泛征集文史资料，撰写编辑了《昂仁县政协志》（2012—2016）、《昂仁县温泉》、《昂仁县政协年鉴》，编写了《四讲四爱宣讲手册》宣讲材料，提高了文史工作水平，文史资料工作取得了突破性进展。

三、以“四讲四爱”为抓手，喜迎党的十九大

根据区党委、市委、市政协和县委关于开展“四讲四爱”主题教育实践活动的要求，为在政协系统中做好喜迎党的十九大工作，改进政协委员学习教育工作方法，不断提升“政治协商、民主监督、参政议政”水平，切实做到关注民生，体察民情，反映民意，化解民忧，为民谋利，为百姓办实事。县政协结合实际制定“四讲四爱”主题教育实践活动实施方案并编辑委员宣讲材料，4月份开始，组织各界别的政协委员和政协机关干部组成宣讲团，深入各乡镇、村、学校、寺庙开展“四讲四爱”主题教育宣讲活动。共开展宣讲报告会34场次，宣讲对象涉及乡镇干部职工、农牧民群众、学校学生、寺庙僧尼、政协各界别委员、外来务工人员共计8250余人次，并邀请市政协为我县全体政协委员开展了1次“四讲四爱”政协委员高僧大德宣讲报告会。通过宣讲学习，各族各界委员进一步统一了思想和行动，增强了体现先进性、履行职能服务大局的主动性和积极性，不断创新工作思路，提高参政议政水平，为积极有效的围绕中心开展工作，打下了良好的基础。同时，根据政协委员人才汇集的特点，组织开展“四讲四爱”喜迎党的十九大主题教育实践活动书画展，不断丰富了全县干部群众的文化生活。县政协“四讲四爱”主题教育实践活动的开展，受到了广大干部群众和政协委员的热烈欢迎及广泛好评。

四、发挥优势，汇聚力量

一是积极协助自治区、市政协做好视察调研工作。常委会积极争取上级政协的指导，配合自治区、市政协做好在昂仁的各项视察调研工作，认真完成好交办的“民族传统藏医药”、“精准扶贫”等专题调研工作。二是广泛开展对外交往联谊工作。组织委员赴山东援藏省市，山南市、乃东区、琼结县、浪卡子县、吉隆县等兄弟县市围绕精准扶贫、产业发展、创新寺庙管理、文史资料等方面的做法进行考察学习，借鉴外地经济建设和政协先进的工作经验，增强了委员中心意识和大局意识，增长了见识，提高了履职为民的能力。2017年共接待全国、全区各地（市）、县（区）政协考察团7批135人次，交流政协工作创新做法和经验。三是认真开展好结对帮扶工作。认真落实市委关于党员干部“4321”结对帮扶要求，主席班子成员带头深入各自结对帮扶点了解贫困户生产生活情况，制定帮扶计划，采用扶贫与扶志相结合的方法，鼓励群众开拓致富门路，转变思想观念，靠勤劳的双手脱贫致富。全年慰问贫困群众落实解决物资资金价值共计5万元，改善了贫困群众的生产生活条件；今年政协干部结对帮扶户共脱贫4户，并重新安排2户新的结对帮扶户。四是主席班子成员积极参与政府中心工作。主席、副主席根据县委安排，长期挂包5个乡镇、2个寺庙，能够做到定期听取情况，督导检查重大事项，帮助乡镇做好社会稳定、精准扶贫、环保督导、村“两委”换届等方面的工作；1名副主席担任县委一个巡查组组长，同时负责县环保督查等工作。

五、不断加强自身建设，努力提升服务水平

常委会从战略和全局的高度，求真务实，开拓进取，不断加强自身建设，扎实推进政协工作制度化、规范化、程序化建设。一是切实加强思想建设，坚持正确的政治方向。常委会始终坚持解放思想、实事求是、与时俱进，主动适应新形势新任务的要求，广泛开展学习活动，不断强化理论武装，夯实履职尽责基础。深入学习贯彻习近平总书记在庆祝人民政协成立65周年大会上的重要讲话精神、党的十九大精神，不断夯实共同团结奋斗的思想政治基础，增强中国特色社会主义道路自信、理论自信、制度自信、文化自信，凝聚起全面深化改革、全面推进依法治国的思想共识。二是深入扎实推进“两学一做”学习教育常态化制度化和“讲学习、讲忠诚、正风纪、转作风、提效能”主题活动，深入贯彻落实全面从严治党要求。县政协按照县委统一部署安排，认真学习党章、党规及习近平总书记系列重要讲话精神，进一步加强了政协党员队伍在思想、组织、作风、纪律等方面存在的问题。促进了党的先进性和纯洁性，开展集体学习会12次，专题研讨7次，党课4堂。三是深化机关队伍建设。严格按照中央“八项规定”精神和县委要求，完善政协机关内部管理各项制度，规范办文、办会、办事程序，进一步形成踏实干事、用心做事、规范办事的良好氛围。县政协积极同县委及组织部门沟通协调，在新录用公务员分配1名年轻干部到政协工作，在二级班子调整时，配备1名副主任；同时积极争取援藏资金更换新增部分老旧紧缺办公设备，改善办公条件。四是严格落实党风廉政建设责任制。坚决贯彻执行中央八项规定、区党委“约法十章”“九项要求”和市委、县委有关要求，坚持精文简会，厉行勤俭节约，践行群众路线，简化工作程序，有效提高了效率，切实改进了作风。五是设立乡镇政协委员联络办，根据各级《关于加强人民政协协商民主建设的实施意见》要求，市委、市政协、县委高度重视，在我县17个乡镇设立政协委员联络办，基本实现了“有平台、有人员、有制度、有活动、有台账、有保障”六个有，并积极组织政协委员围绕“四讲四爱”宣讲、“易地搬迁”等工程视察、环境治理、村“两委”换届选举等中心工作开展活动。

各位委员，过去一年我们取得的成绩，是中共昂仁县委的坚强领导、高度重视的结果，是县政府和社会各界热情帮助、大力支持的结果，也是人民政协各参加单位、广大政协委员、乡镇政协委员联络办公室和县政协机关团结协作、共同奋斗的结果。在这里，我代表县政协常委会表示衷心的感谢！

在肯定成绩的同时，我们也清醒看到，政协工作还有一些有待加强和改进的地方。主要是，视察调研的力度还要进一步加大，民主监督的作用需要进一步发挥，反映社情民意工作还需要进一步加

强，委员履职的积极性主动性还需要进一步提高，乡镇政协委员联络办建设规范化还需要进一步加强等。这些我们将在今后的工作中采取措施，认真对待，切实改进。

2018年工作安排

2018年常委会的总体要求是：高举中国特色社会主义伟大旗帜，深入学习贯彻党的十九大会议精神，坚持以邓小平理论、“三个代表”重要思想、科学发展观、习近平新时代中国特色社会主义思想为指导，贯彻落实习近平治国理政新理念新思想新战略，贯彻落实习近平总书记“治国必治边、治边先稳藏”的重要战略思想和“加强民族团结，建设美丽西藏”的重要指示，贯彻落实自治区第九次党代会、区委九届三次和市委一届八次全委会及县委相关会议精神，坚持“五位一体”总体布局和“四个全面”战略布局，坚持党的治藏方略，坚持依法治藏、富民兴藏、长期间藏、凝聚人心、夯实基础的重要原则，把维护祖国统一、加强民族团结作为工作的着眼点和着力点，把推动昂仁全面建成小康社会作为总体目标，突出团结和民主两大主题，大力弘扬长征精神、“老西藏精神”、“两路精神”和“珠峰精神”，认真履行政治协商、民主监督、参政议政职能，充分发挥政协协商民主的重要渠道和专门协商机构作用，不断推动政协工作创新发展，为建设和谐文明幸福美丽昂仁做出新贡献。

一、坚持以学习强化理想信念

要始终坚持县委和政协党组的领导，深入学习党的十九大会议精神、习近平新时代中国特色社会主义思想，认真开展“不忘初心 牢记使命”主题教育活动，加强爱国主义和中国特色社会主义理想信念教育，不断巩固共同思想政治基础。组织动员全县乡镇政协委员联络办和广大政协委员深入学习、用心领会习近平总书记讲话精神，深刻理解把握、贯彻落实党的十八届六中全会正式提出“以习近平同志为核心的党中央”的重要意义和自治区第九次党代会提出必须忠诚“一个核心”的要求，教育引导广大政协委员牢固树立“四个意识”，在思想上拥戴核心，在政治上信赖核心，在组织上忠诚核心，在行动上捍卫核心，更加紧密的团结在以习近平同志为核心的党中央周围，更加坚定地维护以习近平同志为核心的党中央权威，更加坚决地与以习近平同志为核心的党中央保持高度一致。

二、积极为改善民生建言献策

要坚持把推动经济社会发展作为履行职能的第一要务，紧。进一步重视和加强委员提案和社情民意信息工作，鼓励和支持广大政协委员深入农牧区和基层一线围绕改善民生提出提案、反映社情民意，引导政协委员说真话、说管用话，充分发挥政协提案和社情民意在实现和维护群众利益方面的积极作用。要切实强化民主监督职能，充分发挥民主监督在促进中心工作落实、维护社会公平正义、保障群众合法权益等方面的作用。要扎实做好文史资料工作，发挥“存史、资政、团结、育人”作用，积极做好文史资料的收集、整理、编辑工作，协调推动我县传统文化的挖掘、整理、保护工作。

三、不断提高政协工作整体水平

努力把握政协服务科学发展的规律和实现自身科学发展的要求，切实抓好自身建设，不断提高政协工作科学化水平。要继续强化政协专题视察调研和协商议政水平，不断强化政协视察调研和协商议政实效。计划召开委员培训会2期，乡镇政协委员联络办工作者培训会2期，组织界别委员赴兄弟县市、对口援藏省市学习考察不少于3次。同时，要求乡（镇）政协委员联络办每年开展活动不少于12次，委员提交提案不少于2件，参加各界别活动不少于3次。要推进乡镇政协委员联络办规范化建设，组织委员经常性开展访民生工作，进一步密切政协与群众的联系，充分发挥政协委员在推进乡镇经济社会发展和基层民主政治建设中的作用。要积极推动政协机关内设机构建设，加强与县委组织部门协调，在县政协机关设立政协专委会，提升县政协视察调研和协商议政水平，不断增强政协视察调研和协商议政实效。继续推进“两学一做”常态化制度化，进一步加强政协机关自身建设，切实转变工作作风，提升工作效率。强化学习教育培训，不断提高机关服务保障能力，更好地为工作大局服务、为履行职能服务、为政协委员服务，真正把政协机关建设成委员之家、各界人士之家。

四、以党建工作为抓手，全面加强党风廉政建设，树立良好的工作作风

在党员干部中开展以《中国共产党章程》、“中央八项规定”和《中国共产党纪律处分条例》为主要内容的党纪党规教育和以《中国共产党党内监督条例》为重点的权力观教育，切实增强党员先进性，拓宽教育范围和领域。坚持开展每季度讲党课教育，抓好超前教育、警示教育，把教育经常做、提前做，使党员干部时刻保持清醒头脑，提高自律意识。同时从实际出发，认真落实中央、区、市、县纪委有关规定，严格制度和纪律约束，加大对党员干部从政行为、落实廉洁自律各项规定的监督力度。

各位委员，县委对政协工作寄予厚望，全面建成小康社会宏伟目标和推进昂仁长足发展、长治久安对我县政协工作提出了新的更高要求。让我们更加紧密的团结在以习近平同志为核心的党中央周围，在县委的坚强领导下，万众一心、艰苦奋斗，开拓创新、扎实工作，不忘初心、牢记使命，为建设和谐文明幸福美丽昂仁做出新的更大贡献。

以习近平新时代中国特色社会主义思想为指导 不断把全面从严治党引向深入

——中国共产党昂仁县第九届纪律检查委员会第三次全体会议上的工作报告

县委常委、纪委书记、监委主任 屈小刚

（2018 年 4 月 16 日）

一、2017 年工作回顾

过去一年，在市纪委和县委的坚强领导下，以县委书记李有平同志为班长的县委以高度的政治自觉和坚强的政治定力，牢牢扛起全面从严治党主体责任，学习贯彻党的十九大全面从严治党战略部署，团结带领全县党员干部深入落实管党治党决策部署，推动全面从严治党取得卓著成效。纪检监察工作坚持以“四个全面”战略布局为统领，运用把握监督执纪“四种形态”，聚焦主责主业，进一步严明党的政治纪律和政治规矩，深化标本兼治，创新体制机制，加强党内监督，持之以恒落实中央八项规定精神，弛而不息纠正“四风”，着力解决群众身边的不正之风和腐败问题，扎实推进党风廉政建设和反腐败斗争各项工作的开展。

（一）齐抓共管、增强合力，构建组织协调机制

1. 加强组织领导。为进一步明确党委主体责任和纪委监督责任，及时调整充实县党风廉政建设责任制与反腐败工作领导小组，县委李有平书记任组长负总责，县委常委、县纪委屈小刚书记任副组长具体协调落实。在 2017 年召开的 38 次县委常委会议中，涉及党风廉政建设专题共 11 次。县委常委会、县纪委常委会集体审议纪律审查案件 4 次，县委主要领导对重要文件、重大问题、重要信访线索批示批办 50 余次，切实强化了对党风廉政建设和反腐败工作的组织领导。

2. 加强联系协调。按照《中共昂仁县纪委党风廉政建设联系监督工作实施方案》精神，实行县纪委领导干部挂片指导协调工作机制，听取被联系单位重点工作报告，协调解决具体问题。在贯彻落实区党委巡视一组巡视日喀则市反馈意见的整改要求中，县纪委认真对照涉及党风廉政建设 5 条共性问题，进行了深入讨论和仔细研究，突出抓好整改措施的落地生根，确保了巡视整改工作取得阶段性成效。先后两次组织召开乡镇纪检干部座谈会，交流经验，研究基层工作中遇到的困难问题，指导辖区内党风廉政建设实务工作。

3. 加强责任落实。一是制订下发《昂仁县贯彻落实〈建立健全惩治和预防腐败体系 2016–2017 年工作规划〉实施方案》，将任务分解到 11 个牵头单位和各职能部门，形成了反腐败工作整体联动协作机制。二是结合乡镇、部门实际，量身定做《2017 年党风廉政建设工作目标责任书》，由县委书记和相关负责人分别签字，明确“一把手”工作职责，层层传导压力，形成了各负其责、齐抓共管的工作体系。三是严格落实乡镇纪委书记责任，对协助乡镇党委落实党风廉政建设和反腐败工作不力、发生严重违纪违法案件的乡镇纪委书记，执行责任追究办

法，切实将纪委主要工作和精力转移到监督执纪问责职能上来。

（二）立足教育、夯实基础，构建廉洁自律机制

1. 推进“两学一做”学习教育常态化。按照县委开展“两学一做”学习教育制度化常态化工作要求，党员干部以精准把握党章党规为根本，深入学习党的十九大和习近平总书记系列重要讲话精神，进一步增强“四个意识”，筑牢理想信念，自觉维护以习近平同志为核心的党中央权威和集中统一领导。目前，对中央、自治区、市有关党风廉政建设的精神做到逢会必讲，对上级通报的违纪违法案件做到有案必学、有警必示。县委理论中心组学习会组织开展以案说纪专题学习活动20余次，促使广大党员干部的红线意识和底线思维进一步树立。

2. 推进反腐倡廉思想教育常态化。为全县干部发放《习近平关于党风廉政建设和反腐败斗争论述摘编》《警示教育读本》《党员行为规范规章制度汇编》等书籍共2000余本，加强对党员干部特别是党员领导干部的廉政教育。充分发挥昂仁县电视台、昂仁政务网、昂仁发布等宣传主阵地作用，广泛宣传中央、自治区、市、县反腐倡廉方针政策和形势动态。以“清风昂仁”微信公众号为平台，发布反腐倡廉信息30余条，在节假日期间编发清风寄语、廉政短信10条，接收党员干部达5000余人次，共筑“8小时”外廉洁自律防线，大力传播廉政文化，倡导廉政思想教育正能量。

3. 推进监督教育常态化。运用把握执纪监督“四种形态”，及时对党员干部慵懒散等靠要、慢作为、不作为甚至乱作为等苗头性、倾向性问题开展约谈提醒，督促整改。过去一年，与提拔调整使用的党员干部进行集体廉政谈话3次，与乡镇党政主要负责人廉政谈话10人次，与乡镇纪委书记廉政谈话17人次。谈话函询1人，诫勉谈话7人，约谈4人。充分发挥监督执纪“四种形态”中第一种形态的督促作用，把工作重心从执纪办案转向日常监督教育上来。

（三）强化监管、狠抓落实，构建监督他律机制

1. 弛而不息纠正“四风”。坚持越往后执纪越严的理念，紧盯各类节点和敏感时段，积极开展联合督查和明察暗访，做到严管就是厚爱。过去一年，县纪委针对节日期间可能出现的“四风”问题，开展专项检查活动4次，参加县（区）交叉检查活动1次，开展上下班纪律落实情况检查活动4次，联合开展“三月敏感期”“萨嘎达瓦”“迎接党的十九大”期间政治纪律落实情况检查活动5次，开展党员干部参与赌博及工作期间饮酒问题清查活动2次，织密干部监督网络，形成监督压力，进一步树立全县党员干部遵规守纪意识。

2. 严控“三公”经费支出。县纪委根据财政局提供的“三公经费”使用开支情况反馈意见，以增长幅度较大的单位作为重点检查对象进行了监督检查。2017年共开展“三公经费”专项检查2次，公务用车维护费专项检查1次。

3. 开展公务车辆管理活动专项治理。监督完成全县221辆公务用车标识喷涂工作任务，查处了宁果乡驾驶员占堆违规使用公车问题，及时开展了公务用车专项治理和警示教育活动，有效遏制了公车私用现象，进一步促进了全县公务车辆管理规范化、制度化。

4. 开展办公用房面积超标专项清查。按照《日喀则市关于区党委巡视一组反馈意见共性问题的整改落实》和市委巡视整改办的工作要求，县纪委印发了《关于对县直各单位、各乡镇办公用房是否超标情况开展自查自纠的通知》，明确了清理对象、范围、内容及清理依据，对县级下部、48家单位的办公场所进行了实地检查，督促整改了面积超标等问题。同时，组织开展了办公用房超标问题“零”违规承诺活动，确保各单位自觉遵守办公场所有关规定。

5. 开展个人借用公款清收活动。对各乡镇、县直机关干部职工预借公款情况进行了全面清查，核实追回个人预借公款9236万元。

6. 开展基层干部资金落实情况专项检查。县纪委针对基层干部工资资金兑现情况，组成了工作专班进行了监督检查。发现仍有个别乡镇存在截留、挪用、扣留专项资金等问题。

7. 开展村“两委”换届财务检查专项活动。为防止村干部“带病”参选，确保换届风清气正，县纪委联合县财政局对5个乡镇和24个行政村进行了财务检查，发现基层财务管理不规范、白条、资金落实不及时等问题较为突出，提出了限期整改要求。

（四）健全制度、转变作风，构建治本防范机制

1. 完善惩防体系建设，落实长效办法。在建章立制过程中，县委、县纪委不断按照从易到难、从局部到全局、从增量到存量的顺序，制定完善《昂仁县贯彻落实〈建立健全惩治和预防腐败体系2016—2017年工作规划〉实施方案》等制度，不断提高惩防体系建设标准和层次。严格按照《日喀则市党政机关重大事项请示报告制度》要求，建立了昂仁县党政领导干部廉政档案，全县共有60名科级以上领导干部填写了廉政档案，进一步强化了对权力运行的制约和监督，切实把权力关进制度的笼子，形成了不敢腐、想作为、敢担当的党风廉政工作新态势。建立健全纪检工作双重领导体制，落实了查办腐败案件以上级纪委领导为主的规定，建立了线索处置、案件查办同时向同级党委和上级纪委报告的制度。

2. 完善考核机制，传导责任压力。修订完善了《昂仁县党风廉政建设责任制检查考核办法》，实行日常督促检查、半年专项检查和年底全面考核相结合的工作机制。考核结果在全县大会上进行通报，对严格履行责任制工作突出的，进行表彰奖励；对不履行或履行责任制不到位拖后腿的，严肃追究责任。

（五）从严惩治、强势推进，构建惩戒查处机制

在纪律审查工作中，执纪人员认真对照《中国共产党纪律检查机关监督执纪工作规则（试行）》，强化办案主动意识，建立健全案件检查工作机制，在拓宽案源上下功夫，推行以举报箱和举报电话为主要方式，充分发挥乡镇专职纪检监察员、广大干部职工和村民监督委员会作用，建立诚信信访工作机制，对群众来信来访的实质性内容及时调查处理，确保群众反映的问题得到快速、公正、合理的解决，切实维护群众利益。

1. 推动全面从严治党向基层延伸。坚持问题导向，紧盯精准扶贫、惠农资金使用等重点领域，加强对基层干部特别是村干部的监管，严肃查处扶贫救灾领域发生的以权谋私、吃拿卡要、优亲厚友、虚报冒领、贪污侵占、失职渎职等违纪违法问题，确保广大群众正当利益不受侵害。健全完善相关制度措施，查找和堵塞制度、监管上存在的漏洞和不足，充分发挥好村务监督委员会作用，规范权力运行，从源头上遏制发生在群众身边的不正之风和腐败问题。工作中，查处了贡久布乡色聂村“两委”班子成员坚参克扣群众个人资金等问题，做到了无禁区、全覆盖、零容忍，有腐必反、有贪必肃，在全县形成强大震慑。

2. 加大执纪查办力度。定期检查举报箱，畅通“8312181”举报电话，建立信访举报联系渠道，设置了《信访举报及受理问题线索登记台账》、《纪检监察上报材料登记台账》等动态信息登记制度。去年共受理信访举报问题线索28件，其中重复7件，立案查处4件，经初核了结13件，正在核实1件，暂存待查3件，给予党纪政纪处分5人。

（六）深化改革、整合力量，构建廉政建设新局面

1. 充分调研，准确把握改革要求。按照区市两级《监察体制改革方案》要求，及时成立了昂仁县监察体制改革领导小组，由县委书记担任“施工队长”，制定出台我县监察体制改革方案，明确“时间表”，规划“路线图”，积极加强与组织部、政法委、检察院等部门之间的沟通协调，准确掌握基础信息，做好人员转隶和监委成立的各项前期准备工作。

2. 履行程序，实现人员机构到岗到位。在经过充分酝酿、谈心谈话、听取意见、组织推荐等一系列规定程序的基础上，昂仁县十三届人大三次会议选举产生县监委主任1名，根据主任提名，产生监委副主任2名，委员2名。改革过程中由县检察院转隶人员1名，按要求配齐监委班子和工作人员。2017年12月25日，昂仁县监察委员会正式挂牌成立，实现纪委与监委合署办公，按期保质完成体制改革任务。

3. 加快融合，推进纪法贯通。由县纪委组织开展综合培训，采取集中授课、专题讨论和观看警示教育片等方式，集中为纪检监察机关干部“充电”。在学习教育中，纪委干部重点学习掌握法律法规，转隶人员重点学习党纪监督执纪相关知识，努力培养出既懂纪又懂法、守纪律讲规矩的专业化执纪队伍。

（七）狠抓管理、带强队伍，构建自我完善机制

着力加强县纪检监察干部队伍建设，在提升监督执纪水平上下功夫，确保监督责任落实到位。

1. 加快场所规范化建设，提升安全办案水平。按照上级要求，县纪委及时建立了标准谈话室，严格按照安全规范要求进行装修配备，确保办案安全。同时，制定出台了《昂仁县纪律审查谈话安全工作应急处置预案》、《昂仁县纪律审查谈话室管理制度》等相关制度，确定了办案负责人、具体工作人员风险防控和安全责任，初步建立了与公安、卫生等部门的联系协作体制。

2. 开展禁赌工作，严防“灯下黑”。按照“打铁必需自身硬”“正人先正己”的要求，以整治参与涉赌为目标，组织全县纪检干部、巡察干部共 97 人签订禁赌目标承诺书，开展了纪检监察党员干部严守“十要十不准”公开承诺签字活动。

3. 加强教育引导，培养廉洁意识。严格“三会一课”，周二、周五“一周两会”制度，在支部会上三令五申要求纪检监察干部自查自省，做到不违规、不越线，严守中央八项规定精神。在日常管理中，综合运用学习宣传、警示案例、廉政短片、日常监督检查等方式，教育引导干部增强自我管理、自我教育、自我学习、自我约束的主动性。

4. 创新激励机制，激发工作热情。研究出台了《昂仁县纪委监察信息报送制度及奖惩暂行办法》，对全县纪检监察系统信息工作实行积分制考核，把各乡镇、部门纪检信息报送情况纳入年度考核目标。2017 年，县纪委先后向自治区、市纪委及各级媒体报送信息和新闻稿件 120 余条，其中区纪检监察网采用 50 余条，市纪委综合办公室采用 5 条，取得在全区始终保持前三名的好成绩。

5. 加强干部培训，提高履职能力。积极指导乡镇纪委开展办案工作，帮助提升办案水平。按照《昂仁县乡镇纪委书记轮训工作实施方案》，组织乡镇纪委书记扎实开展惠农政策落实、“三公”经费使用以及干部离任审计等领域的专题培训，抽调参加市县办案能力实践锻炼。过去一年，县纪委对各乡镇纪委书记开展实战轮训 9 人次，选派县乡纪检监察干部参加查案办案、信息写作等各类培训、岗位锻炼 63 人次，同比增长 37%。

一年来，我们深切体会到，深入推进党风廉政建设和反腐败工作取得的成绩，最根本在于上级党委、政府领导坚强有力，在于市纪委、县委强烈的使命担当，这些成绩的取得，依靠的是全县各级党组织、广大党员干部的共同努力和人民群众的支持参与，凝聚了反腐惩恶的正能量，使我们工作有了强大的组织依靠。同时，我们也清醒地意识到，我县党风廉政建设和反腐败斗争形势依然严峻复杂，党的领导弱化、党的建设缺失、从严治党不力的问题还没有彻底解决，“四风”问题的病根依然存在，纪检监察干部思想政治水平、业务能力还需进一步提高，对此，我们必须高度重视，采取有效措施，认真加以解决。

二、2018 年工作部署

2018 年是全面贯彻落实党的十九大精神的开局之年，是昂仁县脱贫摘帽年，也是监委全面履职的头一年，任务更加艰巨，责任更加重大。今年工作的总体要求是：以习近平新时代中国特色社会主义思想为指导，全面贯彻党的十九大和十九届二中、三中全会精神，增强“四个意识”，坚定“四个自信”，按照十九届中纪委二次全会、九届区纪委三次全会和一届市纪委六次全会的安排部署，坚持党要管党、全面从严治党，以党的政治建设为统领，深化国家监察体制改革试点工作，持之以恒正风肃纪，巩固反腐败斗争的压倒性态势，忠诚履行党章和宪法赋予的职责，不断把党风廉政建设和反腐败斗争引向深入，为昂仁县脱贫摘帽提供坚强保证。

（一）统一认识，深入推进主体责任落实。一是推进主体责任体系全覆盖。按照自治区党委提出的“西藏虽然高寒缺氧、条件艰苦、处于反分裂斗争的主战场，但在党风廉政建设和反腐败问题上没有任何特殊性”的思想，要进一步推动全县各级党组织落实主体责任，紧抓县直机关和各乡镇落实责任不够深入等薄弱环节，通过采取每半年对主要负责人全面约谈和及时对重点对象谈话函询、组织处理、党纪问责等行之有效的办法，不断强化对各乡

镇、县直机关以及村、站、所、院负责人的压力和责任传导。二是强化督导检查。细化县直各各单位、各乡镇年度党风廉政建设目标责任书,强化对年度目标责任落实情况的监督检查,加大明察暗访力度,进一步促进责任体系健全,督促全县工作任务有效落实。在工作侧重点上,要重点抓好党风廉政建设责任制的重点人、重点事、重点问题的监督检查,加大对重点领域、关键环节跟踪问效。三是倒逼责任落实。切实把落实好党风廉政建设责任制作为重要抓手,对因履行主体责任和监督责任不到位、责任缺失的、发挥不了作用的,按照《中共昂仁县委党风廉政建设责任追究制度》的规定严肃追究有关党组织的主体责任和纪委的监督责任,对干部提拔、评先评优实行党风廉政建设"一票否决",倒逼主体责任和监督责任落实。

(二)深化监察体制改革,推动建立监察全覆盖的监督格局。一是扩大覆盖面,提升权威性。着力发现管党治党宽松软,在政治上当两面人、两面派,以形式主义、官僚主义方式对待党的十九大精神和党中央重大决策部署等突出问题,强化自上而下的组织监督。二是抓好深度融合,把思想政治工作贯穿改革始终,开展政治和业务培训,推动纪检监察干部学好党章党规党纪、宪法法律法规,增强监督执纪问责、监督调查处置本领,提高反腐败工作法治化水平。我们必须坚决完成好改革试点工作任务,继续在依法履职、纪法贯通、法法衔接、行使职权和完善配套法规制度上下功夫,把制度优势转化成治理效能。

(三)从严执纪,认真开展纪律审查工作。一是把纪律和规矩挺在前面。始终坚持关口前移、抓早抓小,对存在的违法违纪苗头性、倾向性问题和不作为、慢作为甚至乱作为等行为,及时告诫提醒、进行严肃批评,切实贯彻落实好"四种形态"中的第一种形态。二是加大纪律审查力度。坚持把纪律审查作为纪检工作立足之本,认真受理反映违反党的纪律问题的来信来访,确定审查重点,推动纪律审查工作从"重点查违法"向"重点盯违纪"转变。

(四)严肃查处"四风"问题,持之以恒推动作风建设。一是继续加大查处和通报力度。紧盯"四风"问题新形式新动向,紧盯重要时间节点,不断创新发现问题的手段方式,继续加大查处和公开曝光力度。重点查处十八大后、中央八项规定出台后、群众路线教育、三严三实活动开展以来仍然顶风违纪的行为。对凡是查出违反中央八项规定精神的问题,一律严肃问责,全县通报曝光。二是集中开展专项监督治理。在全县范围内启动开展违反中央八项规定精神、发生在群众身边的"四风"和腐败问题专项监督检查,采取不打招呼、不定地点、不定时间等方式进行"闪电突查",集中对问题线索大起底、大排查,全力解决和查处一批干部作风问题的典型案件。三是深化扶贫领域作风建设。以完成全县脱贫摘帽任务、巩固和深化脱贫攻坚成果为契机,深挖扶贫领域案件线索,严惩侵害群众利益的腐败问题,扭转不严不实现象,切实转变干部作风。

(五)扎紧制度的"笼子",全面推进反腐倡廉建设各项工作。一是加强制度建设。立足制度、与时俱进,坚持从点到面、从易到难、从局部到全局、从一般中找重点等方式逐步健全制度,推动形成党风廉政建设制度从增量到存量和以制度管人、以制度管事的工作格局。二是形成常态性廉政宣传教育。组织开展党风廉政建设宣传月活动,鼓励各乡镇、单位开展形式多样的廉政宣传教育,促使党员领导干部特别是"一把手"了解掌握"两个责任""六项纪律""一岗双责"内涵,不断提高反腐倡廉工作水平。三是推进县乡执纪办案力量的有机融合。实行乡镇纪委案件线索、案件查办每季度上报制度,落实好县纪委全员办案、下查一级办案等机制,把一些问题线索反映集中、反映强烈的人和事作为纪律审查工作重中之重,发现问题绝不姑息,切实达到查处一个、警示一批、教育一片的效果。四是建立约谈问责机制。根据市纪委建立的"零"查处约谈问责机制,严格建立乡镇纪委书记定期报告、定期约谈制度,特别要对乡镇纪委查处中央八项规定精神问题和侵害群众利益的"四风"案件"零"查处的进行严肃批评,并在年终党风廉政建设全面考核中给予相应扣分。

(六)严格管理,打造忠诚干净担当的纪检监察队伍。一是聚焦主责主业。创新工作理念、明确思路方法、找准工作切入点，进一步转职能、转方式、转作风，脱离与纪检监察无关的工作，切实把不该管的工作交还给政府职能部门和业务主责人员，着力解决战线过长问题，把精力集中到主责主业上来，把监督执纪问责做深、做细、做实。二是制定出台考核机制。进一步明确落实党风廉政建设责任制和乡镇纪委工作成效考核标准，积极打造一批党风廉政建设示范单位和乡镇，强化党风廉政建设示范带动效应。三是加强纪检业务系统培训。加大对今年新加入的纪检干部进行在岗跟班培训，并联合组织人事、财政等部门对全体纪检干部开展每年不少于1次的集中学习培训。四是完善自我监督。认真落实“打铁必须自身硬”“信任不能代替监督”的要求，进一步健全内控措施，带头落实中央八项规定和区党委“约法十章”“九项要求”，以“刀刃向内”的决心严肃查处纪检监察干部违纪违规行为，确保党和人民赋予的权力不被滥用、惩恶扬善的利剑永不蒙尘。

同志们，全面从严治党任重而道远，我们要更加紧密地团结在以习近平同志为核心的党中央周围，在自治区党委、市委、县委的领导下，在自治区纪委、市纪委的指导下，牢牢把握政治方向，真抓实干，不辱使命，不负重托，以永远在路上的执着把从严治党引向深入，以无私无畏、奋发有为的精神夺取反腐败斗争的压倒性胜利，向昂仁县各族人民群众交上一份满意的答卷，为昂仁县政治生态的绿水青山提供有力保障，为昂仁县脱贫摘帽、小康社会建设做出更大的贡献。

昂仁县人民法院工作报告

——昂仁县第十三届人民代表大会第三次会议

昂仁县人民法院院长 米玛旦增

（2017 年 12 月 19 日）

2017 年主要工作回顾

2017 年是“十三五”重要之年，也是司法体制改革决战之年。昂仁法院以“努力让人民群众在每一个司法案件中都感受到公平正义”为总目标，以司法为民、公正司法为主线，以严格规范管理为抓手，以狠抓案件质效为突破口，以推进司法公开为重点，勇争一流，推进法院各项工作再上新水平，实现新突破。

一、扎实开展专项活动，坚决维护以习近平同志为核心的党中央权威，确保法院工作正确政治方向

推进“两学一做”学习教育活动常态化、制度化。坚持党的一切工作到支部，强化普通党员党课，坚持和落实双党组织活动，用好用够批评和自我批评，严格落实“三会一课”制度。截至目前为止，召开“两学一做”学习教育专题研讨会 5 次，党员领导干部上党课 4 次，观看《钱学森》《孔繁森》《将改革进行到底》等专题影片 4 次，召开组织生活会 2 次，撰写“两学一做”、“四讲四爱”心得体会各 1 篇，理论学习笔记平均字数达 5 万字，开展支部主题党日活动 17 次。通过专项活动较好地发挥了组织生活的“熔炉”作用，推动党的思想政治建设抓在日常、严在经常。进一步加强和规范党内政治生活，落实党组全面从严治党主体责任。通过周例会制度和每周星期四的党组理论中心组学习会议，强化党支部职能作用，加强干警日常学习监督，加大集中学习研讨力度，抓好思想建党，增强政治意识，确保法院干警在思想上政治上行动上同以习近平同志为核心的党中央保持高度一致，做到忠诚于党、忠诚于人民、忠诚于审判事业，履行党员义务和宪法法律赋予的神圣职责，践行司法为民，在服务全县改革发展稳定大局中的职能作用明显增强。

二、充分发挥审判职能，切实维护社会大局稳定、促进社会公平正义、保障人民安居乐业

截至目前，我院共办理案件 61 件。其中，新收各类案件 58 件，旧存 3 件，审执结 55 件，未结 3 件，综合结案率 90.16%，审限内结案率 100%。

（一）加大刑事审判工作力度，开创平安昂仁建设新局面。依法惩罚犯罪、保障人权，准确把握宽严相济刑事政策，落实量刑规范化工作的有关要求，依法高效审理好盗窃、诈骗、故意伤害、交通肇事等严重危害社会稳定、损害群众生命、财产利益和影响群众安全感的犯罪，积极运用司法调解手段处理刑事附带民事诉讼案件。共受理刑事案件 11 件，审结 10 件，开庭率达到 100%；无改判、发回重审的案件；判后答疑率达到 100%；不存在超期羁押和无法定事由超审限案件。

（二）加大民商事审判工作力度，实现和谐昂仁建设新突破。坚持服务大局，更好地适应和服务经济发展新常态，妥善审理好婚姻家庭、人身损害赔偿以及劳动争议等各类民商事案件；注重落实“调解优先、调判结合”原则，把调解工作贯穿民事审判工作全程，努力从根本上化解社会矛盾；深入推进家事审判改革，建立和 12 家县直单位联席会议制度，明确家事审判改革思路，转变家事审判理念，推动家事审判科学创新发展。共受理民事案件32件，其中，诉前调解2件、撤诉2件，调解28件，判决0件，结案率为100%，调撤率为100%，结案标的达2062070余元。

（三）加大执行案件执结工作力度，构建诚信昂仁建设新格局。执行工作坚持依法执行和文明执行并重，分散执行与集中执行、说服教育与强制措施相结合，加强法院内部立、审、执协调配合，积极与公安、金融等机构开展信息交换，强化执行联动及威慑，全面挤压规避执行者的活动空间，努力破解执行难题。今年7月中旬，我院邀请县委领导、各执行联动成员单位组织召开了“规范执行行为”暨“雪域飓风”执行专项活动动员部署会议，建立解决执行难长效机制作为当前和今后一个时期工作的重中之重，以破除万难、敢为人先的决心和信心，抓实联动工作，全面宣战“执行难”问题。截至目前，受理执行案件17件，执结15件，执结率达到93.75%；执行到位标的额992120余元。另外，按上级法院要求，已完成了执行查控系统，并将指挥中心建设规划在“十三五”规划中进行推进完善。

（四）加大法治宣传力度，跨入法治昂仁建设新阶段。发挥司法审判推进依法行政、优化经济发展环境的职能作用。坚持开展综治宣传活动、“法律七进”活动等，充分发挥“车载流动法庭党员先锋服务队”的优势，深入乡村、田间地头和机关、学校、乡镇等开展普法宣传，努力把法律服务的触角延伸至县乡村三级组织，促进社会治安综合治理，维护社会稳定。共法制宣传18场次，发放宣传资料19000余份，受教育群众5.5万人次，接受法律咨询36人次，诉前化解纠纷2起，积极协助各级机关、社会团体化解调处各类非诉纠纷2起，投入经费达85500余元。

三、坚持创新工作举措，积极推进司法体制改革和信息化建设，落实司法为民

（一）公正司法再上新台阶。始终坚持党的领导，认真执行防止干预过问案件的“两个规定”依法独立行使审判权，切实解决“六难三案”问题，增强司法公信力。依靠“办公系统、办案系统、执行系统、司法公开”四大信息化平台支撑，促进审判运行更加高效规范、司法为民更加便捷周到。积极推进“天平工程”信息化建设，抓好案件卷宗材料与办案流程“同步录入”“同步查询”。目前，录入案件信息59条，制作电子卷宗35册，公开裁判文书6件，公开率达100%；全面使用办公系统办理文件313条，办公自动化有了很大的进展。

（二）服务大局焕发新活力。主动对接昂仁经济社会发展，将人民法院构建和谐社会、维护稳定的政治责任，与严格依法审判、公正裁判的法律规定得到了有机统一。依法严惩各类严重刑事犯罪，推进“平安昂仁”建设；妥善处理民间借贷、财产纠纷等民商事案件，为市场主体提供了优质高效司法服务。依托三级联调机制和“大调解”制度，积极调处买卖合同、离婚纠纷、相邻权关系等案件，努力修复了当事人因发生纠纷而受损的社会关系。另外，我院与县委步调一致，积极参与脱贫攻坚工作，认真开展“结对帮扶”“四讲四爱”等活动，不做县委中心工作的旁观者。目前，我院干警参与宣讲活动15场次，帮扶22人次，帮扶资金折合人民币达17600余元。

（三）司法改革展现新面貌。严格遴选员额法官，5名法官宣誓入额，并将审判资源向一线倾斜配置，2017年院庭长办案占比为总办案数的100%。健全审判权运行机制，探索“1名员额法官+1名法官助理+1名书记员”审判模式，组建专业化审判团队，形成了5名法官与7名司法辅助人员的审判团队及3名司法行政人员的人员分类结构。严格落实司法责任制，完善裁判文书签发机制、审委会议事规则，确保让审理者裁判、由裁判者负责。

（四）创先争优释放新动能。为不断完善和规范内部管理，提高司法能力，确保政令畅通，鼓励创先争优，促进法院工作有效突破，激发我院干警工作热情、提高干警的工作积极性和责任心、树立“以院为家”主人翁精神和牢固树立全心全意为人民服务的意识，一方面我院创建党员“星级评定”机制，以“热爱学习星、优质服务星、廉洁自律星、业务能力星、集体荣誉星”作为星级参评细则，以年终“星级评先选优”的表彰奖励作为鼓励机制。另一方面制作干

部去向栏、使用指纹考勤机以及院内会议签到等机制，建立健全客观、公正的精细化管理考核和评价体系，提升干警作风、树立法院队伍新的形象。

四、强化责任担当意识，履行全面从严治党职责，努力打造过硬队伍

（一）狠抓廉政建设。严格落实廉政主体责任和监督责任，严格按照中央“八项规定”，区党委“约法十章”“九项要求”等规定和要求，强化司法巡查制度和审务督查制度落实工作。加强廉政制度建设，梳理廉政风险点，确定风险等级，加强风险防控，让广大干警明确自身职责和义务；督促并落实好随案廉政监督卡发放、任职回避等制度，给司法权加上“防腐剂”，戴上“紧箍咒”。

（二）强化能力建设。坚持正规化、专业化、职业化队伍建设要求，创新人才培养机制，加强干警教育培训工作，通过每周开展的“理论中心组”学习会议，提升干警综合素养的同时，积极选派干警参加上级法院组织的业务培训，增强素养、提升能力。目前，选派干警参加上级法院组织的各类专项培训140余人次（包括远程视频培训）。

（三）抓实班子建设。增强院党组凝聚力、号召力、战斗力，发挥领导干部这个“关键少数”的职能，强化法院党的基层组织的战斗堡垒作用。为履行好党组的主体责任，发挥好基层党组织的组织、领导职能。年初，我院党支部成立了2个党小组，并通过支部党员大会选举确定我院党务工作者。另外，今年在县委、县委组织部的高度支持下，7名干警被提拔和重用，使我院领导班子得到了进一步充实，也促进了干警队伍建设。

五、强化发展保障意识，着力服务大局，夯实基层建设 发展根基

（一）打牢强基础惠民生根基。全力服从服务于县委、县政府中心工作和农牧区发展工作，目前共选派6名干警，积极参与并扎实开展强基础惠民生驻村工作。我院驻村工作队紧紧围绕中心工作，一是抓好脱贫攻坚工作，全面摸底村民脱贫情况，并与结对帮扶干部交流脱贫思路，推进拿纳村脱贫工作。二是抓好“四讲四爱”宣讲工作，以喜迎党的十九大为主线，集中时间力量，分阶段、分步骤在农牧民群众中多次宣讲，并创新宣讲方式，以邀请院主要领导对群众进行宣讲，坚持全覆盖、常态化、重创新、求实效，教育引导各族群众拥戴信赖忠诚捍卫习近平总书记这个核心，强化“五个认同”，增强中华民族共同体意识。另外，加大教育引导和扶持脱贫思路，寻找脱贫思路，制定脱贫方案，还向群众下发生活用品共折合人民币23000余元。

（二）推进法院基础设施建设。目前，我院通过县委、县政府和上级法院的支持和帮助，立足长远发展，投入大量精力，积极协调，密切配合市县发改委等部门，做好项目衔接等工作，一是总投资801万元的2个乡镇派出法庭已全面动工。院党组高度重视乡镇派出法庭建设情况，先后多次到现场实地查看工程用料、综合布线等达标情况，并提出47项优化整改标准，确保法庭建设达到行业标准和使用要求。二是年初圆满完成了新区审判综合楼的搬迁使用，同时依靠上级法院、援藏投入60余万元，软硬件设施已基本配齐配全，为我院“智慧法院”建设，为更好地发挥法院职能作用、服务发展大局提供了更加坚实的基础。三是自筹资金80余万元，建设生活附属设施、干警周转房配套设施和法院整体绿硬化建设，极大地改善我院干警办公和生活条件。

六、广泛接受监督，畅通监督渠道，切实改进法院工作回应群众需求

加强与人大代表、政协委员的联络，邀请人大代表、政协委员视察座谈、旁听庭审7人次，充分听取并虚心接受人大代表、政协委员的意见建议，保障人大代表、政协委员依法履行监督职责。健全人民陪审制度，畅通人民群众参与审判、监督审判的渠道，完成人民陪审员“倍增计划”，调整增选人民陪审员9人，人民陪审员普通程序参审率达到100%，促进了司法民主。

在看到成绩的同时，我们也清醒地认识到工作中还存在许多问题和困难：一是缺编缺员现象依然严重。随着案件逐年上升，当前案多人少矛盾越显突出，干警身心压力巨大，少数干警对审判业务学习不够，司法能力不足，有些案件审判质量有待提高，在强化司法能力建设、提升办案质效上仍需更

加主动作为，努力破解。二是司法工作能力、司法作风水平还有进一步提升的空间。少数干警宗旨意识不强，司法作风不够端正，对待当事人缺乏耐心、情绪急躁、语气生硬等，需进一步牢固树立司法为民意识，强化司法作风建设。三是司法行政保障急需推进。在面对日益多发的侵害法院干警正当权益的恶性事件时，需要更加积极争取各方支持，需要更多有力举措，切实提升干警职业保障。四是基础建设还需合力共为。建设施工单位对综合布线工程、强弱电工程等方面，意识和技术还比较落后，错误百出，进度缓慢，亟须下力气解决。对这些困难和问题，我们将坚持不回避、不遮掩，在县委的坚强领导下，面对压力，负重奋进；面对矛盾，精诚团结；面对困难，顽强拼搏，争取各项工作取得新的进展。

2018 年工作计划

2018 年，我院将继续高举中国特色社会主义伟大旗帜，全面贯彻学习党的十九大精神，坚持以邓小平理论、“三个代表”重要思想、科学发展观，习近平新时代中国特色社会主义思想作为自己的行动指南，特别是“治国必治边、治边先稳藏”重要战略思想；全面加强审判执行工作，着力防控风险、服务发展，破解难题、补齐短板，不忘初心，牢记使命，努力让人民群众在每一个司法案件中感受到公平正义。

*在狠抓审执工作上要有新突破。*一是认真履行职责，狠抓执法办案第一要务。加大审判人力资源整合力度，保障合议庭法官和其他法官有相对集中的时间、精力依法高效行使审判权、专心办案，稳步推进审判权力运行机制改革。二是优化审判管理，大力提升审判质效。完善多元化纠纷解决机制，推进诉调对接，从源头缓解办案压力；推进工作机制创新，实现案件繁简分流，探索优化审判流程，破解案多人少难题。

*在推进信息化工作上有新成效。*一是积极提升全院干警对于“四大信息化平台”应用的熟练度，加快实现审判流程三大平台广泛应用，全面落实司法公开、司法民主和司法为民措施，以司法公开倒逼司法公正，杜绝暗箱操作，确保人民群众及时掌握和了解办案的全过程。二是抓好案件卷宗材料与办案流程“同步录入”，确保裁判文书公开率达到 100%，从而实现审判执行工作全程留痕、全程受到监督，切实规范司法行为、促进司法公正。三是院领导带头应用信息化办公系统，提高现代司法服务能力和管理水平，促进办公体系和办公能力现代化，实现无纸化办公。

*在党建带队建工作上有新作为。*以学习贯彻落实党的十九大精神为契机，坚持把服务发展法院、提高队伍建设水平作为全院党建工作的首要任务，坚持把思想政治理论学习作为全院党建工作的坚实基础，坚持把激发党组织活力作为全院党建工作的重要目标，坚持把推进惩治和预防腐败体系建设作为机关党建的重要抓手，全面推进干警思想、作风、廉政建设，继续认真开展各专项活动，落实“星级评定”机制，以党建带队建，为建设学习型、服务型、阳光型、创新型、发展型法院提供保障。

*在基础设施建设上要有新水平。*一是继续抓好 2 个乡镇派出法庭建设工作，持续抓好综合布线、隐蔽工程，确保明年能够投入使用发挥效益；二是全力推进诉讼服务中心项目建设，争取年初动工建设，年底投入使用。三是持续做好受援工作，争取已立项援藏项目能够投资建成。

*在接受各方监督上要有新进展。*更加自觉接受人大监督、政协民主监督、检察机关法律监督和社会各界监督。积极加强与人大代表、政协委员的联络沟通，确定专门机构和人员负责联络工作，自觉接受人大法律监督，积极配合人大常委会开展专项视察，认真做好年度报告、专项工作报告和代表建议办理等工作。采取“走出去”“请进来”等方式，定期邀请人大代表、政协委员参加观摩庭审，进行评议，增进司法透明。

*在党风廉政建设工作要有新格局。*一是强化党风党纪教育，深入学习习近平总书记关于政治纪律、政治规矩的重要论述及习近平新时代中国特色社会主义思想，认真组织开展廉政教育活动，引导广大干警进一步增强政治意识、大局意识、责任意

识和法纪意识，坚决做到立场坚定、旗帜鲜明，在思想上、政治上、行动上同党中央保持高度一致；二是做到推动责任落实，严格责任追究，坚持从严管理，以“零”容忍态度坚决惩治司法腐败，教育干警始终做到心中有戒，严格落实好对干预案件进行记录问责“两个规定”，坚决依法惩治伤害法官的违法犯罪行为，坚决支持法官公正司法。

扬帆起航，征程万里风正劲；蓄力前行，重任千钧再奋蹄。各位代表，推进党的建设新的伟大工程，对法院工作提出了新要求，推进全县发展改革稳定，对法院工作提出了新的期待。在新的一年站在新的历史起点，昂仁法院决心在县委的坚强领导下，更加紧密地团结在以习近平同志为核心的党中央周围，全面贯彻落实党的十九大精神，不忘初心，牢记使命，为建设法治平安和谐幸福美丽昂仁，奋力谱写崭新篇章。

昂仁县人民检察院工作报告

——昂仁县第十三届人民代表大会第三次会议

昂仁县人民检察院党组书记、检察长　巴桑次仁

（2017 年 12 月 19 日）

2017 年主要工作

一、持续开展“两学一做”学习教育，注重实践服务，不断改进工作作风

一是坚持贯彻“两学一做”学习教育制度化常态化要求，进一步丰富学习教育内容，提升工作实效。全年先后两次专题研究学习教育主题，重点与当月工作特点相结合，先后拟定廉洁执纪、综治维稳、四讲四爱、意识形态、党性教育、基层换届、生态环保、党的十九大等 12 个专题。每个专题组织学习活动 4 次，学习内容由重要讲话、重要文件、时事评论和法律实务等部分组成，具有理论性和实践性。

二是党员队伍宗旨意识牢固、党群关系紧密。党员干警积极响应县委号召，先后多次参加县城街道、湖边、河道的卫生整治、义务植树、助农收割、扶贫帮困、院内绿化美化等党员志愿服务活动，密切了与基层群众的联系，树立了党员干警的良好形象。

二、持续打击刑事违法犯罪活动，注重规范司法，不断提升人民群众社会安全感

全年共受理侦查机关提请批准逮捕案件 7 件 7 人，同比减少 1 件。其中，批准逮捕 6 件 6 人，因不适合羁押的身体原因不予批准逮捕 1 件 1 人。全年共受理侦查机关移送审查起诉案件 11 件 20 人，同比增加 2 件，涉案当事人增加 11 人。案件类型包括盗窃案 5 件 10 人，故意伤害案 3 件 3 人，非法猎捕案 2 件 6 人，交通肇事案 1 件 1 人。其中，向审判机关提起公诉 10 件 19 人，案件终结 9 件 18 人，正在审理 1 件 1 人；不起诉 1 件 1 人；终结案件均做出有罪判决。

在司法办案中，我院坚持“以事实为依据、以法律为准绳”的基本原则，认真贯彻宽严相济的刑事政策，严格落实刑事诉讼法规定的时限要求，既维护法律的权威，又保障当事人应有的诉讼权利。在办理交通肇事一案审查起诉过程中，因重要证据缺失，我院按照规定做出不起诉决定。在办理未成年人盗窃一案审讯过程中，通知未成年人监护人到场，切实保障未成年人权益。

三、持续加大监督力度，注重民生热点领域，不断拓宽检察工作思路

一是加强对立案侦查活动的监督。全年到公安机关刑事办案部门开展立案监督活动 5 次，查阅治安案件收案登记台账，了解刑事立案处理情况，重点检查是否存在有案不立、以行代罚等立案方面的问题。在受理审查案件过程中，因证据原因先后退回公安机关补充侦查 4 次；就证据收集、文书填录、办案期限等问题提出口头意见建议，并发出书面《检察建议》1 份；就县法律援助部门没有及时为未成年犯罪嫌疑人联系律师援助事宜发出书面《检察建议》1 份。

二是加强对民事审判活动的监督。全年共审查民事裁定书 3 份，民事调解书 42 份。认真填写民事行政案件检察监督卡，切实排查审判活动中存在的不合法问题。

三是加强对社区矫正活动的监督。每月定期

开展社区矫正工作，对现有8名社区矫正对象逐一登记基本信息，深入卡嘎、亚木等矫正对象居住地，向当地派出所、村委会了解矫正对象受教育情况，形成每月与社区矫正对象定期联系机制，及时掌握思想行为动态，促进矫正对象健康回归社会。

*四是深化与政府职能部门的联系协作。*与县食品药品监督管理局等部门就全县食品安全案件查办工作建立了“行刑衔接”联系工作机制，先后两次召开了联席会议，成立工作领导小组，明确了食品安全案件侦办标准和工作办法，为保障全县食品安全提供监督支持。与县扶贫办等部门就监督预防扶贫领域职务犯罪案件建立了联系协作机制，深入多白乡某村就该村负责人落实惠农政策不到位问题进行了走访调查，排除了犯罪问题。与县环保局等部门就监督惩治环保领域刑事犯罪案件建立联系协作机制，重点化解环保检查中可能出现的环保案件，防范环保责任事故。

*五是深化民事行政公益诉讼职能。*组织全院干警学习新修订的《民事诉讼法》和《行政诉讼法》关于公益诉讼的规定，掌握公益诉讼诉前程序和诉讼程序，先后4次通过微信、微博等新型媒介大力宣传报道检察机关公益诉讼工作开展情况，为推进我院公益诉讼工作奠定基础。

四、持续推进品牌创建活动，注重优化完善，不断树立检察机关新形象

按照区检院的统一部署，我院于今年年初启动了“一院一品”创建工作，经研究确定了以“三大提升、两项落实”，即“提升办案能力、提升监督能力、提升检察队伍水平，落实廉政建设责任制、落办公信息化建设责任制”为主要内容的品牌创建工作任务，制定了工作计划，多次听取区市两级院专题工作组的指导意见，逐步对品牌创建举措进行优化完善。

在创建过程中，我院组织开展了案件自查评查活动，重点围绕司法干警作风、文书写作能力、法律文书审查阅卷能力、涉法涉诉实务处理能力等方面开展横向和纵向评查活动。经认真评查，发现材料不完整问题6件，卷宗装订不规范问题5个，发现材料签字、捺印等不符合规范要求13处。经自评自查后，对卷宗材料存在的问题及时进行了更正完善。组织举办了一场模拟庭审辩论活动，通过精心准备、周密筹划、认真落实，辩论活动达到了掌握法律规定、熟练运用诉讼程序、锻炼提高队伍素质的预期目的。

五、持续开展法制宣传，注重基层农牧民法制教育，不断增强广大群众学法守法用法意识

我院把普法工作作为全年一项经常性任务来抓，制定了年度法制宣传工作计划。同时，针对“12·4”法制宣传日和国家宪法日、“萨嘎达瓦节”、安全生产月、平安西藏宣传日、喜迎党的十九大等，出台专题性法治宣传活动方案，根据不同主题进行专题性法制宣传教育。全年在县城集中开展法制宣传活动12场次，免费发放宣传单(册)5000余份，向过往群众宣传检察职能、法律规定，义务接受群众法律咨询百余人次。

按照全县依法治县、着力打造法治示范点有关工作部署，在县委政法委的组织协调下，拟定了每周法治宣传工作重点。先后选派三批业务骨干深入卡嘎镇、江嘎村、当通村等法治建设示范点，开展生动活泼的法治宣传活动。在活动中，我院法治宣传员通过分析讲解发生在群众身边的实际案例、教授犯罪预防的方法等形式，向当地群众传播法律知识，让广大群众学会运用法律来处理日常生活纠纷，维护自身合法权益。

六、持续落实检察改革举措，注重契合实际，不断适应新时期检察工作新要求

今年以来，我院司改工作在区检院司改办的指导下，重点围绕人员分类管理、检察人员职业保障等主要任务推进改革。在工作中，我院始终坚持紧密结合实际的原则，充分考虑现有编制、人员、工作量等综合因素，有针对性地提出改革意见，确立改革办法。

在人员分类管理方面，分设检察官、检察辅助人员、司法行政人员三类。检察官应有名额5个，现配置检察官4名，占编制总额的30.7%；配置检察辅助人员4名，占编制总额的30.7%；配置行政人员1名，占编制总额的7.7%。其中，检察官的任命经过入额考试、层层选拔、组织审核等程序，被任命的检察官具有过硬的政治和业务素质。检察辅助人员均为通过国家司法考试、具有法律职业资格和法律工作经验的人员。

在检察职业保障方面，按照检察官办案权限配置办法，赋予检察官更广泛的独立审核决定权。检察委员会、检察长、检察官权限更加明晰，责任更加明确。

七、持续推进结对帮扶工作，注重沟通协调，不断加快脱贫摘帽步伐

按照安排，全院 9 名干警结对帮扶亚木乡、秋窝乡 28 户贫困户。为全面深入了解结对联系户基本情况，干警先后两次分赴各自联系点，走进贫困户家中了解状况，填写联系贫困户明白卡，详细采集家庭人口、土地面积、牲畜数量等基础数据，重点了解了经济状况、致贫主要原因，制作了贫困户联系卡片，建立了贫困户档案，形成了定期联系机制。在前期充分调研的基础上，结合贫困户特点研究制定了脱贫计划，针对贫困户技能培训愿望，及时与县人社局取得联系，登记学习培训需求；针对贫困户缺乏基本生产物资的情况，及时与乡党委政府、驻村工作队联系，争取从基层惠民资金中予以帮扶。针对贫困户缺乏劳力的情况，与村委会进行沟通协调，争取在农忙时节给予人力帮助。同时，全院干警自发开展扶贫慰问活动，为贫困户家庭送去价值约 1.2 万元的生活物资，自愿向县扶贫基金募捐资金 1 万余元。

八、持续加强党建工作，注重发挥党组织作用，不断夯实党对检察工作的领导

一方面，以党组理论学习中心组和党支部“三会一课”等学习教育形式为载体深化党员队伍思想教育。全年共组织开展党组理论中心组学习教育活动 8 场次，院党支部每月组织举办 3 次集中学习活动，党员干警每月开展不少于 1 次的自学，热点问题组织参学干警参加集体或小组讨论。学习过程中认真抄写学习笔记，记录心得体会，学习教育成效明显。

另一方面，以问题为导向推进检察队伍建设。党组织全年共组织开展“两学一做”、“巡视整改”专题民主生活会，会前就党组及班子成员在党建、廉洁执纪、作风建设等方面广泛征求意见，深入交心谈心，会上开展深刻的批评与自我批评，全面梳理查摆问题，会后及时制定整改措施，就整改情况进行公示并接受社会监督，党组织生活发挥应有作用。

过去的一年，我院办公条件大力改善，检察队伍政治思想大力巩固，工作作风大力转变，司法能力大力增强，各方面工作取得了显著进步，但同时也清醒地认识到工作存在的差距和不足。一是领导班子的工作观念有待更新。随着检察改革的快速推进，以往的检察职能也进行了部分调整，领导班子工作思路还比较传统，不能及时适应检察改革工作要求。二是信息化建设落后。当前，我院检察内网仍未连通，内部文件、信息收发、网上办案等基层检察机关常用的信息化工作模式还没有实现，技术运用水平差距较大。三是基础条件有待改善。目前，我院干警住房面积狭小，院内缺乏健身场所，没有开办职工食堂等问题突出，工作生活基础建设需进一步推进。五是检察队伍整体素质有待提高。特别是研究处理新型案件、化解应对基层群众矛盾纠纷等工作能力有待进一步增强。

2018 年工作重点

2018 年，我院检察工作将以学习宣传贯彻党的十九大精神为统领，以马列主义、毛泽东思想、邓小平理论、“三个代表”重要思想、科学发展观、习近平新时代中国特色社会主义思想为行动指南，深化“四个意识”，筑牢公平公正法治理念，提升治理能力现代化水平，始终围绕全县工作大局和重点，做好检察服务保障工作。

一、全面领会党的十九大精神，着重把党的十九大精神落实到实际行动中

我们要把学习宣传贯彻党的十九大精神作为首要政治任务来抓，建立工作专班，形成专项机制，专题研究工作计划和措施，专题督促推进具体工作，让十九大精神深入人心。进一步丰富检察队伍对党的理论、路线、方针、政策的认识和理解，切实用十九大精神指导实践工作。

二、与时俱进转变思路，着重把检察改革最新要求落实到实际行动中

在将检察改革措施向纵深推进的过程中，我们要切实把思想和行动统一到上级党委和检察机关关于检察改革的具体部署上来，把人员管理、职业保障、司法责任制等最新要求不折不扣地落实到具体办案工作中，决不能以任何理由拖延、推迟、变相执行，做到思想认识统一，行动步调一致。

三、统筹协调全局工作，着重把服务昂仁县经济社会稳定发展落实到实际行动中

2018年是昂仁县完成脱贫攻坚任务年。我院中心工作要着重围绕服务全县如期完成脱贫任务来组织开展。既要维护好和谐安定的社会秩序，惩治影响社会稳定和安宁的刑事犯罪行为；又要为经济社会的发展提供司法保障，对严重阻碍市场经济秩序、项目建设秩序，严重侵害群众利益的刑事犯罪行为进行打击，用司法公正维护脱贫攻坚胜利成果。

四、健全完善体制机制，着重把提升检察队伍整体素质落实到实际行动中

进一步深化基层基础、党风政风、扶贫帮困、执法规范化、队伍管理、司法改革等方面的调查研究，加强相关工作的科学总结，提升干部队伍理论研究水平，探索建立各个环节的长效化工作机制，推进检察工作整体全面进步。

各位代表，我们将坚决服从县委和上级院的领导，自觉接受县人大的监督，坚持以十九大精神为导向，以司法体制改革为契机，认真把握新形势、新任务对检察工作提出的新要求，振奋精神，坚定信心，团结一致，开拓创新，以更好的工作实绩为全县经济发展和社会稳定做出新的贡献。

昂仁县2017年国民经济和社会发展执行情况与2018年国民经济和社会发展计划草案报告

——昂仁县第十三届人民代表大会第三次会议

昂仁县发展和改革委员会

（2017年12月15日）

一、2017年国民经济运行情况

2017年，在中共昂仁县委的正确领导下，在山东省淄博市人民的无私援助下，县人民政府团结带领全县各族干部群众，全面学习贯彻党的十九大精神，贯彻落实自治区党委九届三次全会和市委一届八次全会精神，不忘初心、牢记使命，以市委"6677"工作思路为引领，紧紧围绕年初确定的各项目标任务，攻坚克难，拼搏进取，埋头苦干，积极开展各项工作，全县经济社会保持了较快、协调、健康发展的良好势头，圆满完成了县人大第十三届第二次会议确定的各项任务。

2017年，完成全县地区生产总值9.16亿元，同比增长21.48%；累计完成社会固定资产投资14.5亿元，同比增长65.5%；完成地方一般公共预算收入4470万元，同比增长45%；完成社会消费品零售总额2亿元，同比增长25.7%；农村居民人均可支配收入达8105元，同比增长23%。

（一）产业发展持续向好。今年紧紧围绕全县青稞每亩增产25公斤目标任务，全县共落实农作物播种面积7.91万亩，今年实现粮油总产量4511.44万斤，其中：青稞播种面积6.2万亩，青稞产量达4167.42万斤，青稞单产达672.16斤，比16年每亩单产增加38.63斤，但离每亩增产25公斤目标任务还有一定差距。围绕畜牧业提质增效，积极开展人工种草，累计人工种草面积达1.88万亩。牲畜总存栏55.56万头（只、匹），新生仔畜19.36万头（只、匹），仔畜成活18.24万头（只、匹），成活率94.2%；出栏数18.67万头（只、匹），出栏率33.73%；成畜死亡1.3万头（只、匹），成畜死亡率2.4%。积极开展牲畜疫病防控工作，共免疫56.99万头（只、匹），实现注苗率99.79%。兑现2016年、2017年草补资金9655万元，落实涉农保险赔偿资金289.45万元。全县储备今冬明春防抗灾兽药92箱，防抗灾饲草料1505.55吨。旅游业平稳发展，全年共接待游客13.19万人次，同比增长0.5%，实现旅游收入达530万元，同比增长0.5%。

（二）社会民生持续改善。社会救助水平不断提升。全年落实城乡低保、医疗救助、临时救助等资金1215.5万元，落实五保供养经费76.09万元，落实残疾人"两项补贴"、"机动燃油补贴"共计153.39万元。劳动就业力度不断加大。实施精准培训，精准就业，共培训农牧民群众814人，440人实现灵活就业，其中建档立卡贫困户235人实现就业。全年完成劳务输出达17900人，29625人次，劳务收入累计达7532万元，超额完成市下达目标任务。医疗卫生服务不断提升。继续落实好以免费医疗为基础的农牧区医疗制度，扎实开展计生妇幼工作，着力开展包虫病筛查，共筛查51885人，筛查率达94%；全力创建二级乙等综合医院。食品药品安全形势稳中向好，通过建立食品近效期专柜，加强对食品效期的管控力度，各项监管体制进一步完善。农村土地耕地确权工作不断推进。截至目前已完成8个乡镇，120个行政村，7506户，8.33万亩外业测绘，外业测绘完成率达100%，第一轮公示已全部完成，第二轮公示正在进行。农村公路网不断完善。今年新续建桑桑至日吾其乡、达局乡至亚木乡、查孜乡至宁果乡等40个项目，总投资达23.45亿元，项目建成后将实现乡镇通畅率达90%，行政村通畅率达58%，全县农村公路通车总里程达2273.62公里，已基本形成县、乡、村、寺公路网。市政基础设施建设不断加快。投资近1.3亿元的县城供水、排水、污水、路面改造等工程已全部完成，有效提升了县城功能和改善了县城脏乱差的环境问题。乡镇办公生活条件不断改善。2017年整合乡镇政权建设资金398.9万元，重点改善乡镇干部职工办公生活环境；同时积极争取市委、市政府1200万元资金支持，维修新建10座光伏电站，有效解决了10个牧区乡政府、卫生院、小学、派出所等用电难问题；争取市级财政及县级财政配套资金共900余万元，用于更新乡镇公务车辆，进一步保证了乡镇公务用车需要和安全。村居活动场所建设不断落实。2017年共筹措4530万元重点打造建设了21个村级组织标准化活动场所，进一步建强了反分裂和脱贫攻坚的主战场主阵地。教育育才基金不断发挥作用。今年共筹集教育育才基金88万元，上年结余46万元，向2016年62名往届在校建档立卡大学生兑现资助金33万元，奖励2017年249名考入大学、5名考入内地西藏初中班、51名中考成绩优秀学生共计54.25万元，落实教学质量奖励资金35.57万元。

（三）教育均衡持续推进。一是优先发展教育事业，全面迎接2018年教育均衡发展国家评估验收，今年将本级财政的88%以上收入2662.85万元和725万的援藏资金投入到教育工作。严格落实教育“三包”政策和营养改善资金，切实做好控辍保学措施，小学、初中入学率分别达到99.91%、96.50%，学前一年制、两年制、三年制入园率分别为99.49%、86.04%、56.11%。另外，加大了教育基础建设力度，实施开复工项目57个2.46亿元，项目开复工率达100%。二是认真贯彻落实张延清书记2016年在昂仁县调研时的讲话精神，本着“教育均衡协调发展，城乡教育公平起跑”的原则，借鉴阿里地区和那曲地区在拉萨建校经验，积极向市人民政府呈报了在日喀则市建设昂仁县第二中学的请示（昂仁县第二中学总投资约1.2亿元，拟容纳1500名学生），并主动加强与市教育局沟通衔接，现已纳入日喀则市“教育城”建设规划。三是打造桑桑镇集中办学示范点，积极探索高海拔学校适度集中办学模式，建设可容纳1000余名学生的桑桑镇集中办学示范点，实现牧区10所小学高年级学生集中办学。该项目已通过市级教育部门审批，目前正在接受自治区教育部门审核。

（四）项目投资持续加大。结合县域经济社会发展实际，以“十三五”规划项目完善为契机，协调县直相关部门，前瞻性地做好各类规划编制和重大项目谋划工作，编制完成了《昂仁县2017年上半年国民经济和社会发展计划》，正在编制《昂仁县产业发展规划》。2017年全县共计储备项目131项（其中：新建67项，续建64项），共计开复工项目125项（其中：新建61项，续建64项），开复工率达95%，年底完成全社会固定资产投资14.5亿元，超额完成与市政府签订的11亿元目标任务。

（五）环境督察持续发力。8月15日至9月15日，中央第六环境保护督察组进驻日喀则市并开展督察工作。在中央第六环境保护督察受理群众举报期间，全面做好环境保护督察工作，结合区、市两级迎接中央环保督察的重点内容，组织3次理论中心组学习专题讲座环境保护相关知识、3次动员部署会议，4次推进会、16次专题部署会议及协调会议。全年重点开展了矿山整治、砂场治理、饮用水源保护等工作，明确了各项工作任务的责任单位和时间节点，并制定印发了《昂仁县白色污染专项整治方案》、《砂石黏土类资源开发生态环境综合整治方案》，确保了环境综合整治形成常态化、机制化。

（六）脱贫攻坚持续奋进。严格按照“三年脱贫、两年巩固”的目标任务，根据《昂仁县关于打赢脱贫攻坚战的实施方案》，确保全县4249户、16630人在脱贫攻坚路上实现“一个都不能少、一个都不掉队”，2017年1382户，5705人实现脱贫，42个贫困村整村退出。一是资金投入情况。截至目前，申请小额贷款6449.8万元为1457户有效解决了发展生产资金紧缺问题；落实定向扶贫补助资金575.8万元，惠及建档立卡贫困户7298人；安排建档立卡贫困户和低收入人员16404个岗位，落实生态补助资金4921.2万元；积极开展“百企帮百村”活动，累计投入资金123.88万元；协调淄博援藏工作组，计划三年内将80%以上的援藏资金用于脱贫攻坚工作。二是易地扶贫搬迁。在村“两委”班子、驻村工作队以及广大农牧民群众的共同努力下，全县易地搬迁已实现393户1484人搬入新居，2017年1623户5925人房屋主体工程已全部完工，明年8月底前全部实现搬迁入住。另外，已完成139户473人（其中建档立卡贫困户92户301人）跨县搬迁前期各项工作。三是扶贫产业情况。投资433万元的扶贫宾馆、200万元的秋窝乡康萨粮油加工点项目已建成投入使用，投资1500万元的霍尔巴羊育肥基地配套工程2500亩人工种草基地已建完，另外，扶贫商砼、桑桑游客服务中心、扶贫综合商业用房、桑桑牦牛育培基地等项目正在有序推进中，以上产业落地后可带动7016人实现脱贫。

（七）灾后重建持续推进。按照时间节点统筹协调推进，确保总投资3.9亿元的灾后恢复重建项目有力有序有效开展。同时，本级财政出资400万元聘请专业的地勘、设计、监理，全程跟踪服务、监督把关重建房屋的设计、施工、用材用料等环节，定期反馈工程的质量和进度。年底总投资7000万元的桑桑特色小城镇和总投资6380万元的卡嘎特色小城镇分别完成总工程量的85%、80%。灾后重建11个村整村推进工程已全部完工。

（八）防汛救灾持续高效。根据区市两级相关文件精神，结合我县实际，6月29日全县进入汛期以来，县防汛抗旱指挥部组织人员多次对全县水库、电站、江河流域险工险段等重要设施部位进行全面排查。截至9月30日，全县受灾户数达1577户，受灾人口8675人，发生灾情102起，因灾造成经济损失约2109.5万元。此次汛期期间，县委、县政府第一时间投入救灾应急资金104.43万元，落实冬春受灾补助资金91万元，出动各类机械460台次，7250人次，调运救灾帐篷50顶，各类救援物资63755件，转移安置39户259人，经过及时组织转移和抢修，群众生命安全得到了保证，实现了“零伤亡”。

（九）安全生产持续向好。按照年初安全生产既定目标任务，以“抓早、抓细、抓实”为原则，以国务院安全生产检查为契机，成立了巡查问题对照整改落实领导小组，制定了《昂仁县关于国务院安委会第八巡查组巡查反馈问题对照整改落实工作方案》，对国务院安委会第21综合督导组反馈的40项共性问题和2项个性问题，每项问题制定了具体整改措施，明确了牵头单位、责任单位和整改时限。通过不断地查漏补缺，着力推动安全生产责任体系建设、安全生产排查管控、隐患排查治理制度建设，坚持“党政同责”“一岗双责”“齐抓共管”“失职追责”的责任体系，重点抓好交通运输安全、人员密集场所安全、非煤矿山安全等领域的监管，加大安全隐患排查整改力度，截至目前，共查出非煤矿山、危险化学品等领域安全隐患205处，已整改200处，整改率达97%。

（十）社会环境持续稳定。牢固树立稳定压倒一切和长期作战思想，严格落实自治区“十项”维稳措施，切实维护社会局势持续稳定。依法管理宗教事务，在维护全县宗教领域和谐稳定等工作中，统筹谋划、周密部署，保证了各项宗教事务的绝对安全和顺利举办。全面贯彻党的民族政策，扎实开展民族团结宣传教育，大张旗鼓的表彰民族团结进步模范集体、模范个人、民族通婚家庭和先进集体，深入开展民族大团结教育，牢固树立了“共同团结奋斗、共同繁荣发展”的思想，营造了“团结互助、共同奋进、同奔小康”的社会氛围。深入开展反分裂斗争，强化社会治安综合治理，建立健全应急体系，重视和加强人防工作，扎实推进平安昂仁建设。深入开展领导干部接访下访活动，加大初信初访办理力度，大力推行网络信访，坚持诉访分离，积极做好矛盾纠纷排查调处化解工作。截至目前，共受理来访件53件,其中50件已全部办结,3件仍在跟进中。

(十一)政府效能持续改进。全县政府系统扎实开展"两学一做"学习教育,以作风转变促效能提升,严格落实党风廉政建设责任制,持之以恒肃政风、正行风,深入推进政务公开,主动接受群众监督,提高政府工作透明度,让权力在阳光下运行。严格执行中央"八项规定"和自治区"约法十章""九项要求",重点整治了群众反映强烈的突出问题。自觉接受人大法律监督、政协民主监督和社会舆论监督。

各位代表,昂仁县改革发展稳定成绩来之不易。这是区党委、政府,市委、市政府亲切关怀,山东淄博市大力支援的结果,是县委坚强领导,全县各族干部群众团结奋斗的结果。在此,我代表县人民政府,向全县人民,向淄博市援藏工作组,表示衷心的感谢!向人大代表、政协委员和离退休干部,向驻军部队、政法干警,表示诚挚的谢意!向关心、支持昂仁发展建设的各界人士,表示崇高的敬意!

各位代表,成绩令人鼓舞,发展变化令人振奋。但我们应清醒地看到,我县经济社会发展与市委、市政府的要求,与全面建成小康社会、脱贫摘帽的目标还有一定差距。发展不够仍然是我县最大的实际,发展不平衡、不充分问题依然突出;产业结构不优、层次不高、链条不长,总体经济块头仍然偏小;招商引资难度大,重大项目支撑不够,持续发展动力仍显不足;贫困面大、贫困程度深,精准脱贫的任务艰巨;民生保障还有待进一步加强,教育、就业、医疗、食品药品安全与群众期盼还有差距;政府职能转变还显欠缺,发展环境还需优化,少数国家公职人员履职尽责还不够到位、工作作风还不够严谨、服务群众还不够扎实,不会为、不愿为、不敢为的现象还一定程度地存在。对于这些问题,我们将高度重视,加大改革创新力度,积极寻求破解之策,努力补齐发展短板,绝不辜负全县人民的期盼!

二、2018年国民经济和社会发展的指导思想和预期目标

2018年是深入贯彻落实党的十九大精神的重要一年,也是全县脱贫摘帽决战决胜的一年,做好2018年政府各项工作,责任重大,意义深远。

2018年政府工作的指思导想是:坚持以党的十九大、区党委九届三次全会、市委一届五次全会、县委九届五次全会精神为指导,高举中国特色社会主义伟大旗帜,紧紧抓住发展、稳定、生态三件大事,大力弘扬"珠峰精神",深入实施"6677"总体工作思路,突出改革创新,突出结构调整,突出生态保护,突出民生优先,加快政府职能转变,加快建设和谐文明幸福美丽昂仁。

2018年全县经济社会发展的主要目标是:全县生产总值增长12%,地方一般公共财政预算收入增长25%,全社会固定资产投资增长35%,社会消费品零售总额增长19%,城镇居民和农牧民人均可支配收入分别增长13%、20%,城镇登记失业率控制在2.5%以内。

(一)进一步壮大基础产业,努力在农牧业发展上实现新突破。从全县实际出发,进一步加大农牧业结构调整力度,继续以藏青2000和喜马拉22号青稞良种为重点,加强高产创建和测土配方施肥工作,不断推进高标准农田建设,提高粮食单产水平,确保全县粮食安全;进一步发展蔬菜、油菜等经济作物,优化粮经饲比例,协调粮食生产与结构调整之间的关系;进一步做好草原生态保护奖励机制的政策落实,以草定畜、实现草畜平衡;进一步调整和优化产业布局,从桑桑牦牛和霍尔巴羊合作社养殖方式向现代化、规模化、标准化养殖转变,在销售方式上实现从传统的冬季集中出栏上市向四季均衡出栏上市转变,在生产方式上实现从粗放经营向集约经营转变,进而培育一批主导产业,加快农畜产品加工转化,提高产业化经营效益,形成特色优势产业区域化布局、专业化生产、规模化发展、产业化经营的新格局,着力转变农牧业发展方式,实现农牧业增产增效和农牧民增收。

(二)进一步争取项目投资,努力在重点项目建设上实现新突破。以项目建设为抓手,增强经济发展后劲,始终把项目工作作为全县经济工作的重中之重,不断扩大投资规模,强力拉动县域经济快速增长。紧盯政策抓谋划,深入研究国家产业政策,精心组织,围绕优势资源开发、基础设施建设和民生社会事业,超前谋划、积极研究论证一批事关全

局和长远发展的重大项目。突出重点抓推进，坚持进度、质量、效益、安全并重，大、中、小项目协调推进。积极衔接、强化协调、跟踪督促，确保建成一批群众关注度高的民生项目。破解难题抓保障，完善领导干部包抓重点项目责任制，严格落实定期督查和现场办公制度，推行“管家式”“帮办式”服务，统筹办理项目建设前期手续，解决好水、电、路等问题，确保项目顺利推进。

（三）进一步加大城乡统筹，努力在拓宽农牧民增收渠道上实现新突破。一是要在优化农牧民收入来源结构上下功夫，大幅度提高非农产业收入比重。突出加强就业技能培训，拓宽劳务就业渠道，重点开展藏式厨师、家政服务、建筑工、木匠、画匠、农机维修等技能培训，着力培育技能型劳务工作者，同时扶持和培育一批运输专业户、加工专业户、营销专业户、民族手工业生产专业户、旅游服务专业户、建筑建材生产加工专业户，通过发挥致富带头人的典型带动作用，引导和带动农牧区群众增收致富。充分发挥昂仁县人力资源丰富这一独特优势，把劳务输出当作产业来规划、组织和实施，从而实现由自发性、小批量输出向有组织、大规模输出转变，由输出低素质人员、就业层次低向输出高素质人员、就业层次高转变。二是要在改善农牧区面貌上下功夫，扎实推进社会主义新农村建设。继续实施农牧民房屋抗震加固建设工程，积极开展推进以安居乐业为突破口的社会主义新农村建设，进一步改善农牧民生产条件与人居环境。要建立健全保障机制，继续落实政策性直接补贴，完善农牧业保险体制，扩大农业保险的范围和品种，增强“三农”抗风险能力。构筑农村低收入群体保障体系，着力推进农村新型社会养老保险、医疗保险、农村最低生活保障制度建设，解除农牧民后顾之忧，实现减负增收。

（四）进一步提高群众幸福指数，努力在保障和改善民生上实现新突破。一是优先发展教育事业。加强教育基础设施建设，重视发展学前教育，完善职业教育，深化学校管理体制改革，扎实推进素质教育。大力推进教育均衡发展各级迎评工作，确保年内完成23所义务教育学校的国家评估认定工作，打造学校规范化建设和特色发展工作，全面推进教育公平和质量提升。进一步探索和推进适度集中办学模式，突出规划引领作用，加强县第二小学建设工作，力争年内完成。二是加强文化广播影视服务工作。大力发展公益性文化事业和文化产业，继续抓好文化广播电视村村通工程和农村电影放映工程。积极打造“一县一品”“一乡一品”文化品牌，努力实现昂仁县唐东杰布文化品牌，策划举办唐东杰布文化旅游节。三是加快发展医疗卫生事业。继续深化医药卫生体制改革，完善县乡疾病预防控制体系、医疗救治体系和卫生执法监督体系。强化乡镇卫生院规范化管理，全面启动精准扶贫和重大疾病家庭医生签约式服务工作。四是完善社会保障体系。着力抓好新农保工作，进一步完善社会保险制度，不断提高医保报销比例，完善城镇、农村低保和五保户供养制度，加强城镇流浪乞讨人员救助管理，大力发展慈善事业。统筹人与自然和谐发展，努力构建资源节约型、环境友好型社会。继续抓好退耕还林、退牧还草、湿地保护、防沙治沙和植树造林等重点生态建设工程。积极应对气候变化，大力推进自然灾害防御体系建设。

（五）进一步加大脱贫攻坚力度，努力在全县脱贫摘帽上实现新突破。严格按照脱贫攻坚目标任务，2018年7193人实现脱贫并摘帽，经过2019—2020年的巩固，到2020年与全国同步全面建成小康社会。一是着力推进“九个一批”工程。严格按照“六个精准”要求，深入实施“九个一批”，因村因户因人分类精准施策，举全县之力，确保脱贫攻坚目标任务如期圆满完成。二是着力实施“十项提升”工程。大力实施水电路讯网、教科文卫保“十项提升”工程，加快破除发展瓶颈制约，夯实贫困地区脱贫致富的基础，优化农村发展环境，改善农牧民群众生产生活条件。三是着力培育壮大特色支柱产业。以区位优势和资源禀赋为基础，做大做强青稞、桑桑牦牛和霍尔巴羊特色支柱产业，让贫困群众不离乡不离土就能融入产业发展，实现长期稳定致富。四是着力开展转移就业脱贫行动。以实现贫困群众“劳动有技能、就业有门路、收入有保障”为目标，加大职业技能培训投入，统筹使用各类培训资源，以就业由“体力型”向“技能型”转变为导向，完善培训措施，提升培训质量，逐步实现有条件的家庭至少有一人掌握一门实用技术。五是着力培育脱贫内生动力。坚持扶贫不扶懒、扶贫先扶志。从结对帮扶抓起，改变简单给钱、给物的做法，通过走访入户、面对面谈心等形式加强正面宣传引导，强化贫困群众脱贫致富主体意识，真正实现“要我脱贫”到“我要脱贫”的根本思想转变。

（六）进一步加强社会管理服务，努力在平安昂仁建设上实现新突破。把握好新时期西藏工作的特殊矛盾，高举“五个维护”的旗帜，始终绷紧反分裂斗争、维护稳定这根弦，全面贯彻“旗帜鲜明、针锋相对、掌握主动、凝聚人心、强基固本”的方针，谋长久之策，行固本之举，完善军警民联防机制，巩固发展统一战线，健全寺庙管理长效机制。深入开展反分裂斗争，强化社会治安综合治理，加强安全生产监管，建立健全应急体系，重视和加强人防工作，扎实推进平安昂仁建设。以高度负责的态度认真做好信访工作，积极预防和妥善处置群体性事件和突发事件。时刻保持“严打”高压态势，严厉惩处各种违法犯罪行为，切实保障人民群众生命财产安全。深入开展专项整治，真心实意解决好群众反映的热点、难点问题。

三、加强政府自身建设

（一）强化思想建设。要牢固树立政治意识、大局意识、核心意识、看齐意识，绝对忠诚以习近平同志为核心的党中央，在思想上拥戴核心、政治上信赖核心、组织上忠诚核心、行动上捍卫核心，用对以习近平同志为核心的党中央绝对忠诚的实际行动，做好改革发展稳定各项工作。加强学习，不断增强把握引领新常态的能力和水平。

（二）突出廉洁自律。严格落实中央“八项规定”、区党委“约法十章”“九项要求”，全面加强廉洁政府建设，坚持用制度管人、管权、管事，坚决查处违法违纪案件，始终保持惩治腐败高压态势，营造风清气正的政务环境。坚持教育在先，警示在先，预防在先，加强廉政文化建设，做到警钟长鸣。自觉接受人大及其常委会的法律监督和工作监督，真诚接受政协的民主监督，主动接受社会监督，加强政府内部层级监督和监察，以廉洁自律的良好形象赢得人民群众的信任和支持。

（三）改进工作作风。进一步深化作风建设，强化责任意识，提高工作能力，创新工作方法，建立和完善目标管理、督查机制、绩效考核，诚恳接受群众监督，确保各项措施落到实处。进一步提高科学执政、民主执政、依法执政能力水平，切实做到严肃、严谨、严格，开明、开拓、开放，干事、干练、干净，努力建设人民群众满意的法治政府、为民政府、高效政府、廉洁政府。弘扬担当实干精神，始终把人民放在心中最高位置，深入实际、深入基层、深入群众，做到全心全意为人民服务。严格落实争先进位考核办法，强化工作督办落实和效能问责，完善考核机制，层层传导压力，建立激励机制，树立正确导向，全面推动政府工作高效运转。

各位代表，做好2018年政府工作，任务艰巨、意义重大。面对新的起点、新的形势、新的任务，我们一定要紧密团结在以习近平同志为核心的党中央周围，在县委的坚强领导下，在人大的高效监督下，凝心聚力，顽强拼搏，奋发进取，以更加昂扬的斗志、更加扎实的作风、更加振奋的精神，努力完成2018年经济社会发展目标任务，为实现与全国人民一道全面建成小康社会的宏伟目标而努力奋斗。

昂仁县2017年财政预算执行情况与2018年财政预算草案的报告

——昂仁县第十三届人民代表大会第三次会议

昂仁县财政局

（2017年12月15日）

2017年是全面建成小康社会的重要一年，也是打赢扶贫攻坚工作的关键一年，在社会不断进步的新形势、新要求下，我县财政工作在县委、县政府的正确领导下和上级财政部门及县相关部门的大力支持下，以“保工资、保运转、保民生”为总体目标；以强化组织收入和节支增效为中心，坚持把“科学生财、合理聚财、依法理财”作为工作目标。按照“抓增收、控支出、强监督、促管理、带队伍”的工作原则，认真履行财政工作职能，积极组织财政收入，严格控制一般性支出，强化财政监督检查力度，切实提高资金使用效益，较好的发挥发展了财政服务县域经济社会发展的职能作用，为县域经济提供有力资金保障。

一、2017年财政公共预算收支执行情况

（一）地方财政净收入完成情况。

2017年完成总收入为4470万元，其中：税务部门组织入库为1575万元、非税收入2895万元，比2016年增收1387万元，增长45%，比年初预算任务3083万元增长1387万元，增长144.98%。

（二）公共预算支出完成情况。

2017年度本级财政总财力101276万元，总支出为99174万元，预算稳定调节资金1964万元，基金支出为138万元，占可供总财力的100%，实现了年度预算收支平衡。

二、2017年财政收支预算执行的主要特点及分析

（一）财政收入执行情况。

2017年税收收入完成1575万元，比去年同期减少97万元，减少0.61%。非税收入完成2895万元，比去年同期增加1484万元，增长105.17%。我县今年税收收入受营改增影响较大，但通过对主体税种的分析，可以看出我县税收收入主要靠基本建设投资拉动及矿产资源开发，非税收入增长较大的原因是将国有资产有偿使用（车辆拍卖款）和公安的罚没收入及专项收入等收入上缴国库。

（二）财政支出执行情况。

2016—2017年度财政支出分析对比

表3　　单位：万元

科目	2016年	2017年	增长	增幅%
公共服务支出	15723	16748	1025	6.52%
国防支出	31	38	7	22.58%

续表 3

单位：万元

科目	2016 年	2017 年	增长	增幅 %
公共安全支出	6803	5714	–1089	–16%
教育支出	28189	25452	–2737	–9.7%
科学技术支出	309	426	117	37.86%
文化体育与传媒支出	2311	2297	14	0.6%
社会保障和就业支出	29419	6942	–22477	–76.4%
医疗卫生支出	6602	7874	1272	19.26%
节能环保支出	2324	6852	4528	194.84%
城乡社区管理事务支出	5521	3348	–2173	–39.35%
农林水事务支出	25109	17060	–8049	–32.05%
交通运输支出	548	787	239	44%
资源勘探电力信息事务	72	102	30	42%
商业服务业等事务支出	34		–34	–100%
金融支出				
国土资源气象事务	2799	160	–2639	–94.2%
住房保障支出	5039	5373	334	0.7%
储备事务支出	16	1	–15	–93.7%
合　计	130849	99174	–31675	–24.21%

1. 从表 3 中的合计来看。2017 年总支出比 2016 年增加 –31675 万元，增幅为 –24.21 %，增长幅度是比较快的。我县今年公共预算支出科目 18 个，其中有 6 个出现增长，增长的幅度也是比较大的，在公共服务、国防、科学技术、医疗卫生、交通运输等方面国家投入是逐年增长，体现了党中央、国务院对西藏经济和社会全面发展给予的关怀和支持。

2. 从各个支出科目来分析：

（1）增速在 100% 以上的支出科目有：节能环保支出 6852 万元，比去年增加 4528 万元，增幅为 194.84%。

（2）增幅在 1%—49% 的支出科目有：公共服务支出为 16748 万元，比去年增加 1025 万元，增幅为 6.52%；国防支出 38 万元，比去年增加 7 万元，增幅为 22.58%；科学技术支出为 426 万元，比去年增加 117 万元，增幅为 37.86%；医疗卫生支出 7874 万元，比去年增加 1272 万元，增幅为 19.26%；交通运输支出 787 万元，比去年增加 239 万元，增幅 44%；资源勘探电力信息事务支出 102 万元，比去年增加 30 万元，增幅为 42%。

（3）出现负增长的支出科目有：公共安全支出为 5714 万元，比去年增加 –1089 万元，增幅为 –16%；教育支出 25452 万元，比去年增加 –2737 万元，增幅为 –9.7%；社会保障和就业支出 6942 万元,比去年增加 -22477 万元,增幅为 -76.4%; 城乡社区管理事务支出 3348 万元,比去年增加 -2173 万元,增幅为 -39.35%; 农林水事务支出 17060 万元,比去年增加 -8049 万元,增幅为 -32.05%; 商业服务业支出 0 万元,比去年增加 -34 万元,增幅为 -100%; 国土资源气象事务支出 160 万元,比去年增加 -2639 万元,增幅为 -94.2%; 储备事务支出为 1 万元,比去年增加 -15 万元,增幅为 -93.7%。

3. 政府性基金预算执行情况

上级财力安排情况: 2017 年,全县政府性基金财力上级拨付 138 万元,同比 2016 年 66.99 万元增加 71.01 万元。

三、财政支出效果分析

(一)突出民生,财政保障更加有力。

1. 完善基本保障体系,促进社会和谐稳定。一是兑现“三老人员”补贴,落实县乡无收入困难居民生活补贴和农村五保户供养,提高了社会保障水平; 二是实施城乡医疗救助和合作医疗制度,稳步推进农村新型社会养老保险试点改革; 三是完善公共就业服务体系,落实了公益性岗位补贴等促进就业再就业工作资金; 四是支持救灾救济,保障受灾群众基本生活; 五是继续重点支持农牧民安居住房建设,有效改善了农牧民的居住条件。通过进一步完善社会保障体系,使广大群众享受到了改革发展的成果。

2. 发展各项社会事业,提升公共服务能力。一是支持教育事业优先发展。大力推进中小学“营养餐计划”,加幼儿园建设,继续完善“三包”经费保障机制,促进了教育事业的健康发展; 二是支持公共卫生事业发展。今年完成了卫生服务中心综合大楼等基础设施初步建设,改善了医疗卫生条件; 三是支持公共文化服务体系建设。重点支持民间艺术团和乡镇文化站建设,提高了昂仁县文化建设,促进了各项社会事业的发展; 四是加强对社会稳定及维护政权建设的支持。加大对公检法司投入力度,及时解决爱国宗教人士生活补贴,提高乡镇村级基层干部待遇,改善基层组织阵地活动场所,稳固基层政权实力。

(二)把握基调,促进发展成效显著。加大投资力度,增强经济发展后劲。一是抓住国家继续实施积极财政政策的机遇,努力争取上级资金和政策支持。二是继续加大重大项目投入,通过财政资金引导,直接带动新建续建项目建设,充分发挥了投资对县域经济增长的拉动作用。三是争取上级的支持,多方筹集资金重点推进了道路交通、基础设施和社会事业发展项目,为县域经济可持续发展奠定了基础。

2017 年,我县在上级财政部门的大力支持下,预算执行情况良好,较好的解决农牧民群众关心的一些热点、难点问题,圆满完成全年财政目标任务。但是在充分看到财政工作取得成绩的同时,也清醒地看到财政运行中仍然存在一些困难和问题,严预算、控支出、强监督、保重点等财政管理工作还需进一步加强。

2018 年预算草案

一、预算编制的指导思想

以习近平新时代中国特色社会主义思想为指导,认真贯彻党的十九大和中央第六次西藏工作座谈会精神、自治区党委九届四次全会精神和一届市委八次全委会精神,认真落实区、市、县经济工作会议精神,将中央“八项规定”和区党委“约法十章”、“九项规定”贯穿于预算编制执行过程中,按照“十三五”规划总体部署,加强和改善财政宏观调控,继续贯彻落实积极财政政策,狠抓财政收入,不断调整和优化支出结构,严格控制一般性支出,把有限的财力真正用到促进经济社会发展等重点领域。加大对一般公共服务、教育、科技、医疗卫生、文化、社会保障、公共安全、住房等八项支出的支持力度,夯实三农发展基础,着力改善和保障民生,全力维护社会稳定; 加大对旅游边贸投入力度,努力把区域优势变为产业优势; 继续将财力向基层、向农牧区倾斜,不断提高财政保障能力。稳步推进财政改革,加强财政科学化精细化管理,狠抓增收节支,进一步提高财政资金使用效益,促进经济平稳增长。

根据实际需要与财力可能,合理界定县直行政事业单位及各乡(镇)正常公用经费定额标准,进一步理顺财政分配关系,有效配置部门间财力资源,平衡部门支出水平,切实提高财政资金使用效益,推进预算管理改革,逐步构建与我县经济社会相适应的公共财政支出管理模式。

二、预算编制的遵循原则

(一)积极组织财政收入,保持地方财政收入的稳步增长。

(二)细化预算编制内容,加大资金统筹力度,提高预算资金分配的科学性和有效性。

(三)优化预算支出结构,正确处理好“保工资、保运转、保民生、保稳定、促发展”的关系,确保“三农”、教育、科技、文化、卫生、社保等重点领域支出得到有效保障。

(四)从严控制一般性支出,切实降低行政运行成本,2018年“三公”经费继续按照“零增长”控制。

(五)把握收支盘子,量入为出,收支平衡,不列赤字。

(六)规范预算编报程序,按照“自上而下、逐级汇总”的原则,严格遵循“两上两下”的预算编制流程,坚持年初预算提请人代会审查、向干部群众公开制度落实。

(七)硬化预算约束,严格控制追加预算。

三、财政收支预算安排

(一)总财力及收入预算安排情况

2018年我县年初预算可供总财力为60681.68万元,其中:地方财政一般预算收入安排3301.5万元;上级补助收入55416.18万元(其中:返还性收入为653万元,体制补助为669.02万元,均衡转移支付20078.18万元,县级基本财力保障机制奖补资金789万元,结算补助832.51万元,基层公检法司转移支付491.92万元,城乡义务教育转移支付13080.79万元,城乡居民医疗保险转移支付2326.77万元,国家重点生态功能区转移支付405万元,固定数额补助收入8041.13万元,其他一般转移支付934.32万元,专项转移支付收入7114.54万元);调入2017年预算稳定调节基金1964万元。

(二)支出预算安排情况

2018年一般预算支出,根据自治区财政厅统一编制口径,结合我县年初可供财力,安排支出为60681.68万元。其中:一般公共服务支出16417.53万元;公共安全支出5924.31万元;教育支出14233.98万元;科学技术支出293.82万元;文化体育与传媒支出482.74万元;社会保障和就业支出5818.55万元;医疗卫生与计划生育支出5654.33万元;节能环保支出557.1万元;城乡社区支出148.01万元;农林水支出8920.27万元;交通运输支出127.07万元;资源勘探信息等支出104.89万元;商业服务业等支出53.47万元;国土海洋气象等支出124.97万元;住房保障支出1820.64万元。一般公共服务、公共安全等八项支出为43221.46万元,占总财力的80.82%。

五、预算资金管理办法

(一)根据《中华人民共和国预算法》规定,2018年财政收支安排平衡。

(二)公用经费经政府审定、并报人大批准后,将不在作预算追加〔增加人员除外(不含借调人员)〕,节余留用。

(三)各单位、各部门在资金的使用上,要严格执行《财经法》和相关规定,认真执行财政部门批复的预算,将每项支出控制在预算之内,不得超支,不得随意新增支出口子,严把支出关。

(四)按照“收支两条线”的管理规定,各单位、各部门所有收入上缴财政国库。

索 引

说 明

一、本索引采用主题分析法编制。索引范围包括篇目、类目、部(门)目、条目等。
二、本索引按主题词首字汉语拼音音序(同音按音调)排列,若首字拼音相同则按第二字音序排列,以此类推。
三、索引款目后的数字表示内容所在的页码,数字后的拉丁字母(a、b、c)表示栏别(从左至右)。
四、篇目、类目、部(门)目用黑体字。

A

B

C

D

E

F

G

K

L

M

N

P

Q

R

S

T

W

X